Jens Petersen
Der Dritte im Zivilrecht
De Gruyter Studium

Jens Petersen

Der Dritte im Zivilrecht

—

DE GRUYTER

Prof. Dr. Jens Petersen, Universität Potsdam.

ISBN 978-3-11-036376-0
e-ISBN (PDF) 978-3-11-036570-2
e-ISBN (EPUB) 978-3-11-039135-0

Library of Congress Cataloging-in-Publication Data
Names: Petersen, Jens, 1969-, author.
Title: Der Dritte im Zivilrecht / Jens Petersen.
Description: Berlin : De Gruyter, 2018. | Series: De Gruyter Studium |
Includes bibliographical references and index.
Identifiers: LCCN 2018019205 (print) | LCCN 2018018894 (ebook) |
ISBN 9783110363760 (paperback) | ISBN 9783110365702 (e-book pdf) |
ISBN 9783110391350 (e-book epub) | ISBN 9783110365702 (electronic Portable
Document Format (pdf)
Subjects: LCSH: Third parties (Law)--Germany. | Liability (Law)--Germany. |
Contracts--Germany. | BISAC: LAW / Civil Law.
Classification: LCC KK1683 .P48 2018 (ebook) | LCC KK1683 (print) |
DDC 346.4302/2--dc23
LC record available at https://lccn.loc.gov/2018019205

Bibliografische Information der Deutschen Nationalbibliothek
Die Deutsche Nationalbibliothek verzeichnet diese Publikation in der Deutschen
Nationalbibliografie; detaillierte bibliografische Daten sind im Internet über
http://dnb.dnb.de abrufbar.

© 2018 Walter de Gruyter GmbH, Berlin/Boston
Satz/Datenkonvertierung: jürgen ullrich typosatz, Nördlingen
Druck und Bindung: CPI books GmbH, Leck

www.degruyter.com

Vorwort

Ebenso wie schon mein ,Examinatorium Allgemeiner Teil und Handelsrecht'
(2013) versammelt auch das vorliegende Buch Beiträge, die in den vergangenen
Jahren in der von mir mitherausgegebenen Ausbildungszeitschrift JURA veröf-
fentlicht wurden. Gleichwohl ist es mehr als eine beliebige Aufsatzsammlung,
weil alle Abschnitte von vornherein auf dieses Buch hingeordnet waren und in
sich ein geschlossenes Ganzes bilden sollten. Unter systematischen Gesichtspunkten ist es wohl kein Zufall, dass etwa die Hälfte des Textes dem Dritten im
Schuldrecht gewidmet ist. Zwar gibt es auch in den anderen Büchern des BGB
eine Vielzahl von Vorschriften, die den Dritten voraussetzen – es sind überhaupt weitaus mehr Paragraphen, in denen von einem Dritten die Rede ist, als
man meinen könnte –, doch sind diese nicht in gleicher Weise prüfungsrelevant. Andererseits kommt der Dritte im gesamten Bereicherungsrecht ausdrücklich nur in § 822 BGB vor. Um der Ausbildungsrelevanz gerecht zu werden, habe
ich einen Beitrag über die Anweisungsverhältnisse hinzugefügt.

Erstaunlicherweise fehlt bis auf den heutigen Tag eine Monographie zum
Dritten im BGB. Eine noch zu schreibende Dissertation oder – wohl eher – Habi-
litationsschrift hätte wohl verschiedene Ausprägungen und Bedeutungen des
Dritten zu unterscheiden, Fallgruppen zu bilden, beliebige Dritte von notwendigen zu trennen und die Drittgläubiger gesondert zu behandeln. All das kann
und soll die vorliegende didaktisch ausgerichtete Darstellung nicht leisten. Sie
muss es bei dem gegen Ende dieses Buchs gegebenen Hinweis bewenden lassen, dass eine durchgängige Berücksichtigung des Dritten im Privatrecht ein
weiterer Schritt zu einer Prinzipienjurisprudenz sein kann.

Mein besonderer Dank gilt *Sophia Obst*, *Dr. Lars Rühlicke*, *Frithjof Schulz*,
Marcel Brix, *Roy Bär*, *Hannes Arndt* sowie *Isabel Jasiek* und *Daniel May*.

Potsdam im April 2018   *Jens Petersen*

https://doi.org/10.1515/9783110365702-202

Inhaltsverzeichnis

https://doi.org.10.1515/9783110365702-203

§ 7
Haftung für Zufall

§ 8
Die Drittwirkung von Leistungspflichten

Abkürzungsverzeichnis

a.A.	anderer Ansicht
a.E.	am Ende
aaO	am angegebenen Ort
Abs.	Absatz
AcP	Archiv für die civilistische Praxis
AG	Amtsgericht/Aktiengesellschaft
AGB	Allgemeine Geschäftsbedingungen
AktG	Aktiengesetz
Alt.	Alternative
AnfG	Anfechtungsgesetz
Anm.	Anmerkung
Art.	Artikel
AT	Allgemeiner Teil
BAG	Bundesarbeitsgericht
BayObLG	Bayerisches Oberstes Landesgericht
BB	Betriebs-Berater
BGB	Bürgerliches Gesetzbuch
BGBl	Bundesgesetzblatt
BGH	Bundesgerichtshof
BGHZ	Entscheidungen des BGH in Zivilsachen
Bsp.	Beispiel
BT-Drs.	Bundestags-Drucksache
BVerfG	Bundesverfassungsgericht
BVerfGE	Entscheidungen des Bundesverfassungsgerichts
bzw.	beziehungsweise
d.h.	das heißt
DB	Der Betrieb
dens.	denselben
ders.	derselbe
dies.	dieselbe(n)
Einf.	Einführung
Einl.	Einleitung
EWiR	Entscheidungen zum Wirtschaftsrecht
f., ff.	folgend(e)
FamRZ	Zeitschrift für das gesamte Familienrecht
Fn.	Fußnote
GG	Grundgesetz der Bundesrepublik Deutschland
GmbH	Gesellschaft mit beschränkter Haftung
GmbHG	Gesetz betreffend die Gesellschaften mit beschränkter Haftung

https://doi.org.10.1515/9783110365702-204

GmbHR	GmbH-Rundschau
GoA	Geschäftsführung ohne Auftrag
GRUR	Gewerblicher Rechtsschutz und Urheberrecht
GVG	Gerichtsverfassungsgesetz
h.L.	herrschende Lehre
h.M.	herrschende Meinung
HaftPflG	Haftpflichtgesetz
HGB	Handelsgesetzbuch
Hk	BGB-Handkommentar
HRR	Höchstrichterliche Rechtsprechung
Hrsg.	Herausgeber
Hs.	Halbsatz
i.S.d.	im Sinne des/der
i.V.m.	in Verbindung mit
InsO	Insolvenzordnung
JA	Juristische Arbeitsblätter
JFG	Jahrbuch für Entscheidungen in Angelegenheiten der Freiwilligen Gerichtsbarkeit und des Grundbuchrechts
JherJb	Jherings Jahrbücher der Dogmatik des Bürgerlichen Rechts
JR	Juristische Rundschau
Jura	Juristische Ausbildung
JuS	Juristische Schulung
JZ	Juristenzeitung
JW	Juristische Wochenschrift
Kfz	Kraftfahrzeug
KG	Kommanditgesellschaft/Kammergericht
KSchG	Kündigungsschutzgesetz
LM	Nachschlagewerk des BGHZ, herausgegeben von Lindenmaier und Möhring
LPartG	Gesetz über die eingetragene Lebenspartnerschaft
m. Anm.	mit Anmerkung
m.w.N.	mit weiteren Nachweisen
MDR	Monatsschrift für deutsches Recht
MüKo	Münchener Kommentar zum BGB
NJW	Neue Juristische Wochenschrift
NJW-RR	NJW-Rechtsprechungs-Report Zivilrecht
Nr.	Nummer
NZA	Neue Zeitschrift für Arbeitsrecht
NZM	Neue Zeitschrift für Mietrecht

OLG	Oberlandesgericht
OLGZ	Entscheidungen der Oberlandesgerichte in Zivilsachen
ProdHaftG	Produkthaftungsgesetz
RdA	Recht der Arbeit
RG	Reichsgericht
RGZ	Entscheidungen des Reichsgerichts in Zivilsachen
RL	Richtlinie
Rn.	Randnummer
Rpfleger	Der Deutsche Rechtspfleger
Rspr.	Rechtsprechung
S.	Satz; Seite
sog.	sogenannt(e)
StGB	Strafgesetzbuch
st. Rspr.	ständige Rechtsprechung
StVG	Straßenverkehrsgesetz
Tz.	Textziffer
UmwG	Umwandlungsgesetz
UrhG	Urheberrechtsgesetz
v.	von; vor
VersR	Versicherungsrecht
vgl.	vergleiche
Vorb.	Vorbemerkung
VVG	Versicherungsvertragsgesetz
WM	Wertpapiermitteilungen
ZBB	Zeitschrift für Bankrecht und Bankwirtschaft
ZEV	Zeitschrift für Erbrecht und Vermögensnachfolge
ZGS	Zeitschrift für das gesamte Schuldrecht
ZHR	Zeitschrift für das gesamte Handels- und Wirtschaftsrecht
ZIP	Zeitschrift für Wirtschaftsrecht
ZMR	Zeitschrift für Miet- und Raumrecht
ZPO	Zivilprozessordnung
ZVG	Gesetz über die Zwangsversteigerung und die Zwangsverwaltung
ZZP	Zeitschrift für Zivilprozess

Literaturverzeichnis

Bamberger/Roth, Kommentar zum Bürgerlichen Gesetzbuch, 3. Auflage 2012
    (zitiert: Bamberger/Roth/*Bearbeiter*)
Baur/Stürner, Sachenrecht, 18. Auflage 2009 (zitiert: *Baur/Stürner*, Sachenrecht)
Baur/Stürner/Bruns, Zwangsvollstreckungsrecht, 13. Auflage 2006
    (zitiert: *Baur/Stürner/Bruns*, ZVR)
Brox/Walker, Allgemeiner Teil des BGB, 41. Auflage 2017 (zitiert: *Brox/Walker*, Allgemeiner Teil)
Brox/Walker, Allgemeines Schuldrecht, 41. Auflage 2017 (zitiert: *Brox/Walker*, Allgemeines
    Schuldrecht)
Brox/Walker, Besonderes Schuldrecht, 42. Auflage 2018 (zitiert: *Brox/Walker*, Besonderes
    Schuldrecht)
Brox/Walker, Zwangsvollstreckungsrecht, 11. Auflage 2018 (zitiert: *Brox/Walker*, ZVR)
Canaris, Handelsrecht, 24. Auflage 2006 (zitiert: *Canaris*, Handelsrecht)
Dölle, Familienrecht, Band I, 1964 (zitiert: *Dölle*, Familienrecht)
Enneccerus/Lehmann, Recht der Schuldverhältnisse, 14. Bearbeitung 1954 (*Enneccerus/
    Lehmann*, Schuldrecht)
Erman, Bürgerliches Gesetzbuch, Handkommentar, 15. Auflage 2017 (zitiert: Erman/*Bearbeiter*)
Fikentscher/Heinemann, Schuldrecht, 11. Auflage 2017 (zitiert: *Fikentscher/Heinemann*,
    Schuldrecht)
Flume, Allgemeiner Teil des Bürgerlichen Rechts, Band II, Das Rechtsgeschäft, 4. Auflage 1992
    (zitiert: *Flume*, Allgemeiner Teil, Band II)
Gernhuber, Bürgerliches Recht, 3. Auflage 1991 (zitiert: *Gernhuber*, Bürgerliches Recht)
Gernhuber/Coester-Waltjen, Familienrecht, 6. Auflage 2010 (zitiert: *Gernhuber/Coester-
    Waltjen*, Familienrecht)
Grunewald, Bürgerliches Recht, 9. Auflage 2014 (zitiert: *Grunewald*, Bürgerliches Recht)
Grunsky/Jacoby, Zivilprozessrecht, 15. Auflage 2016 (zitiert: *Grunsky/Jacoby*, Zivilprozess-
    recht)
Habersack, Examens-Repetitorium Sachenrecht, 8. Auflage 2016 (zitiert: *Habersack*, Sachen-
    recht)
Hueck/Canaris, Recht der Wertpapiere, 12. Auflage 1986 (zitiert: *Hueck/Canaris*, Recht der
    Wertpapiere)
Jauernig, Bürgerliches Gesetzbuch, 16. Auflage 2015 (zitiert: Jauernig/*Bearbeiter*)
Kindler, Grundkurs Handels- und Gesellschaftsrecht, 8. Auflage 2016 (zitiert: *Kindler*, HGB)
Köhler, BGB, Allgemeiner Teil, Ein Studienbuch, 41. Auflage 2017 (zitiert: *Köhler*, Allgemeiner Teil)
Lange, Erbrecht, 2. Auflage 2017 (zitiert: *Lange*, Erbrecht)
Larenz, Lehrbuch des Schuldrechts, Band I, Allgemeiner Teil, 14. Auflage 1987 (zitiert: *Larenz*,
    Allgemeines Schuldrecht)
Larenz/Canaris, Lehrbuch des Schuldrechts, Besonderer Teil, Band II/2, 13. Auflage 1994
    (zitiert: *Larenz/Canaris*, Besonderes Schuldrecht)
Leenen, BGB Allgemeiner Teil: Rechtsgeschäftslehre, 2. Auflage 2015 (zitiert: *Leenen*,
    Allgemeiner Teil)
Looschelders, Schuldrecht, Allgemeiner Teil, 15. Auflage 2017 (zitiert: *Looschelders*,
    Allgemeines Schuldrecht)
Looschelders, Schuldrecht, Besonderer Teil, 12. Auflage 2017 (zitiert: *Looschelders*,
    Besonderes Schuldrecht)

https://doi.org.10.1515/9783110365702-205

Medicus/Lorenz, Schuldrecht I, Allgemeiner Teil, 21. Auflage 2015 (zitiert: *Medicus/Lorenz*, Allgemeines Schuldrecht)

Medicus/Lorenz, Schuldrecht II, Besonderer Teil, 17. Auflage 2014 (zitiert: *Medicus/Lorenz*, Besonderes Schuldrecht)

Medicus/Petersen, Allgemeiner Teil des BGB, 11. Auflage 2016 (zitiert: *Medicus/Petersen*, Allgemeiner Teil)

Medicus/Petersen, Bürgerliches Recht, 26. Auflage 2017 (zitiert: *Medicus/Petersen*, Bürgerliches Recht)

Medicus/Petersen, Grundwissen zum Bürgerlichen Recht, 10. Auflage 2014 (zitiert: *Medicus/Petersen*, Grundwissen)

Münchener Kommentar zum BGB, 7. Auflage 2018 (zitiert: MüKo/*Bearbeiter*)

Nörr/Scheyhing/Pöggeler, Sukzessionen, 2. Auflage 1999 (zitiert: *Nörr/Scheyhing/Pöggeler*, Sukzessionen)

Oechsler, Vertragliche Schuldverhältnisse, 2. Auflage 2017 (zitiert: *Oechsler*, Vertragliche Schuldverhältnisse)

Oetker/Maultzsch, Vertragliche Schuldverhältnisse, 4. Auflage 2013 (zitiert: *Oetker/Maultzsch*, Vertragliche Schuldverhältnisse)

Olzen/Looschelders, Erbrecht, 5. Auflage 2017 (zitiert: *Olzen/Looschelders*, Erbrecht)

Palandt, Bürgerliches Gesetzbuch, 77. Auflage 2018 (zitiert: Palandt/*Bearbeiter*)

Paulus, Zivilprozessrecht – Erkenntnisverfahren, Zwangsvollstreckung und Europäisches Zivilprozessrecht, 6. Auflage 2017 (zitiert: *Paulus*, Zivilprozessrecht)

Petersen, Examinatorium Allgemeiner Teil des BGB und Handelsrecht, 2013 (zitiert: *Petersen*, Allgemeiner Teil und Handelsrecht)

Petersen, Die mündliche Prüfung im ersten juristischen Staatsexamen, 3. Auflage 2016 (zitiert: *Petersen*, Mündliche Prüfung)

Petersen, Examens-Repetitorium Allgemeines Schuldrecht, 8. Auflage 2017 (zitiert: *Petersen*, Allgemeines Schuldrecht)

Petersen, Medienrecht, 5. Auflage 2010 (zitiert: *Petersen*, Medienrecht)

Von Sachsen-Gessaphe, Zwangsvollstreckungsrecht, 2014 (zitiert: *von Sachsen-Gessaphe*, ZVR)

Schmidt, K., Handelsrecht, Unternehmensrecht I, 6. Auflage 2014 (zitiert: *K. Schmidt*, Handelsrecht)

Schulze, Bürgerliches Gesetzbuch, Handkommentar, 9. Auflage 2017 (zitiert: Hk-Schulze/*Bearbeiter*)

Schumann, Die ZPO-Klausur, 3. Auflage 2006 (zitiert: *Schumann*, Die ZPO-Klausur)

Schürnbrand, Verbraucherschutzrecht, 2. Auflage 2014 (zitiert: *Schürnbrand*, Verbraucherschutzrecht)

Selb, Handbuch des Schuldrechts, Mehrheiten von Gläubigern oder Schuldnern, 1984 (zitiert: *Selb*, Mehrheiten von Gläubigern oder Schuldnern)

Stadler, Allgemeiner Teil des BGB, 19. Auflage 2017 (zitiert: *Stadler*, Allgemeiner Teil)

Staudinger, Kommentar zum BGB, Neubearbeitung 1999 ff. (zitiert: Staudinger/*Bearbeiter*)

Thomas/Putzo, Zivilprozessordnung: ZPO, 38. Auflage 2017 (zitiert: Thomas/Putzo/*Bearbeiter*)

Vieweg/Werner, Sachenrecht, 7. Auflage 2015 (zitiert: *Vieweg/Werner*, Sachenrecht)

Wilhelm, Sachenrecht, 5. Auflage 2016 (zitiert: *Wilhelm*, Sachenrecht)

Wolf/Neuner, Allgemeiner Teil des Bürgerlichen Rechts, 11. Auflage 2016 (zitiert: *Wolf/Neuner*, Allgemeiner Teil)

Zeiss/Schreiber, Zivilprozessrecht, 12. Auflage 2014 (zitiert: *Zeiss/Schreiber*, Zivilprozessrecht)

1. Teil: Der Dritte im Allgemeinen Teil

§ 1 Der Dritte in der Rechtsgeschäftslehre

Der Schwierigkeitsgrad eines Falles steigt erfahrungsgemäß mit der Zahl der mitwirkenden Personen. Gerade das Hinzutreten Dritter schafft oft zusätzliche Probleme. Aus diesem Grund ist es hilfreich, sich einmal diejenigen Vorschriften zu vergegenwärtigen, in denen das Gesetz selbst auf einen Dritten Bezug nimmt. In der Rechtsgeschäftslehre des Allgemeinen Teils sind das mehr Fälle, als man erwarten würde. Das prominenteste und prüfungsrelevanteste Beispiel, das deshalb auch im Mittelpunkt der Erörterung stehen wird, ist § 123 Abs. 2 BGB. Dort lautet die entscheidende Frage bezeichnenderweise, wer gerade nicht Dritter ist. Aber auch im Stellvertretungsrecht lohnt sich die Betrachtung der Person des Dritten, weil damit wichtige Fälle der Rechtsscheinhaftung beleuchtet werden.*

Die Mitwirkung Dritter wird für gewöhnlich als Problem des Schuldrechts angesehen[1]. Dritter ist jeder, der nicht Gläubiger oder Schuldner ist, also außerhalb der in § 241 BGB beschriebenen Beziehung steht. Alle damit einhergehenden Problemkonstellationen, sei es die Gesamtschuld, die Abtretung, der Vertrag zugunsten oder mit Schutzwirkung zugunsten Dritter und erst recht die Drittschadensliquidation, bereiten in der Fallbearbeitung Schwierigkeiten. Daher ist die Beteiligung Dritter am Schuldverhältnis ein anerkannter Schwerpunkt der Prüfungsvorbereitung gerade im Allgemeinen Schuldrecht[2].   1

I. Der Dritte im Überblick

Weit weniger Beachtung ist dem Umstand geschenkt worden, dass auch im Allgemeinen Teil, insbesondere in der Rechtsgeschäftslehre, die Person des Dritten vorkommt. In einem weit verstandenen Sinne setzt jeder Stellvertretungsfall drei Personen voraus, und auch beim Vertragsschluss durch Minderjährige stehen die Eltern als gesetzliche Vertreter und somit außenstehende Dritte im Hintergrund. Indessen versteht das Gesetz die Person des Dritten gerade anders. So lautet etwa § 110 BGB[3]: „Ein von dem Minderjährigen ohne Zustimmung des gesetzlichen Vertreters geschlossener Vertrag gilt als von Anfang an wirksam,   2

---

* Zuerst abgedruckt in Jura 2004, S. 306–310; zudem an verschiedenen Stellen in *Petersen*, Allgemeiner Teil und Handelsrecht.
1 Instruktiv dazu *Coester-Waltjen*, Jura 1999, 656.
2 Siehe dazu im Einzelnen *Petersen*, Allgemeines Schuldrecht, Rn. 371 ff.
3 Grundlegend *Leenen*, FamRZ 2000, 863; siehe dazu auch § 2.

https://doi.org.10.1515/9783110365702-001

wenn der Minderjährige die vertragsmäßige Leistung mit Mitteln bewirkt, die ihm zu diesem Zweck oder zu freier Verfügung von dem Vertreter oder mit dessen Zustimmung von einem Dritten überlassen worden sind." Dritter ist also offenbar jeder andere als der Minderjährige und dessen Vertreter.

1. Die Abhängigkeit von der Zustimmung eines Dritten

3 Über diesen einfachen Fall hinaus gibt es jedoch noch eine Reihe von ausdrücklich geregelten Fällen, in denen die Bestimmung des Dritten schwierig ist[4]. So ist etwa § 182 BGB schon deutlich unübersichtlicher. Danach kann die Erteilung und die Verweigerung der Zustimmung sowohl dem einen als auch dem anderen Teil erklärt werden, wenn die Wirksamkeit eines Vertrags oder eines einseitigen Rechtsgeschäfts, das einem anderen gegenüber vorzunehmen ist, von der Zustimmung eines Dritten abhängt[5]. Allerdings enthält gerade die Rechtsgeschäftslehre zwei wichtige Ausnahmen von der Regelung des § 182 Abs. 1 BGB[6]. Zum einen bestimmt § 108 Abs. 2 BGB, wonach die Erklärung nur dem Vertreter gegenüber erfolgen kann, etwas anderes. Zum anderen ist § 177 Abs. 2 BGB zu berücksichtigen, der beim Vertragsschluss durch den Vertreter ohne Vertretungsmacht anordnet, dass für den Fall, dass der andere Teil den Vertretenen zur Erklärung über die Genehmigung auffordert, die Erklärung nur gegenüber dem Vertretenen erfolgen kann.

2. Einseitige Rechtsgeschäfte

4 Wird ein einseitiges Rechtsgeschäft, dessen Wirksamkeit von der Zustimmung eines Dritten abhängt, mit Einwilligung des Dritten vorgenommen, so finden nach § 182 Abs. 3 BGB die Vorschriften des § 111 Satz 2 und 3 BGB entsprechende Anwendung. Ohne Einwilligung sind diese Geschäfte nicht schwebend unwirksam, sondern nichtig[7]. Einwilligung ist nach der Legaldefinition des § 183 BGB die vorherige Zustimmung. Liegt diese vor, so ist das Rechtsgeschäft entsprechend

---

4 Die wichtigsten werden unter II. und III. behandelt.

5 Monographisch dazu *Palm*, Die nachträgliche Erteilung der verweigerten Genehmigung, 1964; siehe auch *K. Schmidt*, JuS 1995, 102; zur Ungewissheit über die Zustimmung eines Dritten *Albers*, AcP 217 (2017), 766.

6 Vgl. auch *Stadler*, Allgemeiner Teil, § 28 Rn. 4; *Wolf/Neuner*, Allgemeiner Teil, § 54 Rn. 21 Fn. 36; *Medicus/Petersen*, Allgemeiner Teil, Rn. 1016.

7 RGZ 146, 314, 316; BAG DB 1977, 1190, 1191.

§ 111 S. 2 BGB unwirksam, wenn die Einwilligung nicht in schriftlicher Form vorgelegt wird und der andere das Rechtsgeschäft aus diesem Grunde unverzüglich (vgl. § 121 BGB) zurückweist[8]. Die Zurückweisung ist allerdings entsprechend § 111 S. 3 BGB ausgeschlossen, wenn der Dritte den anderen Teil von der Einwilligung in Kenntnis gesetzt hatte. Der Sinn dieser Verweisung besteht darin, dem Geschäftsadressaten, der keine andere Handhabe gegen die Erklärung hat, darüber Gewissheit zu verschaffen, wie sich die Rechtslage für ihn darstellt[9].

Prüfungsrelevante Beispiele solcher einseitigen Rechtsgeschäfte sind die 5 Kündigung, die Bevollmächtigung sowie die Gestaltungsgeschäfte, also etwa die Anfechtung, die Rücktrittserklärung, der Widerruf oder die Aufrechnungserklärung[10]. Diese Beispiele veranschaulichen, wie wichtig § 182 Abs. 3 BGB in der Fallbearbeitung sein kann. Im Übrigen ist im Zusammenhang mit einseitigen Rechtsgeschäften immer auch an die strukturell ähnlichen §§ 174, 180 BGB zu denken. Vertretung ohne Vertretungsmacht ist nämlich beim einseitigen Rechtsgeschäft grundsätzlich (Ausnahme: Sätze 2[11] und 3) unzulässig. Aus diesem Grund ist der andere Teil der Erklärung sehr daran interessiert, ob der ihm gegenüber Handelnde Vollmacht hat. Nicht selten ist der Bevollmächtigte, von dem § 174 BGB spricht, ein Rechtsanwalt; zumindest sollte die Regelung dann immer mit in die Betrachtung eingestellt werden.

II. Der Dritte bei der Anfechtung

Den weitaus größten Stellenwert hat die Bestimmung des Dritten, wie eingangs 6 angedeutet, bei der Anfechtung. Im Zentrum steht hierbei die Anfechtung wegen arglistiger Täuschung, doch darf nicht übersehen werden, dass auch eine wichtige Anspruchsgrundlage auf die Person des Dritten Bezug nimmt. Dieser Fall soll daher am Anfang der Betrachtung stehen.

---

8 *Leenen,* Allgemeiner Teil, § 11 Rn. 36; *Flume,* Allgemeiner Teil, Band II, § 54, 6c, S. 891, verlangt einschränkend, dass der Handelnde auf eine Zustimmung Bezug genommen haben muss, so dass er nicht etwa ohne eine derartige Bezugnahme ein fremdes Darlehen kündigen kann; eine solche Kündigung wäre ohne weiteres, d.h. ohne dass sie eigens zurückgewiesen werden müsste, unwirksam.

9 *Medicus/Petersen,* Allgemeiner Teil, Rn. 1018.

10 Palandt/*Ellenberger,* Vor § 104 Rn. 11, 17.

11 Diese Vorschrift (§ 180 S. 2 BGB) wendet die h.L. im Falle des § 182 Abs. 3 BGB neben den ausdrücklich genannten § 111 S. 2, 3 BGB gleichfalls an (Palandt/*Ellenberger,* § 182 Rn. 5); ist der Erklärungsempfänger also mit der Vornahme des Geschäfts ohne vorherige Zustimmung einverstanden, so ist das Geschäft bis zur Entscheidung über die Genehmigung schwebend unwirksam (MüKo/*Bayreuther,* § 182 Rn. 32).

1. Die Schadensersatzpflicht des Anfechtenden

7 Nach § 122 Abs. 1 BGB hat, wenn eine Erklärung nach § 118 BGB nichtig ist oder auf Grund der §§ 119, 120 BGB angefochten worden ist, der Erklärende, wenn die Erklärung einem anderen gegenüber abzugeben war, diesem, andernfalls jedem Dritten den Schaden zu ersetzen, den der andere oder der Dritte dadurch erleidet, dass er auf die Gültigkeit der Erklärung vertraut, jedoch nicht über den Betrag des Interesses hinaus, welches der andere oder der Dritte an der Gültigkeit der Erklärung hat[12]. Dabei bedeutet die Bezugnahme auf den Dritten (»jedem Dritten«) eine Erweiterung zu Lasten des Anfechtenden, die freilich dadurch wiederum eingeschränkt wird, dass der Dritte auf die Gültigkeit der Erklärung vertraut hat. Diese Erweiterung ist umso bemerkenswerter, als § 122 Abs. 1 BGB von der h.L. entsprechend für den Fall angewandt wird, dass der Schein einer gültigen Erklärung dadurch entsteht, dass eine vom Erklärenden zwar schon vorbereitete, aber noch nicht abgegebene Willenserklärung durch ein Versehen von jemand anderem abgesandt wird[13].

2. Der Dritte bei § 123 Abs. 2 BGB

8 Das bekannteste und zugleich prüfungsrelevanteste Problem im Zusammenhang mit der Mitwirkung Dritter in der Rechtsgeschäftslehre besteht darin, wie die Person des Dritten i.S.d. § 123 Abs. 2 BGB zu bestimmen ist[14]. Hat ein Dritter eine arglistige Täuschung verübt, so ist eine Erklärung, die einem anderen abzugeben war, nach dieser Vorschrift nur dann anfechtbar, wenn dieser die Täuschung kannte oder kennen musste.

a) Klarstellungen zum Anwendungsbereich

9 Der Klarheit halber ist zunächst hervorzuheben, dass die damit verbundene Einschränkung der Anfechtung ausweislich des insoweit unmissverständlichen Wortlauts nur die Anfechtung infolge arglistiger Täuschung und nicht die wegen widerrechtlicher Drohung betrifft; wer auf diese Weise – gleichviel von wem – zur Erklärung genötigt wurde, soll also immer anfechten können[15]. Des

---

12 Zu dieser Anspruchsgrundlage im Einzelnen *Petersen*, Jura 2002, 743, 745 f.

13 *Canaris*, JZ 1976, 132, 134.

14 Dazu *Windel*, AcP 199 (1999), 421; bereits früher *Immenga*, BB 1984, 5.

15 Vgl. *S. Lorenz*, JuS 2012, 490, 493; *Leenen*, Allgemeiner Teil, § 14 Rn. 116; *Medicus/Petersen*, Bürgerliches Recht, Rn. 149.

Weiteren folgt aus dem Wortlaut („die einem anderen gegenüber abzugeben war"), dass nicht empfangsbedürftige Willenserklärungen stets anfechtbar sind, wenn sie durch arglistige Täuschung herbeigeführt wurden. Wurde also beispielsweise jemand durch arglistige Täuschung zu einer Auslobung (§ 657 BGB) veranlasst[16], so kann er seine Erklärung anfechten, ganz gleich von welcher Seite er getäuscht wurde[17].

Derartige Klarstellungen sind deshalb wichtig, weil nicht selten gerade solche **10** Fallgestaltungen vom Aufgabensteller gewählt werden, um Standardprobleme zu meiden und die sorgfältige Lektüre des Gesetzes zu prüfen. Bedroht beispielsweise der Vertreter den Geschäftspartner, so nehmen viele Klausurbearbeiter dies erfahrungsgemäß zum Anlass für die Erörterung, ob der Vertreter Dritter i.S.d. § 123 Abs. 2 BGB ist oder nicht. Dabei wird übersehen, dass diese Einschränkung hier von vornherein – und mit Bedacht – nicht gilt. Es empfiehlt sich daher, in einem derartigen Fall die Wertung des Gesetzes auf der Grundlage des unmissverständlichen Wortlauts herauszustellen. Diese besteht darin, dass die widerrechtliche Drohung eine so elementare und verwerfliche Beeinträchtigung der Willensfreiheit darstellt, dass sich der solchermaßen Bedrohte innerhalb der Anfechtungsfrist (§ 124 BGB) immer und unabhängig davon, wer ihn dazu bewegt hat, von seiner Erklärung lösen können muss. Man mag diesen Hinweisen entgegenhalten, dass sie selbstverständlich sind, aber ebenso selbstverständlich sollte die sorgsame Lektüre des Gesetzestextes sein. Unzulänglichkeiten in diesem Bereich werden dem Bearbeiter deshalb schwerer nachgetragen als die exakte Kenntnis eines Streitstandes, weil er damit Probleme schafft, wo buchstäblich keine sind.

b) Die maßgebliche Wertung

Aus dem Gesagten folgt zugleich die Wichtigkeit der zugrundeliegenden gesetz- **11** lichen Wertung. Das gilt sogar in besonderem Maße bei der Bestimmung des Dritten i.S.d. § 123 Abs. 2 BGB. Die Vorschrift lässt die Grundtendenz erkennen, dass die Erklärung grundsätzlich unanfechtbar sein soll, wenn die Täuschung von einem vertragsfremden, d.h. außenstehenden und „neutralen" Dritten verübt wurde, dessen Verhalten sich der Vertragspartner nicht zurechnen lassen muss. Der Grund für die Anfechtungsbeschränkung liegt darin, dass der Getäuschte die Folgen der Täuschung nicht auf seinen Vertragspartner „abwälzen

---

16 *Brox/Walker,* Allgemeiner Teil, Rn. 455; *Medicus/Petersen,* Allgemeiner Teil, Rn. 800; *Wolf/ Neuner,* Allgemeiner Teil, § 41 Rn. 109 m.w.N.
17 Palandt/*Ellenberger,* § 123 Rn. 12.

darf."[18]. Daraus erklärt sich, dass Rechtsprechung und Lehre dazu tendieren, den Begriff des Dritten bei § 123 Abs. 2 BGB eng auszulegen, weil dadurch die Anfechtungsmöglichkeit zugunsten des arglistig Getäuschten erweitert wird[19]. Wenn der Bundesgerichtshof die Zurechnung letztlich „nach Billigkeitsgesichtspunkten unter Berücksichtigung der Interessenlage" bemisst[20], so ist dies unbefriedigend und wird nur geringfügig präzisiert durch den Hinweis, dass Vertrauenspersonen des Erklärungsempfängers keine Dritten sind[21].

12   Ein durchaus leistungsfähiges Kriterium, das auch in der Fallbearbeitung zugrunde gelegt werden kann, ist dagegen der Rechtsgedanke des § 278 BGB[22]. Danach ist etwa der Verhandlungsgehilfe, der ohne entsprechende Abschlussvollmacht an den Verhandlungen mitwirkt, kein Dritter[23]. Ebenso wenig Dritter ist anerkanntermaßen der Vertreter[24]. Kein Dritter ist der Täuschende, wenn er von den Interessen her auf der Seite („im Lager") des Erklärungsempfängers steht[25]. Anders verhält es sich jedoch im Verhältnis des Hauptschuldners zum Bürgen. Wurde dieser von jenem arglistig getäuscht und dadurch zur Abgabe der Bürgschaftserklärung bewegt, so kann er nicht ohne weiteres gegenüber dem Gläubiger anfechten. Denn der Schuldner nimmt mit der Gestellung des Bürgen eigene und keine Interessen des Gläubigers wahr[26]. Wenn er nämlich keinen Bürgen gewinnen kann, erhält er in aller Regel auch keinen Kredit[27].

c) Dritter beim fremdfinanzierten Abzahlungskauf

13   Die Kasuistik ist kaum zu übersehen und braucht mit Selbstverständlichkeit in der Klausur nicht im Einzelnen bekannt zu sein. Eine prüfungsrelevante Konstellation betrifft das fremdfinanzierte (sog. "B"-)Geschäft, bei dem eine Bank

---

18 *Gottwald/Würdinger*, BGB – Allgemeiner Teil, 4. Auflage 2016, Rn. 165.

19 Vgl. BGH NJW 1996, 1051; *Stadler*, Allgemeiner Teil, § 25 Rn. 81; *Medicus/Petersen*, Allgemeiner Teil, Rn. 801.

20 BGH NJW 1978, 2144, 2145; vgl. auch BGH NJW 1979, 1593.

21 BGHZ 33, 302, 310; in diese Richtung auch *Schubert*, AcP 168 (1968), 470, 476 ff.

22 Vgl. *Leenen*, Allgemeiner Teil, § 14 Rn. 108 ff.; Palandt/*Ellenberger*, § 123 Rn. 13.

23 BGH NJW 1962, 2195; 1978, 2144; 1989, 2880.

24 RGZ 101, 97, 98; BGHZ 20, 36, 39; BGH NJW 1974, 1505; das gilt auch für den vollmachtslosen Vertreter, sofern der Vertragsschluss genehmigt wird; vgl. RGZ 76, 107, 108; BGH WM 1979, 237; ebenso, wenn die Vollmacht überschritten wurde, RG JW 1928, 1740.

25 *Wolf/Neuner*, Allgemeiner Teil, § 41 Rn. 111; *Köhler*, Allgemeiner Teil, § 7 Rn. 45; *Stadler*, Allgemeiner Teil, § 25 Rn. 81; *Medicus/Petersen*, Allgemeiner Teil, Rn. 803.

26 Vgl. nur BGH NJW 1968, 968 (anders, aber unzutreffend, noch BGH LM § 123 Nr. 30); *Flume*, Allgemeiner Teil, Band II, § 29, 3; *Wolf/Neuner*, Allgemeiner Teil, § 41 Rn. 112; *Medicus/Petersen*, Allgemeiner Teil, Rn. 803.

27 *Medicus/Petersen*, Bürgerliches Recht, Rn. 149 a.E.

durch Vermittlung des Verkäufers die Finanzierung übernimmt und dem Käufer gegenüber nicht direkt in Erscheinung tritt. Hat der Verkäufer den Käufer getäuscht, so stellt sich die Frage, ob sich der Käufer durch Anfechtung nach § 123 BGB gegen den Rückzahlungsanspruch aus dem Darlehen (§ 488 Abs. 1 BGB) wehren kann. Das setzt voraus, dass der Verkäufer nicht als Dritter anzusehen ist. Wenn er bei Abschluss des Kaufvertrags, wie zumeist der Fall, schon die Antragsformulare des Darlehensvertrags mit der Bank griffbereit in der Schublade hat und dem Käufer bei der Ausfüllung zur Seite steht, befindet er sich gleichsam „im Lager" der Bank und ist mithin kein außenstehender Dritter[28]. Dann steht der Anfechtung des Darlehensvertrags § 123 Abs. 2 BGB nicht entgegen. Für den Widerruf des Darlehensvertrags und Einwendungen gegen ihn ist immer auch an den Widerrufsdurchgriff (§ 358 BGB) und den Einwendungsdurchgriff (§ 359 BGB) zu denken, auf deren Einzelheiten hier nicht eingegangen werden kann[29].

Man kann diesen Fall zugleich als Probe für das oben zur zugrundeliegenden Wertung Gesagte ansehen[30]. Der Bank obliegen beim Vertragsschluss über das Darlehen regelmäßig Aufklärungspflichten. Schaltet sie insoweit den Verkäufer ein und verletzt dieser die Pflichten schuldhaft, so muss sich die Bank sein Verhalten nach § 278 BGB zurechnen lassen[31] und haftet dem Kunden aus § 280 Abs. 1 BGB gegebenenfalls auf Vertragsaufhebung[32]. Das veranschaulicht, dass § 278 BGB auch die maßgebliche Wertung für die Bestimmung des Dritten i.S.d. § 123 Abs. 2 BGB darstellt: Der Erfüllungsgehilfe ist in aller Regel nicht Dritter. | **14**

III. Der Dritte bei der Stellvertretung

Schließlich spielt die Person des Dritten im Stellvertretungsrecht eine gewichtige Rolle. Das erklärt sich zunächst schon daraus, dass bei der Vertretung notwendigerweise drei Personen mitwirken: Vertreter, Vertretener und eben Drit- | **15**

---

28 BGHZ 33, 302, 308; 47, 224; BGH NJW 1978, 2144; BGH BB 1979,579; ebenso *Flume*, Allgemeiner Teil, Band II, § 29, 3; *Medicus/Petersen*, Allgemeiner Teil, Rn. 802.
29 Dazu *Petersen*, Allgemeines Schuldrecht, Rn. 209 ff., 213 ff.; MüKo/*Habersack*, §§ 358 f.
30 Unter 1.
31 *Medicus/Petersen*, Bürgerliches Recht, Rn. 149; zur Zurechnung nach § 278 BGB auch *Leenen*, Allgemeiner Teil, § 14 Rn. 108 ff.
32 Zum streitigen Konkurrenzverhältnis zwischen dieser Haftung und § 123 BGB siehe *S. Lorenz*, ZIP 1998, 1053 ff.; ausführlich *dens.*, Der Schutz vor dem unerwünschten Vertrag, 1997; *Canaris*, AcP 200 (2000), 273, 304 ff.; *Grigoleit*, Vorvertragliche Informationshaftung, 1997; *dens.*, NJW 1999, 900.

ter. Dessen Interessen sind gerade bei der rechtsgeschäftlich erteilten Vertretungsmacht, also der Vollmacht (vgl. § 166 Abs. 2 BGB) von Bedeutung. Solange die Vollmacht besteht, gibt es regelmäßig keine Probleme. Klausuren und Hausarbeiten haben jedoch häufig Fälle zum Gegenstand, in denen die Vollmacht widerrufen oder in anderer Weise erloschen ist. Damit beschäftigen sich die §§ 169 bis 173 BGB, die einen beschränkten Redlichkeitsschutz[33] entfalten und allesamt auf den Dritten Bezug nehmen. Zu seinen Gunsten entfalten sie eine Rechtsscheinhaftung, die im Folgenden darzustellen ist.

1. Schutz des Drittkontrahenten und Grundverhältnis

16 Im Ausgangspunkt muss man sich dabei, wie immer im Stellvertretungsrecht, die Unabhängigkeit der Vollmachtserteilung vom jeweiligen Grundverhältnis vergegenwärtigen[34]. Dessen ungeachtet bestimmt sich nach § 168 S. 1 BGB das Erlöschen der Vollmacht nach dem ihrer Erteilung zugrundeliegenden Rechtsverhältnis. § 169 BGB nimmt auf die einschlägigen Vorschriften für das Grundverhältnis in einer Weise Bezug, die auf den ersten Blick schwer verständlich ist: Soweit nach den §§ 674, 729 BGB die erloschene Vollmacht eines Beauftragten oder eines geschäftsführenden Gesellschafters (vgl. § 714 BGB) als fortbestehend gilt, wirkt sie nach § 169 BGB nicht zugunsten eines Dritten, der bei der Vornahme das Erlöschen kennt oder kennen muss, d.h. fahrlässig nicht kennt, § 122 Abs. 2 BGB.

17 Um den Hintergrund dieser Anordnung zu verstehen, muss man sich den Inhalt der Vorschriften, aufgrund derer die Vollmacht eines Beauftragten oder eines geschäftsführenden Gesellschafters als fortbestehend gilt, vor Augen halten. § 674 BGB fingiert nämlich das Fortbestehen des Auftrags, bis der Beauftragte das Erlöschen kennt oder kennen muss. Entsprechend verhält es sich nach § 729 BGB bezüglich der Geschäftsführungsbefugnis für den Fall der Auflösung der Gesellschaft. Aus diesen Vorschriften ergibt sich ein umfassender Schutz des Bevollmächtigten, der von der Beendigung seiner Vertretungsmacht durch Umstände, welche ihren Grund im Innenverhältnis haben, nichts weiß bzw. nichts wissen muss. Diesen Schutz dehnt § 169 BGB auch auf den Dritten aus, der mit dem Vertreter einen Vertrag schließt. Soweit der Dritte den Grund für das Erlöschen der Vollmacht nicht kennt oder kennen muss, wird er geschützt; dann kommen ihm die Vertretungswirkungen zugute.

---

33 *Medicus/Petersen*, Grundwissen, Rn. 66; zum Schutzzweck auch *Leenen*, Allgemeiner Teil, § 9 Rn. 88; S. *Lorenz*, JuS 2010, 771, 773.
34 Näher dazu *Petersen*, Jura 2003, 310, 311.

Weiß der Dritte dagegen um das Erlöschen der Vollmacht oder musste er 18
davon wissen, so greift § 169 BGB ein: Die Vollmacht wirkt dann nicht zugunsten des Dritten. Dieser hat auch keinen Anspruch gegen den vollmachtslosen
Vertreter. Denn der Dritte kennt dann den Mangel der Vertretungsmacht oder
muss ihn zumindest kennen[35]. Dann haftet der Vertreter wegen § 179 Abs. 3 S. 1
BGB auch nicht als falsus procurator[36].

2. Rechtsscheinregeln beim Widerruf der Vollmacht

Die §§ 170 bis 173 BGB müssen in der Zusammenschau betrachtet werden. Sie 19
schützen den Dritten in seinem Vertrauen darauf, dass die Vollmacht fortbe-
steht, obwohl sie in Wahrheit widerrufen oder auf andere Weise erloschen ist.
Die Rechtsprechung wendet die Vorschriften auch für den Fall an, dass die
Vollmacht nicht oder nicht wirksam erteilt wurde[37].

a) Die Rechtsscheinvorschriften im Überblick

Nach § 170 BGB bleibt die Vollmacht dem Dritten gegenüber in Kraft, wenn sie 20
durch Erklärung ihm gegenüber erteilt ist, bis dem Dritten vom Vollmachtgeber
das Erlöschen angezeigt wird. Die Vorschrift regelt zugleich die Außenvollmacht. Sie bleibt dem Dritten gegenüber in Kraft, bis diesem gegenüber das Erlöschen kundgetan wird. Noch deutlicher im Mittelpunkt steht der Dritte in § 171
Abs. 1 BGB, der sogar zwischen „dem Dritten" und „jedem Dritten" unterscheidet: Hat jemand durch besondere Mitteilung an einen Dritten oder durch öffentliche Bekanntmachung kundgegeben, dass er einen anderen bevollmächtigt
habe, so ist dieser auf Grund der Kundgebung im ersteren Falle dem Dritten gegenüber, im letzteren Falle jedem Dritten gegenüber zur Vertretung befugt.
Fehlt die Innenvollmacht und ist die Kundgabe mithin unrichtig, so wird der
redliche Dritte nach h.M. analog § 173 BGB durch die §§ 171 Abs. 1, 172 Abs. 1 BGB
geschützt[38]. § 171 Abs. 2 BGB vervollkommnet diesen Schutz; der Vorschrift liegt

---

35 Zum Regelungsmechanismus der §§ 168 f., 674 BGB *Leenen*, Allgemeiner Teil, § 9 Rn. 84 f.;
Wolf/Neuner, Allgemeiner Teil, § 50 Rn. 55; *Medicus/Petersen*, Bürgerliches Recht, Rn. 93.
36 *Medicus/Petersen*, Allgemeiner Teil, Rn. 939; zur Haftung des falsus procurator auch
S. Lorenz, JuS 2010, 382, 384.
37 RGZ 104, 358, 360; 159, 363, 369; BGH NJW 1985, 730; BGH NJW-RR 1986, 467.
38 *S. Lorenz*, JuS 2010, 771, 774; *Stadler*, Allgemeiner Teil, § 30 Rn. 39; *Medicus/Petersen*,
Bürgerliches Recht, Rn. 95.

der Gedanke zugrunde, dass die nach außen mitgeteilte Innenvollmacht bis zur Mitteilung des Widerrufs bestehen bleibt[39].

21 § 172 Abs. 1 BGB ergänzt dies für den Fall, dass die Vollmacht in einer Urkunde verkörpert ist und damit ein besonderer Rechtsscheinträger besteht. Danach steht es der besonderen Mitteilung einer Bevollmächtigung durch den Vollmachtgeber gleich, wenn dieser dem Vertreter eine Vollmachtsurkunde ausgehändigt[40] hat und der Vertreter sie dem Dritten vorlegt. Die Vertretungsmacht bleibt nach § 172 Abs. 2 BGB bestehen, bis die Vollmachtsurkunde dem Vollmachtgeber zurückgegeben oder für kraftlos erklärt wurde[41]. Die Rechtsscheinvorschriften finden jedoch nach § 173 BGB keine Anwendung, wenn der Dritte das Erlöschen der Vertretungsmacht bei der Vornahme des Rechtsgeschäfts kennt oder kennen muss. Das entspricht dem oben dargestellten Rechtsgedanken[42]. Man kann die §§ 170 bis 173 BGB dahingehend zusammenfassen, dass der „redliche Dritte geschützt wird, wenn er für das Bestehen der Vertretungsmacht das Wort des Vollmachtgebers hat"[43].

b) Unwirksamkeitsgründe bei der Kundgabe einer Innenvollmacht

22 Der Schutz des redlichen Dritten muss sich besonders dann bewähren, wenn bei der Kundgabe der Innenvollmacht Willensmängel mitgewirkt haben. Auf der anderen Seite treten dann die Interessen des Vollmachtgebers verstärkt ins Blickfeld. Diese Konstellation ist vor allem deshalb sehr prüfungsrelevant, weil es um Fälle geht, in denen sich neben der stellvertretungsrechtlichen Frage Probleme der Anfechtung und Geschäftsfähigkeit stellen, wodurch sich der Schwierigkeitsgrad der vertretungsrechtlichen Ausgangsfrage gleichsam potenziert. Die hier behandelte Problematik ist allerdings nicht mit dem viel diskutierten Problem der Anfechtung einer ausgeübten Innenvollmacht zu verwechseln[44]. Es geht vielmehr um den Fall, dass ein unerkannt Geisteskranker oder jemand, der sich im Irrtum über den Inhalt seiner Mitteilung befand, Dritten mitgeteilt hat, dass er einem Vertreter Vollmacht erteilt hat. Dabei handelt es sich nicht um eine Außenvollmacht; der Vollmachtgeber hat den Rechtsverkehr

---

39 *Brox/Walker*, Allgemeiner Teil, Rn. 559; *Wolf/Neuner*, Allgemeiner Teil, § 50 Rn. 76; *Medicus/Petersen*, Allgemeiner Teil, Rn. 941.

40 Für abhanden gekommene Urkunden gilt die Vorschrift nicht; BGHZ 65, 13.

41 Sehr instruktives Klausurbeispiel dazu bei *Singer/Müller*, Jura 1988, 485.

42 Unter 1.

43 *Medicus/Petersen*, Allgemeiner Teil, Rn. 941.

44 Speziell dazu *Petersen*, AcP 201 (2001), 375 ff. sowie unter 3.

lediglich wissen lassen, dass er Innenvollmacht erteilt hat. Demnach liegt in diesem Kundgabeakt keine *Willens*-, sondern eine *Wissens*erklärung[45].

Ein Teil der Lehre stellt die fehlerhafte Mitteilung der Innenvollmacht einer **23** erteilten Außenvollmacht gleich[46]. Das hätte zur Folge, dass die Kundgabe entsprechend § 105 bzw. §§ 119, 142 BGB zumindest dann nichtig wäre, wenn es mutatis mutandis die Außenvollmacht wäre. Dafür spricht, dass der Dritte bei einer kundgemachten Innenvollmacht nach den §§ 171f. BGB nicht stärker geschützt werden muss, als wenn dem Vertreter eine Außenvollmacht erteilt worden wäre: Aber auch wenn zuzugeben ist, dass sich die unterschiedlichen Konstellationen strukturell ähneln, sind sie doch in ihrem dogmatischen Ausgangspunkt zu unterscheiden[47]. Daher sollte man über die Verpflichtung des Vertretenen nach den Grundsätzen der Rechtsscheinhaftung entscheiden[48]. Dafür kommt es vor allem darauf an, ob der Rechtsschein der Bevollmächtigung vom Vertretenen zurechenbar veranlasst wurde[49]. Daraus folgt, dass bei der Geschäftsunfähigkeit des Vollmachtgebers dessen Interessen den Vorrang verdienen, weil der Zurechenbarkeitsmangel so gravierend ist, dass für einen Verkehrsschutz unter Rechtsscheingesichtspunkten kein Raum ist[50]. Ebenso ist im Falle der arglistigen Täuschung zu entscheiden. Aber auch bei der Anfechtung nach § 119 BGB muss sich der Kundgebende nicht an seiner Mitteilung festhalten lassen. Denn der redliche Rechtsverkehr ist durch § 122 Abs. 1 BGB hinreichend geschützt[51]. Hier zahlt sich aus, dass § 122 Abs. 1 BGB davon spricht, dass jedem Dritten der Schaden zu ersetzen ist, den er dadurch erleidet, dass er auf die Gültigkeit der Erklärung vertraut und redlicherweise darauf vertrauen durf-

---

45 *Wolf/Neuner*, Allgemeiner Teil, § 50 Rn. 15, 69; *Medicus/Petersen*, Bürgerliches Recht, Rn. 97.

46 *Flume*, Allgemeiner Teil, Band II, § 49, 2 c; *Wolf/Neuner*, Allgemeiner Teil, § 50 Rn. 74.

47 Vgl. auch *Enneccerus/Nipperdey*, Allgemeiner Teil, 15. Auflage 1959/60, § 184 II 3; *Wolf/Neuner*, Allgemeiner Teil, § 50 Rn. 74.

48 Grundlegend *Canaris*, Die Vertrauenshaftung im deutschen Privatrecht, 1971, S. 32 ff.

49 Vgl. auch *Nitschke*, JuS 1968, 541; *K. Schmidt*, JuS 1990, 517, 521.

50 *Canaris*, Die Vertrauenshaftung im deutschen Privatrecht, 1971, S. 35 f., 435 ff.; *Frotz*, Verkehrsschutz im Vertretungsrecht, 1972, S. 325; *Wolf/Neuner*, Allgemeiner Teil, § 50 Rn. 88; *H. Hübner*, Allgemeiner Teil des BGB, 2. Auflage 1996, Rn. 1286.

51 Das entbindet den Vertretenen freilich nicht davon, auch dem Vertreter gegenüber (vgl. § 143 Abs. 3 BGB) die Vollmachtserteilung als einseitiges Rechtsgeschäft anzufechten. Soweit dieser dadurch als Vertreter ohne Vertretungsmacht dasteht, trifft ihn das nicht ungebührlich, weil er wegen § 179 Abs. 2 BGB dem Dritten nur Ersatz des negativen Interesses schuldet. Dieses entspricht vom Umfang her genau dem, was er selbst nach § 122 Abs. 1 BGB von dem Vertretenen verlangen kann, so dass er im Ergebnis von einer Haftung freigestellt wird. Zu diesem Modell der doppelten Anfechtung beim Parallelproblem der Anfechtung der ausgeübten Innenvollmacht *Petersen*, AcP 201 (2001), 375, 384 ff.

te[52]. Denn „abzugeben", wie es § 122 Abs. 1 Alt. 1 BGB sagt, war die (Wissens-) Erklärung niemandem gegenüber, so dass hier wiederum der Dritte ins Spiel kommt.

---

[52] Siehe dazu oben II 1 a.E.

§ 2 Gesetzliche Vertreter

*Viele klausurrelevante Vorschriften des BGB setzen den gesetzlichen Vertreter voraus. Daher sollen im Folgenden die wichtigsten Bestimmungen mit Bezug zur Fallbearbeitung dargestellt werden.**

I. Erscheinungsformen und Regelungszusammenhang

1. Gesetzliche Vertreter im Minderjährigenrecht

Der Begriff des gesetzlichen Vertreters begegnet den Studierenden verhältnis- 1
mäßig früh in ihrer Ausbildung, nämlich schon im Rahmen der Behandlung des
Minderjährigenrechts[1]: Schließt der Minderjährige einen Vertrag ohne die erforderliche Einwilligung (§ 183 S. 1 BGB) des gesetzlichen Vertreters, so hängt die
Wirksamkeit des Vertrags nach § 108 Abs. 1 BGB von der Genehmigung (§ 184
Abs. 1 BGB) des Vertreters ab[2]. Nicht minder bekannt ist bereits den Erstsemes-
tern der hinsichtlich seiner dogmatischen Struktur sehr schwierige „Taschen-
geldparagraph"[3], der folgerichtig ebenfalls den gesetzlichen Vertreter und am
Schluss übrigens auch den Dritten voraussetzt[4]: Ein von dem Minderjährigen
ohne Zustimmung des gesetzlichen Vertreters geschlossener Vertrag gilt nach
§ 110 BGB als von Anfang an wirksam, wenn der Minderjährige die vertragsmäßige Leistung mit Mitteln bewirkt, die ihm zu diesem Zweck oder zur freien Verfügung von dem Vertreter oder mit dessen Zustimmung von einem Dritten überlassen worden sind. Auch in den §§ 111–113 BGB kommt der gesetzliche Vertreter
vor.

2. Gesetzliche Vertreter im Familienrecht

In praktisch allen Fällen, in denen diese Regelungen zur Anwendung kommen, 2
ergibt sich der dort im Singular so bezeichnete gesetzliche Vertreter aus den

---

* Zuerst abgedruckt in Jura 2017, S. 906–908.
1 Dazu *Petersen*, Jura 2003, 97; 399; 2006, 280; eingehend § 1 I 1.
2 Zum Regelungsmechanismus weiterführend *Leenen*, Festschrift Canaris, 2007, Band I, S. 699, 708 f.
3 Dazu *Leenen*, FamRZ 2000, 863; vgl. auch § 1 I.
4 Zum Verhältnis dieser Personen bereits § 1.

https://doi.org.10.1515/9783110365702-002

familienrechtlichen Vorschriften der §§ 1626 Abs. 1, 1629 Abs. 1 BGB, die daher ungeachtet ihres äußeren systematischen Standorts von Beginn der juristischen Ausbildung an bekannt sein müssen.

a) Elterliche Sorge

3 Obwohl erst § 1629 Abs. 1 BGB von der Vertretung des Kindes spricht, muss § 1626 Abs. 1 BGB mit zitiert werden, wonach die Eltern die Pflicht und das Recht haben, für das minderjährige Kind zu sorgen. Die damit legaldefinierte elterliche Sorge umfasst nach § 1629 Abs. 1 S. 1 BGB die Vertretung des Kindes[5]. Die Eltern vertreten das Kind gemäß § 1629 Abs. 1 S. 2 Hs. 1 BGB gemeinschaftlich. Es handelt sich um einen Tatbestand der Gesamtvertretung[6]. Jedoch vertritt ein Elternteil das Kind allein, soweit er die elterliche Sorge allein ausübt oder ihm die Entscheidung nach § 1628 BGB übertragen ist, § 1629 Abs. 1 S. 3 BGB. Hier passt die in §§ 108 ff. BGB vorausgesetzte Einzahl auch sprachlich. Fortgeschrittenen fällt im Zusammenhang mit den §§ 108 ff. BGB und den §§ 1626, 1629 BGB der Flugreisefall ein[7], bei dessen bereicherungsrechtlicher Würdigung sich im Rahmen der Prüfung der §§ 818 Abs. 4, 819 Abs. 1 BGB die Frage stellt, auf wessen Kenntnis – die des minderjährigen blinden Passagiers oder seiner ahnungslosen Eltern – abzustellen ist[8].

b) Vormundschaft und Betreuung

4 Eine weitere Ausprägung der gesetzlichen Vertretungsmacht findet sich im Familienrecht innerhalb des Vormundschaftsrechts. Die Bestimmung ähnelt strukturell § 1626 BGB, auf dessen zweiten Absatz denn auch in § 1793 Abs. 1 S. 2 BGB verwiesen wird. Der Vormund hat nach § 1793 Abs. 1 BGB das Recht und die Pflicht, für die Person und das Vermögen des Mündels zu sorgen. Auch der Vormund ist sonach gesetzlicher Vertreter. Entsprechend verhält es sich im Betreuungsrecht: In seinem Aufgabenkreis vertritt der Betreuer den Betreuten nach § 1902 BGB gerichtlich und außergerichtlich. Die Vorschrift betrifft das Außenverhältnis, wohingegen das Innenverhältnis in § 1901 Abs. 1, 2 BGB geregelt ist.

---

5 Zur elterlichen Sorge lehrreich *Coester-Waltjen*, Jura 2005, 97.

6 *Medicus/Lorenz*, Allgemeines Schuldrecht, § 31 Rn. 385.

7 BGHZ 55, 128; dazu *Hombrecher*, Jura 2004, 250; *Medicus/Petersen*, Bürgerliches Recht, Rn. 176.

8 Näher *Canaris*, JZ 1971, 560; *Medicus*, FamRZ 1971, 250.

3. Gesetzliche Vertreter im Verbandsrecht

Aber nicht nur in der Rechtsgeschäftslehre, sondern bereits zu Beginn des All- 5
gemeinen Teils im Vereinsrecht findet sich eine Vorschrift über den gesetzlichen Vertreter, die in Klausuren mitunter zum Zuge kommt[9]. Nach § 26 Abs. 1
S. 2 BGB vertritt der Vorstand den Verein gerichtlich und außergerichtlich; er
hat die Stellung eines gesetzlichen Vertreters[10]. Der Umfang der Vertretungsmacht kann durch die Satzung mit Wirkung gegen Dritte beschränkt werden,
§ 26 Abs. 1 S. 3 BGB[11]. Diese Vorschriften gelten nach § 86 BGB mit geringfügigen
Abweichungen entsprechend für die Stiftung[12]. Nicht ausdrücklich, sondern nur
der Sache nach genannt ist der gesetzliche Vertreter in § 78 AktG, wonach der
Vorstand die Aktiengesellschaft gerichtlich und außergerichtlich vertritt. Entsprechendes gilt nach § 35 Abs. 1 GmbHG für den Geschäftsführer einer Gesellschaft mit beschränkter Haftung.

II. Mitverschulden des gesetzlichen Vertreters

Eine der bekanntesten Vorschriften, in denen das Tatbestandsmerkmal des ge- 6
setzlichen Vertreters enthalten ist, stellt § 278 S. 1 BGB dar[13]. Danach hat der
Schuldner ein Verschulden seines gesetzlichen Vertreters und der Personen,
deren er sich zur Erfüllung seiner Verbindlichkeit bedient, in gleichem Umfang
zu vertreten wie eigenes Verschulden. Die Studierenden denken bei dieser Regelung häufig nur an Erfüllungsgehilfen, also die zuletzt genannten Personen, die
mit Wissen und Wollen des Schuldners in seinem Pflichtenkreis tätig sind[14]. In
Klausuren und Hausarbeiten kommen jedoch häufig gesetzliche Vertreter in
Gestalt der Eltern eines Minderjährigen (§§ 1626 Abs. 1, 1629 Abs. 1 BGB) vor.
Wenn auch nur einem der beiden Elternteile im Rahmen der Gesamtvertretung
des Kindes ein Verschulden zur Last fällt, begründet dies die Zurechnung nach
§ 278 S. 1 BGB[15].

---

9 Zum Vereinsrecht des BGB *Petersen*, Jura 2002, 683.
10 Dazu etwa BGH JZ 1953, 474; BGH NJW 1991, 1727.
11 Ein Fallbeispiel aus einer Examensklausur findet sich bei *Petersen*, Allgemeiner Teil und
Handelsrecht, § 38 Rn. 11.
12 Zu ihr *Petersen*, Jura 2007, 277.
13 Dazu ausführlich *S. Lorenz*, JuS 2007, 983; siehe auch § 3 II.
14 BGHZ 62, 119, 124; 98, 330, 334.
15 *Medicus/Lorenz*, Allgemeines Schuldrecht, § 31 Rn. 385.

7   Über eine versteckte Verweisung kommt diese Problematik in der Fallbearbeitung mitunter auf einer anderen Ebene zum Tragen, nämlich der des Mitverschuldens[16]. Ausgangspunkt ist die unscheinbare Vorschrift des § 254 Abs. 2 S. 2 BGB, wonach § 278 BGB entsprechende Anwendung findet. Anerkanntermaßen ist dieser Satz, der sich vorderhand nur auf § 254 Abs. 2 BGB bezieht, als eigenständiger dritter Absatz zu lesen, so dass sich die Verweisung auch auf § 254 Abs. 1 BGB bezieht. Es kommt also nicht nur auf ein Mitverschulden im Rahmen der Schadensminderungspflicht (§ 254 Abs. 2 BGB) an, sondern es findet auch eine Mitverschuldenszurechnung bei der Entstehung des Schadens statt[17]. Es handelt sich also um ein Redaktionsversehen; das innere System ist wichtiger als die äußere systematische Anordnung[18].

8   Umstritten ist bei § 254 Abs. 2 S. 2 BGB i.V.m. § 278 BGB, ob es sich um eine Rechtsgrundverweisung oder um eine Rechtsfolgenverweisung handelt. Wenn man mit der Rechtsprechung von einer Rechtsgrundverweisung ausgeht[19], muss eine Sonderverbindung mit dem Geschädigten bestanden haben, an der es oft fehlen wird. Geht man dagegen von einer Rechtsfolgenverweisung aus, so muss sich der Geschädigte das Verschulden seiner Hilfspersonen ohne weiteres – also ohne das Erfordernis einer Sonderverbindung – zurechnen lassen[20]. Aber auch diese Ansicht macht im Verhältnis der Eltern zu ihren minderjährigen Kindern eine wichtige Ausnahme: Anders als es bei Erfüllungsgehilfen der Fall ist, kann sich das Kind seine gesetzlichen Vertreter eben nicht aussuchen[21].

---

16 Grundlegend *H. Roth*, Haftungseinheiten bei § 254 BGB, 1982; *Looschelders*, Die Mitverantwortlichkeit des Geschädigten im Privatrecht, 1999.

17 BGH NJW 1951, 477.

18 Zu dieser auf *Philipp Heck* (Begriffsbildung und Interessenjurisprudenz, 1932) zurückgehenden Unterscheidung zwischen innerem und äußerem System *Canaris*, Systemdenken und Systembegriff in der Jurisprudenz, 2. Auflage 1983, S. 44 f.; speziell zur Bedeutung für die Fallbearbeitung *Petersen*, 2. Festschrift Medicus, 2009, S. 295.

19 BGHZ 116, 60, 74.

20 Zur Verantwortlichkeit des Geschädigten für seine Hilfspersonen *Medicus*, NJW 1962, 2081; *Esser*, JZ 1952, 257; 1953, 691; *J. Hager*, NJW 1989, 1640; lehrreich auch *K. Schreiber*, Jura 1994, 164.

21 *Petersen*, Allgemeines Schuldrecht, Rn. 453, mit einem Fallbeispiel zur gestörten Gesamtschuld, an die bei dieser Problematik stets zu denken ist.

§ 3 Verantwortlichkeit für Dritte

Zurechnungsprobleme begegnen praktisch in allen denkbaren Klausurgestaltungen von der Anfängerübung bis zum Examen. Sie sind ein beliebtes Einfallstor für die Einbeziehung Dritter, durch die jeder Fall an Schwierigkeit gewinnt.*

I. Haftung des Vereins für Organe gegenüber Dritten

Innerhalb des Vereinsrechts ist § 31 BGB die bekannteste Zurechnungsvor- **1** schrift[1]. Der Verein ist danach für den Schaden verantwortlich, den der Vorstand, ein Mitglied des Vorstands oder ein anderer verfassungsmäßig berufener Vertreter durch eine in Ausführung der ihm zustehenden Verrichtungen begangene, zum Schadensersatz verpflichtende Handlung einem Dritten zufügt. Wichtig ist im Ausgangspunkt, dass § 31 BGB entgegen dem ersten Anschein („ist für den Schaden verantwortlich") keine Anspruchsgrundlage darstellt[2], sondern einen anderweitig begründeten Anspruch voraussetzt, wie auch der Wortlaut bei näherem Hinsehen offenbart („begangene, zum Schadensersatz verpflichtende Handlung")[3]. Es handelt sich bei § 31 BGB also nur um eine Zurechnungsnorm[4]. § 31 BGB wird allerdings über den Wortlaut hinaus auf andere juristische Personen, wie die Aktiengesellschaft und die GmbH entsprechend angewendet[5].

Umstritten ist, ob § 31 BGB auch für quasivertragliche Ansprüche gilt. Wenn **2** etwa der Vorstand einer Aktiengesellschaft Schutzpflichten gegenüber einem Kunden schuldhaft verletzt, besteht ein Anspruch des Kunden gegen die AG aus § 280 Abs. 1 S. 1 BGB. Im Rahmen des Verschuldens (§ 280 Abs. 1 S. 2 BGB) fragt sich, ob das Verschulden des Vorstandsmitglieds der Aktiengesellschaft entsprechend § 31 BGB zuzurechnen ist, wie die Rechtsprechung annimmt. Präziser erscheint demgegenüber im quasivertraglichen Bereich eine Verschuldenszurechnung nach § 278 BGB. Denn der Vorstand vertritt die AG nach § 78 Abs. 1 S. 1 AktG gerichtlich und außergerichtlich; noch deutlicher ist es beim Verein ge-

---

* Zuerst abgedruckt in Jura 2016, S. 1257–1259.

1 Der weniger klausurrelevante § 89 Abs. 1 BGB verweist zudem darauf.

2 BGHZ 99, 298, 302.

3 *Schürnbrand*, Organschaft im Recht der privaten Verbände, 2007, S. 328 f.; *Petersen*, Jura 2002, 683, 684.

4 Palandt/*Ellenberger*, § 31 Rn. 2.

5 *Brox/Walker*, Allgemeines Schuldrecht, § 20 Rn. 27.

https://doi.org.10.1515/9783110365702-003

mäß § 26 Abs. 1 S. 2 Hs. 2 BGB, wonach der Vorstand die Stellung eines gesetzlichen Vertreters hat. Das passt aber bruchlos zu dem sogleich näher zu behandelnden § 278 S. 1 BGB, wonach der Schuldner, hier also die AG bzw. der Verein, insbesondere ein Verschulden seines gesetzlichen Vertreters in gleicher Weise zu vertreten hat wie eigenes Verschulden[6]. Das spricht dafür, die Streitfrage dahingehend zu beantworten, dass das Verschulden bei Organen des Vereins oder anderer juristischer Personen im quasivertraglichen Bereich nicht nach § 31 BGB, sondern nach § 278 BGB zugerechnet wird[7]. Für deliktisch begründete Verbindlichkeiten bleibt es aber natürlich bei § 31 BGB; hier hat § 278 BGB nichts verloren.

II. Verantwortlichkeit des Schuldners für Dritte

3 Damit ist der praktisch wichtigere § 278 BGB bereits angesprochen worden[8]. Danach hat der Schuldner ein Verschulden seines gesetzlichen Vertreters und der Personen, deren er sich zur Erfüllung seiner Verbindlichkeit bedient, in gleichem Umfang zu vertreten wie eigenes Verschulden. Zu unterscheiden ist also zwischen dem Verschulden des gesetzlichen Vertreters und demjenigen eines sogenannten Erfüllungsgehilfen. Wie sich aus dem Wortlaut („Schuldner", „Verbindlichkeit") ergibt[9], wird in beiden Fällen ein bereits bestehendes Schuldverhältnis im Zeitpunkt der Auswirkung der den Schaden begründenden Handlung vorausgesetzt[10], sei es aus Vertrag oder aus Gesetz[11].

1. Gesetzlicher Vertreter

4 Wie die zuletzt unter I. dargestellte Problematik zeigt, ist § 278 BGB gerade bei der Fallbearbeitung nicht auf den Begriff des Erfüllungsgehilfen zu reduzieren, wie dies gleichwohl nicht selten geschieht[12]. Denn mit der Erfassung des gesetz-

---

6 *Kleindiek*, Deliktshaftung und juristische Person, 1997, S. 274 ff.; *Petersen*, NJW 2003, 1570.

7 *Flume*, Allgemeiner Teil des Bürgerlichen Rechts, Band I/2, 1983, § 11 III 5; *Medicus/Petersen*, Allgemeiner Teil, Rn. 1134, 1135.

8 Zu ihm etwa *S. Lorenz*, JuS 2007, 983. Allgemein zur Haftung von Hilfspersonen *K. Schreiber*, Jura 1987, 647; zur Dogmatik des § 278 BGB *E. Schmidt*, AcP 170 (1970), 502; *v. Caemmerer*, Festschrift Hauß, 1978, S. 33.

9 BGHZ 16, 260, 262.

10 *Medicus/Lorenz*, Allgemeines Schuldrecht, Rn. 375.

11 BGHZ 93, 278, 284.

12 Eingehend dazu bereits § 2.

lichen Vertreters sind nicht nur die zuletzt genannten Vertreter gemeint, sondern etwa auch die – klausurrelevanten – Eltern im Verhältnis zu einem minderjährigen Kind. Denn ihnen obliegt nach § 1626 Abs. 1 BGB die elterliche Sorge, die nach § 1629 Abs. 1 S. 1 BGB die Vertretung des Kindes umfasst. Da die Eltern das Kind nach § 1626 Abs. 1 S. 2 Hs. 1 BGB gemeinschaftlich vertreten, sind sie auch gesetzliche Vertreter im Sinne des § 278 S. 1 BGB. Ausreichend ist bereits, dass einem von mehreren zur Vertretung Berechtigten, also etwa einem Elternteil, ein Verschulden zur Last fällt[13].

2. Erfüllungsgehilfe

Vom Begriff des Erfüllungsgehilfen[14] weiß das Gesetz unmittelbar nichts (weshalb der in Klausuren häufig anzutreffende Satz „E ist nach § 278 BGB Erfüllungsgehilfe" nicht nur wegen des unpräzisen, weil nicht satzgenauen, Zitats unbefriedigend ist). Das Gesetz spricht nur von Personen, deren er, also der Schuldner, sich zur Erfüllung – nach überwiegender Auffassung nicht nur bei Gelegenheit[15] – seiner Verbindlichkeit bedient. Diese bringt man auf den Begriff des Erfüllungsgehilfen. Ein solcher ist, wer nach den tatsächlichen Umständen mit Wissen und Wollen des Schuldners – also nicht freiwillig, wie etwa bei der GoA[16] – in seinem Pflichtenkreis tätig ist[17], selbst wenn ihm das nicht bewusst ist (unbewusster Erfüllungsgehilfe)[18]. 5

Zu diesem Pflichtenkreis gehören nicht nur Leistungspflichten, sondern auch Rücksichtnahmepflichten im Sinne des § 241 Abs. 2 BGB, also auch alle Arten von Schutzpflichten[19]. In dem oben unter I. angesprochenen Fall, welcher der Entscheidung Kirch gegen die Deutsche Bank und deren Vorstandsmitglied Rolf Breuer nachgebildet ist[20], bedeutet dies, dass etwa auch Schutzpflichtver- 6

---

13 BGHZ 98, 148, 151.
14 Zur Abgrenzung *S. Lorenz*, JuS 2007, 983.
15 Skeptisch gegenüber dieser Einschränkung *Looschelders*, Allgemeines Schuldrecht, Rn. 506; *Brox/Walker*, Allgemeines Schuldrecht, § 20 Rn. 32; *Medicus/Lorenz*, Allgemeines Schuldrecht, Rn. 382, wonach § 278 BGB für alle Schädigungen gelten soll, „die dem Gehilfen durch die übertragene Tätigkeit erheblich erleichtert worden sind".
16 Jauernig/*Stadler*, § 278 Rn. 7 f.
17 BGHZ 50, 32, 35; 100, 117, 122. Ob auch ein Unterlassen erfasst ist, wird uneinheitlich beurteilt; dafür *Kaiser/Rieble*, NJW 1990, 218.
18 BGHZ 13, 111, 113; 98, 330, 334.
19 BGH NJW 2012, 1083, 1084; Palandt/*Grüneberg*, § 278 Rn. 13.
20 BGHZ 166, 84.

letzungen nach § 278 S. 1 BGB zurechenbar sind (sofern man nicht, wie oben dargestellt, § 31 BGB entsprechend heranzieht).

7   Kein Erfüllungsgehilfe des Verkäufers ist nach der Rechtsprechung des Bundesgerichtshofs[21] und der wohl herrschenden Lehre trotz § 433 Abs. 1 S. 2 BGB der Hersteller der Kaufsache[22], weil er lediglich eine eigene Verpflichtung erfüllt, die ihm gegenüber dem Verkäufer obliegt[23]. Etwas anderes gilt nur, wenn der Verkäufer im Rahmen einer bestehenden Unterweisungspflicht eine Bedienungsanleitung des Herstellers verwendet[24]. Allerdings steht in allen diesen Fällen der Eigenschaft als Erfüllungsgehilfe nicht entgegen, dass der Betreffende selbständiger Unternehmer ist: Denn im Unterschied zu § 831 BGB bedarf es für § 278 BGB keiner Weisungsgebundenheit.

III. Haftung für den Verrichtungsgehilfen

8 Wer einen anderen zu einer Verrichtung bestellt, ist nach § 831 Abs. 1 S. 1 BGB zum Ersatz des Schadens verpflichtet, den der andere in Ausführung der Verrichtung einem Dritten widerrechtlich zufügt. Im Unterschied zu § 278 BGB haftet der Geschäftsherr nach § 831 Abs. 1 S. 1 BGB nicht für fremdes, sondern für eigenes Verschulden[25]. Der Verrichtungsgehilfe muss tatbestandlich und rechtswidrig eine unerlaubte Handlung im Sinne der §§ 823 ff. BGB begangen haben[26]. Verrichtungsgehilfe ist, wer dem Geschäftsherrn gegenüber generell oder partiell weisungsgebunden[27], nicht notwendigerweise aber von ihm sozial abhängig ist[28].

9   Die Ersatzpflicht tritt nach § 831 Abs. 1 S. 2 BGB nicht ein, wenn der Geschäftsherr bei der Auswahl der bestellten Person und, soweit er Vorrichtungen oder Gerätschaften zu beschaffen oder die Ausführung der Verrichtungen zu leiten hat, bei der Beschaffung oder der Leitung die im Verkehr erforderliche Sorgfalt beobachtet oder wenn der Schaden auch bei Anwendung dieser Sorgfalt entstanden sein würde. Die dezidierten Voraussetzungen dieses Entlas-

---

21 BGHZ 48, 118, 120; BGH NJW 2014, 2183, 2185.
22 *Harke*, Allgemeines Schuldrecht, 2010, Rn. 244; *Medicus/Lorenz*, Allgemeines Schuldrecht, Rn. 377; *Medicus/Petersen*, Bürgerliches Recht, Rn. 806; a.A. *Schroeter*, JZ 2010, 495, 497; *Peters*, ZGS 2010, 24; *Weller*, NJW 2012, 2312.
23 Jauernig/*Stadler*, § 278 Rn. 16.
24 BGHZ 47, 312, 316.
25 *Medicus/Lorenz*, Besonderes Schuldrecht, Rn. 1344.
26 Dazu *Kupisch*, JuS 1984, 250, 253; *Helm*, AcP 166 (1966), 389, 392.
27 BGHZ 45, 311, 312 f.
28 Jauernig/*Teichmann*, § 831 Rn. 5.

tungsbeweises dürfen in der Fallbearbeitung nicht leichthin angenommen werden, wenn es im zu begutachtenden Sachverhalt keine klaren Hinweise darauf gibt, dass der Geschäftsherr den Verrichtungsgehilfen sorgfältig ausgesucht und hinreichend überwacht hat. Gibt es aber solche Anhaltspunkte und kann sich der Geschäftsherr sonach exkulpieren, so verwirklicht sich die strukturelle Schwäche des Deliktsrechts; in solchen Fällen ist auf der Ebene vertragsähnlicher Ansprüche immer auch an die Möglichkeit eines Schuldverhältnisses mit Schutzwirkung zugunsten Dritter zu denken, bei dem es der Sache nach um die Drittwirkung von Schutzpflichten geht[29].

Abschließend sei noch auf einen häufig anzutreffenden Subsumtionsfehler **10** aufmerksam gemacht. Nicht selten liest man in Klausuren oder Hausarbeiten den vermeintlichen Obersatz: „Fraglich ist, ob A Erfüllungs- oder Verrichtungsgehilfe ist". Dieser Satz ist per se falsch. Denn die §§ 278 und 831 BGB kommen bei der Fallbearbeitung auf ganz unterschiedlichen Ebenen zum Tragen. Während § 831 BGB eine eigenständige Anspruchsgrundlage darstellt, wird nach § 278 BGB nur das Vertretenmüssen zugerechnet[30]. Es kann also von der Rechtsfolge her gesehen an keiner denkbaren Stelle der Klausur oder Hausarbeit die Alternative ‚fraglich‘ sein, ob eine Person Erfüllungs- oder Verrichtungsgehilfe ist[31].

---

29 Siehe hierzu ausführlich § 9.
30 *Medicus/Lorenz*, Allgemeines Schuldrecht, Rn. 375, dort auch ein lehrreiches Beispiel zum Verhältnis der beiden Normen.
31 *Petersen*, Allgemeines Schuldrecht, Rn. 246.

2. Teil: Der Dritte im Schuldrecht

§ 4 Überblick zum Dritten im Allgemeinen Schuldrecht

Vor der Behandlung einzelner schuldrechtlicher Konstellationen, in denen der Dritte begegnet, soll zunächst der Dritte im Allgemeinen Schuldrecht überblicksartig dargestellt werden.*

I. Einführung

Für die Bewältigung der Herausforderungen im Anspruchsaufbau bei der Mit- **1** wirkung Dritter empfiehlt es sich, nicht einfach Meinungsstreitigkeiten bekannter Dreipersonenverhältnisse auswendig zu lernen, sondern sich im Ausgangspunkt zu vergegenwärtigen, wie das Gesetz selbst die Person des Dritten ausdrücklich einbezieht und regelt, weil sich darin bereits entscheidende Wertungen des Interessenausgleichs unter der Mitwirkung Dritter abbilden[1].

Ein konkret geregeltes Beispiel bildet die im Übrigen nicht zu vertiefende **2** Sonderregelung des § 311b Abs. 4 BGB, wonach ein Vertrag über den Nachlass eines noch lebenden Dritten nichtig ist. Das Gleiche gilt von einem Vertrag über den Pflichtteil oder ein Vermächtnis aus dem Nachlass eines noch lebenden Dritten, § 311b Abs. 4 Satz 2 BGB. Die Rechtsordnung hält solche Geschäfte ersichtlich für anstößig, weil damit der Tod des Dritten zum Gegenstand der Spekulation wird[2]. Damit kommt eine privatrechtliche Grundwertung an versteckter Stelle zum Vorschein, die es im Klausurfall gegebenenfalls zu erkennen gilt. Denn nichts ist peinlicher, als den Interessenwiderstreit bei der Mitwirkung Dritter unter Rückgriff auf eine diffuse herrschende Meinung oder vermeintliche Rechtsprechung lösen zu wollen, wenn das Gesetz (nicht selten im zweiten Absatz) eine ausdrückliche Regelung für den Dritten bereithält. Daher sollen im Folgenden überblicksartig diejenigen Vorschriften genannt werden, die den Dritten ausdrücklich voraussetzen, um auf diese Weise einen Begriff von der Vielschichtigkeit der Problematik zu erhalten. Denn das Gesetz hat in weitaus mehr Fallgestaltungen eine ausdrückliche Regelung parat. Die Einzelheiten dazu sind den folgenden Abschnitten (§§ 5 ff.) vorbehalten, auf die verwiesen sei.

---

* Zuerst abgedruckt in Jura 2014, S. 580–584.

1 Dazu auch *Petersen*, Von der Interessenjurisprudenz zur Wertungsjurisprudenz, 2001, passim.

2 BGHZ 37, 319, 323.

https://doi.org.10.1515/9783110365702-004

II. Die einzelnen Ausprägungen

3 Kraft des Schuldverhältnisses ist der Gläubiger nach § 241 Abs. 1 BGB berechtigt, von dem Schuldner eine Leistung zu fordern. Das Gesetz geht also zunächst von einer Zwei-Personen-Beziehung aus: Gläubiger und Schuldner. Das ist Ausdruck des Prinzips der Relativität der Schuldverhältnisse, in denen eine Mitwirkung Dritter in den rechtlichen Beziehungen grundsätzlich nicht vorgesehen ist[3].

1. Drittwirkung von Schutz- und Leistungspflichten[4]

a) Schuldverhältnis mit Schutzwirkung zugunsten Dritter

4 Demgemäß bestimmt § 241 Abs. 2 BGB, dass das Schuldverhältnis nach seinem Inhalt jeden Teil zur Rücksicht auf die Rechte, Rechtsgüter und Interessen des anderen Teils verpflichten kann. Vor diesem systematischen Hintergrund versteht sich die Bestimmung des § 311 Abs. 3 BGB: Ein Schuldverhältnis mit Pflichten nach § 241 Abs. 2 BGB kann auch zu Personen entstehen, die nicht selbst Vertragspartei werden sollen. Ein solches Schuldverhältnis entsteht insbesondere, wenn der Dritte in besonderem Maße Vertrauen für sich in Anspruch nimmt und dadurch die Vertragsverhandlungen oder den Vertragsschluss erheblich beeinflusst. Hier ist der Dritte ausdrücklich genannt. Der Sache nach geht es dabei um die Drittwirkung von Schutzpflichten, die unter dem Gesichtspunkt des Vertrags- bzw. Schuldverhältnisses mit Schutzwirkung zugunsten Dritter diskutiert wird[5].

5 Der Dritte erhält unter bestimmten Voraussetzungen einen eigenen vertraglichen Schadensersatzanspruch, obwohl er nicht Vertragspartner wird bzw. werden sollte. Damit droht dem Anspruchsgegner auf der anderen Seite eine Risikostreuung, da er die vertraglichen Ansprüche möglicherweise kaum vorhersehen kann. Um die Risiken des Vertragspartners nicht unkalkulierbar zu vergrößern, müssen daher die folgenden Voraussetzungen vorliegen: Der Dritte muss der Gefahr einer Schutzpflichtverletzung in gleicher Weise ausgesetzt sein wie der Vertragspartner (Leistungsnähe)[6]. Dieser muss ein Interesse an der Einbeziehung des Dritten haben (Gläubigernähe). Das Einbeziehungsinteresse

---

3 Lehrreich zur Relativität des Schuldverhältnisses und der Rechtsstellung Dritter *Looschelders/ Makowsky*, JA 2012, 721.
4 Eingehend dazu §§ 8 und 9.
5 Hierzu ausführlich § 9 II.
6 BGH NJW 2008, 2245, 2247.

kann sich aus einer Fürsorgepflicht des Gläubigers gegenüber dem Dritten ergeben („Wohl und Wehe")[7], liegt aber auch schon dann vor, wenn der Vertrag aufgrund eines besonderen Einbeziehungsinteresses des Gläubigers dahin ausgelegt werden kann, dass der Vertrauensschutz auf den Dritten ausgedehnt werden soll[8]. Der andere Teil musste entsprechend §§ 133, 157 BGB den Kreis der geschützten Dritten subjektiv erkennen können (Erkennbarkeit)[9.] Weiteres Erfordernis ist die Schutzbedürftigkeit des Dritten, die entfällt, wenn ihm ein eigener vertraglicher Ersatzanspruch zusteht[10].

Wird also beispielsweise das an der Hand der Mutter mitgeführte Kind beim 6
Einkauf durch eine Unachtsamkeit eines Gehilfen des Ladenbesitzers verletzt, dann hat das Kind einen eigenen Anspruch gegen den Ladenbesitzer aus § 280 Abs. 1 BGB[11]: Das erforderliche Schuldverhältnis ist ein solches mit Schutzwirkung zugunsten Dritter. Das Kind, das eigentlich nicht Vertragspartner werden sollte, ist in den Verkaufsräumen der gleichen Gefahr einer Schutzpflichtverletzung des Ladenbesitzers ausgesetzt wie seine Mutter, womit Leistungsnähe bestand. Die Mutter als Vertragspartnerin des Ladenbesitzers war dem Wohl und Wehe ihres Kindes verpflichtet, so dass wegen des personenrechtlichen Einschlags (§§ 1626, 1629 BGB) auch ein Einbeziehungsinteresse (Gläubigernähe) bestand. Dies konnte der Ladenbesitzer auch erkennen. Schließlich war das Kind auch schutzbedürftig, da es keinen eigenen vertraglichen Anspruch gegen den Ladenbesitzer hat (allenfalls einen deliktischen aus § 831 BGB, der aber nicht zuletzt wegen der Schwäche der Exkulpationsmöglichkeit – § 831 Abs. 1 Satz 2 BGB – nicht gleich wirksam ist). Somit liegt ein Schuldverhältnis (§ 280 Abs. 1 BGB) mit Schutzwirkung zugunsten Dritter vor. Innerhalb dessen hat der Ladenbesitzer durch seinen Gehilfen zurechenbar und schuldhaft (§ 278 BGB) eine Pflicht verletzt. Er ist also dem Kind schadensersatzpflichtig.

b) Vertrag zugunsten und zu Lasten Dritter

Nicht nur Schutzpflichten, sondern auch Leistungspflichten können unter be 7
stimmten Umständen Drittwirkung erzeugen. Dies bestimmt der Vertrag zugunsten Dritter nach § 328 Abs. 1 BGB[12]. Danach kann durch den Vertrag eine Leistung an einen Dritten mit der Wirkung bedungen werden, dass der Dritte

---

7 BGH NJW 1970, 38.
8 BGH NJW 2012, 3165.
9 BGH NJW 1985, 489.
10 BGH NJW 2004, 3630, 3632.
11 Zu diesem Fall siehe auch § 9 I 2.
12 Dazu näher § 8.

unmittelbar das Recht erwirbt, die Leistung zu fordern. Sogar ein bloßer Vorvertrag kann als Vertrag zugunsten Dritter ausgestaltet werden[13]. Beim Vertrag zugunsten Dritter erhält dieser also einen primären Leistungsanspruch[14].

8   Ein Vertrag zu Lasten Dritter ist dem BGB hingegen unbekannt und ist als Verstoß gegen die Privatautonomie und als Eingriff in die Willensfreiheit des Dritten unwirksam[15], wenn er dem nicht am Vertrag beteiligten Dritten unmittelbar eine Rechtspflicht auferlegt und nicht lediglich als Reflex benachteiligt[16]. Auch eine analoge Anwendung des § 328 BGB kommt hierfür nicht in Frage, da eine Begründung vertraglicher Pflichten ohne die Mitwirkung des Schuldners einen Eingriff in sein Selbstbestimmungsrecht darstellen würde[17]. Ein Dritter ist zwar mit dem unmittelbaren Entstehen von Begünstigungen in der Regel einverstanden, nicht jedoch mit der Auferlegung von Pflichten. Etwas anderes kann auch nicht daraus gefolgert werden, dass der belastete Dritte analog § 333 BGB berechtigt wäre, die Pflicht zurückzuweisen. Dies würde wiederum ein unzumutbares Risiko für den Gläubiger darstellen, der seinen Schuldner ohne eigenes Zutun verlieren könnte[18]. Zulässig können dagegen Belastungen des Dritten sein, die sich in einer Einschränkung seiner Begünstigung erschöpfen, etwa indem sein Leistungsanspruch einer Verfallklausel unterstellt ist. Die Grenze bilden jedoch solche Nebenbestimmungen, die ohne Mitwirkung des Dritten erzwingbar sind – weswegen Auflagen wiederum als unzulässig beurteilt werden müssen[19].

2. Abtretung[20]

9 Das Allgemeine Schuldrecht nennt die Person des Dritten aber noch an früherer Stelle. Ses materiae ist nicht zuletzt das Abtretungsrecht, das neben dem Schuldner und dem Altgläubiger (Zedent) den Neugläubiger (Zessionar) voraussetzt.

---

13 *Schmalzel* AcP 164 (1964), 446.
14 Siehe § 8.
15 BGHZ 61, 359, 361; 78, 369, 374; *Looschelders*, Allgemeines Schuldrecht, Rn. 1132.
16 BGH NJW 2004, 3326, 3327.
17 Jauernig/*Stadler*, § 328 Rn. 7.
18 *Bettermann*, JZ 1951, 321, 323 f.
19 MüKo/*Gottwald*, § 328 Rn. 263.
20 Eingehend dazu § 10.

a) Ansprüche auf Abtretung[21]

Äußerlich vergleichsweise unscheinbar, von der inneren Systematik des BGB 10
her aber eminent wichtig wird der Dritte in § 255 BGB vorausgesetzt. Wer für den
Verlust einer Sache oder eines Rechts Schadensersatz zu leisten hat, ist danach
zum Ersatz nur gegen Abtretung der Ansprüche verpflichtet, die dem Ersatzberechtigten aufgrund des Eigentums an der Sache oder aufgrund des Rechts gegen Dritte zustehen. Hier ist es nicht ein bestimmter Dritter, sondern es sind
entsprechend der Grundwertung des § 255 BGB alle möglichen Dritten, gegen
die unter diesen Voraussetzungen Ansprüche bestehen können. § 255 BGB verhindert eine doppelte Kompensation des Geschädigten, der zwar einerseits Ersatz seines Schadens selbst dann verlangen kann, wenn er gleichzeitig einen
Anspruch gegen einen Dritten hat[22]. Der mögliche Anspruch gegen einen Dritten
ändert also nichts an der Inanspruchnahme des Schädigers. Jedoch soll der Geschädigte nicht doppelt Ersatz verlangen können. Man sieht darin das scha-
densrechtliche Bereicherungsverbot verwirklicht[23].

Ebenso wie nach § 285 Abs. 1 BGB, der den Dritten nicht voraussetzt, aber 11
gleichwohl in einem systematischen Näheverhältnis zu § 255 BGB steht, besteht
die Rechtsfolge in einem Anspruch auf Abtretung. Bei § 285 Abs. 1 BGB steht
dies in der Variante, die demnach so lautet: Erlangt der Schuldner infolge des
Umstands, auf Grund dessen er die Leistung nach § 275 Abs. 1 bis 3 BGB nicht zu
erbringen braucht, für den geschuldeten Gegenstand einen Ersatzanspruch, so
kann der Gläubiger Abtretung des Ersatzanspruchs verlangen.

b) Der Dritte bei der Abtretung

Das eigentliche Abtretungsrecht der §§ 398 ff. BGB behandelt vordringlich das 12
Verhältnis des Schuldners zum bisherigen bzw. neuen Gläubiger. Der Dritte
wird folgerichtig nur bei der mehrfachen Abtretung genannt: Wird eine abgetretene Forderung von dem bisherigen Gläubiger nochmals an einen Dritten abgetreten, so findet nach § 408 Abs. 1 BGB, wenn der Schuldner an den Dritten leistet oder wenn zwischen dem Schuldner und dem Dritten ein Rechtsgeschäft
vorgenommen oder ein Rechtsstreit anhängig wird, zugunsten des Schuldners
die Vorschrift des § 407 BGB dem früheren Erwerber gegenüber entsprechende
Anwendung. Das Gleiche gilt, wenn die bereits abgetretene Forderung durch
gerichtlichen Beschluss einem Dritten überwiesen wird oder wenn der bisherige

---

21 Näher § 11.
22 BGH NJW 1998, 749, 751.
23 BGH NJW 1997 1008, 1012.

Gläubiger dem Dritten gegenüber anerkennt, dass die bereits abgetretene Forderung kraft Gesetzes auf den Dritten übergegangen sei, § 408 Abs. 2 BGB.

13 Das erklärt sich daraus, dass bei der Abtretung als Verfügung das Prioritätsprinzip gilt. Daher wird derjenige, an den zuerst abgetreten wurde, der wirkliche Gläubiger, während der Dritte, also der, an den durch den Altgläubiger erneut abgetreten werden sollte, der Sache nach nicht berechtigt ist[24]. Dennoch ist mit der Verweisung auf den besonders prüfungsrelevanten § 407 BGB sichergestellt, dass dem Schuldner keine Nachteile aus einer Zahlung an den vermeintlichen Neugläubiger entstehen. Somit lässt sich also nach dem Grundmuster des § 408 BGB eine besonders anspruchsvolle Fallgestaltung dergestalt einbetten, dass sie auf dieser Grundlage allgemeine Grundwertungen und Probleme des Abtretungsrechts enthält. Gerade dieser Gesichtspunkt der Verweisung auf § 407 BGB mit seinem Grundproblem der Leistung an den Nichtberechtigten veranschaulicht eine weitere Dimension der Mitwirkung Dritter.

3. Erfüllung und Ablösung durch Dritte

14 Für das Recht der Erfüllung durch Dritte gilt § 362 Abs. 2 BGB. Danach ist eine an einen Dritten zum Zwecke der Erfüllung erfolgte Leistung nur dann wirksam, wenn sie entsprechend § 185 Abs. 1 BGB mit der Einwilligung des wahren Gläubigers erfolgt oder nach § 185 Abs. 2 BGB später von diesem genehmigt wird[25]. Nur der Vollständigkeit halber sei § 365 BGB genannt, wonach der Schuldner, der eine Sache, eine Forderung gegen Dritte oder ein anderes Recht an Erfüllungs statt hingibt, hinsichtlich etwaiger Mängel dieser Sachen oder Rechte wie ein Verkäufer Gewähr zu leisten hat. Diese Vorschrift steht bereits in einem systematischen Übergang zum Besonderen Schuldrecht. Von der Leistung an einen Dritten zu unterscheiden ist der Fall der Leistung durch Dritte, der in § 267 Abs. 1 BGB geregelt ist: Hat der Schuldner nicht in Person zu leisten, so kann auch ein Dritter die Leistung bewirken, ohne dass die Einwilligung des Schuldners erforderlich ist. Das entspricht der passivischen Formulierung in § 362 Abs. 1 BGB, wonach das Schuldverhältnis erlischt, wenn die geschuldete Leistung an den Gläubiger bewirkt wird.

15 Eine schwierige Folgeregelung des § 267 BGB mit Drittbeteiligung findet sich in der Bestimmung über das Ablösungsrecht des Dritten: Betreibt der Gläubiger die Zwangsvollstreckung in einen dem Schuldner gehörenden Gegenstand, so ist jeder, der Gefahr läuft, durch die Zwangsvollstreckung ein Recht an

---

24 Palandt/*Grüneberg*, § 408 Rn. 1.
25 Zur Leistung an den Nichtberechtigten § 6.

dem Gegenstand zu verlieren, nach § 268 Abs. 1 BGB berechtigt, den Gläubiger zu befriedigen. „Jeder" in diesem Sinne ist also jeder mögliche Dritte, auf den nach § 268 Abs. 3 BGB die Forderung übergeht, soweit dieser den Gläubiger befriedigt. Die Einzelheiten dieses gesetzlichen Forderungsübergangs können im Rahmen dieses Überblicks nicht dargestellt werden[26].

4. Zurechnung

Ebenfalls nicht ausdrücklich vorausgesetzt ist der Dritte im Regelungstext des   16 § 278 BGB[27], anders als in der Überschrift: Verantwortlichkeit des Schuldners für Dritte. Danach hat der Schuldner ein Verschulden seines gesetzlichen Vertreters und der Personen, deren er sich zur Erfüllung seiner Verbindlichkeit bedient, in gleichem Umfang zu vertreten wie eigenes Verschulden. Hierbei ist wichtig, dass nicht einfach der Definition des „Erfüllungsgehilfen" subsumiert wird, sondern auch die Möglichkeit eines gesetzlichen Vertreters in Betracht gezogen wird. Handelt also beispielsweise der Vorstand für einen Verein (vgl. § 26 Abs. 1 Satz 2 Hs. 2 BGB) oder werden die Eltern für ihr minderjähriges Kind tätig (vgl. §§ 1626, 1629 BGB), so stellt sich im Rahmen der Verschuldenszurechnung nicht die Frage nach dem Erfüllungsgehilfen, sondern dem gesetzlichen Vertreter. Gerade im Bereich des § 278 BGB ist also eine exakte Subsumtion unerlässlich.

Es hilft ersichtlich nicht weiter, sich merken zu wollen, wer Erfüllungsgehil- 17 fe ist und wer nicht, weil dies von der jeweiligen Verbindlichkeit im Einzelfall abhängt. Vor allem darf der Begriff des Erfüllungsgehilfen nicht zusammenhanglos dem des Verrichtungsgehilfen im Sinne des § 831 BGB gegenübergestellt werden. Denn § 831 BGB ist eine eigenständige Anspruchsgrundlage, während § 278 BGB die Zurechnung betrifft. Beide Vorschriften begegnen im Rahmen der Fallbearbeitung also auf unterschiedlichen Ebenen, wie im Übrigen der weiter oben zum Schuldverhältnis mit Schutzwirkung zugunsten Dritter genannte Beispielsfall veranschaulicht.

5. Allgemeine Geschäftsbedingungen

Im Recht der Allgemeinen Geschäftsbedingungen findet sich eine wertungsmä- 18 ßig wichtige Regelung in § 309 Nr. 8b aa BGB. Auch soweit eine Abweichung von den gesetzlichen Vorschriften zulässig ist, ist demnach in Allgemeinen Ge-

---

26 Näher zu den Ablösungsrechten Dritter § 23.
27 Hierzu bereits § 3 II.

schäftsbedingungen eine Bestimmung unwirksam, durch die bei Verträgen über Lieferungen neu hergestellter Sachen und über Werkleistungen die Ansprüche gegen den Verwender wegen eines Mangels insgesamt oder bezüglich einzelner Teile ausgeschlossen, auf die Einräumung von Ansprüchen gegen Dritte beschränkt oder von der vorherigen gerichtlichen Inanspruchnahme Dritter abhängig gemacht werden. Der Verwender Allgemeiner Geschäftsbedingungen darf also nicht einfach die eigene Haftung ausschließen und seinen Kunden auf die Rechtsverfolgung gegenüber irgendwelchen Dritten verweisen, die dieser nicht kennt. Bei der Eigenhaftung des Verwenders bleibt es auch dann, wenn er – was möglich ist – dem Kunden Ansprüche abtritt, die er gegen Dritte hat oder er insoweit einen Vertrag zugunsten Dritter (§ 328 BGB) schließt. Auf diese Weise kann der Kunde beispielsweise das Recht einer Herstellergarantie im Sinne des § 443 BGB erlangen[28].

19   Nur der Vollständigkeit halber sei § 309 Nr. 13 BGB genannt, wonach in Allgemeinen Geschäftsbedingungen eine Bestimmung unwirksam ist, durch die Anzeigen oder Erklärungen, die dem Verwender oder einem Dritten gegenüber abzugeben sind, an eine strengere Form als die Schriftform oder an besondere Zugangserfordernisse gebunden werden. Hier ist die Person des Dritten nicht konstitutiv für das Verständnis der gesetzlichen Systematik, weil es nur um die Erklärung gegenüber möglichen anderen Personen geht[29].

6. Verbraucherschutz

20 Im Rahmen der sogenannten Vertriebsformen ist der Dritte an einer eher untergeordneten Stelle vertreten, in der Vorschrift des § 312h Nr. 2 BGB: Wird zwischen einem Unternehmer und einem Verbraucher ein Dauerschuldverhältnis begründet, das ein zwischen dem Verbraucher und einem anderen Unternehmer bestehendes Dauerschuldverhältnis ersetzen soll, und wird anlässlich der Begründung des Dauerschuldverhältnisses von dem Verbraucher der Unternehmer oder ein von ihm beauftragter Dritter zur Erklärung der Kündigung gegenüber dem bisherigen Vertragspartner des Verbrauchers bevollmächtigt, so bedarf die Kündigung des Verbrauchers oder die Vollmacht zur Kündigung der Textform (vgl. § 126b BGB).

21   Wichtiger ist in diesem Zusammenhang die in der Systematik der Rechtsfolgen des Widerrufs (§ 357 BGB) geregelte Vorschrift über die verbundenen Verträge: Nach § 358 Abs. 3 BGB sind Verträge nämlich unter bestimmten Voraus-

---

28 Palandt/*Grüneberg*, § 309 Rn. 64.
29 Zu einem ähnlichen Mechanismus *Petersen*, Liber amicorum Leenen, 2012, S. 219, 225.

setzungen im Sinne des Gesetzes verbundene Verträge, wenn sie eine wirtschaftliche Einheit bilden. Eine solche wirtschaftliche Einheit ist nach § 358 Abs. 3 Satz 2 BGB insbesondere anzunehmen, wenn der Unternehmer selbst die Gegenleistung des Verbrauchers finanziert, oder im Falle der Finanzierung durch einen Dritten, wenn sich der Darlehensgeber bei der Vorbereitung oder dem Abschluss des Verbraucherdarlehensvertrags der Mitwirkung des Unternehmers bedient. Die wirtschaftliche Einheit im Sinne des Gesetzes wird beim Vorliegen einer solchen Mitwirkung unwiderleglich vermutet[30]. Typisch für solche Fallgestaltungen ist, dass der Darlehensgeber, also regelmäßig eine Bank, dem Verkäufer schon die Unterlagen des Vertrags zukommen lässt[31]. Zwar sind dies im Sinne des weiter oben genannten Grundsatzes der Relativität der Schuldverhältnisse zwei gesonderte Verträge, die abgeschlossen werden sollen. Doch stellen sie sich für den Verbraucher als wirtschaftliche Einheit dar, so dass dieser entsprechend geschützt werden muss[32].

7. Schuldübernahme

Der Dritte wird ferner bei der Schuldübernahme vorausgesetzt. Das BGB regelt **22** nur die befreiende („privative") Schuldübernahme[33]: Eine Schuld kann nach § 414 BGB von einem Dritten durch Vertrag mit dem Gläubiger in der Weise übernommen werden, dass der Dritte an die Stelle des bisherigen Schuldners tritt. Wird die Schuldübernahme von dem Dritten mit dem Schuldner vereinbart, so hängt ihre Wirksamkeit nach § 415 Abs. 1 Satz 1 BGB von der Genehmigung des Gläubigers ab. Die Genehmigung kann erst erfolgen, wenn der Schuldner oder der Dritte dem Gläubiger die Schuldübernahme mitgeteilt hat. Wird die Genehmigung verweigert, so gilt die Schuldübernahme nach § 415 Abs. 2 BGB als nicht erfolgt. Fordert der Schuldner oder der Dritte den Gläubiger unter Bestimmung einer Frist zur Erklärung über die Genehmigung auf, so kann die Genehmigung nur bis zum Ablauf der Frist erklärt werden; wird sie nicht erklärt, so gilt sie als verweigert. Dieser Regelungsmechanismus versteht sich weitgehend von selbst[34].

---

30 BGHZ 156, 46, 51; 167, 252.
31 BGH NJW 2007, 3200, 3201.
32 Weiterführend *Schürnbrand*, Verbraucherschutzrecht, Rn. 238 ff.; allg. zur Einschaltung Dritter ebenda, Rn. 102 ff.
33 Die kumulative Schuldübernahme, bei der jemand eine Schuld mit übernimmt, ist ohne weiteres zulässig und ungeachtet ihres Risikos formlos möglich; RGZ 59, 232, 233: keine Formbedürftigkeit nach § 766 BGB.
34 Einzelheiten bei *Grigoleit/Herresthal*, Jura 2002, 393.

23   Umstritten ist, ob das Zurückweisungsrecht des § 333 BGB auf die Schuldübernahme analog anzuwenden ist. Eine im Vordringen befindliche Ansicht
lehnt dies ab[35]. Dafür spricht jedoch ein argumentum a fortiori: Wenn sich ein
Schuldner schon gegen eine Erfüllungsübernahme im Sinne des § 329 BGB nach
§ 333 BGB zur Wehr setzen kann, so muss dies erst recht gegenüber einer befreienden Schuldübernahme gelten[36].

---

35 Erman/*Röthel*, § 414 Rn. 4; Staudinger/*Rieble*, § 414 Rn. 10.
36 *J. Hager*, Der Schutz vor dem ungeliebten Partner, Schriften zum Notarrecht 45 (2016), 77,
82. Ferner Jauernig/*R. Stürner*, §§ 414 f. Rn. 1; sowie bereits *Larenz*, Allgemeines Schuldrecht,
§ 35 Ia.

§ 5 Einseitige Leistungsbestimmungsrechte

Die §§ 315 bis 319 BGB sind als solche zwar nicht besonders prüfungsrelevant, veranschaulichen aber einen Regelungsmechanismus, dessen Verständnis dazu angetan ist, nicht nur unbekanntes Terrain auch in der Fallbearbeitung leichter zu erschließen, sondern den klassischen Pflichtfachstoff besser zu verstehen. Daher konzentriert sich die Darstellung auf diese Berührungspunkte.

I. Leistungsbestimmung durch eine Partei

Bereits das äußere systematische Erscheinungsbild der §§ 315 f. BGB veran- 1
schaulicht das Synallagma, indem § 315 BGB die Leistungsbestimmung und
§ 316 BGB die Bestimmung der Gegenleistung regelt[1].

1. Bestimmung der Leistung

Soll die Leistung durch einen der Vertragsschließenden bestimmt werden, so ist 2
nach § 315 Abs. 1 BGB im Zweifel anzunehmen, dass die Bestimmung nach billigem Ermessen zu treffen ist. Wer am Anfang des Studiums steht, kann durch
diese Regelung überrascht werden, lernt man doch gleich zu Beginn, dass ein
Vertrag erst und nur dann zustande kommt, wenn Einigkeit über die essentialia
negotii – beispielsweise Kaufpreis und Kaufsache – erzielt wurde[2]. Das folgt aus
§ 154 Abs. 1 BGB, wonach der Vertrag im Zweifel nicht geschlossen ist, solange
nicht die Parteien sich über alle Punkte eines Vertrags geeinigt haben[3].

Gleichwohl kann es noch einzelne offene Fragen geben, die nach § 315 BGB 3
beantwortet werden können, wenn dessen Voraussetzung vorliegt[4]. Das ist aber

---

1 Allgemein zu Regelungsspielräumen im Schuldvertragsrecht *Zöllner*, AcP 196 (1996), 1,
speziell zur Funktion und Dogmatik der Leistungsbestimmung nach § 315 BGB *Kronke*, AcP 183
(1983), 113; aus dem älteren Schrifttum *F. Arndt*, Bestimmung der Leistung durch einen Dritten,
1910; *G. Berger*, Über die Bestimmung der Leistung bei Schuldverhältnissen mit unbestimmter
Leistung, insbesondere der §§ 315–319 BGB, 1940.
2 Zum Zustandekommen des Vertrags und zum Dissens beim Vertragsschluss *Petersen*, Jura
2009, 183; 419.
3 *Leenen*, Abschluß, Zustandekommen und Wirksamkeit des Vertrages, AcP 188 (1988), 381,
nimmt den Wortlaut genauer als die h.M.
4 *Wolf/Neuner*, Allgemeiner Teil, § 37 Rn. 5; *Stadler*, Allgemeiner Teil, § 19 Rn. 3; *Medicus/
Petersen*, Allgemeiner Teil, Rn. 432.

https://doi.org.10.1515/9783110365702-005

ausweislich seines Wortlauts nur dann der Fall, wenn die Leistung durch einen der Vertragsschließenden bestimmt werden soll[5]. Es bedarf also der Einräumung des Gestaltungsrechts, den bewusst offen gelassenen Punkt einseitig zu bestimmen[6]. § 315 BGB macht also in gewisser Hinsicht eine Ausnahme von dem Grundsatz der Einigung über die vertragswesentlichen Bestandteile[7], indem das Bestimmtheitsgebot gelockert wird[8]. Aber auch wenn diese Vorschrift gleichsam im Grenzbereich zwischen Konsens und Dissens steht[9], gilt nach wie vor, dass der Konsens den Vertrag zustande bringt[10]. Für die Fallbearbeitung kann man daraus die Folgerung ziehen, nicht im Rahmen des Vertragsschlusses voreilig auf § 315 Abs. 1 BGB zuzusteuern, ohne dessen Voraussetzung zu prüfen (häufiger Fehler!), die in den typischen Prüfungsfällen kaum je vorliegen wird.

2. Bestimmung der Gegenleistung

4 Ist der Umfang der für eine Leistung versprochenen Gegenleistung nicht bestimmt, so steht die Bestimmung im Zweifel demjenigen zu, welcher die Leistung zu fordern hat. Wie der Wortlaut („im Zweifel") erkennen lässt, handelt es sich um eine Auslegungsregel[11]. Auch bei § 316 BGB zeigt sich die oben genannte Grundlagenungewissheit, da ja auch die Gegenleistung zu den vertragswesentlichen Bestandteilen gehört. Oft, aber eben nicht immer helfen die §§ 612 Abs. 1, 632 Abs. 1, 653 BGB, wonach eine Vergütung als stillschweigend vereinbart gilt, wenn die jeweilige Leistung den Umständen nach nur gegen eine solche zu erwarten ist.

5 Prüfungsrelevant dürfte am ehesten die Problematik unwirksamer Tagespreisklauseln beim Kraftfahrzeug-Kauf sein. Hintergrund ist die jahrelang gängige Praxis der Kfz-Hersteller, die ursprüngliche Preisvereinbarung durch eine Allgemeine Geschäftsbedingung dahingehend zu variieren[12], dass nach Ablauf einiger Monate der bei Lieferung geltende Listenpreis zu entrichten ist, also der betreffende ‚Tagespreis'. Solche Klauseln hält der Bundesgerichtshof in ständi-

---

5 Auf sog. ‚faktische' Bestimmungsrechte durch entsprechende Marktmacht etc. ist die Vorschrift unanwendbar, BGH ZIP 2009, 1367, 1370; Erman/*J. Hager*, § 315 Rn. 1.

6 *Medicus/Lorenz*, Allgemeines Schuldrecht, Rn. 212.

7 *Joussen*, AcP 203 (2003), 429.

8 Staudinger/*Rieble*, § 317 Rn. 1.

9 *Kornblum*, AcP 168 (1968), 450 („Nahtstelle").

10 *Leenen*, Liber Amicorum J. Prölss, 2009, S. 153.

11 BGHZ 41, 271, 279; 97, 212, 223; 115, 311, 323.

12 Zur Einbeziehung Allgemeiner Geschäftsbedingungen *Petersen*, Jura 2010, 667. Preisanpassungklauseln in AGB unter Kaufleuten behandelt *M. Wolf*, ZIP 1987, 341.

ger Rechtsprechung aus gutem Grund für nichtig[13]. Damit ist der Vertrag lückenhaft, was umso gravierender ist, als die Unvollständigkeit die Äquivalenzabrede berührt[14]. Andererseits erscheint es ungerecht, wenn die Nichtigkeit der Tagespreisklausel dazu führen würde, dass nur der bei Vertragsschluss zu entrichtende Listenpreis zu entrichten wäre. Der Bundesgerichtshof gesteht daher dem Verkäufer im Wege ergänzender Vertragsauslegung eine am neuen Listenpreis ausgerichtete, zugleich aber an den Maßstab des § 315 BGB gebundene Kaufpreiserhöhung zu[15]. Allerdings wird dem Käufer ein Rücktrittsrecht für den Fall zugebilligt, dass diese Kaufpreiserhöhung die allgemeinen Lebenshaltungskosten in der betreffenden Zwischenzeit erheblich übersteigt[16].

Diese durchaus examensträchtige Rechtsprechung veranschaulicht die 6 mögliche Klausurrelevanz der in den §§ 315 f. BGB zum Ausdruck kommenden Wertung paradoxerweise gerade dort, wo sie nicht direkt zum Zuge kommen, weil die Vorschriften gleichsam inkompatibel mit der ergänzenden Vertragsauslegung sind, die eine Lücke voraussetzt[17]. Es geht also nur um die wertungsmäßige Berücksichtigung des Billigkeitsmaßstabs, der jedoch zur Gewährleistung der widerstreitenden Interessen nicht unkontrolliert herangezogen werden darf, sondern erst nach sauberer Prüfung der Nichtigkeit der Allgemeinen Geschäftsbedingung, der Erörterung der Rechtsfolge einer solchen Unwirksamkeit und der Voraussetzung ergänzender Vertragsauslegung. Für die Fallbearbeitung typisch ist dabei, dass die §§ 315, 316 BGB nicht unmittelbar, sondern eben wertungsmäßig zur Geltung kommen.

II. Leistungsbestimmung durch Dritte

Ist die Bestimmung der Leistung einem Dritten – gleichviel, ob einer natürli- 7 chen oder juristischen Person[18] – überlassen, so ist nach § 317 Abs. 1 BGB im Zweifel anzunehmen, dass sie nach billigem Ermessen erfolgt[19]. Wie sich aus einem Umkehrschluss zu § 165 BGB ergibt, ist wenigstens beschränkte Ge-

---

13 BGHZ 185, 166; 192, 372; BGH NJW 2013, 991.
14 Treffend *Leenen*, Allgemeiner Teil, § 21 Rn. 72: „‚Herzstück' eines Austauschvertrages".
15 Insbesondere zur Billigkeit des Ermessens und der dafür maßgeblichen Leitlinie des Vertrags siehe Erman/*J. Hager*, § 315 Rn. 18.
16 BGHZ 90, 69, 78.
17 *Joussen*, AcP 203 (2003), 429, 432.
18 Erman/*J. Hager*, § 317 Rn. 2; der Dritte kann auch von einer Institution benannt sein; ebenda, Rn. 11.
19 Grundlegend zum Gestaltungsrecht des Dritten nach § 317 BGB *Joussen*, AcP 203 (2003), 429; aus dem älteren Schrifttum *Bötticher*, Gestaltungsrecht und Unterwerfung, 1964.

schäftsfähigkeit (§ 106 BGB) des Dritten erforderlich. Soll die Bestimmung durch mehrere Dritte erfolgen, so ist nach § 317 Abs. 2 BGB im Zweifel Übereinstimmung aller erforderlich; soll eine Summe bestimmt werden, so ist, wenn verschiedene Summen bestimmt werden, im Zweifel die Durchschnittssumme maßgebend. Die Vorschriften sind von beträchtlicher praktischer Bedeutung, zumal da sie entsprechend auf Schiedsgutachten angewendet werden[20], doch ist ihre Ausbildungsrelevanz daher vergleichsweise gering[21]. Der folgende Regelungsmechanismus ist aus der Rechtsgeschäftslehre geläufig:

8   Die einem Dritten überlassene Bestimmung der Leistung erfolgt gemäß § 318 Abs. 1 BGB durch Erklärung gegenüber einem der Vertragsschließenden. Da die Wirkungen den Dritten nicht treffen, ist hier also eine fremde Willenserklärung anfechtbar[22]. Die Anfechtung der getroffenen Bestimmung wegen Irrtums (§ 119 BGB), Drohung oder arglistiger Täuschung (§ 123 BGB) steht nach § 318 Abs. 2 BGB nur den Vertragschließenden zu[23], Anfechtungsgegner ist der andere Teil. Auch hier ist in der Prüfung gegebenenfalls von der Rechtsfolge der Anfechtung (§ 142 BGB) auszugehen. Die Anfechtung muss unverzüglich, also ohne schuldhaftes Zögern (§ 121 Abs. 1 S. 1 BGB) erfolgen, nachdem der Anfechtungsberechtigte von dem Anfechtungsgrund Kenntnis erlangt hat, § 318 Abs. 2 S. 2 BGB. Eine erneute Vornahme durch den Dritten ist nach erfolgter Anfechtung möglich[24]. Die Anfechtung ist nach § 318 Abs. 2 S. 3 BGB ausgeschlossen, wenn 30 Jahre verstrichen sind, nachdem die Bestimmung getroffen worden ist. § 319 BGB ähnelt § 315 Abs. 1, 3 BGB, hat aber mit seinem Evidenzkriterium („offenbar") eine eigene Note: Soll der Dritte die Leistung nach billigem Ermessen bestimmen, so ist die getroffene Bestimmung für die Vertragsschließenden nicht verbindlich, wenn sie offenbar unbillig ist.

---

20 BGH NJW 1990, 1232.
21 Siehe aber zur Neufestsetzung des Mietpreises durch Schiedsgutachter *Bulla*, JuS 1976, 19.
22 *Medicus/Lorenz*, Allgemeines Schuldrecht, Rn. 221.
23 Zur Anfechtung in diesem Zusammenhang *Döberreiner*, VersR 1983, 712; insbesondere zu Willensmängeln von Schiedsgutachten *Gehrlein*, VersR 1994, 1009.
24 Erman/*J. Hager*, § 318 Rn. 5.

§ 6 Die Leistung an den Nichtberechtigten

Der Abschnitt knüpft an einen früheren Aufsatz mit dem Titel »Die Verfügung des Nichtberechtigten« an (Jura 2006, 752). Die beiden Problemkreise sollten in der Examensvorbereitung miteinander verbunden und gemeinsam betrachtet werden.*

I. Berechtigung und Bereicherungsausgleich

1. Grundsatz und Ausnahmen

Nach § 362 Abs. 1 BGB erlischt das Schuldverhältnis, wenn die geschuldete Leis- 1
tung *an den Gläubiger* bewirkt wird[1]. Empfangszuständig und mithin berechtigt ist also grundsätzlich der Gläubiger[2]. Ausnahmsweise kann auch ein Dritter kraft Gesetzes die Leistung im eigenen Namen fordern[3]. So ist etwa der Nießbraucher (§ 1074 S. 1 BGB) und nach Pfandreife (§ 1228 Abs. 2 BGB) der Pfandgläubiger (nach § 1282 BGB) zur Einziehung der Forderung berechtigt. Die Leistung des Schuldners an den Dritten hat dann befreiende Wirkung. Wird außerhalb solcher Fälle an einen Dritten zum Zwecke der Erfüllung geleistet, so findet nach § 362 Abs. 2 BGB die Vorschrift des § 185 BGB Anwendung. Erteilt der Gläubiger dem Dritten im Wege der Einwilligung eine sog. Empfangsermächtigung[4], so führt die Leistung an den Dritten ebenfalls zur Erfüllung. Anders als es der Wortlaut des § 185 Abs. 1 BGB nahelegt, nimmt der Dritte die Leistung dann als Berechtigter entgegen[5].

2. Bereicherungsausgleich nach § 816 Abs. 2 BGB

Ist der Dritte dagegen nicht zur Entgegennahme der Leistung berechtigt, spricht 2
man von der Leistung an einen Nichtberechtigten. Die Schlüsselnorm einer sol-

---

* Zuerst abgedruckt in Jura 2010, S. 281–284.
1 Dazu jüngst, insbesondere zu den diesbezüglichen Erfüllungstheorien, die hier nicht näher behandelt werden müssen, und ihren bereicherungsrechtlichen Folgefragen *Beck*, Die Zuordnungsbestimmung im Rahmen der Leistung, 2008.
2 Zur Empfangszuständigkeit des Minderjährigen *Petersen*, Jura 2003, 399.
3 MüKo/*Damrau*, § 1282 Rn. 2.
4 *Medicus/Lorenz*, Allgemeines Schuldrecht, Rn. 252 – zu den Unterschieden von Empfangs- und Einziehungsermächtigung *Medicus/Petersen*, Bürgerliches Recht, Rn. 30; *Larenz*, Allgemeines Schuldrecht, § 34 Vc, S. 597 ff.
5 Palandt/*Sprau*, § 816 Rn. 21.

https://doi.org.10.1515/9783110365702-006

chen Leistung ist § 816 Abs. 2 BGB[6]: Wird an einen Nichtberechtigten eine Leistung bewirkt, die dem Berechtigten gegenüber wirksam ist, so ist der Nichtberechtigte dem Berechtigten zur Herausgabe des Geleisteten verpflichtet. Die Leistung an den Dritten muss dem Gläubiger gegenüber wirksam sein. Nach dem eingangs dargestellten Grundsatz befreit die Leistung an einen Dritten den Schuldner grundsätzlich aber nicht. Er ist daher nach wie vor dem Gläubiger verpflichtet und muss sich wegen der vergeblich erbrachten Leistung an den Dritten halten.

3   Doch kann es für den Gläubiger sinnvoll sein, auf eine Inanspruchnahme des Schuldners zu verzichten und direkt gegen den Dritten vorzugehen. Dazu kann er der schon erbrachten Leistung nachträglich zur Wirksamkeit verhelfen[7]. Das geschieht gemäß §§ 362 Abs. 2, 185 Abs. 2 S. 1 BGB durch Genehmigung. Anders als bei der im Voraus erklärten Empfangsermächtigung handelt der Dritte trotz der rückwirkenden (§ 184 Abs. 1 BGB) Genehmigung als Nichtberechtigter, so dass der Gläubiger gemäß § 816 Abs. 2 BGB gegen den Dritten vorgehen kann. Da die Genehmigung auch gegenüber dem Dritten erklärt werden kann (§ 182 Abs. 1 BGB), wird sie häufig konkludent mit der gerichtlichen Geltendmachung des Herausgabeanspruchs gegen den Dritten einhergehen[8]. Im Anwendungsbereich des § 816 Abs. 2 BGB ist daneben immer auch an die Frage zu denken, ob und unter welchen Voraussetzungen die (eingezogene) Forderung ein absolutes Recht i.S.d. § 823 Abs. 1 BGB darstellt. Auf diese umstrittene Problematik kann hier nur verwiesen werden[9].

II. Befreiende Leistung an den Nichtberechtigten

4   Der Anwendungsbereich des § 816 Abs. 2 BGB ist jedoch nicht auf Fälle des § 185 Abs. 2 S. 1 BGB beschränkt. Die Wirksamkeit der Leistung gegenüber dem Gläubiger kann sich daneben auch aus den im Folgenden zu behandelnden Vorschriften ergeben. Sie führen dazu, dass der Dritte die Leistung zwar nicht vom Schuldner verlangen, der Schuldner sie aber mit befreiender Wirkung an den Dritten erbringen kann. Die Vorschriften sollen entsprechend ihrer Häufigkeit bei der Fallbearbeitung erörtert werden.

---

6 Zur systematischen Stellung im Verhältnis zu § 816 Abs. 1 BGB MüKo/*Schwab*, § 816 Rn. 74.

7 *Larenz/Canaris*, Besonderes Schuldrecht, § 69 II 3 d; BGHZ 85, 267, 272 f.

8 BGH NJW 1986, 2430.

9 Näher *Petersen*, Allgemeines Schuldrecht, Rn. 3 ff. mit Fall 1.

1. Schuldrecht

Daher muss auf den vergleichsweise selten vorkommenden § 566c BGB nicht 5
näher eingegangen werden: Die Regelung bewahrt den gutgläubigen Mieter vor
einer Doppelzahlung und entspricht so dem Rechtsgedanken des § 407 BGB,
von dem zunächst die Rede sein soll.

a) Abtretung

Der praktisch wichtigste Fall der befreienden Leistung findet sich im Abtre- 6
tungsrecht[10]. Es sind die schuldnerschützenden Vorschriften der §§ 407 ff. BGB,
deren prüfungsrelevanteste § 407 Abs. 1 BGB darstellt.

aa) Schuldnerschutz

Der neue Gläubiger muss nach § 407 Abs. 1 BGB eine Leistung, die der Schuld- 7
ner nach der Abtretung an den bisherigen Gläubiger bewirkt, gegen sich gelten
lassen, es sei denn, dass der Schuldner die Abtretung bei der Leistung kennt[11].
Unter den Voraussetzungen des § 354a Abs. 1 HGB kann der Schuldner sogar
nach Kenntnis von der Abtretung mit befreiender Wirkung an den bisherigen
Gläubiger leisten[12]. Die befreiende Wirkung der Leistung bedeutet zugleich, dass
die Forderung des Neugläubigers erlischt[13]. Eine ergänzende Regelung enthält
§ 408 Abs. 1 BGB für den Fall der Mehrfachabtretung: Wird eine abgetretene
Forderung von dem bisherigen Gläubiger nochmals an einen Dritten abgetreten,
so geht diese Abtretung nach dem Prioritätsprinzip ins Leere. Auch ein gutgläubiger Forderungserwerb ist grundsätzlich ausgeschlossen (vgl. aber § 405 BGB).
Leistet der Schuldner gleichwohl an den Dritten, findet zu seinen Gunsten § 407
BGB entsprechende Anwendung. Das ist folgerichtig, weil der nichtberechtigte
Dritte als Scheingläubiger dem Abtretenden gleichsteht[14].

bb) Globalzession und verlängerter Eigentumsvorbehalt

Zeigt der Gläubiger dem Schuldner an, dass er die Forderung abgetreten habe, 8
so muss er dem Schuldner gegenüber die angezeigte Abtretung nach § 409

---

10 Dazu *Coester/Waltjen*, Jura 2003, 23.
11 Zur Kenntnis BGHZ 131, 274.
12 *Saar*, ZIP 1999, 988, 992; *Petersen*, Jura 2005, 680, 681.
13 *Fikentscher/Heinemann*, Schuldrecht, Rn. 730.
14 Palandt/*Grünberg*, § 408 Rn. 1.

Abs. 1 S. 1 BGB gegen sich gelten lassen, auch wenn sie nicht erfolgt oder nicht wirksam ist. Es geht dem Gesetz also um die Sicherung zuverlässiger Kenntnis[15], der Schuldner darf sich auf die Abtretungsanzeige verlassen. Die Bedeutung dieser Vorschrift zeigt sich bei einem schwierigen, aber nichtsdestoweniger examensrelevanten Problem des Kreditsicherungsrechts, das hier deshalb mitbehandelt werden soll[16].

9 Kreditnehmer sehen sich in der Praxis häufig in einem Konflikt zwischen verlängertem Eigentumsvorbehalt und Globalzession[17]. Beim Bezug von Waren tritt der Kreditnehmer im Rahmen des verlängerten Eigentumsvorbehalts die Kaufpreisansprüche aus der Weiterveräußerung im Voraus an den Lieferanten ab. Zugleich verlangt die Hausbank häufig eine Globalzession, durch die sie sich ebenfalls künftig entstehende Forderungen abtreten lässt. Nach der Rechtsprechung verleitet die Bank den Kreditnehmer dadurch zum Vertragsbruch gegenüber dem Lieferanten, was zur Sittenwidrigkeit der Globalzession führt[18]. Wegen des wirksamen verlängerten Eigentumsvorbehalts ist der Lieferant Gläubiger des Kaufpreisanspruchs gegen den Endabnehmer; der Endabnehmer hat aber infolge der Abtretungsanzeige (§ 409 BGB) an die Bank als vermeintliche Gläubigerin befreiend geleistet[19]. Nach § 816 Abs. 2 BGB muss die Bank daher das Geleistete an den Warenlieferanten herausgeben[20].

b) Leistung an den Überbringer einer Quittung

10 Eine weitere Ausnahme enthält § 370 BGB, wonach der Überbringer einer echten Quittung als ermächtigt gilt, die Leistung zu empfangen, sofern nicht die dem Leistenden bekannten Umstände der Annahme einer solchen Ermächtigung entgegenstehen. Das darf freilich nicht dahin missverstanden werden, den Überbringer der Quittung als Berechtigten anzusehen. Vielmehr schützt § 370 BGB nur den Schuldner. Wenn in der Überbringung einer Quittung nicht schon, wie in aller Regel der Fall, die Ermächtigung zum Empfang der Leistung i.S.d. §§ 362 Abs. 2, 185 BGB oder eine Inkassovollmacht liegt, wirkt jedenfalls die

---

15 *Medicus/Lorenz*, Allgemeines Schuldrecht, Rn. 825; *Backhaus*, JA 1983, 408; *Karollus*, JZ 1992, 557.
16 *Medicus/Petersen*, Grundwissen, Rn. 399.
17 Dazu etwa *Canaris*, ZIP 1997, 813.
18 BGHZ 30, 149; dazu *Petersen*, Jura 2005, 387; *Medicus/Petersen*, Bürgerliches Recht, Rn. 525 ff.
19 Palandt/*Sprau*, § 816 Rn. 19.
20 BGH NJW 1972, 1197; 1974, 944; NJW-RR 2003, 1490.

Leistung an den Überbringer der Quittung – aber auch nur an ihn[21] – schuld-befreiend[22].

c) Liberationswirkung bei Wertpapieren
In diesen Zusammenhang gehört auch die sog. Liberationswirkung bei be- 11
stimmten, im Bürgerlichen Gesetzbuch geregelten Wertpapieren[23].

aa) Inhaberschuldverschreibung
Das gilt zunächst für die Inhaberschuldverschreibung i.S.d. § 793 BGB, deren 12
Besonderheit es nicht zuletzt ist, dass der Aussteller nach § 793 Abs. 1 S. 2 BGB
auch durch Leistung an einen nicht zur Verfügung berechtigten Inhaber befreit
wird. Inhaber meint nicht den Forderungsinhaber, sondern denjenigen, der die
tatsächliche Gewalt über die Urkunde ausübt[24]. Ungeschriebene Voraussetzung
ist stets die Gutgläubigkeit des Schuldners[25]. Die Einzelheiten sind jedenfalls im
Pflichtfachbereich kaum examensrelevant und gehören ins Wertpapierrecht.
Eine Frage zumindest hat jedoch auch für das Bürgerliche Recht prinzipielle
Bedeutung. Die wohl überwiegende Ansicht geht davon aus, dass auch die Leistung an einen beschränkt Geschäftsfähigen, ja sogar an den Geschäftsunfähi-
gen befreiend wirkt[26]. Das geht jedoch zu weit, weil durch Vorlegen der Urkunde
weder der Rechtsschein noch die Vermutung für die Volljährigkeit des Inhabers
begründet wird. Im Wege einer teleologischen Reduktion ist die befreiende Wirkung des § 793 Abs. 1 S. 2 BGB daher außer Betracht zu lassen[27].

bb) Qualifiziertes Legitimationspapier
Für die Fallbearbeitung wichtiger noch ist § 808 Abs. 1 S. 1 BGB, weil zu den 13
dort bezeichneten hinkenden Inhaberpapieren bzw. qualifizierten Legitima-
tionspapieren auch das Sparbuch gehört[28]. Wird eine Urkunde, also etwa ein

---

21 OLG Hamm BB 1993, 681, zu Ansprüchen Dritter aus §§ 280 Abs. 1, 286 BGB, wenn Dritte
geschädigt werden.
22 Palandt/*Grünberg*, § 370 Rn. 1.
23 Zum Zusammenhang zwischen Bürgerlichem Recht und Wertpapierrecht auch *Petersen*,
Jura 2001, 596.
24 Palandt/*Sprau*, § 793 Rn. 10.
25 *Hueck/Canaris*, Recht der Wertpapiere, § 24 III 3, S. 210.
26 Palandt/*Sprau*, § 793 Rn. 12 m.w.N.
27 *Hueck/Canaris*, Recht der Wertpapiere, § 24 III 3, S. 210.
28 BGH NJW-RR 1998, 1661.

Sparbuch, in welcher der Gläubiger benannt ist, mit der Bestimmung ausgege-
ben, dass die in der Urkunde versprochene Leistung an jeden Inhaber bewirkt
werden kann, so wird der Schuldner durch die Leistung an den Inhaber der Urkunde befreit. Voraussetzung ist wiederum die Gutgläubigkeit des Schuldners[29].
Schwierigkeiten bereitet der Fall, dass ein Minderjähriger gegen den Willen seiner Eltern ein auf seinen Namen ausgestelltes Sparbuch vorlegt und die Bank
daraufhin an ihn auszahlt. Auf die Überwindung der fehlenden Empfangszuständigkeit (etwa analog § 808 Abs. 1 BGB) kommt es hier nur dann an, wenn
der Minderjährige selbst Gläubiger der Sparforderung war, wohingegen andernfalls, nämlich wenn die Eltern Gläubiger sind, § 808 Abs. 1 BGB direkt gilt[30]. Unabhängig von der Minderjährigkeit, über die wie bei § 793 Abs. 1 S. 2 BGB zu entscheiden wäre, reicht die Wirkung des § 808 BGB nur soweit, wie die Leistung
auch an den Berechtigten hätte erfolgen dürfen. Der Bundesgerichtshof vernein-
te die befreiende Wirkung schon deshalb, weil die Bank ohne die erforderliche
Kündigung des Sparbuchs an den Minderjährigen gezahlt hatte[31].

d) Deliktsrecht

14 Eine oft übersehene Regelung enthält § 851 BGB, der gerade in sog. „Pointen-
klausuren" zum Tragen kommt, also solchen Fällen, die just auf eine Pointe
oder Vorschrift zugeschnitten sind, deren Kenntnis praktisch unmittelbar zur
Lösung führt[32]. Leistet der wegen der Entziehung oder Beschädigung einer beweglichen Sache zum Schadensersatz Verpflichtete den Ersatz an denjenigen,
in dessen Besitz sich die Sache befunden hat, so wird er nach § 851 BGB durch
die Leistung auch dann befreit, wenn ein Dritter Eigentümer der Sache war oder
ein sonstiges Recht an der Sache hatte, es sei denn, dass ihm das Recht des Dritten bekannt oder infolge grober Fahrlässigkeit unbekannt war. Die Vorschrift
hat einen elementaren Gerechtigkeitsgehalt. Fährt also jemand etwa mit einem
geliehenen oder geleasten Auto[33], das durch Fremdverschulden beschädigt
wird, und zahlt der Unfallverursacher gutgläubig an ihn, so kann er sich gegenüber dem Anspruch des Eigentümers aus § 823 Abs. 1 BGB auf die befreiende
Wirkung nach § 851 BGB berufen. Der Bereicherungsausgleich wird wiederum

---

29 *Hueck/Canaris*, Recht der Wertpapiere, § 27 III 3, S 231; nach RGZ 89, 401, 403; BGHZ 28,
368, 371 schadet grundsätzlich nur positive Kenntnis.
30 *Medicus/Petersen*, Bürgerliches Recht, Rn. 753.
31 BGHZ 28, 368; *Medicus/Petersen*, Bürgerliches Recht Rn. 753; a.A. *Hueck/Canaris*, Recht der
Wertpapiere, § 27 III 3, S 231 f.
32 Zum Begriff *Diederichsen/Wagner*, Die BGB-Klausur, 9. Auflage 1997.
33 KG VersR 1976, 1160.

durch § 816 Abs. 2 BGB verwirklicht: Der Entleiher bzw. Leasingnehmer ist als Nichtberechtigter dem Eigentümer zur Herausgabe des Geleisteten verpflichtet.

2. Sachenrecht

Im Sachenrecht sind es neben der wenig prüfungsrelevanten Ausnahme des **15** § 1056 BGB beim Nießbrauch, der auf den bereits erwähnten § 566c BGB verweist, der § 893 BGB sowie die §§ 1155 f. BGB, die in diesem Zusammenhang zu lernen sind.

a) Öffentlicher Glaube des Grundbuchs

Zugunsten desjenigen, der ein Recht an einem Grundstück oder ein Recht an **16** einem solchen Recht durch Rechtsgeschäft erwirbt, gilt nach § 892 Abs. 1 S. 1 BGB der Inhalt des Grundbuchs als richtig, es sei denn, dass ein Widerspruch gegen die Richtigkeit eingetragen oder die Unrichtigkeit dem Erwerber bekannt ist[34]. Diese Vorschrift ist gemäß § 893 BGB insbesondere dann entsprechend anzuwenden, wenn an denjenigen, für welchen ein Recht im Grundbuch eingetragen ist, aufgrund dieses Rechts eine Leistung bewirkt wird[35]. Ohne eingetragenen Widerspruch oder Wissen des Leistenden um die Nichtberechtigung gilt der Eingetragene als wahrer Berechtigter[36], wenn nur das Recht, auf das geleistet wird, besteht. Ist etwa eine hypothekarisch gesicherte Forderung nicht wirksam abgetreten, die Hypothek aber gleichwohl ins Grundbuch eingetragen, dann kann der Eigentümer des Grundstücks an den vermeintlichen Zessionar die Hypothekenzinsen mit befreiender Wirkung zahlen[37].

b) Hypothek

Insbesondere der soeben betrachtete § 893 BGB findet nach § 1155 S. 1 BGB **17** entsprechende Anwendung, wenn sich das Gläubigerrecht des Besitzers des Hypothekenbriefs aus einer zusammenhängenden, auf einen eingetragenen Gläubiger zurückzuführenden Reihe von öffentlich beglaubigten Abtretungserklärungen ergibt. Prüfungsrelevant ist im Hypothekenrecht vor allem § 1156 S. 1

---

34 Instruktiv zum Grundbuch als Rechtsscheinträger *Medicus*, Jura 2001, 294.
35 Siehe dazu auch *K. Schreiber*, Jura 1994, 493.
36 RGZ 116, 177.
37 *Wolff/Raiser*, Sachenrecht, 10. Bearb. 1957, § 45 I 2b, S. 143.

BGB[38], wonach die für die Übertragung der Forderung geltenden Vorschriften der §§ 406 bis 408 BGB – also insbesondere der zentrale § 407 BGB! – auf das Rechtsverhältnis zwischen dem Eigentümer und dem neuen Gläubiger hinsichtlich der Hypothek keine Anwendung finden[39]. Die Wirkungsweise der §§ 1156 und 407 BGB veranschaulicht folgendes Beispiel:

18   Ein Schuldner bestellt an seinem Grundstück eine Hypothek zugunsten des Gläubigers. Wenn nun der Gläubiger die hypothekarisch gesicherte Darlehensforderung in der Form des § 1154 BGB, also mit schriftlicher Abtretungserklärung unter Übergabe des Hypothekenbriefs an einen Dritten abtritt, so fragt sich, was der Dritte vom Schuldner verlangen kann, der in Unkenntnis der Abtretung an seinen ursprünglichen Gläubiger gezahlt hat. Der durch wirksame (§ 1154 BGB) Abtretung erworbene Anspruch des Dritten (§ 398 BGB) aus der Forderung (§ 488 Abs. 1 S. 2 BGB) ist wegen der befreienden Wirkung der Zahlung an den vermeintlichen Gläubiger nach §§ 362 Abs. 1, 407 Abs. 1 BGB erloschen. Dagegen besteht der Anspruch des Dritten auf Duldung der Zwangsvollstreckung (§ 1147 BGB) gegen den Schuldner fort, weil die Zahlung insoweit wegen § 1156 S. 1 BGB keine befreiende Wirkung hat. § 1156 S. 1 BGB schützt also den Erwerber einer Verkehrshypothek, indem insbesondere § 407 BGB ausgeschlossen wird.

3. Erbrecht

19 Innerhalb des Erbrechts findet sich zunächst die für die Fallbearbeitung unbedeutende Ausnahme des § 2135 BGB, der für die Nacherbfolge gleichfalls auf § 566c BGB verweist. Wesentlich wichtiger ist jedoch § 2367 BGB[40]. Danach findet die Vorschrift des § 2366 BGB insbesondere dann entsprechende Anwendung, wenn an denjenigen, der in einem Erbschein als Erbe bezeichnet ist, aufgrund eines zur Erbschaft gehörenden Rechts eine Leistung bewirkt wird. Wenn also ein Nachlassschuldner an den durch Erbschein Legitimierten gutgläubig zahlt, um seine Forderung zu tilgen, wird er frei, weil er nach § 2367 BGB so gestellt wird, als habe er an den Erben selbst gezahlt[41]. Dieser hat gegen den Scheinerben den Anspruch aus § 816 Abs. 2 BGB auf Herausgabe des Gezahlten.

---

38 Siehe dazu auch *Petersen/Rothenfußer*, WM 2000, 657.
39 Klausurfall dazu bei *Petersen*, Mündliche Prüfung, S. 91 ff., 101 f.
40 Dazu *Medicus*, Jura 2001, 294.
41 *Olzen/Looschelders*, Erbrecht, Rn. 967; *Medicus/Petersen*, Bürgerliches Recht, Rn. 572.

III. Zusammenfassung

Bei der Verfügung eines Nichtberechtigten und der Leistung an einen Nichtbe- **20**
rechtigten, die nicht zuletzt wegen des Bereicherungsausgleichs – § 816 Abs. 1
S. 1 BGB einerseits, § 816 Abs. 2 BGB andererseits – in einem Komplementari-
tätsverhältnis zueinander stehen, empfiehlt sich in der Examensvorbereitung
das Lernen mit Normgruppen:

1. Innerhalb des Allgemeinen Teils ist die komplexe Regelung des § 185 BGB, **21**
    die nach § 362 Abs. 2 BGB für die Leistung an einen Dritten anwendbar ist,
    der gesetzliche Ausgangspunkt.

2. Bei der Verfügung eines Nichtberechtigten über ein fremdes dingliches **22**
    Recht sind die §§ 985, 285 BGB (unanwendbar!), §§ 989, 990 BGB, gegebe-
    nenfalls § 1227 BGB und §§ 687 Abs. 2, 681 S. 2, 667 BGB auf Erlösherausgabe
    zu erwägen. Der Bereicherungsausgleich erfolgt nach § 816 Abs. 1 S. 1 BGB.

3. Bei der Verfügung an einen Nichtberechtigten bemisst sich der Bereiche- **23**
    rungsausgleich nach § 816 Abs. 2 BGB. In den Blick treten damit die Aus-
    nahmefälle einer befreienden Leistung an den Nichtberechtigten. Dies sind
    im Schuldrecht neben § 566c BGB vor allem die demselben Rechtsgedanken
    verpflichteten §§ 407, 793, 808, 851 BGB. Im Sachen- und Erbrecht kommen
    die Folgetatbestände des gutgläubigen Erwerbs in Gestalt der §§ 893, 1156,
    2367 BGB hinzu.

§ 7 Haftung für Zufall

Der zufällige Untergang geschuldeter Sachen kommt in vielen Klausuren und Hausarbeiten – gerade auch mit Bezug zu Dritten – vor, wobei die einschlägigen Vorschriften häufig übersehen werden oder gar nicht bekannt sind.*

I. Zivilrechtliche Haftung für Zufall

1 Der Schuldner hat nach § 276 Abs. 1 S. 1 BGB Vorsatz und Fahrlässigkeit zu vertreten, wenn eine strengere oder mildere Haftung weder bestimmt (etwa nach § 287 S. 1 bzw. § 300 Abs. 1 BGB[1]) noch aus dem Inhalt des Schuldverhältnisses, insbesondere aus der Übernahme einer Garantie oder eines Beschaffungsrisikos zu entnehmen ist. Privilegiert haftet nach § 277 BGB, wer – etwa nach §§ 708, 1359, 1664 BGB – nur für diejenige Sorgfalt einzustehen hat, welche er in eigenen Angelegenheiten anzuwenden pflegt. Schließlich hat der Schuldner nach § 278 S. 1 BGB ein Verschulden seines gesetzlichen Vertreters und der Personen, deren er sich zur Erfüllung seiner Verbindlichkeit bedient, in gleichem Umfang zu vertreten wie eigenes Verschulden. Die Haftung für Zufall meint nun Ereignisse, die nicht nach den §§ 276–278 BGB zu vertreten sind[2].

1. Haftung für Zufall im Verzug

2 Die bekannteste Regelung einer Haftung für Zufall ist § 287 S. 2 BGB[3]. Danach haftet der Schuldner während des Verzugs wegen der Leistung auch für Zufall[4], es sei denn, dass der Schaden auch bei rechtzeitiger Leistung eingetreten sein würde. Aus dem Wortlaut („wegen der Leistung") folgt, dass dies nicht für die Verletzung von Schutzpflichten gilt[5]. Ob für solche Schutzpflichtverletzungen die Verschuldenshaftung nach § 287 S. 1 BGB gilt, wonach der Schuldner während des Verzugs jede Fahrlässigkeit zu vertreten hat, ist umstritten[6]. Demge-

---

* Zuerst abgedruckt in Jura 2018, S. 132–134.
1 Palandt/*Grünberg*, § 300 Rn. 2.
2 *Larenz/Canaris*, Besonderes Schuldrecht, § 83 IV.
3 Dazu *Hirsch*, Jura 2003, 42, 45; *S. Lorenz*, JuS 2007, 611, 612.
4 Nach *Knütel*, NJW 1993, 900, auch für höhere Gewalt.
5 *Fikentscher/Heinemann*, Schuldrecht, Rn. 472.
6 Dafür *Looschelders*, Allgemeines Schuldrecht, Rn. 570; dagegen Erman/*J. Hager*, § 287 Rn. 2.

https://doi.org.10.1515/9783110365702-007

genüber normiert § 287 S. 2 BGB eine Garantiehaftung[7]. Zu berücksichtigen ist der Nachsatz („es sei denn")[8], der eine der wenigen Regelungen der hypothetischen Kausalität darstellt[9]. Auch in diesem Fall, d.h. wenn der Schaden auch bei rechtzeitiger Leistung eingetreten sein würde und für die Haftung für Zufall folglich gemäß § 287 S. 2 BGB kein Raum ist, soll § 287 S. 1 BGB gelten[10]. Zu berücksichtigen ist schließlich die Verweisung auf § 287 S. 2 BGB, die für den bösgläubigen Bereicherungsschuldner gilt, nämlich nach §§ 819 Abs. 1, 818 Abs. 4, 292, 990 Abs. 2, 287 S. 2 BGB[11].

Auch beim Gläubigerverzug ist an eine Haftung für zufälligen Untergang zu 3 denken, auch wenn es sich dabei nicht im strengen Sinne um eine Zufallshaftung handelt. Das zeigt § 300 Abs. 2 BGB[12]. Wird eine nur der Gattung nach bestimmte Sache geschuldet, so geht die Leistungsgefahr mit dem Zeitpunkt auf den Gläubiger über, in welchem er dadurch in Verzug kommt, dass er die angebotene Sache nicht annimmt. Geht danach die geschuldete Sache zufällig unter, ist der Schuldner von seiner Verpflichtung frei. Gefahrtragungsregeln treffen somit immer auch eine Entscheidung über den zufälligen Untergang.

2. Haftung für Zufall bei Entziehung einer Sache

Wer zur Rückgabe einer Sache verpflichtet ist, die er einem anderen durch eine 4 unerlaubte Handlung entzogen hat, ist nach § 848 BGB auch für den zufälligen Untergang, eine aus einem anderen Grunde eintretende Unmöglichkeit der Herausgabe oder eine zufällige Verschlechterung der Sache verantwortlich, es sei denn, dass der Untergang, die anderweitige Unmöglichkeit der Herausgabe oder die Verschlechterung auch ohne die Entziehung eingetreten sein würde. Die Regelung entspricht ersichtlich dem soeben behandelten § 287 S. 2 BGB. Ebenso wie dieser Vorschrift kann auch dem Wortlaut des § 848 BGB entnommen werden, dass ein hypothetischer Kausalverlauf relevant ist[13]. Ein Teil der Lehre hält § 848 BGB schlicht für überflüssig[14]. Die Bedeutung der Zufallshaftung nach § 848 BGB erschließt sich aber, wenn man bedenkt, dass unabhängig

---

7 *Medicus/Lorenz*, Allgemeines Schuldrecht, Rn. 390.
8 Schulfall: Das vereinbarte Beförderungsmittel, mit dem die geschuldete Sache transportiert wird, verunglückt; Jauernig/*Stadler*, § 287 Rn. 2.
9 *Medicus/Lorenz*, Allgemeines Schuldrecht, Rn. 481.
10 *Looschelders*, Allgemeines Schuldrecht, Rn. 569.
11 *Medicus/Petersen*, Bürgerliches Recht, Rn. 233.
12 Jauernig/*Stadler*, § 300 Rn. 6.
13 BGHZ 10, 6, 8.
14 *Meincke*, JZ 1980, 678.

von der Verwirklichung eines Schutzzweck- oder Risikozusammenhangs keine Prüfung der objektiven Zurechenbarkeit zu erfolgen hat; gehaftet wird eben „für *jede* Art von Zufall"[15]. Daher ist § 848 BGB, wenn man ihn nicht übersieht (was leider oft vorkommt), leicht zu prüfen.

3. Haftung des Gastwirts

5 Als Zufallshaftung wird mitunter die Einstandspflicht bezeichnet, die den Gastwirt nach § 701 BGB für die eingebrachten Sachen des Gastes trifft[16]. Ein Gastwirt, der gewerbsmäßig Fremde zur Beherbergung aufnimmt, hat nach § 701 Abs. 1 BGB den Schaden zu ersetzen, der durch den Verlust, die Zerstörung oder die Beschädigung von Sachen entsteht, die ein im Betrieb dieses Gewerbes aufgenommener Gast eingebracht hat. Die Ersatzpflicht tritt nach § 701 Abs. 3 BGB nicht ein, wenn der Verlust, die Zerstörung oder die Beschädigung von dem Gast, einem Begleiter des Gastes oder einer Person, die der Gast bei sich aufgenommen hat, oder durch die Beschaffenheit der Sachen oder durch höhere Gewalt verursacht wird[17]. Allerdings ist die Gastwirthaftung als Zufallshaftung eher beschrieben, als dogmatisch eingeordnet. Mit guten Gründen wird sie nämlich als Vertrauenshaftung erachtet, weil sie unabhängig von einem wirksamen Bewirtungsvertrag bereits vor Vertragsschluss eingreifen kann[18]. Immerhin vertraut der Gast dem Gastwirt seine eingebrachten Sachen an, so dass dieser auch das Risiko zu tragen verpflichtet ist.

II. Anspruchsgrundlagen im Zivilprozessrecht

6 Im Zivilprozessrecht gibt es einige Anspruchsgrundlagen, die zwar im strengen Sinne keine Haftung für Zufall darstellen, gleichwohl jedoch der Zufallshaftung zugeordnet werden[19]. Diese Vorschriften sollen daher auch im Folgenden mitbehandelt werden, weil ihnen ein gemeinsamer Regelungsgedanke zugrunde liegt, welcher der Zufallshaftung zumindest ähnlich ist. Es sind dies die §§ 302

---

15 *Larenz/Canaris*, Besonderes Schuldrecht, § 83 IV.

16 *Enneccerus/Lehmann*, Schuldrecht, § 172 II, Palandt/*Sprau*, Vor § 701 Rn. 2, spricht von einer Erfolgshaftung.

17 Zur Entwicklung der Gastwirthaftung in England *Zimmermann*, Festschrift Canaris, 2007, Band II, S. 1435.

18 *Canaris*, Die Vertrauenshaftung im deutschen Privatrecht, 1971, S. 541 mit Fußnote 83.

19 Palandt/*Sprau*, Vor § 823 Rn. 11.

Abs. 4, 600 Abs. 2, 717 Abs. 2, 799a, 945 ZPO. Dogmatisch exakter erscheint es, diese Tatbestände als Risikohaftung zu bezeichnen. Allen Tatbeständen ist nämlich gemein, dass der Gläubiger auf sein Risiko gegen den Schuldner schon vorgehen kann, obwohl das Verfahren noch nicht abgeschlossen bzw. nicht rechtskräftig ist oder eine Aufhebung droht.

1. Vorbehaltsurteil

Eine entlegene Anspruchsgrundlage findet sich in der Zivilprozessordnung in **7** § 302 Abs. 4 S. 3 ZPO, auf den § 600 Abs. 2 ZPO für einen hier nicht interessierenden Sonderfall verweist. Nach § 302 Abs. 4 S. 3 ZPO ist der Kläger zum Ersatz des Schadens verpflichtet, der dem Beklagten durch die Vollstreckung des Urteils oder durch eine zur Abwendung der Vollstreckung gemachte Leistung entstanden ist. Das Vorbehaltsurteil ist ein Endurteil, dass auflösend bedingt ist (§ 158 Abs. 2 BGB)[20]. Soweit sich in dem weiteren Verfahren über die Aufrechnung (§ 387 BGB), die der Beklagte geltend gemacht hat (§ 302 Abs. 1 ZPO), ergibt, dass der Anspruch des Klägers unbegründet war, ist das frühere Urteil nach § 302 Abs. 4 S. 2 ZPO aufzuheben; hat der Kläger inzwischen aus dem Vorbehaltsurteil gegen den Beklagten vollstreckt, schuldet er nach S. 3 Schadensersatz. Das ist, wie eingangs gesagt, keine Haftung für Zufall im strengen Sinne, wirkt sich aber für den Betroffenen faktisch so aus.

2. Vorläufige Vollstreckbarkeit

Derselbe Regelungsgedanke liegt § 717 Abs. 2 S. 1 ZPO zugrunde: Wird ein für vor- **8** läufig vollstreckbar erklärtes Urteil aufgehoben oder abgeändert, so ist der Kläger zum Ersatz des Schadens verpflichtet, der dem Beklagten durch die Vollstreckung des Urteils oder durch eine zur Abwehr der Vollstreckung gemachte Leistung entstanden ist. Auch hier kann der Kläger aus dem erstinstanzlichen Urteil – erforderlichenfalls gegen Sicherheitsleistung nach § 709 ZPO – zwischenzeitlich vollstrecken. Hat der Beklagte jedoch erfolgreich Berufung gegen das erstinstanzliche Urteil eingelegt, dann hat er gegen den Kläger und Berufungsbeklagten einen Schadensersatzanspruch aus § 717 Abs. 2 ZPO. Auch hier kann das Berufungsurteil für den Kläger gleichsam wie zufällig wirken. Da er aber in Kenntnis dieser Möglichkeit des Prozessverlusts vollstreckt hat, trifft ihn die Risikohaftung.

---

20 *Schumann*, Die ZPO-Klausur, Rn. 257.

3. Vollstreckung aus Urkunden

9 Hat sich der Eigentümer eines Grundstücks in Ansehung einer Hypothek oder Grundschuld in einer Urkunde nach § 794 Abs. 1 Nr. 5 ZPO der sofortigen Zwangsvollstreckung in das Grundstück unterworfen und betreibt ein anderer als der in der Urkunde bezeichnete Gläubiger die Vollstreckung, so ist dieser, soweit die Vollstreckung aus der Urkunde für unzulässig erklärt wird, nach § 799a S. 1 ZPO dem Schuldner zum Ersatz des Schadens verpflichtet, der diesem durch die Vollstreckung aus der Urkunde oder durch eine zur Abwendung der Vollstreckung erbrachte Leistung entsteht. Auch hier geht es darum, dem Gläubiger verschuldensunabhängig das Risiko einer sich nachträglich als unzulässig erweisenden Zwangsvollstreckung aufzubürden. Namentlich zielt die im Gefolge der Finanzkrise 2008 eingeführte Norm auf den Schutz von Schuldnern grundpfandrechtlich gesicherter Kredite vor besonders skrupellosen Zessionaren aus Urkunden vollstreckbarer Forderungen ab, welche die Vollstreckung mitunter ohne Rücksicht auf die materielle Rechtslage betrieben hatten[21].

4. Einstweilige Verfügung

10 Schließlich kann auch aus einer einstweiligen Verfügung gegen den Schuldner auf das Risiko hin, dass sie am Ende keinen Bestand hat, vorgegangen werden. Dieses Risiko hat dann der Gläubiger zu tragen: Erweist sich nämlich die einstweilige Verfügung als von Anfang an ungerechtfertigt oder wird sie nach § 942 Abs. 3 ZPO aufgehoben, so ist die Partei, welche die Anordnung erwirkt hat, nach § 945 BGB verpflichtet, dem Gegner den Schaden zu ersetzen, der ihm aus der Vollziehung der angeordneten Maßregel oder dadurch entsteht, dass er Sicherheit leistet, um die Vollziehung abzuwenden oder die Aufhebung der Maßregel zu erwirken.

---

21 Saenger/*Kindl*, ZPO, 7. Auflage 2017, § 799a Rn. 1 mit dem Beispiel OLG München, WM 2008, 199. Zur Sicherungsgrundschuld und dem von ähnlicher Zwecksetzung geprägten § 1192 Abs. 1a BGB vgl. nur *Petersen*, Jura 2017, 528.

§ 8 Die Drittwirkung von Leistungspflichten

Bevor die Drittwirkung von Schutzpflichten behandelt wird, geht es im Folgenden
zunächst um die Drittwirkung von Leistungspflichten in Gestalt des Vertrags zu-
*gunsten Dritter.**

I. Begriff und Funktion des Vertrags zugunsten Dritter

Aus einem Vertrag erwachsen Rechte und Pflichten grundsätzlich nur für die an 1
dem Vertragsschluss beteiligten Parteien (inter partes). Nach § 328 Abs. 1 BGB
kann eine Leistung jedoch auch an einen Dritten mit der Wirkung bedungen
werden, dass der Dritte unmittelbar – also „ohne eigenes Zutun"[1], wie etwa eine
Annahme oder auch nur Kenntnis davon – das Recht erwirbt, die Leistung zu
fordern[2]. Es handelt sich daher, der Überschrift gemäß, um eine Drittwirkung
von Leistungspflichten. Dabei erlangt der Dritte einen eigenen Leistungsanspruch und zwar unmittelbar ohne einen Durchgangserwerb der zu seinen
Gunsten handelnden Vertragspartei[3].

§ 328 Abs. 1 BGB ist aber selbst keine Anspruchsgrundlage[4]. Es gibt keinen 2
„abstrakten Vertrag zugunsten Dritter". Vielmehr bildet die Drittbegünstigung
eine inhaltliche Gestaltung von schuldrechtlichen Verträgen aller Art[5]. Daher ist
der Vertrag zugunsten Dritter auch kein besonderer Vertragstyp. In Ermangelung einer besonderen Bestimmung ist aus den Umständen, insbesondere aus
dem Zweck des Vertrags, zu entnehmen, ob der Dritte das Recht erwerben, ob es
sofort oder nur unter gewissen Voraussetzungen entstehen und ob den Vertragschließenden die Befugnis vorbehalten sein soll, das Recht des Dritten ohne
dessen Zustimmung aufzuheben oder zu ändern (§ 328 Abs. 2 BGB). So kann der
Schuldner auch lediglich verpflichtet sein, an den Dritten zu leisten, ohne dass
diesem der Anspruch auf die Leistung zusteht (sog. unechter Vertrag zugunsten

---

* Zuerst abgedruckt in Jura 2013, S. 1230–1233.
1 *Heck*, Grundriss des Schuldrechts, 1929, § 50, 4.
2 Monographisch dazu *Hellwig*, Verträge auf Leistungen an Dritte, 1899; *Wesenberg*, Verträge
zugunsten Dritter, 1949; *Bayer*, Der Vertrag zugunsten Dritter, 1995.
3 MüKo/*Gottwald*, § 328 Rn. 3.
4 *Fikentscher/Heinemann*, Schuldrecht, Rn. 294; dort (Rn. 300) auch lehrreich zu den
Leistungsstörungen beim Vertrag zugunsten Dritter.
5 MüKo/*Gottwald*, § 328 Rn. 20.

https://doi.org.10.1515/9783110365702-008

Dritter). Ob dies jeweils der Fall ist, muss in der Fallbearbeitung durch Auslegung ermittelt werden.

3   Ungeachtet der Berechtigung des Dritten ist der (echte) Vertrag zugunsten Dritter ein zweiseitiger Vertrag zwischen dem Versprechenden und dem Versprechensempfänger, wie das Gesetz die Vertragsschließenden in den §§ 331 ff. BGB bezeichnet. Im Gegensatz dazu ermöglicht die einseitige Ermächtigung eines Gläubigers zur Leistung an einen Dritten nur die schuldbefreiende Leistung des Schuldners an diesen gemäß § 362 Abs. 2 BGB, ohne dem Dritten jedoch ein eigenes Forderungsrecht zuzusprechen. Versprechender ist dabei der Schuldner, also derjenige, der dem Versprechensempfänger (Gläubiger) zusagt, an den Dritten zu leisten. Die Rechtsstellung des Versprechensempfängers regelt § 335 BGB, wonach er, sofern nicht ein anderer Wille der Vertragschließenden anzunehmen ist, die Leistung an den Dritten auch dann fordern kann, wenn diesem das Recht auf die Leistung zusteht[6].

4   Das Verhältnis zwischen Versprechendem und Versprechensempfänger ist das Deckungsverhältnis und bestimmt nicht nur die Rechtsnatur des Vertrags zugunsten Dritter, sondern ist auch maßgeblich für die Frage, ob der Vertrag wirksam geschlossen wurde, oder ob gesetzliche Verbote (§ 134 BGB), gute Sitten (§ 138 BGB) oder Formerfordernisse (§ 125 BGB) missachtet wurden. Demgegenüber wird die Rechtsbeziehung zwischen Versprechensempfänger und Drittem Valutaverhältnis genannt. Sie stellt den Rechtsgrund der Leistung an den Dritten dar[7]. Das ist, wie weiter unten noch zu zeigen sein wird, für die bereicherungsrechtliche Rückabwicklung wichtig, weil es darüber entscheidet, ob der Dritte gegenüber dem Versprechensempfänger einen Anspruch auf die Leistung erlangt oder ob er sie ohne rechtlichen Grund erhalten hat und gegebenenfalls nach § 812 Abs. 1 S. 1 Fall 1 BGB zurückgewähren muss.

5   Beide Rechtsverhältnisse sind voneinander unabhängig und nicht an die Wirksamkeit des jeweils anderen gebunden[8]. Auch ist der Schuldner (Versprechender) nicht berechtigt, aus dem Valutaverhältnis Einwendungen gegen seine Leistungspflichten herzuleiten[9]. Die Bewirkung der Leistung aus einem Vertrag zugunsten Dritter zwischen Versprechendem und Versprechensempfänger (Deckungsverhältnis) bedeutet also noch nicht, dass der Dritte die Leistung auch behalten darf; vielmehr ist dafür ein Rechtsgrund im Verhältnis des Versprechensempfängers zum Dritten (Valutaverhältnis) erforderlich. Dieser kann beispielsweise in einer Schenkung nach § 516 Abs. 1 BGB bestehen. Geht es also

---

6 Zur Auslegung des § 335 BGB *Hadding*, AcP 171 (1971), 403.
7 BGHZ 91, 288, 290.
8 Staudinger/*Klumpp*, § 328 Rn. 18.
9 MüKo/*Gottwald*, § 328 Rn. 29.

etwa um die Frage, ob der Dritte die Leistung dem Versprechenden oder – in der Fallbearbeitung häufiger noch – dessen Erben bereicherungsrechtlich herauszugeben hat, dann sind bei dem Tatbestandsmerkmal des § 812 BGB „ohne rechtlichen Grund" das Vorliegen und die Wirksamkeit eines Schenkungsvertrags (z.B. im Hinblick auf die Formbedürftigkeit nach § 518 BGB) im Valutaverhältnis zu prüfen[10].

II. Vertrag zugunsten Dritter auf den Todesfall

Das zuletzt Genannte zeigt sich am deutlichsten am Beispiel des Vertrags zu- 6
gunsten Dritter auf den Todesfall, für den § 331 BGB eine wichtige Regelung enthält – freilich nicht die einzige (vgl. § 2301 BGB), weshalb das Spannungsverhältnis zwischen diesen beiden Bestimmungen eines der schwierigsten Probleme zwischen Schuld- und Erbrecht darstellt.

1. Schenkungsvertrag im Valutaverhältnis

Nach § 331 Abs. 1 BGB erwirbt der Dritte das Recht auf die Leistung im Zweifel 7
bei einer Fälligkeit mit dem Tode des Versprechensempfängers auch erst dann, wenn dieser verstorben ist. Die Vorschrift regelt also den Fall, dass der Versprechensempfänger als Gläubiger des Vertrags zugunsten Dritter mit dem Versprechenden – in der Praxis nicht selten einer Bank – vereinbart hat, dass der Versprechende erst nach dem Tode des Versprechensempfängers an den Dritten leisten soll. Für diesen Fall enthält § 331 Abs. 1 BGB die Auslegungsregel, dass der Dritte dann das Recht auf die Leistung im Zweifel erst mit dem Tode des Versprechensempfängers erwirbt. Zuvor steht die Leistung dem Versprechensempfänger selbst zu, der darüber frei verfügen kann[11].

Allerdings ist damit noch nicht abschließend gesagt, dass der Dritte die 8
Leistung auch endgültig behalten darf. Denn der von der Existenz eines Vertrags zugunsten Dritter mitunter überraschte Erbe des Versprechenden kann geneigt sein, die Leistung von dem Dritten nach § 812 Abs. 1 S. 1 Fall 1 BGB zurückzuverlangen. Dann kommt es darauf an, ob im Verhältnis zwischen Versprechensempfänger als Gläubiger des Vertrags zugunsten Dritter und Drittem ein Rechtsgrund bestand, der den Empfänger zum Behaltendürfen der Leistung

---

10 Näher *Hadding*, Der Bereicherungsausgleich beim Vertrag zu Rechten Dritter, 1970; *F. Peters*, AcP 173 (1973), 71.

11 BGH NJW 2002, 3253, 3253; OLG Frankfurt NJW-RR 1990, 968.

berechtigt. Kommt für diesen nur eine Schenkung in Betracht, so hängt die Entscheidung davon ab, ob im Valutaverhältnis ein Schenkungsvertrag zustande gekommen und wirksam ist.

9   Für das Zustandekommen und die Wirksamkeit eines solchen Schenkungsvertrags zwischen Versprechensempfänger und Drittem, der ja von dem Vertrag zu seinen Gunsten nicht notwendigerweise gewusst hat, sind die Vorschriften über Rechtsgeschäfte unter Lebenden (insbesondere §§ 130 Abs. 2, 153, 151 S. 2 BGB) maßgeblich[12]. Regelmäßig ergeht an den Versprechenden zugleich ein konkludenter Auftrag, dem Begünstigten den Schenkungsantrag nach dem Tod des Versprechensempfängers zu übermitteln. Auf die Wirksamkeit der Willenserklärung ist es daher gemäß § 130 Abs. 2 BGB ohne Einfluss, wenn der Erklärende, hier also der schenkende Versprechensempfänger, nach der Abgabe der auf den Schenkungsvertrag gerichteten Willenserklärung stirbt. Es ist dann ein postmortaler Abschluss des Schenkungsvertrags möglich, da nach § 153 BGB das Zustandekommen des Vertrags nicht dadurch gehindert wird, dass der Antragende vor der Annahme stirbt. Überdies kann der Vertrag nach § 151 S. 1 BGB durch die Annahme des Antrags insbesondere dann zustande kommen, ohne dass die Annahme dem Antragenden gegenüber erklärt zu werden braucht, wenn der Antragende darauf verzichtet hat. Der Verstorbene kann also dem Dritten gegenüber auf den Zugang der Annahmeerklärung bezüglich der Schenkung verzichtet haben.

10   Diese Konstruktion hat das Reichsgericht bereits im Bonifatiusfall zugrunde gelegt[13]. Da die Erben in die Rechtsposition des Versprechensempfängers treten, können sie das Schenkungsangebot allerdings vor seinem Zugang beim Dritten gemäß § 130 Abs. 1 S. 2 BGB widerrufen, soweit der Erblasser dazu selbst berechtigt war[14]. Genauso sind die Erben berechtigt, nach § 671 Abs. 1 BGB den Übermittlungsauftrag gegenüber dem Versprechenden zu widerrufen, so dass der Dritte nie von dem geschlossenen Vertrag zu seinen Gunsten erfährt. Leistet der Versprechende dessen ungeachtet, können die Erben nach § 816 Abs. 2 BGB das Empfangene kondizieren[15]. Dies führt zu einem Wettlauf von Erben und Versprechenden, dessen zufälliger Ausgang davon abhängt, wer zuerst Kenntnis von dem durch den Erblasser geschlossenen Vertrag zugunsten Dritter auf den Todesfall erlangt.

11   Die Kritiker an dieser Lösung versuchten daher durch rechtliche Konstruktionen das Widerrufsrecht der Erben zu beseitigen. Die Vorschläge gingen da-

---

12 Zum Zustandekommen von Verträgen *Leenen*, AcP 188 (1988), 381; *Petersen*, Jura 2009, 183.
13 RGZ 83, 223; dazu *Otte*, Jura 1993, 643.
14 Also nicht, falls die Begünstigung unwiderruflich war: BGH WM 1976, 1130, 1132.
15 MüKo/*Gottwald*, § 331 Rn. 10.

hin, dass eine einseitige lebzeitige Schenkung des Versprechensempfängers vorläge, die ein besonderes Valutaverhältnis entbehrlich mache[16], dass die Drittbegünstigung zugleich eine vermächtnisähnliche Zuwendung beinhalte[17], dass der Versprechende als Vertreter des Dritten ohne Vertretungsmacht auftrete, so dass entsprechend § 178 S. 1 BGB kein Widerrufsrecht für die Erben bestehe[18] oder dass der Begünstigende sich konkludent verpflichte, sein Widerrufsrecht nicht auszuüben, was auch für die Erben gelten würde[19]. Diese Erklärungshypothesen überzeugen indes nicht. Da die Erben in die Rechtsposition des Erblassers eintreten, kann ihre Widerrufsmöglichkeit nur dann beschränkt sein, wenn dies bereits für den Erblasser selbst galt. Dies muss er dadurch bewirken, dass er dem Begünstigten bereits zu Lebzeiten die Zuwendung anträgt oder sich der Möglichkeiten erbrechtlicher Verfügungen (Testament, Vermächtnis) bedient[20].

2. Das Spannungsverhältnis zwischen § 331 BGB und § 2301 BGB

Schwieriger verhält es sich mit der Wirksamkeit des Schenkungsvertrags im Valutaverhältnis in Bezug auf § 125 S. 1 BGB und das Formerfordernis des § 518 Abs. 1 BGB. Grundsätzlich wäre bei einem Formmangel an die Möglichkeit einer gestreckten Handschenkung und der Heilbarkeit nach § 518 Abs. 2 BGB zu denken. Problematisch ist jedoch, ob der möglicherweise im Verhältnis zu § 331 BGB vorrangige § 2301 Abs. 1 S. 1 BGB der Heilung entgegensteht. Denn danach finden auf ein Schenkungsversprechen, welches unter der Bedingung erteilt wird, dass der Beschenkte den Schenker überlebt, die Vorschriften über Verfügungen von Todes wegen Anwendung. Das aber sind die besonders formstrengen und keiner Heilung zugänglichen Regelungen über das Testament (§ 2247 Abs. 1 BGB) oder sogar den Erbvertrag (§ 2276 BGB), die im Verhältnis zwischen dem schenkenden Versprechensempfänger und dem beschenkten Dritten häufig nicht eingehalten sein werden. **12**

Der Bundesgerichtshof hält § 331 BGB für vorrangig, da es sich um ein Rechtsgeschäft unter Lebenden handele, so dass der Schenkungsvertrag zumindest nicht nach den §§ 125 S. 1, 2301 Abs. 1 S. 1, 2247, 2276 BGB nichtig **13**

---

16 RGZ 88, 137, 139; *Harder*, FamRZ 1976, 418, 426, 428.
17 *Finger*, WM 1970, 374, 377.
18 *Bühler*, NJW 1976, 1727, 1728.
19 OLG Celle WM 1993, 591.
20 BGH NJW 1975, 383 f.; WM 1976, 1130, 1132; MüKo/*Gottwald*, § 331 Rn. 11.

sei[21]. Maßgeblich sei vielmehr ein Rechtsgrund des Erwerbes im Valutaverhältnis, der sich, wie oben bereits dargestellt, regelmäßig in einer Schenkung finden dürfte. Der dabei auftretende Formmangel des § 518 Abs. 1 BGB werde sodann durch den Vollzug der Schenkung geheilt (§ 518 Abs. 2 BGB). Demgegenüber wird von Seiten des Schrifttums teilweise zu bedenken gegeben, dass dann eine Aushöhlung der erbrechtlichen Formvorschriften drohe, die auch dazu führt, dass Nachlassgläubiger und Pflichtteilsberechtigte durch die Nichtanwendung des § 2301 BGB gegenüber ihren gemäß §§ 39, 325 ff. InsO eigentlich nachrangigen Vermächtnisansprüchen unbillig benachteiligt werden und auf ein vermindertes Nachlassguthaben zurückgreifen müssen[22].

III. Die übrigen Bestimmungen

14 Verpflichtet sich in einem Vertrag der eine Teil zur Befriedigung eines Gläubigers des anderen Teils, ohne die Schuld zu übernehmen, so ist nach § 329 BGB im Zweifel nicht anzunehmen, dass der Gläubiger unmittelbar das Recht erwerben soll, die Befriedigung von ihm zu fordern. Die Vorschrift regelt neben den in § 415 Abs. 3 BGB genannten Fallgestaltungen die vertragliche Erfüllungsübernahme, die sich beispielsweise praktisch dann anbietet, wenn ein Händler eine verkaufte Ware seinerseits vom Hersteller bezieht: Dann kann er diesen anweisen, unmittelbar an den Kunden zu liefern[23]. Der Gläubiger soll hier kein eigenes Forderungsrecht gegen den Versprechenden erhalten[24]. Vielmehr liegt eine interne Vereinbarung zwischen Schuldner und Versprechendem vor, aufgrund derer der Versprechende dem Schuldner gegenüber zur Erfüllung verpflichtet ist[25]. Es handelt sich also gerade nicht um einen echten Vertrag zugunsten Dritter, sondern um einen unechten[26], bei dem lediglich der Leistungsweg abgekürzt wird[27]. Dabei ist § 329 BGB eine besondere Auslegungsregel für die Erfüllungsübernahme, nach der im Zweifel weder eine Schuldübernahme noch ein Schuldbeitritt durch den Erfüllenden gewollt ist.

---

21 BGHZ 66, 8, 12; klausurmäßige Lösung bei *Petersen*, Allgemeines Schuldrecht, Rn. 459–463; zu der Problematik auch *Olzen/Looschelders*, Erbrecht, Rn. 1250 ff.

22 *Canaris*, Bankvertragsrecht, 3. Auflage 1988, Teil 1, Rn. 210; *Medicus/Petersen*, Bürgerliches Recht, Rn. 396 f.

23 *Medicus/Lorenz*, Allgemeines Schuldrecht, Rn. 255.

24 Hk-Schulze/*Schulze*, § 329 Rn. 1.

25 *Fikentscher/Heinemann*, Schuldrecht, Rn. 752.

26 *Medicus/Lorenz*, Allgemeines Schuldrecht, Rn. 856.

27 *Looschelders*, Allgemeines Schuldrecht, Rn. 1129.

Wird in einem Leibrentenvertrag die Zahlung der Leibrente an einen Dritten 15
vereinbart, so ist nach § 330 S. 1 BGB im Zweifel anzunehmen, dass der Dritte
unmittelbar das Recht erwerben soll, die Leistung zu fordern, wodurch ein ech-
ter Vertrag zugunsten Dritter vorliegt. Das Gleiche gilt, wenn bei einer unentgeltlichen Zuwendung dem Bedachten eine Leistung an einen Dritten auferlegt
oder bei einer Vermögens- oder Gutsübernahme von dem Übernehmer eine
Leistung an einen Dritten zum Zweck der Abfindung versprochen wird, § 330
S. 2 BGB. Die Vorschriften haben für die Fallbearbeitung aber keine nennens-
werte Bedeutung[28].

Hat sich der Versprechensempfänger die Befugnis vorbehalten, ohne Zu- 16
stimmung des Versprechenden an die Stelle des in dem Vertrag bezeichneten
Dritten einen anderen zu setzen, so kann dies gemäß § 332 BGB im Zweifel auch
in einer Verfügung von Todes wegen geschehen. In diesem Fall genügt demnach eine einseitige und nicht empfangsbedürftige Willenserklärung, also etwa
eine testamentarische Bestimmung (§ 1937 BGB). Weist der Dritte das aus dem
Vertrag erworbene Recht dem Versprechenden gegenüber zurück, so gilt das
Recht nach § 333 BGB als nicht erworben[29]. Da es sich dabei um ein Gestaltungsrecht handelt, ist die Zurückweisung unwiderruflich[30].

Wichtiger für die Klausurbearbeitung ist § 334 BGB, wonach dem Verspre- 17
chenden Einwendungen aus dem Deckungsverhältnis auch gegenüber dem
Dritten zustehen[31]. Über den Wortlaut hinaus gilt § 334 BGB für Gegenrechte
aller Art, also etwa auch die Geltendmachung der Unwirksamkeit des Leis-
tungsversprechens oder für Einreden, so dass beispielsweise ein Zurückbehaltungsrecht (§ 273 Abs. 1 BGB) Drittwirkung entfalten kann[32]. Zu beachten ist jedoch, dass § 334 BGB dispositives Recht und somit abdingbar ist, was gerade bei
gegenläufigen Interessen von Auftraggeber und Drittem von Bedeutung sein
kann[33].

---

28 Zur Lebensversicherung im Bürgerlichen Recht in dieser Hinsicht, freilich durch § 159 VVG
im Wesentlichen neugeregelt, *Petersen*, AcP 204 (2004), 832.
29 Grundlegend dazu *J. Hager*, Der Schutz vor dem ungeliebten Partner, Schriften zum
Notarrecht 45 (2016), 77, 80 ff.
30 Hk-Schulze/*Schulze*, § 333 Rn. 2.
31 Zur analogen Anwendung der Vorschrift auf den Vertrag mit Schutzwirkung zugunsten
Dritter siehe § 9 III.
32 *Medicus/Lorenz*, Allgemeines Schuldrecht, Rn. 223.
33 *Leyens*, JuS 2018, 217, 221.

§ 9 Die Drittwirkung von Schutzpflichten

Klausurfälle werden auch dann schwieriger, wenn Dritte im weitesten Sinne mitbe-
troffen sein können. Gerade die Erstreckung von Schutzpflichten auf Dritte bildet
*ein klausurrelevantes Beispiel.**

I. Problem, Begriff und Sachzusammenhang

1. Relativität der Schuldverhältnisse

1 Pflichten aus einem Schuldverhältnis wirken grundsätzlich nur inter partes,
also innerhalb der an dem Schuldverhältnis beteiligten Personen. Das entspricht dem Grundsatz der Relativität der Schuldverhältnisse und gilt für
Leistungs- und Schutzpflichten gleichermaßen[1]. Bei den Leistungspflichten versteht sich das von selbst: Kraft des Schuldverhältnisses ist der Gläubiger nach
§ 241 Abs. 1 BGB berechtigt, von dem Schuldner eine Leistung zu fordern. Nur in
besonderen Fällen kann ein Dritter eine Leistung beanspruchen, etwa unter den
Voraussetzungen des § 328 Abs. 1 BGB[2]. Auch Schutzpflichten, also Verhaltens-
pflichten im Rahmen der Abwicklung eines Schuldverhältnisses mit dem Inhalt,
die Rechtsgüter des anderen Teils, insbesondere Eigentum, Leben und Gesundheit, nicht zu beeinträchtigen[3], wirken regelmäßig nur zwischen den am
Schuldverhältnis Beteiligten.

2   Für den Gläubiger liegen die Vorteile der vertraglichen Haftung gegenüber
dem Deliktsrecht auf der Hand: So wird das Verschulden zulasten des Pflicht-
verletzenden gemäß § 280 Abs. 1 S. 2 BGB vermutet, es besteht keine Exkulpationsmöglichkeit bei der Haftung für das Handeln von Erfüllungsgehilfen gemäß § 278 BGB und auch primäre Vermögensschäden können geltend gemacht
werden. Eine unkontrollierte Ausdehnung vertraglicher Schutzpflichten auf
vertragsfremde, außenstehende Dritte mit entsprechender Einstandspflicht
würde daher in die Richtung einer deliktsrechtstypischen Jedermann-Haftung
für primäre Vermögensschäden führen, die systematisch nicht begründbar

---

*   Zuerst abgedruckt in Jura 2013, S. 893–897.
1 Eingehend zu den Leistungs- und Schutzpflichten *Grigoleit*, Festschrift Canaris, 2007,
Band I, S. 275 ff.; speziell zur Begründung von Schutzpflichten *Medicus*, Probleme um das
Schuldverhältnis, 1987, S. 18 ff.
2 Zur Drittwirkung von Leistungspflichten siehe oben § 8.
3 Palandt/*Grüneberg*, § 241 Rn. 7.

https://doi.org.10.1515/9783110365702-009

wäre, weil sie nur unter den besonderen Voraussetzungen der §§ 823 Abs. 2, 824 BGB und des § 826 BGB in Betracht kommt[4].

2. Überwindung der „Schwäche des Deliktsrechts"

Das Problem der allfälligen Ausdehnung von Schutzpflichten unter bestimmten 3 Voraussetzungen hängt vor allem mit der in § 831 Abs. 1 S. 2 BGB normierten Exkulpationsmöglichkeit für das Handeln von Gehilfen und der darin zum Ausdruck kommenden „Schwäche des Deliktsrechts" zusammen. Das zeigt ein einfaches Beispiel[5]: Wenn ein Kind an der Hand der Mutter einen Laden betritt und dort zu Schaden kommt, weil ein sorgsam ausgewählter und stets beaufsichtigter Verrichtungsgehilfe des Inhabers etwas falsch gemacht hat, dann haftet der Inhaber dem Kind wegen der Exkulpationsmöglichkeit des § 831 Abs. 1 S. 2 BGB nicht aus Delikt. Einer vertraglichen Haftung scheint entgegenzustehen, dass das Kind in keiner vertraglichen Verbindung zum Inhaber steht.

Dennoch kann zwischen dem Kind und dem Inhaber ein Schuldverhältnis, 4 nämlich ein solches mit Schutzwirkung zugunsten Dritter, begründet worden sein, vermöge dessen der Inhaber dem Kind aus § 280 Abs. 1 S. 1 BGB (gegebenenfalls in Verbindung mit § 311 Abs. 2 BGB) haftet[6], weil und sofern sein Mitarbeiter Erfüllungsgehilfe im Sinne des § 278 S. 1 BGB ist. Denn zum Pflichtenkreis des Schuldners (= Inhabers) gehört auch die Erfüllung von Schutzpflichten. Diese obliegen dem Schuldner zwar an sich nur gegenüber dem Vertragspartner, unter den sogleich noch näher zu behandelnden Voraussetzungen des etwas verkürzt so genannten „Vertrags mit Schutzwirkung zugunsten Dritter" aber auch gegenüber bestimmten Dritten, hier etwa dem Kind.

3. Dogmatische Einordnung und § 311 Abs. 3 BGB

Eine positiv-rechtliche Fundierung des Schuldverhältnisses mit Schutzwirkung 5 zugunsten Dritter findet sich in § 311 Abs. 3 S. 1 BGB (dort ist vom Vertrag aus gutem Grund keine Rede), wonach ein Schuldverhältnis mit Pflichten nach § 241

---

4 Grundlegend *Canaris*, 2. Festschrift Larenz, 1983, S. 27 ff.

5 In Anlehnung an BGHZ 66, 51, dem berühmten „Salatblattfall"; zu ihm auch § 4 II 1.

6 Vertrag mit Schutzwirkung zugunsten Dritter und Verschulden bei Vertragsverhandlungen sind kombinierbar, so dass also auch ein Schuldverhältnis nach § 311 Abs. 2 BGB für die Haftung aus § 280 Abs. 1 BGB genügt; vgl. *Fikentscher/Heinemann*, Schuldrecht, Rn. 308; siehe auch *Canaris*, JZ 1965, 475.

Abs. 2 BGB – also Schutzpflichten im weitesten Sinne – auch zu Personen entstehen kann, die nicht selbst Vertragspartei werden sollen. § 311 Abs. 3 BGB eröffnet die Möglichkeit, Dritte in ein fremdes Schuldverhältnis einzubeziehen. Nach § 311 Abs. 3 S. 2 BGB entsteht ein solches Schuldverhältnis, also eines der in Satz 1 bezeichneten Art, insbesondere dann, wenn der Dritte in besonderem Maße Vertrauen für sich in Anspruch nimmt und dadurch die Vertragsverhandlungen oder den Vertragsschluss erheblich beeinflusst[7]. Ein solches qualifiziertes Vertrauen darf nicht leichthin angenommen werden[8]. Zwar trifft § 311 Abs. 3 S. 2 BGB ausweislich seines Wortlauts („insbesondere") keine abschließende Bestimmung für die Einbeziehung Dritter in Schuldverhältnisse[9]. Im Unterschied zur Drittwirkung von Schutzpflichten geht es jedoch in erster Linie um die Haftung des Dritten als Schuldner eines Schadensersatzanspruches. Daher mag bezweifelt werden, dass § 311 Abs. 3 BGB als dogmatische Grundlage für das Schuldverhältnis mit Schutzwirkung zu Gunsten Dritter anzusehen ist[10]. Nach anderer Ansicht beruht die dogmatische Grundlage des Schuldverhältnisses mit Schutzwirkung zugunsten Dritter auf einer ergänzenden Vertragsausauslegung[11], bzw. auf einer richterlichen Rechtsfortbildung (§ 242 BGB)[12].

6   Zusammenfassend lässt sich also sagen: Der Vertrag mit Schutzwirkung zugunsten Dritter hat nach der Neuregelung in § 311 Abs. 3 BGB weniger denn je etwas mit dem in § 328 BGB normierten Vertrag zugunsten Dritter zu tun[13], weil es nicht um Leistungspflichten geht. Vielmehr besteht das zugrundeliegende Rechtsproblem des Vertrags mit Schutzwirkung zugunsten Dritter in der Drittwirkung von Schutzpflichten[14].

II. Schuldverhältnisse mit Schutzwirkung zugunsten Dritter

7   Am Beispiel des Vertrags – oder besser, weil mehr relevante Fälle erfassend und leichter mit der Anspruchsgrundlage des § 280 Abs. 1 BGB begründbar: des Schuldverhältnisses – mit Schutzwirkung zugunsten Dritter und seiner Voraus-

---

7 Dazu vor Inkrafttreten der Neuregelung BGH NJW 1971, 1309; 1983, 2696; 1987, 2512; und danach BGH NJW 2004, 2523.
8 Vgl. BGH NJW-RR 1992, 605; 1993, 342.
9 *Looschelders*, Allgemeines Schuldrecht, Rn. 162.
10 MüKo/*Gottwald*, § 328 Rn. 169.
11 Skeptisch *Fikentscher/Heinemann*, Schuldrecht, Rn. 158, 305.
12 BGH NJW 1984, 356; NJW-RR 1985, 366; NJW 2004, 3035.
13 In diese Richtung noch RGZ 91, 21; 98, 210.
14 *Larenz*, NJW 1956, 1193, 1194.

setzungen[15] erweist sich, dass es weniger auf Begriffe ankommt als vielmehr auf den zugrundeliegenden Sachzusammenhang. Da aber in den von Rechtsprechung und Lehre entwickelten Begriffen bestimmte Wertungen zum Ausdruck kommen, sollten sie bei der Fallbearbeitung genannt und unter Beweis gestellt werden. Wertungsmäßig geht es um die unter Risikotragungsgesichtspunkten erforderliche Eingrenzung des Personenkreises derer, die in den Genuss von Schutzpflichten kommen, obwohl sie selbst in keiner vertraglichen Verbindung zum in Anspruch Genommenen stehen. Weniger wichtig und damit in der Fallbearbeitung nicht zu entscheiden ist demgegenüber die soeben erörterte Frage, was die Rechtsgrundlage für das Schuldverhältnis mit Schutzwirkung für Dritte darstellt.

Die folgenden Begriffe und Sachgesichtspunkte muss dagegen jeder ken- 8 nen und – wichtiger noch, da nämlich die Begriffe selbst wenig aussagekräftig sind – verstanden haben. An Stelle sturen Auswendiglernens hilft die Überlegung, dass jedes der folgenden Kriterien die Menge möglicher anspruchsberechtigter Dritter in bestimmter Hinsicht eingrenzt. Keine Rolle spielt es, ob der Vertrag bereits besteht, wirksam ist oder sich, wie in unserem Fall, erst noch anbahnt (§ 311 Abs. 2 BGB). Gerechtfertigt ist eine gegenüber dem Deliktsrecht schärfere Haftung jedenfalls dann, wenn ein gesteigerter sozialer Kontakt oder Vertragsverhandlungen zwischen den Parteien bestehen, in deren Zusammenhang die Rechtsgüter eines Dritten der Gefährdung durch den Schuldner ausgesetzt sind[16].

1. Leistungsnähe

Schon im Ausgangspunkt deutlich wird der zuletzt genannte Gesichtspunkt all- 9 fälliger Eingrenzung der Anspruchsberechtigten dadurch, dass bestimmungsgemäße Leistungsnähe des Dritten gegeben sein muss. Dieses auf den ersten Blick farblos wirkende Kriterium bedeutet, dass der Dritte der Leistung bestimmungsgemäß, d.h. durch Vermittlung oder mit Willen des Gläubigers in der Weise nahe sein muss, dass ihn eine Schlechtleistung und die daraus resultierenden Risiken ebenso treffen wie den Gläubiger. Ein nur zufälliger Leistungskontakt, etwa beim Besuch eines Krankenhauspatienten, genügt hingegen nicht[17]. Man kann es noch deutlicher im Hinblick auf die Drittwirkung von Schutzpflichten formulieren: Der Dritte muss also auch der Gefahr einer

---

15 Zu ihnen auch schon oben § 4 II 1.
16 MüKo/*Gottwald*, § 328 Rn. 175.
17 BGH NJW 2001, 3115, 3116.

Schutzpflichtverletzung in gleicher Weise ausgesetzt sein wie der in Aussicht genommene Vertragspartner[18]. Wendet man dies auf den oben (I.) genannten Beispielsfall an, so ergibt sich, dass das an der Hand der Mutter mitgeführte Kind der Gefahr einer Schutzpflichtverletzung in gleicher Weise ausgesetzt ist. Es geht also der Sache nach um Einwirkungsnähe[19].

2. Gläubigernähe

10 Darüber hinaus muss Gläubigernähe bestehen, das heißt der Gläubiger muss ein schutzwürdiges Interesse – daher auch „Gläubigerinteresse" genannt[20] – an der Einbeziehung des Dritten haben. Früher hat der Bundesgerichtshof hierfür etwas altertümlich verlangt, dass „der Gläubiger sozusagen für das Wohl und Wehe des Dritten mitverantwortlich ist, weil dessen Schädigung auch ihn trifft, da er dem Dritten gegenüber zu Schutz und Fürsorge verpflichtet ist"[21]. Eine solche Fürsorgepflicht kann sich etwa unter dem Gesichtspunkt der elterlichen Sorge ergeben (§§ 1626, 1629, 1664 BGB)[22]. Erforderlich war demnach ein so genannter personenrechtlicher Einschlag.

11 Diese Wohl-und-Wehe-Rechtsprechung hat der Bundesgerichtshof inzwischen zugunsten einer eher nüchternen Betrachtung aufgegeben. Heute genügt der Rechtsprechung ein berechtigtes Interesse des Vertragspartners an der Einbeziehung des Dritten[23]. Ein solches soll etwa auch vorliegen, wenn ein Mieter eine fremde Sache verwahrt und diese auf Grund eines Mietmangels beschädigt wird, so dass die Obhutspflicht hinsichtlich des fremden Eigentums ein Gläubigerinteresse zur Einbeziehung des Geschädigten in den Mietvertrag begründet[24]. Nicht einmal gegenläufige Interessen des Vertragspartners im Verhältnis zum Dritten sollen der Gläubigernähe entgegenstehen. Ein Beispiel dafür bietet der Vertrag zwischen einem Verkäufer und einem bausachverständigen Gutachter. In den Schutzbereich dieses Gutachtervertrags soll der Käufer selbst dann einbezogen sein, wenn der Verkäufer durch Arglist die Unrichtigkeit des Gutachtens zu seinem eigenen Verkaufsvorteil herbeigeführt hat[25]. Freilich kann hier

---

18 *Looschelders*, Allgemeines Schuldrecht, Rn. 165.

19 *Medicus/Petersen*, Bürgerliches Recht, Rn. 844.

20 *Looschelders*, Allgemeines Schuldrecht, Rn. 166.

21 BGHZ 51, 91, 96.

22 Zur elterlichen Sorge *Coester-Waltjen*, Jura 2005, 97.

23 BGH NJW 1985, 489.

24 BGH NJW 1968, 885; kritisch dazu *Oechsler*, Vertragliche Schuldverhältnisse, Rn. 869 f.

25 BGH NJW 1995, 392; dazu *Medicus*, JZ 1995, 308.

auch der Gutachter als Dritter nach § 311 Abs. 3 BGB zur Haftung in den Kaufvertrag zwischen Käufer und Verkäufer miteinbezogen werden.

3. Erkennbarkeit

Des Weiteren muss die Einbeziehung des Dritten dem Vertragspartner nach Maß- 12 gabe der §§ 133, 157 BGB auch erkennbar gewesen sein. Dieses Korrektiv ist für den haftenden Vertragspartner wichtig, weil es die mit dem Schuldverhältnis mit Schutzwirkung zugunsten Dritter einhergehende Risikostreuung eindämmt. Risiken von Dritten, die dem Inanspruchgenommenen nicht entsprechend §§ 133, 157 BGB erkennbar waren, dürfen ihm auch nicht haftungsmäßig zugerechnet werden. Schwierige Grenzfälle ergeben sich dann, wenn es nicht ein einzelner Dritter ist, der die Einbeziehung in den Schutzbereich eines fremden Vertrags beansprucht, sondern wenn es eine Vielzahl von Dritten ist. Dann droht das Risiko unkalkulierbar zu werden. Andererseits sind Konstellationen vorstellbar, in denen gerade dies interessengerecht ist. Man denke nur an den Fall eines Fußballstadions, das eine Stadt einem Verein vermietet hat[26]. Hier können infolge einer gravierenden Schutzpflichtverletzung – etwa durch eine unsorgsam befestigte Tribüne – buchstäblich Tausende verletzt werden. Eine Einbeziehung in den Schutzbereich des Vertrags zwischen Stadt und Verein wird man dann nicht pauschal mit der Begründung ablehnen können, es seien schlechterdings zu viele Risiken im Spiel. Denn hier war für die potentiell in Anspruch genommene Stadt angesichts der Umstände entsprechend §§ 133, 157 BGB erkennbar, dass eine Vielzahl möglicher Zuschauer geschädigt werden könnte.

4. Schutzbedürftigkeit

Schließlich ist die Schutzbedürftigkeit des Anspruchstellers zu untersuchen. Sie 13 fehlt, wenn er einen eigenen gleichwertigen vertraglichen Anspruch gegen einen Anderen (nicht notwendigerweise gegen den Vertragspartner) hat. Es ist wichtig, dass dieser Anspruch ebenfalls (quasi-)vertraglicher Natur ist. Denn nur dann ist er gleich stark im Verhältnis zu dem Anspruch, der im Ausgangspunkt geprüft wird. Ein lediglich deliktsrechtlicher Anspruch genügt demgegenüber nicht, denn dabei könnte wiederum die oben so genannte Schwäche des Deliktsrechts zur Geltung kommen. In der Praxis begegnet einem diese

---

26 Beispiel nach BGH NJW 1965, 1757; MüKo/*Gottwald*, § 328 Rn. 187.

Problematik häufig im Mietrecht. Die Schutzbedürftigkeit fehlt beispielsweise dann, wenn ein Untermieter versucht, einen eigenen Anspruch gegen den Vermieter mit der Begründung geltend zu machen, dass er unter dem Gesichtspunkt der Garantiehaftung des Vermieters gegenüber dem Hauptmieter gemäß § 536a BGB in den Schutzbereich des Vertrags zwischen Hauptmieter und Vermieter einbezogen sei. Das ist nicht der Fall, weil der Untermieter gegen den Hauptmieter ebenfalls einen eigenen vertraglichen Anspruch aus § 536a BGB hat[27].

14   Anders liegt es, wenn in der Wohnung des Mieters aufgrund eines Mietmangels fremde Sachen zu Schaden kommen. Im Unterschied zu zuvor ist der geschädigte Dritte hier mangels eines eigenen (verschuldensunabhängigen) Anspruchs gegen den Mieter auf den Anspruch aus § 536a BGB gegen den Vermieter angewiesen. Der BGH hat dann auch die Einbeziehung des Dritten in den Schutzbereich des Mietvertrags bejaht und insbesondere aus der Obhutspflicht des Mieters hinsichtlich der eingebrachten Sachen das erforderliche Gläubigerinteresse entnommen[28]. Im Schrifttum wird zu bedenken gegeben, dass es sich eher um einen Fall der Drittschadensliquidation handele: Aus Sicht des Vermieters erscheine es lediglich als zufälliger Umstand, ob die Sache im Eigentum des Mieters oder eines Dritten steht und der Schaden dementsprechend bei dem einen oder anderen eintrete. Damit liege eher ein Fall der Schadensverlagerung und keine Kumulation der Risiken vor[29]. Dieses Abgrenzungsproblem zur Drittschadensliquidation lässt sich gegebenenfalls im Rahmen der Schutzbedürftigkeit erörtern. Wo der Dritte die Möglichkeit hat, seinen Schaden im Wege der Drittschadensliquidation geltend zu machen, ist er ausreichend geschützt und es bedarf keines Rückgriffs auf die Grundsätze des Vertrags mit Schutzwirkung zugunsten Dritter.

15   Daran zeigt sich, dass die mit der Erörterung der besonderen Schutzbedürftigkeit einhergehende Untersuchung gleichwertiger Ansprüche gegen andere Beteiligte in der Fallbearbeitung eine umfangreiche Inzidentprüfung unter dem Punkt der Schutzbedürftigkeit erforderlich machen kann. Deshalb kann es sinnvoll sein, zunächst eigene vertragliche Ansprüche des Geschädigten zu untersuchen, bevor auf das Schuldverhältnis mit Schutzwirkung zugunsten Dritter eingegangen wird. Deliktische Ansprüche sind erst im Anschluss daran zu erörtern[30]. Im Rahmen der Schutzbedürftigkeit genügt dann der Verweis auf fehlende eigene gleichrangige Ansprüche.

---

27 BGH NJW 1978, 883 (damals § 538 BGB), *Petersen*, Allgemeines Schuldrecht, Rn. 471.
28 BGH NJW 1968, 885.
29 *Oechsler*, Vertragliche Schuldverhältnisse, Rn. 870.
30 *Medicus/Petersen*, Bürgerliches Recht, Rn. 8 ff.

III. Einwendungen

Dem Anspruch des Dritten aus § 280 Abs. 1 S. 1 BGB können Einwendungen ent- 16
gegengesetzt werden. Da der Anspruch jedoch unter dem Gesichtspunkt eines
Schuldverhältnisses mit Schutzwirkung zugunsten Dritter begründet und der
Dritte dementsprechend nicht Vertragspartei ist, fragt sich, woraus sich die
Maßgeblichkeit von Gegenrechten ableiten lässt. Die Vorschrift, die dies vermittelt, ist § 334 BGB. Danach stehen bei einem echten Vertrag zugunsten Dritter
dem Versprechenden Einwendungen aus dem Vertrag auch gegenüber dem
Dritten zu. In § 334 BGB ist mit dem Begriff Einwendung jedes Gegenrecht im
weitesten Sinne erfasst, also auch Einreden sowie Anfechtungs- und Rücktritts-
rechte, Widerrufsrechte und eine etwaige Minderung[31]. Auch das Mitverschulden des Gläubigers kann dem Dritten hier entgegengehalten werden[32]. Direkt
passt die Regelung allerdings nicht, weil die §§ 328 ff. BGB ja gerade nicht gelten
und es an einem die Leistung Versprechenden fehlt. Anerkanntermaßen wird
§ 334 BGB aber auf das Schuldverhältnis mit Schutzwirkung zugunsten Dritter
analog angewendet[33].

In der Fallbearbeitung kommt man so zu einer Prüfung der Gegenrechte, 17
die der Inanspruchgenommene seinem „eigentlichen" Vertragspartner gegenüber geltend machen könnte. Die Maßgeblichkeit solcher Gegenrechte aus dem
Verhältnis mit einem Dritten (auch wenn es hier gerade umgekehrt die Person
des Vertragspartners ist und im Rahmen der Entstehung des Anspruchs das
Recht des Dritten geprüft wurde), ist etwas, das anspruchsvolle Klausuren ausmacht, weil es von den Studierenden verlangt, dass man sich bei der Prüfung
möglicher Gegenrechte gedanklich mit einem anderen Personenverhältnis aus-
einandersetzt.

---

31 Palandt/*Grüneberg*, § 334 Rn. 3.
32 Palandt/*Grüneberg*, § 254 Rn. 56.
33 BGH NJW 1995, 392; klausurmäßige Lösung dieses lehrreichen Falles bei *Petersen*,
Allgemeines Schuldrecht, Rn. 473–479. In dieser Entscheidung hat der BGH einen sehr
zweifelhaften stillschweigenden Einwendungsverzicht zugrunde gelegt. Vorzugswürdig
erscheint demgegenüber die Lösung von *Canaris*, JZ 1995, 441, der eine – nach heutigem Recht
bei § 311 Abs. 3 S. 2 BGB anzusiedelnde – Haftung aus in Anspruch genommenem Vertrauen
annimmt. Zur entsprechenden Anwendung auch *Leyens*, JuS 2018, 217, 221.

§ 10 Die Abtretung

Die Abtretung spielt nicht nur eine überragende Rolle in Klausuren und Hausarbeiten, sondern ihr Verständnis ermöglicht einen vertieften Blick auf die Privatrechtsordnung. Unzulänglichkeiten bei der Beherrschung der Abtretungsvorschriften sind fast immer Grundlagenfehler.*

I. Die Forderung als Gegenstand der Verfügung

1 Eine Forderung kann von dem Gläubiger nach § 398 S. 1 BGB durch Vertrag mit einem anderen auf diesen übertragen werden[1]. Das Gesetz definiert dies selbst als Abtretung. Das entspricht der ökonomischen Regelungstechnik des BGB im Allgemeinen und der Stellung der Abtretung im Allgemeinen Schuldrecht. Denn die Abtretung wird in einer Vielzahl von Vorschriften in den anderen Büchern (vgl. nur §§ 1154, 1280 BGB) vorausgesetzt.

1. Trennungs- und Abstraktionsprinzip

2 Allerdings ist der systematische Standort der Abtretungsvorschriften nicht selbstverständlich, denn die Abtretung stellt kein Verpflichtungsgeschäft, sondern ein Verfügungsgeschäft dar[2]. Im Wege der Abtretung wird über die Forderung, einen unkörperlichen Gegenstand im Sinne des § 90 BGB, der zumindest bestimmbar ist, in der Weise verfügt, dass es zu einer Auswechselung des Gläubigers in einem bestehenden Schuldverhältnis kommt. Damit löst sich die Forderung von den Personen, die sie begründet haben und wird zu einem Vermögenswert im Rechtsverkehr[3]. Mit den §§ 398 ff. BGB weicht das Gesetz also ebenso wie in den §§ 397, 414 BGB von der Regel ab, dass Verpflichtungen im Schuldrecht und Verfügungen im Sachenrecht geregelt sind. Dennoch gilt auch

---

* Zuerst abgedruckt in Jura 2014, S. 278–282.

1 Instruktiv *Coester-Waltjen*, Jura 2003, 23; *S. Lorenz*, JuS 2009, 891; *K. Schreiber*, Jura 1998, 470; 2007, 266; *Ahcin/Armbrüster*, JuS 2000, 450; 549; 658; 768; 865; 965. Zur internationalen Entwicklung *Eidenmüller*, AcP 204 (2004), 457.

2 *Brox/Walker*, Allgemeines Schuldrecht, § 34 Rn. 3; Palandt/*Grüneberg*, § 398 Rn. 2.

3 MüKo/*Roth/Kieninger*, § 398 Rn. 1. Für Fortgeschrittene lesenswert *J. Hager*, Der Schutz vor dem ungeliebten Partner, Schriften zum Notarrecht 45 (2016), 77, 83 ff.

https://doi.org.10.1515/9783110365702-010

hier das Trennungs- und Abstraktionsprinzip, das man sich deswegen sogar besonders vergegenwärtigen muss[4]:

§ 398 BGB regelt das dingliche Vollzugsgeschäft. Es ist also kein schuld- 3 rechtlicher, sondern ein dinglicher Vertrag, durch den die Forderung übertragen wird. Abschluss und Zustandekommen dieses Vertrags bemessen sich nach den §§ 145 ff. BGB[5]. Die Abtretung (Zession) bewirkt nach der Bestimmung des § 398 S. 2 BGB, dass der neue Gläubiger (Zessionar) mit dem Abschluss des Vertrags an die Stelle des bisherigen Gläubigers (Zedent) tritt und gleicht damit der Übereignung nach § 929 S. 1 BGB, auch wenn es eines Realaktes neben der Einigung nicht bedarf. Die Abtretung kann formfrei und sogar konkludent erfolgen, auch eine Mitwirkung des Schuldners ist nicht erforderlich. Dieser hat sich das Auswechseln seines Gläubigers grundsätzlich gefallen zu lassen (zur Ausnahme sogleich), wohingegen ein Schuldnerwechsel nach §§ 414, 415 BGB ohne zumindest eine Genehmigung des Gläubigers nicht erfolgen kann. Akzessorische Nebenrechte an der Forderung gehen nach § 401 BGB kraft Gesetzes auf den neuen Gläubiger über; das gilt zumindest entsprechend für unselbstständige Sicherungsrechte wie die Vormerkung, wohingegen etwa die Grundschuld (§§ 1191 f. BGB) selbstständig abtretbar ist[6]. Letzteres gilt auch für die fiduziarischen Sicherungsrechte, zu denen neben der Sicherungsgrundschuld auch das Sicherungs- und Vorbehaltseigentum gehört, an denen der solchermaßen Berechtigte eine höchstpersönliche Vertrauensstellung hat[7].

Der Abtretung liegt ein schuldrechtliches Kausalgeschäft zugrunde, etwa 4 ein Kaufvertrag oder eine Schenkung, welches die Verpflichtung zur Übertragung der Forderung zum Gegenstand hat. Die Verfügung über die Forderung stellt dann die Erfüllung dar und verschafft dem Gläubiger die Inhaberschaft über den Anspruch gegen einen Dritten. Ist dieses Verpflichtungsgeschäft nichtig, bleibt die Abtretung gleichwohl wirksam; die abgetretene Forderung kann dann nach § 812 Abs. 1 S. 1 Alt. 1 BGB herausverlangt werden[8]. Die Ähnlichkeit der Abtretung mit der Übertragung dinglicher Rechte führte dazu, dass die Forderung sogar dem verfassungsrechtlichen Schutz des Eigentums unterstellt wurde[9].

---

4 Zum Abstraktionsprinzip *Petersen*, Jura 2004, 98.
5 Zu dieser Regelungstechnik, insbesondere der Unterscheidung zwischen Abschluss und Zustandekommen, *Leenen*, AcP 188 (1988), 381.
6 *Grunewald*, Bürgerliches Recht, § 35 Rn. 5.
7 *Medicus/Lorenz*, Allgemeines Schuldrecht, Rn. 803.
8 RGZ 102, 385, 386; Ausnahme: Geschäftseinheit (zu ihr *Füller*, Eigenständiges Sachenrecht, 2006, S. 161) nach § 139 BGB; BAG NJW 1967, 751.
9 BVerfGE 42, 263, 294; 45, 142, 179.

2. Ausschluss der Abtretung

5 Die Unwirksamkeit der Abtretung kann sich neben dem in der Fallbearbeitung eher selten einschlägigen § 400 BGB i.V.m. §§ 850 ff. ZPO (Abtretungsausschluss bei unpfändbaren Forderungen)[10] vor allem aus § 399 BGB ergeben[11]. Danach kann eine Forderung nicht abgetreten werden, wenn die Leistung an einen anderen als den ursprünglichen Gläubiger nicht ohne Veränderung ihres Inhalts erfolgen kann oder wenn die Abtretung durch Vereinbarung mit dem Schuldner ausgeschlossen ist[12]. Eine Inhaltsänderung liegt etwa dann vor, wenn es um die Abtretung höchstpersönlicher Ansprüche geht, ein beliebiger Gläubigerwechsel unzumutbar erscheint oder ein Anspruch nicht aus der Gesamtheit des Schuldverhältnisses gelöst werden kann[13]. Das Abtretungsverbot wirkt nach Rechtsprechung und h.L. nicht nur inter partes, also zwischen Gläubiger und Schuldner, sondern gegenüber jedermann, das heißt absolut[14]. Eine klausurrelevante Grenze findet das vertraglich vereinbarte Abtretungsverbot in § 354a HGB, welcher die Abtretung einer Geldforderung unter anderem bei einem beiderseitigen Handelsgeschäft trotzdem wirksam macht[15].

6 Uneinheitlich wird beurteilt, ob der Schuldner eine vereinbarungswidrige und damit an sich nichtige Abtretung entsprechend §§ 184 f. BGB genehmigen und folglich gewissermaßen heilen kann. Der Bundesgerichtshof lehnt dies ab, da die Genehmigung bzw. Zustimmung durch den Schuldner das Abtretungsverbot lediglich für die Zukunft aufheben könne[16]. Das entspricht der im Schrifttum sogenannten Vertragstheorie, wonach es sich um eine Vertragsänderung handelt, für deren Wirksamkeit freilich die entsprechende Willenserklärung des Gläubigers erforderlich ist[17]. Wenn man jedoch bedenkt, dass das Abtretungsverbot gerade den Schuldner schützen soll, ist schwerlich einzusehen, warum dieser auf den Schutz nicht privatautonom verzichten können soll[18]. Auch wenn

---

10 Dazu *Walker*, Festschrift Musielak, 2004, S. 655.

11 BGH ZIP 2010, 890. Eingehend zu den Rechtsfolgen rechtsgeschäftlicher Abtretungsverbote *Canaris*, Festschrift Serick, 1992, S. 9.

12 Dazu *W. Lüke*, JuS 1992, 114. Monographisch *E. Wagner*, Vertragliche Abtretungsverbote im System zivilrechtlicher Verfügungshindernisse, 1994; *ders.*, JZ 1994, 227. Zur ökonomischen Analyse *Dopping/Nikolaus*, DB 1994, 1199.

13 MüKo/*Roth/Kieninger*, § 399 Rn. 2.

14 BGHZ 40, 156, 159; 108, 172, 176; *Looschelders*, Allgemeines Schuldrecht, Rn. 1189; a.A. *Canaris*, Festschrift Serick, 1992, S. 9 ff.

15 Vgl. dazu *Petersen*, Jura 2005, 680.

16 BGHZ 70, 304.

17 *Fikentscher/Heinemann*, Schuldrecht, Rn. 725.

18 *Medicus/Lorenz*, Allgemeines Schuldrecht, 20. Auflage 2012, Rn. 761.

beide Ansichten meist zum Ergebnis kommen dürften, dass die Abtretung letztendlich erfolgreich sein wird, so ergeben sich Unterschiede hinsichtlich einer möglichen Rückwirkung der Genehmigung. Nur wenn man dem Schuldner die Genehmigung nach § 185 BGB zubilligt, ist Raum für eine Rückwirkung in die Vergangenheit nach § 184 BGB.

3. Verbriefung der abgetretenen Forderung

Dem Wortlaut des § 398 S. 1 BGB lässt sich entnehmen, dass der Zedent im Zeit- 7 punkt der Abtretung noch Inhaber der Forderung gewesen sein muss („eine Forderung kann von dem Gläubiger [...] übertragen werden"). Nach dem Prioritätsprinzip geht jede weitere Abtretung durch den dann Nichtberechtigten ins Leere[19]. Dass die Forderung bei der Abtretung Gegenstand der Verfügung ist, bedeutet jedoch nicht, dass sie gutgläubig erworben werden kann. Dies ergibt sich schon daraus, dass es zur Wirksamkeit der Abtretung, wie oben bereits dargestellt, eines nach außen erkennbaren Realaktes nicht bedarf. Gerade diese Publizität stellt allerdings im Sachenrecht, etwa in der Form des Besitzes, den Anknüpfungspunkt für eine Gutgläubigkeit des Erwerbers dar.

Eine klausurrelevante Ausnahme ergibt sich jedoch im Ergebnis aus § 405 8 BGB[20]: Hat der Schuldner eine Urkunde über die Schuld ausgestellt, so kann er sich, wenn die Forderung unter Vorlage der Urkunde abgetreten wird, dem neuen Gläubiger gegenüber nicht darauf berufen, dass die Eingehung oder Anerkennung des Schuldverhältnisses nur zum Schein erfolgt oder dass die Abtretung durch Vereinbarung mit dem ursprünglichen Gläubiger ausgeschlossen sei, es sei denn, dass der neue Gläubiger bei der Abtretung den Sachverhalt kannte oder kennen musste. Die vom Schuldner ausgestellte und willentlich weggegebene Urkunde verbrieft die Forderung also gewissermaßen und schafft so den erforderlichen Rechtsscheinträger, an den auch ein gutgläubiger Erwerb anknüpfen kann. In dieses Schriftstück muss der Zessionar bei der Abtretung Einsicht genommen und sein Vertrauen darauf begründet haben[21]. Obwohl die Voraussetzungen somit strenger als in § 892 BGB sind, ist der Verkehrsschutz schwächer als im Sachenrecht, da er andere als die genannten zwei Fälle der Unwirksamkeit der Abtretung nicht erfasst. Dies ist zunächst das Scheingeschäft im Sinne des § 117 BGB, während § 405 Alt. 2 BGB an den Abtretungsausschluss nach § 399 Alt. 2 BGB anknüpft.

---

19 *Grunewald*, Bürgerliches Recht, § 35 Rn. 2.
20 Zu ihm *Kuhn*, AcP 208 (2008), 101; *Thomale*, JuS 2010, 857.
21 MüKo/*Roth/Kieninger*, § 405 Rn. 7.

9   In einer Examensklausur wurde Letzteres mit der Besonderheit zum Gegenstand gemacht, dass die Abtretung nicht ausgeschlossen wurde, sondern nur
vorbehaltlich der Zustimmung einer Schuldnerbank möglich sein sollte, obwohl
diese dem Gläubiger ein Sparbuch über die Guthabenforderung ausstellte. Bei
der Frage einer möglichen Abtretung an einen Dritten unter Vorlage des Sparbuchs musste man zunächst erkennen, dass § 399 Alt. 2 BGB erst recht einen
weniger einschneidenden Zustimmungsvorbehalt ermöglicht und dieser der
Wirksamkeit der Abtretung entgegenstehen kann. Da aber eine Urkunde nach
§ 405 Alt. 2 BGB bereits den schwereren Fall des Abtretungsausschlusses zugunsten des Verkehrsschutzes unbeachtlich macht, muss dies ebenso für den
Fall eines Zustimmungsvorbehaltes gelten, auf den sich der Schuldner dann
nicht mehr berufen kann, wenn der Dritte den Zustimmungsvorbehalt weder
kannte noch kennen musste[22].

4. Ansprüche aus der Abtretung

10   Eine dogmatisch interessante Besonderheit bilden die §§ 402 f. BGB, deren Verständnis einen vertieften Einblick in die Privatrechtsordnung ermöglicht. Der
bisherige Gläubiger ist nach § 402 BGB verpflichtet, dem neuen Gläubiger die
zur Geltendmachung der Forderung nötige Auskunft zu erteilen und ihm die
zum Beweis der Forderung dienenden Urkunden, soweit sie sich in seinem Besitz befinden, auszuliefern. Dieser Auskunfts- bzw. Aushändigungsanspruch
wird vervollständigt durch § 403 BGB: Der bisherige Gläubiger hat dem neuen
Gläubiger auf Verlangen eine öffentlich beglaubigte Urkunde über die Abtretung auszustellen, deren Kosten der neue Gläubiger zu tragen und vorzuschie-
ßen hat. Was diese beiden Anspruchsgrundlagen außergewöhnlich macht, ist
der Umstand, dass sie sich aus einer Verfügung, der Abtretung, ergeben[23].
Zweck der Vorschriften ist es, die Durchsetzbarkeit des mit der Abtretung erlangten Anspruchs für den Zessionar zu ermöglichen[24]. Ihnen kommt eine Stellung als Nebenpflichten im Sinne des § 241 BGB zu, die klageweise durchgesetzt
werden und Schadensersatzpflichten auslösen können.

11   Darüber hinaus ist § 402 BGB aber auch prüfungsrelevant, seit eine bank-
rechtliche Entwicklung ihn aus seinem Dornröschenschlaf erweckt hat[25]: Im

---

22 BGHZ 102, 293, 300; klausurmäßige Darstellung bei *Petersen*, Allgemeines Schuldrecht,
Rn. 384 ff.
23 *Medicus/Petersen*, Bürgerliches Recht, Rn. 25.
24 MüKo/*Roth/Kieninger*, § 402 Rn. 1.
25 Näher *Peters*, AcP 206 (2006), 843.

Zuge der Finanzkrise wurden abertausende Darlehensforderungen als „faule Kredite" an Unternehmen und Banken verkauft und abgetreten, ohne dass die Kreditnehmer, die damit regelmäßig ihre im Wert gefallene Immobilie finanziert hatten, dies wussten. Beachtung fand im Zuge dessen eine im einstweiligen Rechtsschutz ergangene Entscheidung des OLG Frankfurt[26], welches für beträchtliche Aufregung sorgte[27]. Dieses hatte in der Weitergabe der in Erfüllung des Anspruchs aus § 402 BGB erforderlichen Informationen an den Zessionar einen Verstoß gegen das Bankgeheimnis gesehen und daraus hergeleitet, dass zwischen Darlehensnehmer und Darlehensgeber aufgrund der Geheimhaltungspflicht zugleich ein Abtretungsausschluss konkludent vereinbart worden sein musste[28].

Diese Sicht konnte jedoch nicht überzeugen. Die pauschale Bewertung des **12** Bankgeheimnisses als absoluter Grund zur Konstruktion einer unwirksamen Abtretung erfolgte ohne werthaltige Grundlage. Bereits die Basiswertung des § 203 StGB lässt das Bankgeheimnis im Rahmen der Strafbarkeit außen vor und wird durch den überspannten Individualrechtsschutz der Entscheidung umgangen[29]. Im Ergebnis lässt sich daher festhalten, dass ein etwaiger Verstoß gegen das Bankgeheimnis nur zum Schadensersatz nach §§ 280 Abs. 1, 241 Abs. 2 BGB führt, nicht jedoch zur Unwirksamkeit des dinglichen Rechtsgeschäfts der Abtretung. Der Bundesgerichtshof ist dem OLG Frankfurt dann auch aus gutem Grund nicht gefolgt und wies seinerseits auf die Möglichkeit der Abbedingung des § 402 BGB hin, so dass das Bankgeheimnis gar nicht erst betroffen sei[30].

II. Schuldnerschutz

Der Schuldnerschutz ist für die Fallbearbeitung von besonderer Bedeutung[31]. **13** Dass der Schuldner von der Abtretung nicht in Kenntnis gesetzt werden oder gar zustimmen muss, ist systemgerecht. Zum Ausgleich eines fehlenden Widerspruchsrechts verfolgen die §§ 404, 407 BGB den Zweck, den Schuldner vor

---

26 OLG Frankfurt NJW 2004, 3266.
27 Ablehnend etwa *Klüwer/Meister*, WM 2004, 1157, 1162; *S. Hofmann/Walter*, WM 2004, 1566, 1571.
28 OLG Frankfurt, NJW 2004, 3266, 3267.
29 *Petersen*, Das Bankgeheimnis zwischen Individualschutz und Institutionsschutz, 2005, S. 38 ff.
30 BGH NJW 2007, 2106.
31 Zum Schuldnerschutz *Bülow*, JA 1983, 7; *Haertlein*, JuS 2007, 1073; zu § 409 *Karollus*, JZ 1992, 557; speziell zum Schuldnerschutz bei der Aufrechnung abgetretener Forderungen *Schwarz*, AcP 203 (2003), 241; *ders.*, WM 2001, 2185.

einer Verschlechterung seiner Verteidigungsmöglichkeiten infolge der Forderungsabtretung zu schützen[32]. Nur bei der Verpfändung der Forderung, zu deren Übertragung der Abtretungsvertrag genügt, bedarf es nach § 1280 Abs. 1 BGB einer Abtretungsanzeige. Wichtig ist, dass § 1156 BGB im Hypothekenrecht den Schuldnerschutz der §§ 406 bis 408 BGB ausschaltet, um die Hypothek verkehrsfähig auszugestalten[33].

1. Einwendungen und Einreden des Schuldners

14 Der Schuldner kann dem neuen Gläubiger gemäß § 404 BGB die Einwendungen entgegensetzen, die zur Zeit der Abtretung der Forderung gegen den bisherigen Gläubiger begründet waren. Der Grundsatz der Relativität der Schuldverhältnisse wird insoweit durchbrochen. Für den gesetzlichen Forderungsübergang (§ 412 BGB) gilt § 404 BGB analog[34]. Damit sind alle erdenklichen Gegenrechte gemeint, also zunächst alle rechtshindernden und rechtsvernichtenden Einwendungen[35]. Darunter fällt insbesondere auch die Berufung auf das Nichtbestehen der Forderung[36] oder die Unwirksamkeit der Abtretung[37]. Lediglich für den Fall des Scheingeschäfts nach § 117 BGB gilt die vorrangige Regelung des oben genannten § 405 BGB. Über den Wortlaut hinaus sind aber auch alle Einreden im engeren Sinne von § 404 BGB erfasst, also zum Beispiel die Verjährungseinrede, die Bereicherungseinrede (§ 821 BGB), die Einrede des nichterfüllten Vertrags (§ 320 BGB), das Zurückbehaltungsrecht nach § 273 BGB bei Fälligkeit der Gegenforderung[38] sowie eine dem Schuldner zugebilligte Stundung.

15 Darüber hinaus hat die Rechtsprechung im Rahmen des § 404 BGB sogar Umstände berücksichtigt, die erst nach der Abtretung eingetreten sind, sofern das Gegenrecht im Inhalt des Schuldverhältnisses begründet ist[39]. Demnach kann auch eine lediglich mangels Gestaltungserklärung bislang nicht entstandene Einwendung nach der Abtretung dem Zessionar nach § 404 BGB entgegengehalten werden, wenn der Schuldner die dazu notwendige Erklärung

---

32 BGH NJW 2006, 219, 220.
33 Klausurfall bei *Petersen*, Allgemeines Schuldrecht, Rn. 398 ff.
34 Palandt/*Grüneberg*, § 404 Rn. 1, 5.
35 Zu Einwendungen und Einreden *Petersen*, Jura 2008, 422.
36 BGH NJW 1960, 241; 1985, 1768.
37 MüKo/*Roth/Kieninger*, § 404 Rn. 54.
38 BGH NJW 1956, 257.
39 BGHZ 58, 327.

gegenüber dem Zedenten noch abgibt[40]. Dem maßgeblichen Gedanken des Schuldnerschutzes der Vorschrift entsprechend, bleiben dem Schuldner somit sämtliche Gegenrechte und Rechtsvorteile erhalten, die sich aus der besonderen Natur des Rechtsverhältnisses ergeben und die dann auch in der Fallbearbeitung Bedeutung erlangen können. § 404 BGB bewirkt hingegen lediglich, dass bereits bestehende Rechte fortwirken. War daher etwa eine Aufrechnungslage nach § 387 BGB zur Zeit der Abtretung noch nicht gegeben, so entfaltet die Vorschrift keinen Rechtsschutz für den Schuldner[41]. Ihm bleiben dann nur die Möglichkeiten, die §§ 406, 407 BGB ihm eröffnen. Zu beachten ist ferner, dass § 404 BGB dispositives Recht ist und durch Vereinbarung mit dem Schuldner oder dessen einseitigen Verzicht abbedungen werden kann[42]. Eine Ausnahme gilt jedoch für Verbraucherdarlehensschuldner, die nach § 496 Abs. 1 BGB von einer solchen Vereinbarung geschützt werden.

2. Rechtshandlungen gegenüber dem bisherigen Gläubiger

Der neue Gläubiger muss eine Leistung, die der Schuldner nach der Abtretung an 16 den bisherigen Gläubiger bewirkt, sowie jedes Rechtsgeschäft, das nach der Abtretung zwischen dem Schuldner und dem bisherigen Gläubiger in Ansehung der Forderung vorgenommen wird, nach § 407 Abs. 1 BGB gegen sich gelten lassen, es sei denn, dass der Schuldner die Abtretung bei der Leistung oder der Vornahme des Rechtsgeschäfts kennt. Die Vorschrift gehört zum weiten Themenkreis der Leistung an den Nichtberechtigten und steht daher in einem systematischen Zusammenhang mit den §§ 816 Abs. 2, 893, 2367 BGB und anderen Vorschriften[43]. § 407 BGB erweitert den Schutz des § 404 BGB in zeitlicher Hinsicht auf den Zeitraum nach der Abtretung bis zur Kenntnis des Schuldners. Geschützt wird jede Art der Unkenntnis (auch grob fahrlässige), die zu einer Handlung, beispielsweise der Erfüllung nach § 362 BGB oder ihrer Surrogate (wie die Aufrechnung nach § 389 BGB), des Schuldners gegenüber dem Zedenten in dem benannten Zeitraum führt. Das Rechtsverhältnis zwischen Neugläubiger und Schuldner wird danach so behandelt, als wäre die Rechtshandlung in diesem Verhältnis vorgenommen worden[44]. Nach der überwiegenden Rechtsprechung hat der Schuldner die Wahl, ob er von diesem Schutz Gebrauch macht oder nicht; er kann also auf den Schutz

---

40 BGH NJW 1986, 919; NJW-RR 2004, 1347.
41 BGH NJW 1956, 257.
42 BGH NJW 1970, 321.
43 Eingehend dazu § 6.
44 MüKo/*Roth/Kieninger*, § 407 Rn. 12.

verzichten[45]. Rechtshandlungen des Zedenten werden hingegen von § 407 BGB nicht erfasst, so dass etwa die Mahnung des Altgläubigers mangels Rechtsinhaberschaft schlechthin unwirksam ist[46].

17   § 408 BGB erweitert den Schutz auf die Mehrfachabtretung: Wird eine abgetretene Forderung von dem bisherigen Gläubiger nochmals an einen Dritten abgetreten – hier ist der Dritte wieder einmal ausdrücklich im Schuldrecht genannt –, so findet, wenn der Schuldner an den Dritten leistet oder wenn zwischen dem Schuldner und dem Dritten ein Rechtsgeschäft vorgenommen oder ein Rechtsstreit anhängig wird, zugunsten des Schuldners die Vorschrift des § 407 BGB dem früheren Erwerber gegenüber entsprechende Anwendung. Wenn also jemand seine Forderung gegen einen Schuldner zuerst an einen Zessionar abgetreten hat und sie sodann erneut an jemand anderes abtritt, dann ist nach dem Prioritätsprinzip nur die erste Abtretung wirksam, während die zweite nicht mehr vom Inhaber der Forderung, also von einem Nichtberechtigten vorgenommen wurde. Nun kann es aber vorkommen, dass der Schuldner nur von der unwirksamen zweiten Abtretung weiß. In diesem Fall hilft ihm § 408 Abs. 1 BGB durch den Verweis auf § 407 Abs. 1 BGB, weil er sich dem Zessionar gegenüber, der die Forderung erworben hat, auf eine etwaige Erfüllung gegenüber dem scheinbaren Gläubiger berufen kann[47].

3. Aufrechnung gegenüber dem neuen Gläubiger

18 Die zuletzt geschilderte weite Auslegung des § 404 BGB sowie die Geltung des § 407 BGB erschweren das Verständnis des § 406 BGB. Danach kann der Schuldner eine ihm gegen den bisherigen Gläubiger zustehende Forderung auch dem neuen Gläubiger gegenüber aufrechnen, es sei denn, dass er bei dem Erwerb der Forderung von der Abtretung Kenntnis hatte oder dass die Forderung erst nach der Erlangung der Kenntnis und später als die abgetretene Forderung fällig geworden ist. Schließlich kann der Schuldner gegenüber dem Altgläubiger bis zum Zeitpunkt der Kenntnis – aber eben nur bis dahin – einfach nach § 407 BGB aufrechnen, der von einem „Rechtsgeschäft in Ansehung der Forderung" spricht. Der Geltungsgrund des § 406 BGB besteht darin zu verhindern, dass der Schuldner im Wissen um die Abtretung eine bestehende Forderung mit dem Ziel erwirbt, aufrechnen zu können[48].

---

45 BGH NJW 1969, 1479; 2001, 231; a.A. OLG Dresden, NJW-RR 1996, 444.
46 RGZ 52, 181, 184; 125, 408, 409 f.
47 *Medicus/Lorenz*, Allgemeines Schuldrecht, Rn. 823.
48 *Grunewald*, Bürgerliches Recht, § 35 Rn. 7, unter Bezugnahme auf BGH NJW 2003, 1182.

§ 11 Ansprüche auf Abtretung

Der Abschnitt behandelt zwei schwierige Vorschriften des Allgemeinen Schuld-
*rechts – §§ 255, 285 BGB –, deren Verständnis im Examen vorausgesetzt wird.**

I. Dogmatische Einordnung und Rechtsfolgenbetrachtung

Gerade in schwierigen Klausuren oder Hausarbeiten mit mehreren Beteiligten 1
stellt sich nicht selten nach erfolgter Prüfung aller Anspruchsgrundlagen in einem bestimmten Personenverhältnis die Frage, wie sich die Ergebnisse auf ein
anderes Personenverhältnis auswirken, das anschließend geprüft wird. Eines
der Ziele der Aufgabe kann es sein, einen gerechten Interessenausgleich aller
mitwirkenden Personen untereinander zu verwirklichen. Dann kann es darum
gehen, zu erkennen, dass zur Vermeidung doppelter Kompensation oder zur
Erlangung eines bestimmten Surrogats ein Anspruch auf Abtretung besteht.

Das Allgemeine Schuldrecht enthält zwei schwierige Vorschriften, deren 2
Rechtsfolge auf Abtretung etwaiger Ansprüche gerichtet ist. Es sind die keines-
wegs einfach zu verstehenden Vorschriften des § 255 und § 285 Abs. 1 Fall 2 BGB.
§ 255 BGB wird als Sonderfall der Vorteilsausgleichung verstanden[1]. In beiden
Vorschriften setzt das Gesetz eine Verpflichtung zur Abtretung voraus. § 255
BGB bestimmt dies unmittelbar, nach § 285 Abs. 1 Fall 2 BGB „kann der Gläubiger (...) Abtretung des Ersatzanspruchs verlangen". Die letztgenannte Vorschrift
deckt sich mit dem Wortlaut der Legaldefinition des Anspruchs (§ 194 Abs. 1
BGB), während § 255 BGB es so formuliert, dass der Schadensersatzpflichtige
„zum Ersatz des Schadens nur gegen Abtretung der Ansprüche verpflichtet ist".
Auch hier besteht die Rechtsfolge aber anerkanntermaßen in einem Anspruch
auf Abtretung[2]. Der Wortlaut lässt auch darauf schließen, dass der Schadens-
ausgleich eines Schuldners den Anspruch des Gläubigers gegen einen Dritten
zunächst unberührt lässt. Andernfalls könnte dieser sonst nicht mehr abgetreten werden. Ebenso wird deutlich, dass die Möglichkeit der Inanspruchnahme
eines Dritten nicht dazu führt, dass der Gläubiger den Schädiger nur eingeschränkt in Anspruch nehmen kann[3].

---

* Zuerst abgedruckt in Jura 2014, S. 406–408.
1 *Fikentscher/Heinemann*, Schuldrecht, Rn. 708.
2 Palandt/*Grüneberg*, § 255 Rn. 7.
3 BGH NJW-RR 1997, 654, 655.

https://doi.org.10.1515/9783110365702-011

3   Die Besonderheit dieser Ansprüche auf Abtretung besteht darin, dass die Forderung nicht kraft Gesetzes übergeht, also keine cessio legis vorliegt. Es bedarf vielmehr einer rechtsgeschäftlichen Übertragung der Forderung im Wege der Abtretung nach § 398 BGB. Das unterscheidet die Ansprüche auf Abtretung insbesondere von § 401 BGB, wonach mit der abgetretenen Forderung die dort geregelten Sicherungsrechte kraft Gesetzes auf den neuen Gläubiger übergehen[4]. Eine spezialgesetzlich geregelte cessio legis geht § 255 BGB vor, weil sie wegen der Überleitung kraft Gesetzes stärker wirkt und keine Abtretung mehr erforderlich macht[5]. Ungeachtet der unterschiedlichen rechtstechnischen Ausgestaltung zwischen Ansprüchen auf Abtretung und cessio legis ist der Gerechtigkeitsgehalt der Regelungen im Ergebnis ein ähnlicher, nämlich die Überlegung, dass der Geschädigte keinen doppelten Ersatz erhalten soll, während derjenige, der dem Schaden näher steht, den Nachteil des anderen ausgleichen soll. Die Vergleichbarkeit der teleologischen Hintergründe beider Rechtsinstitute kann etwa dann bedeutsam werden, wenn im Einzelfall eine Analogie in Betracht zu ziehen ist.

II. Anspruchsgrundlagen

1. Abtretung der Ersatzansprüche im Schadensrecht

4 Im Schadensrecht findet sich eine häufig übersehene Anspruchsgrundlage in § 255 BGB: Wer für den Verlust einer Sache oder eines Rechts Schadensersatz zu leisten hat, ist zum Ersatz nur gegen Abtretung der Ansprüche verpflichtet, die dem Ersatzberechtigten auf Grund des Eigentums an der Sache oder auf Grund des Rechts gegen Dritte zustehen. § 255 BGB beruht auf der Vorstellung, dass zwischen mehreren Schuldnern ein Ungleichverhältnis herrscht, die den einen zur Inanspruchnahme des anderen berechtigt. Im Gegensatz zur Gesamtschuld ist es hier trotz des Wahlrechts des Gläubigers, welchen Schuldner er in Anspruch nimmt, gerecht, einem der Beteiligten die volle Ersatzpflicht aufzuerlegen. Man spricht insoweit von einer ungleichstufigen Haftung der Schadensersatzpflichtigen, die zur Folge hat, dass § 255 BGB in dem Fall teleologisch zu reduzieren sein muss, in dem der Dritte dem Schaden ferner steht als der Inanspruchgenommene[6]. Fehlt es an der Ungleichstufigkeit, kommt als speziel-

---

4 Analog gilt § 401 BGB etwa für die Vormerkung; BGH NJW 2009, 356.
5 Palandt/*Grüneberg*, § 255 Rn. 3.
6 MüKo/*Oetker*, § 255 Rn. 3.

lere Vorschrift der Ausgleich über die Grundsätze der Gesamtschuld nach § 426 BGB zur Anwendung[7].

Die Vorschrift des § 255 BGB hat einen elementaren Gerechtigkeitsgehalt, weil es ohne sie zu einer ungerechtfertigten doppelten Kompensation des Gläubigers kommen könnte[8]. Ob man sie darüber hinaus als Ausprägung des schadensrechtlichen Bereicherungsverbots auffassen sollte, wie es die Rechtsprechung macht[9], ist eher zweifelhaft, weil damit vorausgesetzt wird, was gerade die Frage ist, nämlich die Existenz eines solchen schadensrechtlichen Bereicherungsverbots. Richtig ist aber, dass sich der Gläubiger nicht ungebührlich bereichern soll[10]. Wichtiger als solche Spitzfindigkeiten ist jedoch für die Anspruchsprüfung, dass § 255 BGB eine Schadensersatzpflicht des Schuldners für den Verlust einer Sache oder eines Rechts voraussetzt. Für andere Ansprüche (z.B. Herausgabe, Aufwendungsersatz) findet § 255 BGB keine Anwendung[11]. 5

Mit dem Verlust einer Sache ist zunächst der Verlust des Besitzes gemeint. Aufgrund einer wertungsmäßigen Vergleichbarkeit umfasst die Vorschrift jedoch auch den alleinigen Eigentumsverlust sowie jede Beschädigung der Sache von solchem Ausmaß, dass dies einem Verlust gleichzustellen sein muss[12]. Ein Rechtsverlust liegt hingegen vor, wenn das Recht untergegangen ist, entwertet wurde oder aufgrund einer Einrede nicht mehr durchsetzbar ist[13]. § 255 BGB spricht von der „Abtretung der Ansprüche". Es sind also alle abtretbaren Ansprüche erfasst, seien es Herausgabeansprüche (§§ 861, 1007 BGB), Ansprüche wegen ungerechtfertigter Bereicherung (§§ 812, 816 BGB)[14] oder Schadensersatzansprüche (§§ 823, 989f. BGB), sofern diese ihre Grundlage in dem Eigentum an der Sache bzw. der Rechtsinhaberschaft haben. Wenn der Schädigende den Schadensersatzanspruch bereits erfüllt hat, steht ihm nachträglich ein Anspruch auf Abtretung zu[15]; wenn nicht, dann kann er ihn nach § 273 BGB verwirklichen und ein Zurückbehaltungsrecht gegenüber dem Geschädigten geltend machen[16]. 6

---

7 BGHZ 59, 97, 102.
8 Beispielsfall bei *Medicus/Lorenz*, Allgemeines Schuldrecht, Rn. 691.
9 Siehe nur BGH FamRZ 2009, 2075.
10 *Fikentscher/Heinemann*, Schuldrecht, Rn. 708 unter Verweis auf *Goette*, VersR 1974, 526; *Rüßmann*, JuS 1974, 292.
11 BGHZ 29, 157, 162.
12 MüKo/*Oetker*, § 255 Rn. 10.
13 MüKo/*Oetker*, § 255 Rn. 11.
14 BGH WM 1989, 1785.
15 BGHZ 52, 39, 42.
16 Palandt/*Grüneberg*, § 255 Rn. 7.

2. Abtretung des Ersatzanspruchs auf das stellvertretende commodum

7 Erlangt der Schuldner infolge des Umstands, auf Grund dessen er die Leistung nach § 275 BGB nicht zu erbringen braucht, für den geschuldeten Gegenstand einen Ersatz oder einen Ersatzanspruch, so kann der Gläubiger nach § 285 Abs. 1 BGB Herausgabe des als Ersatz Empfangenen oder Abtretung des Ersatzanspruchs verlangen.

a) Grundfall und Systematik

8 Paradebeispiel für das danach zu verlangende stellvertretende commodum ist die Herausgabe einer Versicherungssumme bzw. der Anspruch darauf für den Fall, dass sie noch nicht ausgezahlt wurde[17]. Damit sind zugleich die beiden Möglichkeiten des § 285 Abs. 1 BGB angesprochen. Wurde also beispielsweise eine versicherte Antiquität veräußert und verbrennt diese vor der Übereignung an den Käufer zufällig, dann ist der Übereignungsanspruch des Käufers nach § 275 Abs. 1 BGB untergegangen. Welche der beiden Varianten des § 285 Abs. 1 BGB zum Zuge kommt, hängt davon ab, ob die Versicherung die Versicherungssumme schon ausgezahlt hat oder ob sie noch nicht gezahlt hat. Im ersten Fall schuldet der Verkäufer die Herausgabe der Versicherungssumme, im zweiten die Abtretung des Anspruchs gegen die Versicherung auf Auszahlung derselben an ihn. Das setzt freilich voraus, dass der Anspruch auf die Versicherungssumme nach den Versicherungsbedingungen des Versicherers abtretbar ist (vgl. § 399 Alt. 2 BGB)[18].

9 Bezüglich der Gegenleistung trägt § 326 Abs. 3 S. 1 BGB den beiden Möglichkeiten Rechnung: Verlangt der Gläubiger, hier also der Käufer, nach § 285 Abs. 1 BGB Herausgabe des für den geschuldeten Gegenstand erlangten Ersatzes oder Abtretung des Ersatzanspruchs, so bleibt er zur Gegenleistung verpflichtet. Das wirkt sich für den Käufer wirtschaftlich günstig aus, wenn die Versicherungssumme den Kaufpreis übersteigt. Die §§ 285, 326 Abs. 3 BGB sollte man sich im Zusammenhang einprägen. Gleichzeitig mindert sich ein möglicherweise bestehender Anspruch auf Schadensersatz statt der Leistung (z.B. nach §§ 280, 283 BGB bei zu vertretender Unmöglichkeit) nach § 285 Abs. 2 BGB um den Wert des erlangten Surrogats. Dem Gläubiger steht daher ein Wahlrecht zu,

---

17 BGH NJW 2008, 989; *Medicus/Lorenz*, Allgemeines Schuldrecht, Rn. 422; zu einer besonderen Konstellation, bei der § 285 BGB wertungsmäßig herangezogen wurde, BGH JZ 2008, 411 m. Anm. *Martinek/Omlor*.
18 *Fikentscher/Heinemann*, Schuldrecht, Rn. 442.

ob er das commodum um den Preis eines Ersatzanspruches verlangt. Man spricht daher von einer „elektiven Konkurrenz"[19].

b) Drittschadensliquidation beim Vermächtnis

Einen wichtigen Anwendungsfall der Abtretung des Ersatzanspruchs illustriert **10** die Drittschadensliquidation. Wenn beispielsweise der Erblasser testamentarisch verfügt hat, dass ein Vermächtnisnehmer eine bestimmte Sache erhalten soll, diese aber durch Drittverschulden beim Erben vor Erfüllung des Vermächtnisses (§ 2174 BGB) zerstört wird, hat der Erbe zwar gegen den Drittschädiger einen Anspruch, aber wegen der Beschwer mit dem Vermächtnis (§ 2147 BGB) keinen Schaden. Der schuldrechtliche Anspruch des Vermächtnisnehmers gegen den schuldlosen Erben hingegen ist nach § 275 Abs. 1 BGB untergegangen, so dass ihm auch §§ 283 S. 1, 280 Abs. 1 S. 1 BGB nicht weiterhelfen. Da somit der Erbe einen Anspruch, aber keinen Schaden hat, während der Vermächtnisnehmer den Schaden ohne Anspruch hat, wird der Schaden des Vermächtnisnehmers nach den Grundsätzen der Drittschadensliquidation zum Anspruch des Erben gezogen. An dieser Stelle hilft der Anspruch auf Abtretung nach § 285 Abs. 1 BGB: Der Vermächtnisnehmer kann als Surrogat seines Vermächtnisanspruchs aus § 2174 BGB die Abtretung des Anspruchs des Erben gegen den Drittschädiger verlangen[20].

3. Anspruch aus Treu und Glauben?

Ein prüfungsrelevantes Sonderproblem eines Anspruchs auf Abtretung bildet **11** der berühmte Fuldaer Dombrandfall[21]. Dort hatte ein Feuerwerker F leicht fahrlässig den Dom in Brand gesetzt. Der staatlicherseits Baulastpflichtige B regulierte den Schaden und verlangte von dem Feuerwerker Ersatz. Eine verhängnisvolle Besonderheit des Falles bestand darin, dass zwischen B und dem bischöflichen Stuhl ein Abtretungsvertrag bezüglich der Ansprüche der Kirche gegen den F geschlossen wurde, aber aus hier nicht weiter interessierenden staatskirchenrechtlichen Gründen unwiederholbar unwirksam war[22]. B konnte also nicht einfach aus abgetretenem Recht gegen F nach § 823 Abs. 2 BGB i.V.m. § 306d StGB vorgehen. Das Reichsgericht prüfte daher Ansprüche aus eigenem

---

19 MüKo/*Emmerich*, § 285 Rn. 35.
20 *Petersen*, Allgemeines Schuldrecht, Rn. 482 ff.
21 RGZ 82, 206.
22 Zu ihnen näher *Wendtland*, Jura 2004, 325.

Recht und bejahte einen Anspruch aus §§ 683, 670, 677 BGB, obwohl die Leistung des B nicht im Interesse des F war, weil dieser von seiner eigenen Verbindlichkeit gegenüber der Kirche nicht endgültig frei wurde.

12   Aus demselben wertungsmäßigen Grund scheitern Ansprüche aus § 426 Abs. 1 BGB (keine echte Gesamtschuld in Ermangelung einer Tilgungsgemeinschaft, § 422 Abs. 1 BGB, und damit keine Gleichstufigkeit) und Bereicherungsrecht (keine Tilgungswirkung da B nicht als Dritter im Sinne des § 267 BGB für F leisten wollte)[23]. Lehnt man entgegen der Entscheidung des Reichsgerichts Ansprüche aus eigenem Recht ab, bleibt sonach nur die Möglichkeit eines Anspruchs aus abgetretenem Recht, wobei die Schwierigkeit darin besteht, dass die Abtretung, wie oben dargestellt, endgültig fehlgeschlagen war. Ein gerechter Interessenausgleich lässt sich daher nur mit einem Anspruch des B gegen den bischöflichen Stuhl auf Abtretung des Anspruchs gegen F herstellen. Fraglich ist, woraus sich ein solcher Anspruch auf Abtretung ergibt. § 255 BGB scheint als Anspruchsgrundlage auszuscheiden, weil die Baulastpflicht kein Schaden ist. Da dies dem Schädiger nicht zugutekommen soll, müsste ein solcher Anspruch zumindest aus § 242 BGB hergeleitet werden können[24]. Die Alternative besteht in einer Analogie zu § 255 BGB[25].

---

23 Ausführliche Lösung bei *Petersen*, Allgemeines Schuldrecht, Rn. 440 ff.
24 *Larenz*, Allgemeines Schuldrecht, § 32 II Fn. 21.
25 *Selb*, Mehrheiten von Gläubigern und Schuldnern, S. 162.

§ 12 Drittschaden und Drittschadensliquidation

Eine häufige Fehlerquelle in schuldrechtlichen Klausuren bilden Schäden Dritter.
Insbesondere auf die Drittschadensliquidation wird oft viel zu schnell zugegriffen.
Für die richtige Anwendung in der Fallbearbeitung entscheidend ist das Ver-
ständnis einiger gesetzlicher Basiswertungen.

I. Drittschaden

1. Grundsatz des Gläubigerinteresses

Entscheidend für die Problematik der Drittschäden ist das Verständnis des 1
Grundsatzes des Gläubigerinteresses[1]. Ersatzberechtigt ist nach dem Tatbestandsprinzip grundsätzlich nur der Gläubiger. Um den Kreis der Ersatzberechtigten wegen der Ersatzpflicht aus einer Sonderverbindung oder nach einer unerlaubten Handlung nicht ausufern zu lassen, ist die Schadensersatzpflicht auf
den Gläubiger beschränkt, wie § 251 Abs. 1 BGB zeigt, der sich auf den „zu ent-
schädigenden Gläubiger" bezieht[2]. Das entspricht auch dem Prinzip der Relativität der Schuldverhältnisse[3]. Schäden, die bei anderen eintreten, heißen demgegenüber Drittschäden und sind nicht ersatzfähig, sofern nicht das Gesetz
dafür ausnahmsweise eine eigene Anspruchsgrundlage bereithält[4]. Verstöße
gegen den Grundsatz des Gläubigerinteresses bzw. das Tatbestandsprinzip sind
in der Fallbearbeitung unweigerlich Grundlagenfehler, weil dann ein Anspruch
ohne entsprechende Anspruchsgrundlage zuerkannt wird.

Andererseits kann man mit dem Verständnis der gesetzgeberischen Basis- 2
wertung, dass Drittschäden grundsätzlich nicht ersetzt werden, unbekanntes
Terrain in der Fallbearbeitung erschließen. So hilft beispielsweise bei dem heik-
len und umstrittenen Problem der Besuchskosten naher Angehöriger nach einem Unfall mit anschließendem Krankenhausaufenthalt die genannte Wertung
weiter, weil sie zumindest den Grundsatz zu formulieren hilft, von dem aus
dann eine Ausnahme begründet werden kann. In der Tat hält nämlich die stän-

---

1 Vertiefend zur ‚Identität des Schadens' als Argument für den Ersatz von Drittschäden,
Medicus, Festschrift Schlechtriem, 2003, 613.
2 Staudinger/*Schiemann* Vorb. § 249 Rn. 49. Zum Problem des Drittschadensersatzes
v. *Caemmerer*, ZHR 127 (1965) 241; v. *Schroeter*, Jura 1997, 343.
3 *Medicus/Lorenz*, Allgemeines Schuldrecht, Rn. 692.
4 *Medicus/Petersen*, Bürgerliches Recht, Rn. 834.

https://doi.org.10.1515/9783110365702-012

dige Rechtsprechung die Besuchskosten als Teil der Heilungskosten des Patienten nach § 249 Abs. 2 BGB für ersatzfähig[5], obwohl sie von einem Dritten aufgewendet wurden[6]. Der Grundsatz des Gläubigerinteresses wird hier nur scheinbar durchbrochen[7]. Typisch für solche Fallgestaltungen ist ein Hinweis in der Prüfungsaufgabe, wonach der behandelnde Arzt Angehörigenbesuche im Interesse einer schnelleren Heilung empfiehlt. Allerdings ist bei den Besuchskosten immer auf die durch die Fallfrage vorgegebene Anspruchsrichtung zu achten. Ist – gegebenenfalls zusätzlich – nach den Ansprüchen des Dritten gegen den Schädiger gefragt, kommt ein Anspruch aus berechtigter Geschäftsführung ohne Auftrag aus §§ 683, 670, 677 BGB in Betracht.

2. Ausnahmen

a) Vertragsrecht

3 Innerhalb des Vertragsrechts sind es vor allem zwei Vorschriften, die als Ausnahmen vom Grundsatz des Gläubigerinteresses erörtert werden[8]. § 618 BGB bestimmt für den Dienstvertrag die Pflicht zu bestimmten Schutzmaßnahmen, deren Verletzung auch Dritte schädigen kann. Erfüllt der Dienstberechtigte die ihm hinsichtlich des Lebens und der Gesundheit des Dienstverpflichteten obliegenden Verpflichtungen nicht, so finden gemäß § 618 Abs. 3 BGB auf seine Verpflichtung zum Schadensersatz die für unerlaubte Handlungen geltenden Vorschriften der §§ 842 bis 846 BGB entsprechende Anwendung, insbesondere also die sogleich noch zu behandelnden §§ 844 f. BGB, aber auch der wertungsmäßig wichtige § 843 Abs. 4 BGB, wonach der Anspruch nicht dadurch ausgeschlossen wird, dass ein anderer dem Verletzten Unterhalt zu gewähren hat.

4 Genannt wird im Zusammenhang mit dem vertragsrechtlichen Ersatz von Drittschäden auch die Gastwirthaftung nach § 701 BGB für die Haftung des Gastwirts[9], weil auch dort Rechtsgüter Dritter betroffen sein kön-

---

5 BGHZ 106, 28, 29; BGH VersR 1961, 272; BGH DB 1967, 1629; BGH NJW 1979, 598; 1982, 1149, 1150; 1985, 2757; 1991, 2340.

6 *Larenz/Canaris*, Besonderes Schuldrecht, § 83 I 1b, zur Folge handelt es sich um eine Rechtsfortbildung praeter legem.

7 Staudinger/*Schiemann* Vorb. § 249 Rn. 56.

8 Zum Ersatz von Vermögensschäden Dritter aus Vertrag *Hohloch*, FamRZ 1977, 530; monographisch *Reinhardt*, Der Ersatz des Drittschadens, 1933; *Tägert*, Die Geltendmachung des Drittschadens, 1938; *Stuckart*, Drittersatzansprüche, 1964; *Keller*, Der Drittschadensersatz bei Vertragsverletzung, 1966.

9 *Fikentscher/Heinemann*, Schuldrecht, Rn. 611, sehen darin einen „gesetzlichen Fall der Drittschadensliquidation".

nen[10]. Keine besondere Bedeutung für die Fallbearbeitung dürfte wohl auch § 1298 Abs. 1 BGB haben, wonach der Verlobte beim Rücktritt vom Verlöbnis nicht nur dem anderen Verlobten, sondern auch dessen Eltern sowie dritten Personen, die anstelle der Eltern gehandelt haben, den Schaden zu ersetzen hat, der daraus entstanden ist, dass sie in Erwartung der Ehe Aufwendungen gemacht haben oder Verbindlichkeiten eingegangen sind[11]. Ohnehin gehört das Verlöbnis richtiger Ansicht zufolge nicht zum Vertragsrecht, weil es ein gesetzliches Rechtsverhältnis begründet[12].

b) Ersatzansprüche Dritter im Deliktsrecht

Innerhalb des Deliktsrechts kommt es vor allem auf die §§ 844, 845 BGB an, 5 wenn man einmal von den nicht prüfungsrelevanten Parallelvorschriften in den §§ 5 Abs. 2 HaftPflG, 7 Abs. 2 ProdHaftG, 10 Abs. 2 StVG sowie einigen noch entlegeneren Regungen absieht[13]. Im Unterschied zu dem oben genannten § 701 BGB ist nach den §§ 844 f. BGB der Drittgeschädigte, dessen Rechtsgüter aus § 823 Abs. 1 BGB nicht beeinträchtigt sind, anspruchsberechtigt[14]. Wichtig ist vor allem § 844 Abs. 2 S. 1 BGB für den Fall der Tötung[15]: Stand der Getötete zur Zeit der Verletzung zu einem Dritten in einem Verhältnis, vermöge dessen er diesem gegenüber kraft Gesetzes unterhaltspflichtig war oder unterhaltspflichtig werden konnte, und ist dem Dritten infolge der Tötung das Recht auf den Unterhalt entzogen, so hat der Ersatzpflichtige dem Dritten – häufig dem Erben (§ 1968 BGB) – durch Entrichtung einer Geldrente insoweit Schadensersatz zu leisten, als der Getötete während der mutmaßlichen Dauer seines Lebens zur Gewährung des Unterhalts verpflichtet sein würde[16]. Die Ersatzpflicht tritt aber auch dann ein, wenn der Dritte zur Zeit der Verletzung gezeugt, aber noch nicht geboren war, § 844 Abs. 2 S. 2 BGB.

Bei der Fallbearbeitung kann das im Rahmen der Prüfung des Tatbe- 6 standsmerkmals der Unterhaltspflicht kraft Gesetzes zu einer anspruchsvollen

---

10 Grundfälle behandelt *Hohloch*, JuS 1984, 357; ausbildungsrelevant ferner *Müller/Doepfner*, JA 2005, 108. Zur Haftung untergestellter Kfz in diesem Zusammenhang *Medicus*, Karlsruher Forum 1983, 171.
11 Zum Verlöbnis als ehevorbereitendes Rechtsverhältnis *Strätz*, Jura 1984, 449.
12 Grundlegend zur dogmatischen Einordung *Canaris*, AcP 165 (1965), 1. Zu einer ähnlichen Frage bei § 1664 BGB *Petersen*, Jura 1998, 399.
13 Zu ihnen weiterführend Staudinger/*Röthel*, § 844 Rn. 17 f.
14 *Fikentscher/Heinemann*, Schuldrecht, Rn. 611.
15 *Stamm*, AcP 203 (2003), 366, plädiert für eine Rechtsfortbildung der Drittschadensliquidation im Wege des Schadensersatzanspruchs analog § 844 Abs. 1 BGB.
16 Zu Ansprüchen naher Angehöriger von Unfallopfern *Diederichsen*, NJW 2013, 641.

und gegebenenfalls ausführlichen Inzidentprüfung führen[17]. Dann können etwa Unterhaltspflicht (§ 1601 BGB), Bedürftigkeit (§ 1602 BGB), Leistungsfähigkeit (§ 1603 BGB) und Maß des Unterhalts (§ 1610 BGB) sowie gegebenenfalls Beschränkung oder Wegfall der Verpflichtung (§ 1611 BGB) und Erlöschen des Unterhaltsanspruchs (§ 1615 BGB) der Reihe nach geprüft werden müssen. Auf diese Weise können Grundzüge im Familienrecht, die in vielen Bundesländern Bestandteil des Prüfungsstoffs sind, mit dem Pflichtfachstoff in Gestalt des Delikts- und Schadensrechts verschränkt werden. Da der Dritte im Sinne des § 844 Abs. 2 S. 1 BGB häufig der Erbe des Getöteten sein wird, kann eine solche Prüfungsaufgabe auch noch eine Inzidentprüfung der §§ 1924 ff. BGB erforderlich machen – mit allen möglichen erbrechtlichen Problemen, die sich aus der gesetzlichen oder gewillkürten Erbfolge ergeben[18].

7   Aus hier nicht zu vertiefenden sozialversicherungsrechtlichen Gründen gering ist dagegen – insbesondere was die Fallbearbeitung betrifft – der Anwendungsbereich des § 845 BGB[19]: Im Falle der Tötung, der Verletzung des Körpers oder der Gesundheit sowie im Falle der Freiheitsentziehung hat der Ersatzpflichtige, wenn der Verletzte kraft Gesetzes – etwa nach § 1619 BGB[20] – einem Dritten zur Leistung von Diensten in dessen Hauswesen oder Gewerbe verpflichtet war, dem Dritten nach § 845 S. 1 BGB für die entgehenden Dienste durch Entrichtung einer Geldrente Ersatz zu leisten.

II. Drittschadensliquidation

1. Prüfungshinweise

8   Man muss diese Grundsätze mit ihren Ausnahmen durchdrungen haben, um in der Fallbearbeitung nicht unkontrolliert auf die Drittschadensliquidation auszuweichen[21]. Da sie überhaupt nur in Betracht kommt, wenn der Geschädigte keinen eigenen Schadensersatzanspruch gegen den Schädiger hat, ist daher vorrangig zu prüfen, ob der Geschädigte nicht einen Anspruch aus einem

---

17 Zu dieser siehe auch § 15 III 2.

18 Ansprüche Unterhaltsberechtigter bei Tötung des Verpflichteten zwischen Delikts-, Familien- und Erbrecht behandelt *Schubel*, AcP 198 (1998), 1.

19 BGH NJW 1991, 1226.

20 Dazu *Fenn*, Die Mitarbeit in den Diensten Familienangehöriger, 1970; *Enderlein*, AcP 200 (2000), 565.

21 BGHZ 51, 91, 93 (Hühnerpestfall) hat dies für die Produzentenhaftung klargestellt. Aus dem älteren Schrifttum *Krückmann*, JherJb 56 (1910), 245.

Schuldverhältnis bzw. Vertrag zugunsten Dritter hat[22]. Die rigide Durchsetzung des Grundsatzes des Gläubigerinteresses würde jedoch in einigen Fallgestaltungen dazu führen, dass der Schädiger unbilligerweise dadurch entlastet würde, dass es zu einer aus seiner Sicht zufälligen Schadensverlagerung kommt[23], die den Schädiger nicht grundlos privilegieren soll.

Um dies zu verhindern, soll der Gläubiger in eng begrenzten Fallgruppen **9** den Schaden eines Dritten liquidieren dürfen[24], wofür er diesem gegenüber jedoch zur Weiterleitung der Empfangenen Ersatzleistung verpflichtet ist[25], was sich im Falle der Unmöglichkeit nach § 275 BGB aus § 285 BGB ergibt[26]; danach kann dann der Dritte vom Gläubiger Herausgabe des als Ersatz Empfangenen oder Abtretung des Ersatzanspruchs verlangen[27]. Ein solcher Anspruch des Dritten gegen den Gläubiger auf Abtretung kann sich auch aus seinem vertraglichen Verhältnis zum Inhaber des Anspruchs ergeben[28]. In konstruktiver Hinsicht kann man also sagen, dass bei der Drittschadensliquidation der Schaden zum Anspruch gezogen wird[29], während es sich beim Vertrag mit Schutzwirkung zugunsten Dritter umgekehrt verhält[30].

2. Anerkannte Fallgruppen

Folgende anerkannte Fallgruppen der Drittschadensliquidation sollten in der **10** Prüfung geläufig sein:

---

22 *Looschelders*, Allgemeines Schuldrecht, Rn. 1025. Zur Abgrenzung *Traugott*, Das Verhältnis von Drittschadensliquidation und vertraglichem Drittschutz, 1997; *M. Junker*, Die Vertretung im Vertrauen im Schadensrecht, 1991; dazu *Hagen*, AcP 192 (1992), 568; *ders.*, Die Drittschadensliquidation im Wandel der Rechtsdogmatik, 1971 (mit eigenwilligem Ansatz über § 991 BGB); *ders.*, JuS 1970, 442. Instruktiv *Hübner/Sagan*, JA 2013, 741. Einen neuen Einordnungsvorschlag unterbreitet *Luther*, AcP 213 (2013), 572. Gegenläufige Entwicklungstendenzen bei der Drittschadensliquidation diagnostiziert *Verweyen*, Jura 2006, 571. Zum Vertrag zugunsten Dritter *Gernhuber*, Drittwirkungen im Schuldverhältnis kraft Leistungsnähe, Festschrift Nikisch, 1958, 249; siehe auch § 9 II.
23 *Grunewald*, Bürgerliches Recht, § 18 Rn. 22.
24 *Medicus/Lorenz*, Allgemeines Schuldrecht, Rn. 693.
25 Staudinger/*Schiemann*, Vorb. § 249 Rn. 67.
26 *Looschelders*, Allgemeines Schuldrecht, Rn. 1025.
27 Zu Ansprüchen auf Abtretung, auch im Hinblick auf die Drittschadensliquidation, insbesondere beim Vermächtnis siehe § 11 II 2.
28 *Grunewald*, Bürgerliches Recht, § 18 Rn. 22.
29 *Fikentscher/Heinemann*, Schuldrecht, Rn. 611.
30 *Medicus/Petersen*, Bürgerliches Recht, Rn. 841.

a) Vertragliche oder konkludente Vereinbarung

11 Die Vertragspartner können ausdrücklich oder konkludent vereinbart haben (§§ 133, 157 BGB)[31], dass es auf Drittinteressen ankommen soll[32] und ein etwaiger Schaden aus der Person eines Dritten zu berechnen ist[33]. Bevor diese Möglichkeit bei der Fallbearbeitung angenommen wird, empfiehlt sich jedoch entsprechend dem eingangs Gesagten die Untersuchung eines Vertrags mit Schutzwirkung zugunsten Dritter[34], insbesondere dann, wenn es an einer ausdrücklichen vertraglichen Vereinbarung fehlt[35]. Ergibt die Prüfung, dass ein Anspruch aus einem Vertrag mit Schutzwirkung zugunsten Dritter besteht, ist kein Raum mehr für eine Drittschadensliquidation[36]. Bereits damit wird der praktische Anwendungsbereich dieser Fallgruppe eher gering sein, zumal da die Rechtsprechung den Anwendungsbereich des Vertrags mit Schutzwirkung zugunsten Dritter durch die Aufgabe der engen Wohl-und-Wehe-Rechtsprechung erweitert hat[37] und die Urteile zur Drittschadensliquidation im Hinblick auf die vorliegende Fallgruppe aus der Zeit stammen[38], aus der die genannte Rechtsprechung stammt[39].

b) Obligatorische Gefahrentlastung

12 Als bedeutsamer gilt daher die Fallgruppe der obligatorischen Gefahrentlastung[40]. Diese kann sich aus einer gesetzlichen Bestimmung oder aus einer vertraglichen Vereinbarung ergeben[41]. Gesetzliche Bestimmungen über die Gefahrverlagerung sind neben dem sogleich näher zu behandelnden § 447 BGB die §§ 2147, 2174 BGB beim Vermächtnis[42].

---

31 RGZ 170, 246; BGH NJW 1978, 1576, 1577.

32 *Medicus/Lorenz*, Allgemeines Schuldrecht, Rn. 696.

33 *Neuner*, JZ 1999, 126, 132.

34 Staudinger/*Schiemann*, Vorb. § 249 Rn. 68, formuliert es in einer auf die Anspruchsprüfung zugerichteten Weise treffend, dass dann „besonders sorgfältig zu prüfen ist, ob ein Vertrag mit Schutzwirkung für Dritte der Interessenlage und dem mutmaßlichen Parteiwillen besser gerecht wird".

35 *Looschelders*, Allgemeines Schuldrecht, Rn. 1030a.

36 *Medicus/Lorenz*, Allgemeines Schuldrecht, Rn. 696.

37 Siehe hierzu § 9 II 2 m.w.N.

38 Vgl. nur BGH NJW 1974, 502.

39 Zutreffend Staudinger/*Schiemann*, Vorb. § 249 Rn. 68.

40 Zu ihr *Brox/Walker*, Allgemeines Schuldrecht, § 29 Rn. 18 ff.

41 Für letztere BGH NJW 2016, 1089; dazu *Medicus/Petersen*, Bürgerliches Recht, Rn. 842.

42 Dazu § 11; *Petersen*, Allgemeines Schuldrecht, Rn. 482 ff.

aa) Versendungskauf

Die wichtigste gesetzliche Bestimmung ist § 447 BGB, der den Gefahrübergang 13
beim Versendungskauf regelt[43]. Da der Käufer den Schaden hat, weil er die Sache bezahlen muss, obwohl er sie nicht erhält, andererseits aber keinen Anspruch aus dem Transportvertrag geltend machen kann, der nur zwischen dem Versendungsverkäufer und dem Spediteur zustande gekommen ist, fallen Anspruchsgrundlage und Schaden auseinander[44]. Daher zieht man auch für diese Fallgestaltung seit jeher die Drittschadensliquidation heran[45]. Jedoch ist für den praktisch wichtigen Verbrauchsgüterkauf § 475 Abs. 2 BGB zu beachten, wonach § 447 Abs. 1 BGB, also die eingangs genannte Gefahrtragungsnorm, mit der Maßgabe gilt, dass die Gefahr des zufälligen Untergangs und der zufälligen Verschlechterung nur dann auf den Käufer übergeht, wenn der Käufer den Spediteur, den Frachtführer oder die sonst zur Ausführung der Versendung bestimmte Person oder Anstalt mit der Ausführung beauftragt hat und der Unternehmer dem Käufer diese Person oder Anstalt nicht zuvor benannt hat. § 447 BGB ist daher grundsätzlich nicht anwendbar[46].

bb) Gesetzliche Regelung der Drittschadensliquidation im Handelsrecht

Doch hat sich auch abgesehen davon die Relevanz dieser Fallgruppe durch die 14
Einführung neuer Vorschriften in das Handelsgesetzbuch in den letzten beiden Jahrzehnten verringert. Der früher klassische Fall des Versendungskaufs ist nämlich seit Einführung des § 421 Abs. 1 S. 2 HGB zumindest für diejenigen Fälle weniger bedeutend geworden, in denen ein gewerbsmäßiger Frachtführer die Versendung übernimmt, wie das in der Praxis regelmäßig geschieht[47]. § 421 Abs. 1 S. 2 HGB ermöglicht nämlich die Geltendmachung der Ansprüche aus dem Frachtvertrag durch den Empfänger gegen den Frachtführer im eigenen Namen. Und da § 458 Abs. 1 S. 2 HGB dies im Wege des sogenannten Selbsteintritts auch im Verhältnis zu einem den Transport selbst ausführenden Spediteur anordnet, besteht auch insoweit kein Raum mehr für die allgemeine Drittschadensliquidation nach den eingangs genannten Grundsätzen[48]. Zu prü-

---

43 Eingehend *Oechsler*, Vertragliche Schuldverhältnise, Rn. 491 ff., insbesondere Rn. 496 f.
44 *Medicus/Lorenz*, Allgemeines Schuldrecht, Rn. 700.
45 RGZ 62, 331, 333; skeptisch etwa *Büdenbender*, NJW 2000, 986.
46 *Fikentscher/Heinemann*, Schuldrecht, Rn. 826: „Hier reist die Sache also auf Gefahr des Verkäufers"; *Wendehorst*, NJW 2014, 577, 581; MüKo/*Lorenz*, § 474 Rn. 39.
47 *Looschelders*, Allgemeines Schuldrecht, Rn. 1028.
48 *Oetker*, JuS 2001, 833; *Homann*, JA 1999, 978, 982.

fen ist im Rahmen des § 421 HGB allerdings die Voraussetzung des Vorliegens eines Frachtgeschäfts nach § 407 HGB[49].

15   Jedoch ist die unscheinbar anmutende Regelung des § 421 Abs. 1 S. 3 HGB zu beachten, wonach es für die Geltendmachung des Anspruchs aus § 421 Abs. 1 S. 2 HGB keinen Unterschied macht, ob der Empfänger oder Absender im eigenen oder fremden Interesse handeln. Das bedeutet, dass der Verkäufer als Absender den Schaden des Käufers als Empfänger liquidieren kann, so dass es sich um einen gesetzlichen Fall der Drittschadensliquidation handelt[50]. Hier führt der Vertrag mit Schutzwirkung zugunsten Dritter nicht zum Ziel[51], weil dieser die Drittwirkung von Schutzpflichten begründet[52], es hier hingegen um die Drittwirkung einer Leistungspflicht geht[53]. Das auf den ersten Blick nicht ganz einfache Zusammenspiel der §§ 447 BGB, 421 HGB ermöglicht es Klausurerstellern, Grundfragen des Bürgerlichen Rechts mit praktisch wichtigen Besonderheiten des Handelsrechts zu verschränken.

c) Mittelbare Stellvertretung

16   Ebenfalls eine Einbruchstelle für die Erörterung handelsrechtlicher Probleme kann die weitere Fallgruppe der mittelbaren Stellvertretung bilden[54]. Denn zu ihr gehört beispielsweise die Kommission nach § 383 HGB[55]. Bei der Kommission kann es nämlich wegen des Handelns für fremde Rechnung ebenfalls zu einer zufälligen Schadensverlagerung kommen, weil der Drittkontrahent den Vertrag hier mit dem Kommissionär und nicht mit dem im Hintergrund stehenden Kommittenten schließt. Einem etwaigen Schadensersatzanspruch des Kommissionärs gegen den Drittkontrahenten scheint also entgegenzustehen, dass der Kommissionär selbst – abgesehen von seinem entfallenden Provisionsanspruch (§ 396 Abs. 1 HGB), der jedoch auf einem anderen Blatt steht – keinen Schaden erlitten hat[56]. Da jedoch der Kommittent in keiner vertraglichen Beziehung zum

---

49 *Fikentscher/Heinemann*, Schuldrecht, Rn. 613.

50 *Canaris*, Handelsrecht, § 31 Rn. 61; *Oechsler*, Vertragliche Schuldverhältnisse, Rn. 499; dort auch zur Gesamtgläubigerschaft des Käufers und Verkäufers; zu dieser Rechtsfigur § 13.

51 Anderer Ansicht *Becker*, AcP 202 (2002), 722, 734.

52 Eingehend dazu § 9.

53 *Canaris*, Handelsrecht, § 31 Rn. 61; zur Drittwirkung von Leistungspflichten siehe § 8.

54 BGHZ 133, 36, 41, macht eine Ausnahme für den Fall, dass es um eine im Interesse eines Dritten durch verdeckte Stellvertretung eingeholte Auskunft geht, spricht aber grundsätzlich von einer gewohnheitsrechtlichen Anerkennung der Drittschadensliquidation bei mittelbarer Stellvertretung. Zur mittelbaren Stellvertretung *Petersen*, Jura 2003, 744, 746 f.

55 *Grunewald*, Bürgerliches Recht, § 18 Rn. 25.

56 *Canaris*, Handelsrecht, § 30 Rn. 85; zum Verlust der Provision ebenda, Rn. 42, 53 ff.

Drittkontrahenten steht, erleidet er zwar beim Untergang der veräußerten Sache einen Schaden, hat aber keinen Anspruch gegen diesen. Um zu verhindern, dass diese zufällige Schadensverlagerung nicht grundlos dem schädigenden Drittkontrahenten zugutekommt, darf der Kommissionär nach den Regeln der Drittschadensliquidation den Schaden des Kommittenten gegen den Drittkontrahenten geltend machen[57].

d) Obhutsverhältnisse

Auch in Fällen, in denen jemand vertraglich die Obhut über eine einem anderen   17
gehörende Sache ausübt, wird mehrheitlich eine Drittschadensliquidation für zulässig gehalten, wenn ein Dritter die Sache beschädigt. In solchen Fällen hat zwar der Eigentümer im Regelfall einen deliktischen Anspruch gegen den Schädiger, so dass für eine Drittschadensliquidation kein Raum zu sein scheint. Der Bundesgerichtshof lässt die Drittschadensliquidation gleichwohl zu[58]. Man kann das damit begründen, dass der deliktische Anspruch im Verhältnis zum vertraglichen wegen der Schwäche des Deliktsrechts (vgl. § 831 Abs. 1 S. 2 BGB) nicht gleichwertig ist[59]. Gesetzliche Ausprägungen des Drittschadensproblems bei Obhutsfällen sind die bereits erwähnten §§ 701, 991 Abs. 2 BGB[60].

e) Treuhandverhältnisse

Zu den Fallgruppen der Drittschadensliquidation zählen schließlich die Treu-   18
handverhältnisse[61], auch wenn ein Teil der Lehre dies ablehnt[62]. Typisch für die Treuhand, und zwar sowohl für die Verwaltungstreuhand[63] als auch für die Sicherungstreuhand[64], ist eine überschießende Rechtsmacht, die der Treugeber

---

57 BGHZ 25, 250, 258. Zutreffend und präzisierend *Canaris*, Handelsrecht, § 30 Rn. 85: „und zwar auch dann, wenn der Dritte weder wusste noch wissen konnte, dass der Kommissionär den Vertrag für fremde Rechnung schließt". Dort auch gegen die Ausklammerung atypischer Schäden, die von einem Teil der Lehre (*Peters*, AcP 180 (1980), 329, 351; *Strauch*, JuS 1982, 823, 825) favorisiert wird.
58 BGH NJW 1985, 2411; skeptisch *Medicus/Lorenz*, Allgemeines Schuldrecht, Rn. 699.
59 *Looschelders*, Allgemeines Schuldrecht, Rn. 1030 mit instruktivem Fallbeispiel.
60 Staudinger/*Schiemann*, Vorb. § 249 Rn. 72 f.
61 RGZ 107, 132, 135; BGH NJW 1967, 930, BGH NJW 1995, 1282.
62 *Hagen*, Die Drittschadensliquidation im Wandel der Rechtsdogmatik, 1971, S. 270 ff.; *M. Junker*, AcP 193 (1993), 348, 362.
63 Zu ihr *Bitter*, Rechtsträgerschaft für fremde Rechnung, 2006.
64 Zu beiden Ausprägungen *Medicus/Petersen*, Bürgerliches Recht, Rn. 489 ff.

dem Treunehmer einräumt[65]. Die Anerkennung der Treuhand als Fallgruppe der Drittschadensliquidation beruht darauf, dass der Treugeber ein Interesse daran hat, was dem Treugut widerfährt, das er dem Treunehmer überantwortet hat[66]. Wird das Treugut durch einen Dritten verletzt, dann hat der Treugeber den Schaden, der Treuhänder jedoch den Anspruch gegen den Dritten. Auch diese aus Sicht des Drittschädigers zufällige Schadensverlagerung soll diesem nicht zugutekommen, so dass wiederum der Schaden zum Anspruch gezogen wird, sofern der Treugeber keinen eigenen Anspruch gegen den Dritten hat[67]. Ein Beispiel dafür bildet der Verzugsschaden des Sicherungsgebers, den der Sicherungsnehmer bei der Sicherungsabtretung geltend machen kann[68]. Maßgeblich ist der Schaden des Treugebers[69].

---

65 Monographisch *Grundmann*, Der Treuhandvertrag, 1997; *Armbrüster*, Die treuhänderische Beteiligung an Gesellschaften, 2001; *Löhnig*, Treuhand, 2006.
66 *Medicus/Lorenz*, Allgemeines Schuldrecht, Rn. 698.
67 *Looschelders*, Allgemeines Schuldrecht, Rn. 1029a.
68 BGHZ 128, 371, 376.
69 Staudinger/*Schiemann*, Vorb. § 249 Rn. 71.

§ 13 Gläubigermehrheiten

Die Gesamtgläubigerschaft steht im Jurastudium stellvertretend für die Gläubi-
germehrheiten im Schatten der Gesamtschuld, ist aber im System der Privat-
rechtsordnung ebenfalls wichtig, auch wenn sie in der Ausbildung seltener geprüft
wird.*

I. Dogmatische Einordnung und insbesondere die Teilgläubigerschaft

Das BGB hat in den §§ 420 bis 432 BGB eine Reihe heterogener Ausprägungen 1
unter der Überschrift ‚Mehrheit von Schuldnern und Gläubigern' zusammengefasst[1]. Unter ihnen sollen hier nur die Gläubigermehrheiten interessieren[2].
Gleichsam vor der Klammer steht § 420 BGB, weil dort die Schuld mehrerer
ebenso vorausgesetzt ist wie die Mehrheit von Gläubigern. Da diese Regelung
auch für die Schuldnermehrheiten gilt, kann man die Problematik insoweit
zweckmäßigerweise abschichten. Die Vorschrift verklammert dies unter dem
Gesichtspunkt der teilbaren Leistung (vgl. auch § 266 BGB zur Teilleistung, § 320
Abs. 1 S. 2 BGB zur Einrede des nichterfüllten Vertrags, § 351 BGB zur Unteilbar-
keit des Rücktrittsrechts und § 441 Abs. 2 BGB zur Minderung):

    Schulden mehrere eine faktisch oder rechtlich teilbare Leistung oder haben 2
mehrere eine teilbare Leistung zu fordern, so ist im Zweifel jeder Schuldner nur
zu einem gleichen Anteil verpflichtet, jeder Gläubiger nur zu einem gleichen
Anteil berechtigt. Man spricht im letztgenannten Fall von Teilgläubigerschaft,
wenn nach der Ausgestaltung des Innenverhältnisses gemeinsame Empfangszuständigkeit der Gläubiger vorliegt[3], nicht dagegen bei Forderungen von Ge-
samthands- oder Bruchteilsgemeinschaften[4], womit für die Teilgläubigerschaft
von vornherein kaum noch Fälle verbleiben[5]. Es handelt sich bei § 420 BGB also

---

* Zuerst abgedruckt in Jura 2014, S. 483–485.

1 Zu ihnen handbuchmäßig *Selb*, Mehrheiten von Gläubigern oder Schuldnern; *ders.*, JZ 1986,
483; *Weitnauer*, Personenmehrheiten auf der Gläubiger- und Schuldnerseite, Festschrift Hauß,
1978, S. 373; aus dem älteren Schrifttum *Kreller*, AcP 146 (1941), 97; *Larenz*, IherJb. 83 (1933),
108.

2 Lehrreich *Medicus*, JuS 1980, 697; monographisch *Rütten*, Mehrheit von Gläubigern, 1989.

3 BGH NJW 1992, 183.

4 BGHZ 121, 22, 25.

5 *Medicus/Lorenz*, Allgemeines Schuldrecht, Rn. 883; *Looschelders*, Allgemeines Schuldrecht,
Rn. 1263.

https://doi.org.10.1515/9783110365702-013

um eine reale Teilung[6]. Wegen der dem Schuldner ungünstigen Zweifel im Tatbestand des § 420 BGB, die ihm das Verteilungsrisiko aufbürden[7], wird das Tatbestandsmerkmal der Teilbarkeit restriktiv und damit die Vorschrift tendenziell eng ausgelegt[8].

II. Ausprägungen im BGB

3 Damit verbleiben die beiden folgenden Ausprägungen der Gläubigermehrheit: die Gesamtgläubigerschaft und die Mitgläubigerschaft.

1. Gesamtgläubigerschaft

4 Sind mehrere eine Leistung in der Weise zu fordern berechtigt, dass jeder die ganze Leistung fordern kann, der Schuldner aber die Leistung nur einmal zu bewirken verpflichtet ist, so sind sie nach der Legaldefinition des § 428 S. 1 BGB Gesamtgläubiger mit der Folge, dass der Schuldner nach seinem Belieben an jeden der Gläubiger leisten kann[9]. Die Legaldefinition wird allerdings soweit ersichtlich nur beim Vermächtnis nach § 2151 Abs. 3 BGB vorausgesetzt. Wie der Vergleich mit § 421 BGB zeigt, stellt die Gesamtgläubigerschaft das Gegenstück zur Gesamtschuld dar[10]. Folgerichtig versteht die Rechtsprechung den Ausgleichsanspruch unter Mitbürgen, die im Außenverhältnis gesamtschuldnerisch haften (§ 769 BGB) als Gesamtgläubigerschaft kraft Gesetzes[11].

a) Grundzüge, insbesondere bei Oder-Konten

5 Ebenso wie die Gesamtschuld beteiligt die Gesamtgläubigerschaft die Gläubiger am gesamten Inhalt des Schuldverhältnisses, das durch Leistung des Schuldners an einen beliebigen Gläubiger erlischt[12]. Der Verzug eines Gesamtgläubigers wirkt nach § 429 Abs. 1 BGB auch gegen die übrigen Gläubiger; eine etwai-

---

6 *Fikentscher/Heinemann*, Schuldrecht, Rn. 761.
7 *Medicus/Lorenz*, Allgemeines Schuldrecht, Rn. 878.
8 *Looschelders*, Allgemeines Schuldrecht, Rn. 1262.
9 Zur Anwendung von § 428 BGB auf dingliche Rechte BGH NJW 2017, 1811; dazu *Petersen*, Jura 2017, 865.
10 Palandt/*Grüneberg*, § 428 Rn. 1; eingehend *Hadding*, Festschrift E. Wolf, 1985, S. 107; *S. Meier*, AcP 205 (2005), 858.
11 RGZ 117, 1, 5.
12 *Fikentscher/Heinemann*, Schuldrecht, Rn. 762.

ge Konfusion (Vereinigung von Forderung und Schuld) hat Gesamtwirkung, § 429 Abs. 2 BGB, um zu vermeiden, dass der Schuldner Leistung an sich selbst wählt[13]. Selbst wenn ein Gläubiger den Schuldner verklagt hat, kann dieser befreiend an ihn oder einen anderen Gläubiger leisten, § 428 S. 2 BGB, womit sich für die Gesamtgläubiger die Problematik etwaiger Ausgleichsansprüche im Innenverhältnis stellt: Denn die Gesamtgläubiger sind nach § 430 BGB im Verhältnis zueinander zwar zu gleichen Anteilen berechtigt, soweit nicht ein anderes bestimmt ist. Doch ist – nicht anders als bei § 426 BGB im Falle der Gesamtschuld – außer bei gemeinschaftlichen („Oder"-)Konten von Ehegatten bzw. nichtehelichen Lebensgemeinschaften nicht selten etwas anderes bestimmt[14].

Die Stellung des Schuldners ist also bei der Gesamtgläubigerschaft vergleichsweise – etwa bezüglich der oben behandelten Teilgläubigerschaft – komfortabel, während die Rechtsstellung des Gläubigers ungeachtet ihrer Berechtigung unsicher ist: Er läuft Gefahr, den Schuldner zu verklagen, der im Laufe des Prozesses an einen anderen als ihn leistet. Dann trägt er zusätzlich das Risiko der Durchsetzung seines Anspruchs im Innenverhältnis[15]. Dem Schuldner kommt die Rechtsprechung auch in bestimmten Schadensersatzfällen entgegen, die sich durch die Besonderheit auszeichnen, dass mehrere Schadensersatzgläubiger in Betracht kommen, deren Berechtigung im Innenverhältnis der Schuldner nicht abschätzen kann[16]. Eine Besonderheit gilt wiederum für „Oder-Konten": Solche gemeinschaftlichen Konten mehrerer Inhaber – Beispiel: Eheleute[17] – führen zu einer Gesamtgläubigerschaft kraft Vertrags[18], führen aber abweichend von § 428 BGB dazu, dass der Schuldner, das heißt die Bank, befreiend (§ 362 Abs. 1 BGB) nur an denjenigen leisten kann, der die Leistung verlangt[19]. 6

b) Gesamtgläubigerschaft versus Mitgläubigerschaft bei § 1357 BGB
Ähnlich verhält es sich bei § 1357 BGB: Hier kommt es zu einer Mitberechtigung der Ehegatten, § 1357 Abs. 1 S. 2 BGB. Umstritten ist dabei, ob es sich um eine 7

---

13 Palandt/*Grüneberg*, § 429 Rn. 1.
14 Zur Geltung der Regel des § 430 BGB bei Oder-Konten BGH NJW 2000, 2347; OLG Celle FamRZ 1982, 63; Palandt/*Grüneberg*, § 430 Rn. 2; a.A. *Lenkaitis/Messing*, ZBB 2007, 364.
15 *Medicus/Lorenz*, Allgemeines Schuldrecht, Rn. 880.
16 BGHZ 28, 68; vgl. auch *Medicus*, JuS 1980, 697, 701.
17 BGH NJW 1990, 854.
18 BGH NJW 2009, 2054.
19 Palandt/*Grüneberg*, § 428 Rn. 3.

Gesamtgläubigerschaft oder eine Mitgläubigerschaft (zu ihr sogleich) handelt[20]. Wie unterschiedlich diese beiden Ausprägungen der Gläubigermehrheit sind, wird deutlich, wenn man sich die Frage nach der Erfüllung vergegenwärtigt[21]: Nimmt man bei § 1357 Abs. 1 S. 2 BGB Gesamtgläubigerschaft an, so kann der Schuldner nach § 428 BGB an denjenigen mit erfüllender Wirkung leisten, mit dem er den Vertrag geschlossen hat; von dem anderen Ehegatten weiß er möglicherweise nicht einmal. Dieser handelnde Ehegatte erwirbt dann auch den Gegenstand, mit dem erfüllt wurde, also etwa die zur angemessenen Deckung des gemeinschaftlichen Lebensbedarfs gekaufte Sache.

8   Demgegenüber kann der Schuldner nach § 432 S. 1 BGB nur an beide Ehegatten gemeinschaftlich leisten, wenn man bei § 1357 Abs. 1 S. 2 BGB nicht Gesamtgläubigerschaft, sondern Mitgläubigerschaft annimmt. Das würde im Zweifel zu gemeinschaftlichem Erwerb des Erfüllungsgegenstandes führen[22], was sich schlecht mit der Basiswertung des § 1363 Abs. 2 Hs. 1 BGB bei der Zugewinngemeinschaft (und noch schlechter mit der Gütertrennung, § 1414 BGB) verträgt, wonach ja ungeachtet der Zugewinngemeinschaft das Vermögen der Ehefrau und des Ehemannes gerade nicht gemeinschaftliches Vermögen werden. Um die Erfüllung durch Leistung des Schuldners an einen Ehegatten bei Annahme der Mitgläubigerschaft zu konstruieren, müsste man annehmen, dass der die Leistung empfangende Ehegatte auch bei der Annahme den anderen Ehegatten vertritt (§ 164 BGB) oder auch insoweit nach § 1357 BGB für ihn handelt[23]. Das ist unnötig kompliziert und spricht für die Streitentscheidung zugunsten der Gesamtgläubigerschaft. Es führt freilich zu einer besonderen Form der Gesamtgläubigerschaft; besonders deswegen, weil der Schuldner nur an den Ehegatten mit Erfüllungswirkung leisten kann, mit dem er den Vertrag geschlossen hat[24].

2. Mitgläubigerschaft

9 Damit ist schon auf die womöglich prüfungsrelevanteste Frage der Mitgläubigerschaft vorgegriffen worden. Für sie bleiben nämlich auch nach dem soeben Gesagten nur wenige Fallgestaltungen, wie sich aus den Voraussetzungen und

---

20 Vgl. etwa *H. Roth*, FamRZ 1979, 361; *Wacke*, FamRZ 1980, 13.

21 *Medicus/Petersen*, Bürgerliches Recht, Rn. 89; ebenso *Fikentscher/Heinemann*, Schuldrecht, Rn. 769.

22 Kritisch aber *Walter*, JZ 1981, 601.

23 Zu § 1357 BGB im System des Stellvertretungsrechts *Petersen*, Jura 2010, 187.

24 *Medicus/Lorenz*, Allgemeines Schuldrecht, Rn. 884.

Rechtsfolgen ergibt: Haben mehrere eine unteilbare (sonst: § 420 BGB) Leistung zu fordern, so kann, sofern sie nicht Gesamtgläubiger sind – mit diesem negativen Tatbestandsmerkmal scheiden weitere Fallgestaltungen aus[25] –, der Schuldner nach § 432 S. 1 BGB nur an alle gemeinschaftlich leisten und jeder Gläubiger die Leistung nur an alle fordern. Ungeachtet der nahezu wortgleichen Übernahme des § 2039 BGB bei der Erbengemeinschaft, die eine Gesamthandsgemeinschaft darstellt, lässt sich aus dieser vereinzelten Übernahme nicht entnehmen, dass die Gesamthandsgemeinschaften Mitgläubigerschaften seien. Vielmehr sind die Gesamthandsgemeinschaften Gläubigergemeinschaften eigener Art, so dass für die Mitgläubigerschaften im Wesentlichen Bruchteilsgemeinschaften (§§ 741 ff. BGB) verbleiben, bei denen die Forderungseinziehung Teil der gemeinschaftlichen Verwaltung ist (§ 744 BGB)[26].

---

25 *Fikentscher/Heinemann*, Schuldrecht, Rn. 770, folgern daraus entgegen der überwiegenden Meinung, dass § 432 BGB eine Sondervorschrift zur Gesamtgläubigerschaft bildet.
26 *Medicus/Lorenz*, Allgemeines Schuldrecht, Rn. 885; *Looschelders*, Allgemeines Schuldrecht, Rn. 1270; aus der Rechtsprechung etwa BGHZ 121, 22, 25.

§ 14 Schuldnermehrheiten

Mehrere mögliche Schuldner bedeuten vermehrte Probleme in der Fallbearbeitung. Der Abschnitt stellt daher die wichtigsten Schuldnermehrheiten vor.*

I. Gesamtschuld

1. Die echte Gesamtschuld

1 Die wichtigste Schuldnermehrheit ist die Gesamtschuld[1]. Die Behandlung der Gesamtschuld setzt zweckmäßigerweise mit der Erörterung des klausurrelevanten § 426 Abs. 1 BGB ein[2], wonach die Gesamtschuldner im Verhältnis zueinander zu gleichen Teilen verpflichtet sind[3], soweit nicht ein anderes bestimmt ist[4]. Eine „andere Bestimmung" in diesem Sinne ist namentlich § 254 BGB[5]. Die Verantwortung für eigenes Verschulden hat danach auch unter mehreren Schuldnern zur Folge, dass im Innenverhältnis nicht selten einer allein haftet, nämlich insbesondere bei Alleinverantwortlichkeit für einen deliktischen Schaden (vgl. § 840 BGB)[6]. Das zentrale Tatbestandsmerkmal des § 426 Abs. 1 BGB lautet „Gesamtschuldner". Die Frage ist also jeweils, ob die in Betracht kommenden Schuldner auch als Gesamtschuldner zu qualifizieren sind.

2 Dies kann zunächst aufgrund einer ausdrücklichen gesetzlichen Regelung (§§ 427, 431, 769, 840 BGB) der Fall sein. Mangelt es an einer solchen, so muss sich die Gesamtschuldnereigenschaft nach der Legaldefinition des § 421 S. 1 BGB bestimmen lassen: Schulden danach mehrere eine Leistung in der Weise, dass jeder die ganze Leistung zu bewirken verpflichtet, der Gläubiger aber die Leistung nur einmal zu fordern berechtigt ist, dann sind sie Gesamtschuldner. Rechtsprechung und Lehre haben zwei Voraussetzungen herausgearbeitet: die

---

* Zuerst abgedruckt in Jura 2014, S. 902–905.

1 *Wolf/Niedenführ*, JA 1985, 369; Grundfälle bei *Preißler*, JuS 1987, 208; 289; 628; 710; 797; 961.

2 Lehrreich *K. Schreiber*, Jura 1989, 353; *Coester-Waltjen*, Jura 1990, 469; *Zerres*, Jura 2008, 726.

3 Dazu *Schünemann/Bethge*, JZ 2009, 448.

4 Grundlegend *Ehmann*, Die Gesamtschuld, 1972; *S. Meier*, Gesamtschulden, 2010 (dazu *Ehmann*, AcP 211 (2011), 491); siehe auch *Prediger*, Zur Auslegung und Anwendung der Regelungen im BGB über die Gesamtschuld, 1988.

5 BGHZ 43, 227.

6 Zur Verjährung beim Gesamtschuldnerausgleich *Pfeiffer*, NJW 2010, 23.

https://doi.org.10.1515/9783110365702-014

Identität des Gläubigerinteresses[7] und die Gleichstufigkeit der Haftung[8]. Früher wurde eine rechtliche Zweckgemeinschaft verlangt, so dass ein innerer Zusammenhang zwischen den möglichen Gesamtschuldnern vorliegen musste[9]. Doch erwies sich das Kriterium als kaum leistungsfähiger im Vergleich zur Identität des Gläubigerinteresses[10]. Während diese Voraussetzung häufig unproblematisch ist – es muss dieselbe Leistung („eine Leistung") geschuldet werden –, ist die Gleichstufigkeit schwieriger zu beurteilen[11].

Selten liegt es so einfach wie in den gesetzlich ausdrücklich angeordneten **3** Fällen, insbesondere dem des § 840 Abs. 1 BGB, wonach mehrere nebeneinander für eine unerlaubte Handlung Verantwortliche als Gesamtschuldner haften. Hier genügt neben der Verschuldenshaftung des einen Gesamtschuldners auch eine Gefährdungshaftung nach § 7 StVG des anderen[12]. Über den Wortlaut des § 840 Abs. 1 BGB hinaus genügt es sogar[13], wenn neben dem deliktisch Verantwortlichen ein anderer vertraglich für dasselbe Gläubigerinteresse einstehen muss[14].

2. Die „unechte" Gesamtschuld

Daher sollte in der Anspruchsprüfung vor allem § 422 Abs. 1 BGB für die Be- **4** stimmung der Gleichstufigkeit herangezogen werden, wonach die Erfüllung durch einen Gesamtschuldner auch für die übrigen Schuldner wirkt. Fehlt eine solche Tilgungsgemeinschaft, liegt mangels Gleichstufigkeit keine (echte) Gesamtschuld vor. Zu prüfen ist, ob bei mehreren in Betracht kommenden Schuldnern die Leistung des einen auch die Schuld des oder der anderen zum Erlöschen bringt (§§ 362 Abs. 1, 267 BGB)[15]. Die Verbindlichkeiten müssen demnach dergestalt miteinander verbunden sein, dass die Leistung des einen Schuldners auch den anderen befreien soll, wie dies im Rechtsgedanken des § 843 Abs. 4

---

7 *Larenz*, Allgemeines Schuldrecht, § 37 I.

8 *Selb*, Mehrheiten von Gläubigern und Schuldnern, § 5 II 7. Sehr instruktiv *T. Boecken/ v. Sonntag*, Jura 1997, 1.

9 BGHZ 43, 227, 230; offen gelassen bereits in BGHZ 59, 97, 100 (dazu *Rüßmann*, JuS 1974, 292).

10 *Looschelders*, Allgemeines Schuldrecht, Rn. 1280.

11 BGHZ 137, 76, 82; BGH NJW 2012, 1070.

12 BGH NJW 2011, 996; auch eine Ausgleichspflicht nach § 906 Abs. 2 S. 2 BGB ist ausreichend; BGHZ 85, 375, 386.

13 Zur Gesamtschuld „auf dem Vormarsch" *Stamm*, NJW 2003, 2940.

14 *Medicus/Petersen*, Bürgerliches Recht, Rn. 917.

15 RGZ 82, 206 („Fuldaer Dombrand"); dazu *Wendland*, Jura 2004, 325; siehe auch § 11.

BGB zum Ausdruck kommt[16], bei dem die Erfüllung eines Schuldners die Leistungspflicht des anderen unberührt lässt[17]. Ist eine solche Verknüpfung der Verbindlichkeiten mangels wechselseitiger Tilgungswirkung nicht oder nur in eine Richtung der Fall, dann fehlt es an der Gleichstufigkeit und mithin am Merkmal „Gesamtschuldner" im Sinne des § 426 Abs. 1 BGB[18]. Man spricht dann von einer „unechten" Gesamtschuld[19]. Doch führt dieser Begriff jedenfalls in der Anspruchsprüfung nicht weiter, sondern schlimmstenfalls in die Irre. Denn eine Gesamtschuld mit etwaigen Rückgriffsansprüchen aus § 426 BGB besteht dann gerade nicht[20]. Daher ist in der Fallbearbeitung eine sorgfältige Subsumtion stets wichtiger als auswendig gelerntes Wissen[21].

3. Gestörte Gesamtschuld

5 Jedenfalls darf die unechte Gesamtschuld keinesfalls mit der gestörten Gesamtschuld verwechselt werden[22]. Sie liegt vor, wenn einem der Schuldner gegenüber dem Gläubiger ein Haftungsprivileg zugutekommt, das sich über den Binnenregress nach § 426 Abs. 1 BGB zu Lasten des anderen Gesamtschuldners auswirken kann[23]. Man spricht daher auch von der Regressbehinderung[24]. Paradigmatisch ist der Fall, dass der Schädiger (S) einen Mitfahrer (M) gefälligkeitshalber in seinem Auto mitnimmt und die Haftung diesem gegenüber vertraglich ausschließt[25]. Verschulden nun S und ein Dritter (D) einen Unfall, im Rahmen dessen M zu Schaden kommt, dann würden beide dem M nach § 823 BGB, (bzw. § 7 StVG), § 840 BGB jeweils als Gesamtschuldner haften, wenn zwischen S und M kein Haftungsausschluss vereinbart worden wäre. Mit dem Haftungsausschluss ist jedoch S gar nicht (Gesamt-)Schuldner geworden. D könnte also, wenn er an M zahlt, nicht bei S nach § 426 Abs. 1 BGB Rückgriff nehmen, obwohl dieser den Unfall schuldhaft mitverursacht hat. Der vertragliche Haftungsausschluss – entsprechendes gilt für den gesetzlichen nach §§ 708, 1359, 1664 BGB – würde sich also über den dadurch behinderten Regress zu Lasten

---

16 *Fikentscher/Heinemann*, Schuldrecht, Rn. 778.
17 *Medicus/Lorenz*, Allgemeines Schuldrecht, Rn. 892.
18 *Selb*, Schadensbegriff und Regressmethoden, 1963, S. 30 f.
19 *Winter*, Teilschuld, Gesamtschuld und unechte Gesamtschuld, 1985.
20 Siehe dazu auch *Goette*, Gesamtschuldbegriff und Regressproblem, 1974.
21 *Petersen*, Festschrift Medicus, 2009, S. 295, 305.
22 *Schmieder*, JZ 2009, 189; *J. Hager*, NJW 1989, 1640; *Schwab*, JuS 1991, 18.
23 *Muscheler*, JR 1994, 441.
24 *Fikentscher/Heinemann*, Schuldrecht, Rn. 779.
25 BGHZ 12, 213.

des Drittschädigers auswirken. Um diese Schlechterstellung des nicht privile-
gierten Drittschädigers zu verhindern, hat die Rechtsprechung eine Gesamtschuld fingiert und damit dem Drittschädiger den Rückgriff ungeachtet der Haftungsprivilegierung des anderen Schädigers ermöglicht[26].

Gegen diese Missachtung der Haftungsprivilegierung spricht, dass S wegen **6**
des Haftungsausschlusses nicht haften würde, wenn er alleinverantwortlich für
den Unfall wäre – ein schwer begründbarer Wertungswiderspruch[27]. Andererseits erscheint es unbillig, den Drittschädiger allein haften zu lassen, da es ja
gerade der Gläubiger war, der gegenüber einem potentiellen Schuldner das Risiko einer Verletzung ohne Ersatzansprüche auf sich genommen hatte. Am besten kürzt man daher den Anspruch des Geschädigten gegen den Drittschädiger
von vornherein um denjenigen Betrag, den dieser ohne Haftungsprivilegierung
im Wege des Regresses nach § 426 Abs. 1 BGB verlangen könnte[28], weil der Anspruch insoweit vertraglich oder gesetzlich von vornherein abgewertet ist[29].

Für die gesetzliche Haftungsprivilegierung nach § 1664 BGB[30] hatte der BGH **7**
einen Fall zu entscheiden[31], bei dem sich ein Kind auf einem Kinderspielplatz
dadurch verletzte, dass die verkehrssicherungspflichtige Stadt eine Rutschbahn
ungenügend abgesichert hatte. Allerdings hatte auch der daneben stehende
Vater nicht genügend aufgepasst. Der Anspruch des Kindes gegen die Stadt wegen schuldhafter Verletzung von Verkehrssicherungspflichten ist aus § 823
Abs. 1 BGB dem Grunde nach gegeben. Allerdings stellte sich auch hier die Frage, ob er nicht nach den Regeln über die gestörte Gesamtschuld zu kürzen wäre,
wenn und weil das Kind auch gegen seinen Vater einen Anspruch hat. Einem
solchen könnte dann das Haftungsprivileg des § 1664 BGB entgegenstehen,
denn die eigenübliche Sorgfalt war vom Vater trotz seiner Unachtsamkeit noch
beachtet worden. In diesem Fall hätte der Anspruch von vornherein um dasje-
nige gekürzt werden müssen, was der gesetzlichen Haftungsprivilegierung ent-
spräche[32]. Es stellt sich noch die Frage, woraus dem Kind ein Anspruch gegen
den Vater zusteht. Zieht man mit der h.L. neben einem Anspruch aus § 823
Abs. 1 BGB die Vorschrift des § 1664 BGB, der eine eigenständige Anspruchs-

---

26 BGHZ 12, 213 (wie hier: vertraglicher Haftungsverzicht); BGHZ 35, 317 (gesetzliche – § 1359
BGB – Privilegierung). *Brand*, ZGS 2010, 265, behandelt zudem § 300 Abs. 1 BGB als
Anwendungsfall der gestörten Gesamtschuld.
27 *Medicus/Petersen*, Bürgerliches Recht, Rn. 931.
28 Lehrreiches Klausurbeispiel bei *Heinemann/Ramsauer*, Jura 2004, 198.
29 *J. Prölss*, JuS 1966, 400; *Medicus*, JZ 1967, 398; vgl. auch *Stamm*, NJW 2004, 811.
30 Zu diesem *Petersen*, Jura 1998, 399, dem die folgende Falllösung entnommen ist.
31 BGHZ 103, 338.
32 Vgl. auch *Medicus/Petersen*, Bürgerliches Recht, Rn. 928 ff.; *Selb*, Festschrift W. Lorenz,
1991, S. 245 ff.; der BGH, aaO, S. 346 hat hingegen eine Alleinhaftung der Stadt angenommen.

grundlage darstellt, heran, so hätte dies zur Konsequenz, dass dieselbe Vorschrift haftungsbegründend und haftungsbegrenzend zugleich ist. Anders kann das Ergebnis begründet werden, indem man auf eine Verletzung des gesetzlichen Schuldverhältnisses der familienrechtlichen Schutzpflichtverletzung abstellt[33]. Hierbei bliebe die Vorschrift des § 1664 BGB auf die Rolle einer Haftungsmilderung um des Familienfriedens willen beschränkt.

II. Schuldbeitritt

8 Neben der gesetzlich geregelten (§§ 414 ff. BGB) privativen Schuldübernahme, bei der jemand die Schuld eines anderen für diesen befreiend übernimmt[34], gibt es entsprechend dem Prinzip der Vertragsfreiheit (§ 311 Abs. 1 BGB) anerkanntermaßen die Möglichkeit, privatautonom zu vereinbaren[35], dass ein weiterer Schuldner neben den ursprünglichen tritt[36]. Da hier kein Schuldner ausgetauscht wird, sondern vielmehr einer hinzutritt, sind bei der kumulativen Schuldübernahme keine Gläubigerbelange gefährdet. Entsprechend § 417 Abs. 1 BGB kann der Beitretende die zu diesem Zeitpunkt schon begründeten Gegenrechte dem Gläubiger entgegenhalten; für die danach entstehenden Einwendungen kommt es auf die §§ 422 ff. BGB an, weil die Schuldner mit dem Beitritt dem Gläubiger als Gesamtschuldner haften[37].

9 Die schwierigste Wertungsfrage betrifft die Abgrenzung des kumulativen Schuldbeitritts zur Bürgschaft und die damit zusammenhängende Problematik, ob die für den Beitretenden alles in allem nicht minder riskante Schuldübernahme auch außerhalb der in §§ 491 f. BGB für den Verbraucherdarlehensvertrag normierten Fälle hinaus der Schriftform des § 766 BGB bedarf. Was zunächst die Abgrenzung zur Bürgschaft betrifft, so ist der im Wege der Auslegung (§§ 133, 157 BGB) zu ermittelnde Parteiwille maßgeblich, nicht aber zwangsläufig die Bezeichnung, welche die Beteiligten gewählt haben[38]. Ein gewichtiges Indiz für den Schuldbeitritt bildet das unmittelbare Eigeninteresse des Beitretenden an der Forderungserfüllung[39]. Legt man dieses weit genug aus, so ist

---

33 So *Petersen*, Jura 1998, 399.
34 Dazu *Grigoleit/Herresthal*, Jura 2002, 393; 825.
35 Gesetzliche Anordnungen finden sich in §§ 546 Abs. 2, 604 Abs. 4, 2382 BGB.
36 *Madaus*, Der Schuldbeitritt als Personalsicherheit, 2001; *Bartels*, Der vertragliche Schuldbeitritt im Gefüge gegenseitiger Dauerschuldverhältnisse, 2003.
37 *Looschelders*, Allgemeines Schuldrecht, Rn. 1256.
38 *Brox/Walker*, Allgemeines Schuldrecht, § 35 Rn. 22.
39 BGH NJW 1968, 2332; 1981, 47; 1986, 580 (im Zweifel Bürgschaft); weitergehend RGZ 90, 415.

nach einem Teil der Lehre auch die Nichtanwendung des § 766 BGB gerechtfertigt, weil der Beitretende „selbst am besten weiß, ob ihm die Verfolgung dieses Interesses das Eingehen einer eigenen Schuld wert ist"[40].

Dennoch könnte der allfällige Übereilungsschutz für die Formbedürftigkeit **10** des vertraglichen Schuldbeitritts sprechen: Auch wenn der Schuldbeitritt aufgrund der geltenden Einzelwirkung nach § 425 BGB in seinem Umfang vorhersehbarer als die Bürgschaft ist, deren Verpflichtung sich ohne weiteres erhöhen kann (vgl. § 767 Abs. 1 S. 2, Abs. 2 BGB), fehlt es doch zumindest an der Einrede der Vorausklage (§ 771 BGB)[41]. Auch kann durch eine Gleichbehandlung beider Rechtsinstitute vermieden werden, dass eine geschickte Wahl der Personalsicherheit einer Forderung den Schutz der Formvorschriften zur Disposition stellt[42]. Dennoch hält die ständige Rechtsprechung die kumulative Schuldübernahme für formfrei möglich[43]. Dies wird vor allem mit den wesentlichen dogmatischen Unterschieden zwischen Schuldbeitritt und Bürgschaft sowie der strengen Bindung des Beitritts an den Hauptvertrag begründet[44].

III. Bürgschaft als Schuldnermehrheit?

Die Bürgschaft wird für gewöhnlich nicht als Schuldnermehrheit qualifiziert. **11** Das ist systematisch insofern folgerichtig, als der Bürge wegen seiner Einstandspflicht für einen anderen nicht ohne weiteres, sondern lediglich subsidiär haftet. Denn durch den Bürgschaftsvertrag verpflichtet sich der Bürge gegenüber dem Gläubiger eines Dritten nach § 765 Abs. 1 BGB zwar, für die Erfüllung der Verbindlichkeit eines Dritten einzustehen. Jedoch kann der Bürge die Befriedigung des Gläubigers durch die (verzichtbare: dann selbstschuldnerische Bürgschaft) Einrede der Vorausklage nach § 771 S. 1 BGB verweigern, solange nicht der Gläubiger eine Zwangsvollstreckung gegen den Schuldner ohne Erfolg versucht hat.

Vergleicht man die Bürgschaft mit der Gesamtschuld, dann hängt die inso- **12** fern problematische Zuordnung mit der Gleichstufigkeit als Voraussetzung der Gesamtschuld zusammen[45]. Bei der Bürgschaft stehen Schuldner und Bürge nämlich gerade nicht auf einer Stufe. Auch wenn die Forderung des Gläubigers

---

40 *Fikentscher/Heinemann*, Schuldrecht, Rn. 754.
41 *Medicus/Lorenz*, Allgemeines Schuldrecht, Rn. 910.
42 MüKo/*Schürnbrand*, § 491 Rn. 57.
43 So schon RGZ 59, 232.
44 BGH NJW 1998, 1939, 1940 f.
45 *Looschelders*, Allgemeines Schuldrecht, Rn. 1280 f.

gegen den Hauptschuldner auf den Bürgen von Gesetzes wegen nach § 774 Abs. 1 S. 1 BGB übergeht[46], soweit er den Gläubiger befriedigt, und es insofern eine dem § 426 Abs. 2 BGB entsprechende cessio legis gibt[47], besteht ein tiefgreifender systematischer Unterschied, der mit der Akzessorietät der Bürgschaft zusammenhängt[48]. Denn für die Verpflichtung des Bürgen ist nach § 767 Abs. 1 S. 1 BGB der Bestand der Hauptforderung maßgebend. Die gesetzliche Entscheidung für die Akzessorietät im Bürgschaftsrecht führt also systematisch zum Ausschluss der Gesamtschuld[49]. Daher unterfällt die Beziehung zwischen Bürgen und Hauptschuldner auch nicht den §§ 421 ff. BGB, weil es bezüglich der Verpflichtungen von Hauptschuldner und Bürgen an der Gleichstufigkeit fehlt[50]. Das zeigt sich auch an dem Forderungsübergang nach § 774 Abs. 1 BGB: Die danach kraft Gesetzes übergegangene Forderung gegen den Hauptschuldner ist gerade auch als Sicherungsmittel für den Gläubiger wichtig und nicht nur als Mittel des Regresses für den Bürgen[51].

---

46 Dazu einleuchtend *J. Hager*, Der Schutz vor dem ungeliebten Partner, Schriften zum Notarrecht 45 (2016), 77, 84: Typisierung dessen, „was redliche Parteien ohnedies vereinbaren würden".

47 Zum Zweck des § 426 Abs. 2 BGB – Erhalt von Sicherungsrechten an der Gläubigerforderung zugunsten des zahlenden Gesamtschuldners – lehrreich *Brox/Walker*, Allgemeines Schuldrecht, § 37 Rn. 28 f.

48 *Medicus*, JuS 1971, 497; *Habersack*, JZ 1997, 857; *Looschelders*, Besonderes Schuldrecht, Rn. 935, 966.

49 *Medicus/Lorenz*, Besonderes Schuldrecht, Rn. 1017.

50 *Looschelders*, Allgemeines Schuldrecht, Rn. 1281 unter (5).

51 *Medicus/Petersen*, Bürgerliches Recht, Rn. 922.

§ 15 Der Dritte im Besonderen Schuldrecht

Der Überblicksabschnitt zum Dritten im Allgemeinen Schuldrecht wird ergänzt durch einen Überblick zum Dritten im Besonderen Schuldrecht. *

I. Überblick und Themenbeschränkung

Der Dritte begegnet im Besonderen Schuldrecht viel öfter, als man es sich ge- 1
wöhnlich vorstellt. Viele dieser Regelungen sind freilich von untergeordneter
Bedeutung für die Fallbearbeitung, auch wenn sie in prüfungsträchtigem Zusammenhang geregelt sind. So ist etwa § 449 Abs. 3 BGB, wonach die Vereinbarung eines – an sich ja überaus klausurwichtigen – Eigentumsvorbehalts nichtig ist, soweit der Eigentumsübergang davon abhängig gemacht wird, dass der
Käufer Forderungen eines Dritten, insbesondere eines verbundenen Unternehmens erfüllt, im Pflichtfachbereich kaum ausbildungsrelevant, weil es beim
Drittvorbehalt zumeist um konzernrechtliche Sachverhalte geht, wie der Nachsatz verrät[1].

Auf der anderen Seite spricht beispielsweise § 714 BGB im Recht der BGB- 2
Gesellschaft nur allgemein von „Dritten": Soweit einem Gesellschafter nach
dem Gesellschaftsvertrag die Befugnis zur Geschäftsführung zusteht, ist er im
Zweifel auch ermächtigt, die anderen Gesellschafter Dritten gegenüber zu vertreten. Damit sind aber Drittgläubigerbeziehungen gemeint, nicht hingegen
ganz bestimmte Dritte, von denen der vorliegende Beitrag handeln soll[2].

Im Mietrecht finden sich eine Reihe von Vorschriften, die den Dritten vor- 3
aussetzen (§§ 536 Abs. 3, 540, 546 Abs. 2, 553, 562d, 563, 565, 566, 566e Abs. 1,
567a, 577 BGB). Wirklich prüfungsrelevant ist außer dem in § 566 BGB zum Ausdruck kommenden Sozialschutz[3] vor allem die Gebrauchsüberlassung an Dritte,
insbesondere in Gestalt der Untervermietung[4]. Entsprechendes gilt für die Paral-
lelproblematik der Gebrauchsüberlassung bei der Leihe (§§ 604 Abs. 4, 605 Nr. 2
BGB), wo der Dritte ebenfalls vorausgesetzt wird[5].

---

* Zuerst abgedruckt in Jura 2015, S. 694–698.
1 Dazu *Habersack/Schürnbrand*, JuS 2002, 833; *Bülow*, DB 1999, 2196.
2 Zu diesbezüglichen Gläubigerschutzproblemen bei der BGB-Gesellschaft *Petersen/Rothen-
fußer*, GmbHR 2000, 757; 801.
3 Zum Ganzen *Oechsler*, Vertragliche Schuldverhältnisse, Rn. 894; siehe auch § 32.
4 Dazu BGH NJW 2015, 229; vgl. auch § 16.
5 Hierzu § 17.

https://doi.org.10.1515/9783110365702-015

4   Keiner weiteren Behandlung bedürfen an dieser Stelle die Hinterlegung bei Dritten (§ 691 BGB) und der reiserechtliche Vertragsübergang nach § 651e BGB, zumal sich dies weitgehend von selbst erklärt: Innerhalb einer angemessenen Frist vor Reisebeginn kann danach der Reisende auf einem dauerhaften Datenträger erklären, dass statt seiner ein Dritter in die Rechte und Pflichten aus dem Pauschalreisevertrag eintritt. Der Reiseveranstalter kann dem Eintritt des Dritten widersprechen, wenn dieser die vertraglichen Reiseerfordernisse nicht erfüllt, § 651e Abs. 2 BGB. Tritt ein Dritter in den Vertrag ein, haften er und der Reisende dem Reiseveranstalter als Gesamtschuldner (§ 421 BGB) für den Reisepreis und die durch den Eintritt des Dritten entstehenden Mehrkosten, § 651e Abs. 3 BGB.

5   Schließlich ist der Dritte noch in der ebenfalls selten begegnenden Vorschrift des § 783 BGB über die bürgerlichrechtliche Anweisung genannt: Händigt jemand eine Urkunde, in der er einen anderen anweist, Geld, Wertpapiere oder andere vertretbare Sachen an einen Dritten zu leisten, dem Dritten aus, so ist dieser ermächtigt, die Leistung bei dem Angewiesenen im eigenen Namen zu erheben. Die Einzelheiten dieser überaus komplizierten Vorschrift interessieren hier nicht; wichtig zu wissen ist, dass dies nicht die berüchtigten bereicherungsrechtlichen Anweisungsfälle beim Bereicherungsausgleich im Dreipersonenverhältnis betrifft[6].

6   Die Stellung des Dritten im Bereicherungsrecht, der dort übrigens nur in § 822 BGB ausdrücklich genannt ist, wird in einem eigenständigen Beitrag unter der Überschrift des ‚Durchgriffs im Schuldrecht' behandelt[7]. Das werkvertragsrechtliche Sonderproblem der in § 641 Abs. 2 BGB geregelten Durchgriffsfälligkeit wird allerdings auch in dem genannten Aufsatz über den Durchgriff nicht eigens aufgegriffen, weil es keine hinreichende Ausbildungsrelevanz besitzen dürfte.

II. Kaufrecht

7 Abgesehen von dem soeben behandelten § 449 Abs. 3 BGB mit seiner geringfügigen Bedeutung für die Fallbearbeitung gibt es aber im Kaufrecht einige Regelungen, die eine nähere Betrachtung verdienen. Dazu gehört vor allem § 435 BGB über die Rechtsmängel, der deswegen auch in einem eigenständigen Beitrag – dort im Zusammenhang mit der werkvertraglichen Parallelvorschrift (§ 633 Abs. 3 BGB) – ausführlicher erörtert wird und hier daher unberücksichtigt bleiben kann[8].

---

6 *S. Lorenz*, JuS 2003, 729; 839; *Medicus/Petersen*, Bürgerliches Recht, Rn. 674.
7 Siehe § 20; näher *Bockholdt*, Die Haftung des unentgeltlichen Erwerbers, 2004.
8 Zu den Rechtsmängeln siehe § 18; *S. Meier*, JR 2003, 353.

1. Vorkaufsrechte

Häufig übersehen wird jedoch die notwendige Drittwirkung des schuldrechtli- 8
chen Vorkaufsrechts: Wer in Ansehung eines Gegenstandes zum Vorkauf berechtigt ist, kann das Vorkaufsrecht nach § 463 BGB ausüben, sobald der Verpflichtete
einen Kaufvertrag mit einem Dritten über den Gegenstand geschlossen hat. Dritter im Sinne der Vorschrift ist notwendigerweise der Käufer des Kaufvertrags, der
zwischen dem Vorkaufsverpflichteten und dem Dritten geschlossen wird[9].

a) Unterschied zum dinglichen Vorkaufsrecht

Das schuldrechtliche Vorkaufsrecht ist streng von dem in den §§ 1094 ff. BGB gere- 9
gelten dinglichen Vorkaufsrecht zu unterscheiden, das als Unterfall der Belastung
eines Grundstücks ins Grundbuch eingetragen sein muss (§ 873 BGB), um das
Grundstück wirksam zugunsten des Vorkaufsberechtigten zu belasten[10]. Dritte
kommen beim dinglichen Vorkaufsrecht vor allem in der – allerdings sehr klausurrelevanten – Vorschrift des § 1098 Abs. 2 BGB vor: Dritten gegenüber hat das dingliche Vorkaufsrecht die Wirkung einer Vormerkung zur Sicherung des die Ausübung des Rechts entstehenden Anspruchs auf Übertragung des Eigentums[11]. Das
ist ein Verweis auf die zentrale Regelung der Vormerkung in § 883 Abs. 2 BGB mit
ihrer eigentümlichen relativen Unwirksamkeit. Der Vorkaufs- bzw. Vormerkungs-
berechtigte kann seinen Primäranspruch aus Kaufvertrag gemäß § 433 Abs. 1 BGB
auf Übereignung des Grundstücks nach wie vor geltend machen, ohne dass dem
der Unmöglichkeitseinwand (§ 275 BGB) wegen der Veräußerung an einen Dritten
entgegensteht, da der über § 1098 Abs. 2 BGB anwendbare § 883 Abs. 2 BGB die
betreffenden Verfügungen gegenüber Dritten relativ unwirksam macht[12].

b) Dogmatische Struktur

Aber dieses dingliche Vorkaufsrecht meinen die §§ 463 ff. BGB gerade nicht, auch 10
wenn der zuletzt geschilderte Mechanismus veranschaulicht, wie leicht man in
diesem Bereich gegen das Trennungsprinzip verstoßen kann, wenn man sich

---

9 Palandt/*Weidenkaff*, § 463 Rn. 5, 7.
10 Monographisch *Schurig*, Das Vorkaufsrecht im Privatrecht, 1975; *Burbulla*, Der Vorkaufsfall
im Zivilrecht, 2006.
11 Instruktiv *K. Schreiber*, Jura 2001, 196; Klausurbeispiel bei *Petersen*, Allgemeines Schuldrecht, Fall 3; zum dinglichen Vorkaufsrecht mit mehreren Beteiligten BGH NJW 2017, 1811; dazu
Petersen, Jura 2017, 865.
12 Klausurbeispiel zur Vormerkung bei *Canaris*, JuS 1969, 80; zur Aufrechterhaltung des
Primäranspruchs *Petersen*, Jura 2012, 935.

nicht hinreichend deutlich vergegenwärtigt, ob man es mit einem schuldrechtlichen oder einem – ins Grundbuch eingetragenen – dinglichen Vorkaufsrecht zu tun hat[13]. Man kann in den §§ 1094 ff. BGB eine Verdinglichung des Vorkaufsrechts sehen[14]. Dabei schließt die dingliche Vereinbarung eines Vorkaufsrechts allerdings nicht das schuldrechtliche Vorkaufsrecht ein[15]. Sollen sowohl schuldrechtliches als auch dingliches Vorkaufsrecht begründet werden, bedarf es – wie bei anderen dinglichen Rechten – einer gesonderten Vereinbarung, die gegebenenfalls durch Auslegung zu ermitteln ist. Praktisch relevant wird dies insbesondere, wenn die Bestellung eines dinglichen Vorkaufsrechts an den ihr eigenen Voraussetzungen scheitert, etwa der Eintragung ins Grundbuch gemäß § 873 BGB[16].

11   Die Ausübung des schuldrechtlichen Vorkaufsrechts erfolgt nach § 464 Abs. 1 BGB gegenüber dem Verpflichteten durch eine einseitige empfangsbedürftige Erklärung, die nicht der für den Kaufvertrag bestimmten Form bedarf. Das ist rechtspolitisch zweifelhaft, da die Erklärung immense Schulden verursachen kann. Gleichwohl hat der Bundesgerichtshof eine einschränkende Anwendung des § 464 Abs. 1 BGB abgelehnt[17]. Den für das Vertragsrecht charakteristischen Zweischritt zwischen Abschluss und Zustandekommen des Vertrags, wenn auch hier in den jeweils unterschiedlichen Zweipersonenverhältnissen gestaffelt, veranschaulichen § 463 BGB über den Vertragsschluss zwischen Verpflichtetem und Drittem einerseits und andererseits § 464 Abs. 2 BGB über das Zustandekommen des Kaufs zwischen dem Berechtigten und dem Verpflichteten unter den Bedingungen, welche der Verpflichtete mit dem Dritten vereinbart hat[18]. Gerade die letztgenannte Vorschrift legt die Annahme nahe, dass es hier nicht um einen doppelt bedingten Kaufvertrag geht, wie man mitunter angenommen hat[19], sondern um ein – durch den Eintritt des Vorkaufsfalls bedingtes[20] – Gestaltungsrecht, weshalb auch die Erklärung im Sinne des § 464 Abs. 1 BGB bedingungsfeindlich ist[21].

---

13 Zur Auslösung des Vorkaufsfalls durch kaufähnliche Verträge *Burbulla*, Jura 2002, 687; zur möglichen Umgehung insoweit *Grunewald*, Festschrift Gernhuber, 1993, S. 137; *Schermaier*, AcP 196 (1996), 256.

14 *Medicus/Lorenz*, Besonderes Schuldrecht, Rn. 332a. Zur Verdinglichung obligatorischer Rechte *Canaris*, Festschrift Flume, 1978, Band I, S. 371.

15 So etwa noch RGZ 110, 327, 333.

16 BGH NJW 2014, 622, 623.

17 BGHZ 144, 357.

18 Grundlegend zu Abschluss, Zustandekommen und Wirksamkeit von Verträgen *Leenen*, AcP 188 (1988), 381.

19 RGZ 72, 385, 386; BGH NJW 2000, 1033.

20 *Brox/Walker*, Besonderes Schuldrecht, § 7 Rn. 49.

21 *Medicus/Lorenz*, Besonderes Schuldrecht, Rn. 322, 329.

2. Regress in der Lieferkette

Der Rückgriff des Letztverkäufers setzt zwar die Person des Dritten nicht voraus, **12** gehört aber insbesondere wegen seiner Verlagerung ins allgemeine Kaufrecht durch das Gesetz zur Änderung der kaufrechtlichen Mängelhaftung[22] zu den ausbildungsrelevanten Mehrpersonenverhältnissen im Kaufrecht, weshalb er hier zumindest gestreift werden soll. Der Letztverkäufer kann nach §§ 445a, 445b BGB beim Verkauf einer neu hergestellten Sache[23] die finanziellen Nachteile, die ihm durch die Mängelhaftung entstanden sind, an seinen Lieferanten weitergeben[24]. § 445a Abs. 1 BGB bestimmt hierfür einen eigenen Ersatzanspruch des Verkäufers. Für die Aufwendungen, die der Verkäufer im Verhältnis zum Käufer zu tragen hat[25], ist die Neuregelung des § 439 Abs. 3 BGB hervorzuheben, der den Umfang der Nacherfüllungspflicht für alle Kaufverträge auf den Ersatz der Aus- und Einbaukosten ausdehnt[26].

Gemäß § 445a Abs. 2 BGB bedarf es für die Durchsetzung der Rechte aus **13** § 437 BGB wegen des vom Käufer geltend gemachten Mangels der sonst erforderlichen (§ 323 BGB) Fristsetzung nicht[27]. Der Letztverkäufer soll in keine Regressfalle geraten[28]. Die in § 445a Abs. 1 BGB bestimmten Aufwendungsersatzansprüche verjähren gem. § 445b Abs. 1 BGB in zwei Jahren ab Anlieferung der Sache. Die Verjährung tritt jedoch frühestens zwei Monate nach dem Zeitpunkt ein, in dem der Verkäufer die Ansprüche des Käufers erfüllt hat, spätestens aber nach fünf Jahren, § 445b Abs. 2 BGB[29]. Zwischen den weiteren Gliedern der Lieferkette gilt nach den §§ 445a Abs. 3, 445b Abs. 3 BGB Entsprechendes, wenn die Schuldner Unternehmer sind.

---

22 Vgl. *Looschelders*, JA 2018, 81.
23 Dazu *Jacobs*, JZ 2004, 225.
24 BT-Drs. 18/8486 S. 33, 41 ff.
25 Zum Nacherfüllungsort BGH NJW 2017, 2758; dazu *M. Stürner*, Jura 2018, 98.
26 *Looschelders*, JA 2018, 81; siehe auch *Faust*, ZfPW 2017, 250; *Thon*, JuS 2017, 1150; *Picht*, JZ 2017, 807; *Markworth*, Jura 2018, 1; *S. Lorenz*, JuS 2018, 11.
27 Eingehend dazu *Jacobs*, JZ 2004, 225; *S. Lepsius*, AcP 207 (2007), 340; vgl. auch *Tröger*, AcP 204 (2004), 115.
28 *Medicus/Lorenz*, Besonderes Schuldrecht, Rn. 250; *Medicus/Petersen*, Bürgerliches Recht, Rn. 315.
29 *Medicus/Petersen*, Bürgerliches Recht, Rn. 913.

III. Deliktsrecht

14 Auch im Deliktsrecht wird auf die Möglichkeit eines Dritten Bezug genommen[30]. Die diesbezüglichen Vorschriften mit ihren allfälligen Einschränkungen erklären sich nicht ohne weiteres von selbst, wie mitunter Regressfragen in die Betrachtung einzustellen sind. Mangels Prüfungsrelevanz außer Betracht bleiben kann im Ausgangspunkt die den Dritten ebenfalls voraussetzende Sondervorschrift des § 841 BGB: Ist ein Beamter, der vermöge seiner Amtspflicht einen anderen zur Geschäftsführung für einen Dritten zu bestellen oder eine solche Geschäftsführung zu beaufsichtigen oder durch Genehmigung von Rechtsgeschäften bei ihr mitzuwirken hat, wegen Verletzung dieser Pflichten neben dem anderen für den von diesem verursachten Schaden verantwortlich, so ist in ihrem Verhältnis zueinander der andere allein verpflichtet. Wichtiger als diese Bestimmung ist die folgende:

1. Dritter bei deliktisch begründeter Gesamtschuld

15 Eine Sondervorschrift findet sich im Anschluss an den bekannten § 840 Abs. 1 BGB, wonach dann, wenn für den aus einer unerlaubten Handlung entstehenden Schaden mehrere nebeneinander verantwortlich sind, diese im Außenverhältnis als Gesamtschuldner (§ 421 BGB) haften. Nach § 426 Abs. 1 BGB sind nun im Innenverhältnis die Gesamtschuldner im Verhältnis zueinander zu gleichen Anteilen verpflichtet, soweit nicht ein anderes bestimmt ist. Für die Mitwirkung Dritter bestimmt § 840 Abs. 3 BGB in diesem Sinne für eine bestimmte Konstellation ‚ein anderes‘: Ist neben demjenigen, welcher nach den §§ 833 bis 838 BGB – also insbesondere bei der klausurrelevanten Tierhalterhaftung (§ 833 BGB) – zum Ersatz des Schadens verpflichtet ist, ein Dritter für den Schaden verantwortlich, so ist in ihrem Verhältnis zueinander der Dritte allein verpflichtet.

16 Diese hart anmutende Zuweisung der Alleinhaftung im Innenverhältnis bedarf aber einer wissenswerten Einschränkung: Sie ist nur gerechtfertigt, sofern der Dritte einer Verschuldenshaftung unterliegt; sei es wegen wirklichem oder vermutetem Verschulden. Diese teleologisch gebotene Einschränkung des § 840 Abs. 3 BGB erklärt sich aus dem vom Gesetzgeber angenommenen Stufenverhältnis[31]. Da es sich bei den in Bezug genommenen Tatbeständen der §§ 833 bis 838 BGB um eine Gefährdungshaftung (§ 833 BGB) bzw. um verschiedene Tatbe-

---

30 Instruktiv *Röthel*, Jura 2013, 95.
31 Palandt/*Sprau*, § 840 Rn. 12.

stände der Haftung für vermutetes Verschulden handelt, soll im Innenverhältnis nur derjenige den gesamten Schaden tragen, der verschuldensabhängig haftet. Liegt auch bei ihm lediglich eine Gefährdungshaftung vor[32], dann entfällt dieser Gerechtigkeitsgesichtspunkt, so dass eine alleinige Haftung im Innenverhältnis nicht zu rechtfertigen wäre[33].

Haftet also auch der Dritte wegen einer Gefährdungshaftung, dann muss **17** der andere Gesamtschuldner ungeachtet des § 840 BGB einen Teil des Schadens selbst tragen[34]. Entsprechendes gilt, wenn der andere zwar verschuldensunabhängig haftet, ihm aber gleichwohl im konkreten Fall ein Verschulen zur Last fällt, weil dann wegen seines Verschuldens eine Enthaftung im Innenverhältnis ebenfalls nicht sachgerecht wäre[35]. Liegt beim Dritten eine Haftung für immerhin vermutetes Verschulden vor (etwa nach § 833 S. 2 BGB), so trägt er die Alleinhaftung, sofern der andere (nur) aus Gefährdung haftet[36].

Relevant wird die Frage nach dem Verschulden insbesondere bei der Einwendung einer anrechenbaren Tiergefahr[37]: Hundehalter A wird am uneinge- **18** zäunten und ungesicherten Garten des B von dessen unbeaufsichtigtem Hund bei dem Versuch, die beiden kämpfenden Hunde auseinanderzubringen, gebissen. Eine bei der Entstehung des Schadens mitwirkende Tiergefahr des Hundes des Geschädigten A darf nicht zugunsten des B anspruchsmindernd berücksichtigt werden, wenn neben der Haftung aus § 833 S. 1 BGB auch ein Anspruch aus § 823 Abs. 1 BGB besteht[38]; gegenüber der Verschuldenshaftung aus § 823 BGB käme der Tiergefahr des Hundes des A dem Sinngehalt des § 840 Abs. 3 BGB entsprechend keine Bedeutung zu[39].

2. Ersatzansprüche Dritter bei Tötung oder wegen entgangener Dienste

Nur kursorisch können in diesem Überblick die §§ 844 ff. BGB genannt werden[40]. **19** Im Falle der Tötung hat der Ersatzpflichtige im Hinblick auf einen möglichen Dritten eine besondere Verantwortlichkeit. Stand der Getötete zur Zeit der Ver-

---

32 Zur Gefährdungshaftung *Röthel*, Jura 2012, 444.

33 BGH NJW 2004, 951, 953.

34 OLG Hamm NJW 1958, 346.

35 *Böhmer*, JR 1965, 378, 379.

36 Erman/*Schiemann*, § 840 Rn. 11.

37 *Medicus/Petersen*, Bürgerliches Recht, Rn. 637.

38 BGH NJW 2016, 2737.

39 BGH NJW 2016, 1589.

40 Wegen der Einzelheiten dieser im Detail sehr komplexen Regelungen sei verwiesen auf Staudinger/*Röthel*, §§ 844–846 BGB.

letzung zu einem Dritten in einem Verhältnis, vermöge dessen er diesem gegenüber kraft Gesetzes unterhaltspflichtig war oder unterhaltspflichtig werden konnte, und ist dem Dritten infolge der Tötung das Recht auf den Unterhalt entzogen, so hat der Ersatzpflichtige nach § 844 Abs. 2 S. 1 BGB dem Dritten durch Entrichtung einer Geldrente insoweit Schadensersatz zu leisten, als der Getötete während der mutmaßlichen Dauer seines Lebens zur Gewährung des Unterhalts verpflichtet gewesen wäre. Die „mutmaßliche Dauer" bedeutet, dass sogar zugunsten eines Mörders eine etwaige tödliche Krankheit des Mordopfers schadensmindernd wirkt[41].

20   Im Falle der Tötung, der Verletzung des Körpers oder der Gesundheit sowie im Falle der Freiheitsentziehung hat der Ersatzpflichtige, wenn der Verletzte kraft Gesetzes einem Dritten zur Leistung von Diensten in dessen Hauswesen oder Gewerbe verpflichtet war – dies erfasst heutzutage nur noch die Mitarbeitspflichten des Kindes im Hauswesen und Geschäft der Eltern, § 1619 BGB[42] –, dem Dritten für die entgangenen Dienste gemäß § 845 S. 1 BGB durch Entrichtung einer Geldrente Ersatz zu leisten. In diesem systematischen Zusammenhang ist immer auch § 618 Abs. 3 BGB zu berücksichtigen: Erfüllt der Dienstberechtigte die ihm in Ansehung des Lebens und der Gesundheit des Verpflichteten obliegenden Verpflichtungen nicht, so finden auf seine Verpflichtung zum Schadensersatz die für unerlaubte Handlungen geltenden Vorschriften der §§ 842 bis 846 BGB entsprechende Anwendung. Der damit ebenfalls genannte § 846 BGB ordnet in den Fällen der §§ 844 f. BGB bezüglich eines etwaigen Mitverschuldens des Verletzten die entsprechende Anwendung des § 254 BGB an.

21   Im Zusammenhang mit Ansprüchen aus § 844 Abs. 2 BGB lassen sich in bürgerlich-rechtlichen Klausuren die nach den Prüfungsordnungen zu beherrschenden Grundzüge des Familienrechts mit dem Deliktsrecht verbinden. Paradigmatisch ist der Fall, dass ein Unterhaltsverpflichteter getötet wurde und der Unterhaltsgläubiger nunmehr gegen den deliktischen Schädiger vorgeht. Dann ist im Rahmen der Prüfung des § 844 Abs. 2 BGB inzident zu erörtern, ob ein Unterhaltsanspruch nach Maßgabe der §§ 1601 ff. BGB vor der deliktischen Verletzung bestand[43] und nicht durch anderweitige Unterhaltsansprüche ausgeschlossen ist[44]. Im Rahmen dieser Erörterung ist dann regelmäßig zu prüfen, ob ein solcher Unterhaltsanspruch durch die deliktische Verletzung entzogen wur-

---

41 *Medicus*, Gesetzliche Schuldverhältnisse, 5. Auflage 2007, Fall 103, S. 86.
42 MüKo/*Wagner*, § 845 Rn. 4.
43 BGHZ 132, 39; eingehend dazu bereits § 12.
44 Bamberger/Roth/*Spindler*, § 844 Rn. 14.

de. (§ 1615 Abs. 1 Var. 2 BGB)[45]. Den Schwerpunkt der Prüfung markiert die Ermittlung des rechtlich Geschuldeten (nicht des tatsächlich geleisteten) Unterhalts. Zu prüfen sind insbesondere die Unterhaltspflicht nach § 1601 BGB, die Bedürftigkeit (§ 1602 BGB), die Leistungsfähigkeit (§ 1603 BGB) und der Umfang nach § 1610 BGB[46].

---

45 BGH NJW 1974, 1373; Staudinger/*Röthel*, § 844 Rn. 71 f.
46 Zu diesen Voraussetzungen Staudinger/*Röthel*, § 844 Rn. 88 ff.

§ 16 Gebrauchsüberlassung an Dritte im Mietrecht

Das Mietrecht steht hinsichtlich seiner Examensrelevanz im Schatten des Kaufrechts. Gerade hier können aber Dritte in der Fallbearbeitung begegnen, wie der häufigste Fall der Gebrauchsüberlassung an Dritte, die Untermiete, veranschaulicht.*

I. Dogmatische Einordnung

1 Die Gebrauchsüberlassung an Dritte beruht auf einer allgemeinen gesetzgeberischen Wertung, die in den §§ 540 Abs. 1, 603 S. 2 BGB zum Ausdruck kommt und sich dahingehend zusammenfassen lässt, dass der Eigentümer darüber entscheiden können soll, wem seine Sache zum Gebrauch überlassen sein darf[1]. Der Mieter ist nach § 540 Abs. 1 BGB ohne die Erlaubnis des Vermieters nicht berechtigt, den Gebrauch der Mietsache einem Dritten zu überlassen, insbesondere sie weiter zu vermieten. Wie der spezifizierende Nachsatz („insbesondere") zeigt, ist die Untermiete eine besondere Ausprägung der Gebrauchsüberlassung an Dritte. Der Untermietvertrag unterscheidet sich damit nicht nur von der Abtretung des Rechts aus dem Mietvertrag, für die § 398 BGB gilt[2], sondern auch dadurch von der allgemeinen Gebrauchsüberlassung an Dritte, dass das Untermietverhältnis einen echten Mietvertrag zwischen Hauptmieter und Untermieter darstellt, aus dem sich alle mietvertraglichen Rechte und Pflichten ergeben, die auch ein normaler Mietvertrag mit sich bringt[3]. Dieser Untermietvertrag ist unabhängig vom Bestand des Hauptmietvertrags oder einer Erlaubnis des Vermieters, mit dem der Untermieter regelmäßig keinerlei vertragliche Beziehung hat, selbst wenn er an diesen die Miete entrichten sollte[4].

---

* Zuerst abgedruckt in Jura 2015, S. 459–462.
1 *Oechsler*, Vertragliche Schuldverhältnisse, Rn. 827; zur Gebrauchsüberlassung an Dritte bei der Leihe nach § 603 S. 2 BGB vgl. § 17 III.
2 Zur Abtretung siehe § 10.
3 Palandt/*Weidenkaff*, Einf. vor § 535 Rn. 3.
4 MüKo/*Bieber*, § 540 Rn. 22 f.

https://doi.org.10.1515/9783110365702-016

1. Begriffsbestimmung und gesetzgeberische Wertung

Für die Anwendung des § 540 Abs. 1 BGB ist zunächst zu prüfen, ob die in Be-   2
tracht kommende Person überhaupt Dritter im Sinne des Gesetzes ist. Wenn die
Gebrauchsüberlassung nämlich schon zum vertragsgemäßen Gebrauch der
Mietsache gehört (vgl. § 535 Abs. 1 S. 2 BGB), gilt § 540 BGB nicht[5]. Familienan-
gehörige, wie der Ehegatte, die Kinder oder die Eltern des Mieters sind daher
von vornherein keine Dritten im Sinne des § 540 Abs. 1 S. 1 BGB[6]. Das gebietet
auch die Wertung des Art. 6 GG[7]. Dies gilt auch dann, wenn der Mieter selbst die
Wohnung nur sporadisch nutzt und diese dem Ehegatten für einen längeren
Zeitraum zur Nutzung überlassen hat. Eine Ehewohnung verliert diese Qualifi-
zierung erst, wenn der mietende Ehegatte diese endgültig aufgibt[8]. Dies kann
dazu führen, dass ein Vermieter im Zweifel bis zum Abschluss eines Schei-
dungsverfahrens hinnehmen muss, dass es sich bei den Mieträumen um eine
Ehewohnung handelt und der darin lebende Nichtmieter kein Dritter im Sinne
des § 540 Abs. 1 BGB ist, dem er kündigen könnte[9]. Dagegen ist der nichteheliche Lebensgefährte, sofern er nicht nach § 11 Abs. 1 LPartG als Familienangehöriger gilt, Dritter[10]. Dann ist für Mietverhältnisse über Wohnraum (§§ 549 ff.
BGB) insbesondere § 553 Abs. 1 S. 1 BGB anwendbar:

Entsteht für den Mieter nach Abschluss des Mietvertrags ein berechtigtes In-   3
teresse, einen Teil des Wohnraums einem Dritten zum Gebrauch zu überlassen,
so kann er von dem Vermieter die Erlaubnis hierzu verlangen (allerdings gegebenenfalls gegen eine Mieterhöhung, § 553 Abs. 2 BGB). Berechtigt ist dabei jedes Interesse (etwa berufsbedingt) von nicht ganz unerheblichem Gewicht, welches mit der Rechtsordnung in Einklang steht[11.] So kann auch ein mehrjähriger
Aufenthalt in einem anderen Land im Rahmen einer befristeten Arbeitstätigkeit
das berechtigte Interesse begründen, durch eine Untervermietung eine doppelte
Belastung mit Wohnungskosten zu umgehen[12]. Die gesetzgeberische Wertung
besteht im Schutz eines dauerhaft angelegten Haushalts[13]. Dies gilt jedoch dann

---

5 *Medicus/Lorenz*, Besonderes Schuldrecht, Rn. 482.
6 BayObLG MDR 1984, 316; NJW 1998, 1324.
7 *Brox/Walker*, Besonderes Schuldrecht, § 11 Rn. 29; *Looschelders*, Besonderes Schuldrecht,
Rn. 446; *Oetker/Maultzsch*, Vertragliche Schuldverhältnisse, § 5 Rn. 102.
8 BGH NJW 2013, 2507.
9 *Wellenhofer*, JuS 2014, 170, 172.
10 BGHZ 157, 1; skeptisch dazu *Brudermüller*, FamRZ 2004, 358; vgl. auch *Emmerich*, JuS 2004,
625; *Wiek*, WuM 2003, 688.
11 BGH NJW 2006, 1200.
12 BGH NJW 2014, 2717.
13 *Oechsler*, Vertragliche Schuldverhältnisse, Rn. 825, 827.

nicht, wenn in der Person des Dritten ein wichtiger Grund vorliegt, der Wohnraum übermäßig belegt würde oder dem Vermieter die Überlassung aus sonstigen Gründen nicht zugemutet werden kann, § 553 Abs. 1 S. 2 BGB.

4   Verweigert der Vermieter im Falle des § 540 Abs. 1 BGB die Erlaubnis der
Gebrauchsüberlassung an den Dritten, so kann der Mieter nach § 540 Abs. 1 S. 2
BGB das Mietverhältnis außerordentlich mit der gesetzlichen Frist kündigen,
sofern nicht in der Person des Dritten ein wichtiger Grund vorliegt. Zudem kann
die unberechtigte Erlaubnisverweigerung eine Pflichtverletzung im Sinne des
§ 280 Abs. 1 BGB darstellen[14]. Umgekehrt begründet es eine Pflichtverletzung
des Mieters, wenn er ohne die erforderliche Erlaubnis untervermietet, weil das –
unabhängig davon, ob er einen Anspruch auf die Erlaubnis hätte – eine Über-
schreitung des vertragsgemäßen Gebrauchs bedeutet[15]. Sofern der Mieter die
Erlaubnis nicht wenigstens rechtzeitig erbeten hat, kann das neben dem
schlichten Unterlassungsbegehren des Vermieters nach § 541 BGB schlimmstenfalls zur ordentlichen Kündigung gemäß § 573 Abs. 2 Nr. 1 BGB führen[16]. Gegen
den Untermieter hat der Eigentümer einen Anspruch aus §§ 985, 986 Abs. 1 S. 2
BGB auf Herausgabe an den Mieter, weil der Untermieter im Falle unerlaubter
Untervermietung kein Recht zum Besitz gegenüber dem Vermieter hat[17]. Überlässt der Mieter den Gebrauch der Mietsache einem Dritten, so hat er ein dem
Dritten bei dem Gebrauch zur Last fallendes Verschulden nach § 540 Abs. 2 BGB
zu vertreten, auch wenn der Vermieter die Erlaubnis zur Überlassung erteilt hat.
Das entspricht wertungsmäßig und in den Rechtsfolgen § 278 S. 1 BGB[18]. Bei
einer unberechtigten Überlassung haftet der Mieter sogar für schuldloses Verhalten des Dritten, da er selbst schuldhaft die Grenzen seines Besitzrechts überschritten hat und jedes Verhalten des Untermieters kausal auf seiner pflichtwid-
rigen Gebrauchsüberlassung beruht[19].

2. Herausgabeansprüche und Grenzen

5   Ergänzt wird § 540 Abs. 1 BGB durch den Herausgabeanspruch aus § 546 Abs. 2
BGB[20]: Hat der Mieter den Gebrauch der Mietsache einem Dritten überlassen, so

---

14   RGZ 138, 359.
15   *Medicus/Lorenz*, Besonderes Schuldrecht, Rn. 483.
16   BGH NJW 2011, 1065.
17   *Fikentscher/Heinemann*, Schuldrecht, Rn. 1037.
18   Staudinger/*Emmerich*, § 540 Rn. 37.
19   MüKo/*Bieber*, § 540 Rn. 25.
20   Palandt/*Weidenkaff*, § 546 Rn. 17.

kann der Vermieter die Sache nach Beendigung des Mietverhältnisses auch von dem Dritten zurückfordern. Es handelt sich dabei um einen vertraglichen Anspruch, der mit dem Anspruch aus § 985 BGB konkurriert, wenn der Vermieter zugleich Eigentümer ist. Ausnahmsweise gewährt § 546 Abs. 2 BGB einen vertraglichen Anspruch gegen einen Dritten, zu dem keine vertraglichen Beziehungen bestehen. Hauptmieter und Untermieter schulden in dem Fall als Gesamtschuldner die Rückgabe der Mietsache[21]. Der Anspruch aus § 546 Abs. 2 BGB ist zwar unabhängig vom Eigentum, so dass der Vermieter nicht notwendigerweise Eigentümer sein muss; in einem solchen Fall hilft also nur § 546 Abs. 2 BGB und nicht zugleich § 985 BGB. Einen wichtigen Anwendungsfall bildet die gewerbliche Zwischenvermietung. So verhält es sich beispielsweise, wenn ein Hauseigentümer ein Mehrparteienhaus an eine Gesellschaft vermietet und diese die einzelnen Wohnungen gewerblich an Dritte vermietet[22].

Allerdings enthält § 565 Abs. 1 S. 1 BGB für derartige Fälle eine wichtige **6** Schutzvorschrift zugunsten des oder der Dritten: Soll der Mieter nach dem Mietvertrag den gemieteten Wohnraum gewerblich einem Dritten zu Wohnzwecken weitervermieten, so tritt der Vermieter bei der Beendigung des Mietverhältnisses in die Rechte und Pflichten aus dem Mietverhältnis zwischen dem Mieter und dem Dritten ein. Schließt der Vermieter erneut einen Mietvertrag zur gewerblichen Weitervermietung ab, so tritt der Mieter anstelle der bisherigen Vertragspartei in die Rechte und Pflichten aus dem Mietverhältnis mit dem Dritten ein, § 565 Abs. 1 S. 2 BGB. Zum Schutz des Dritten ist § 565 BGB nach dessen drittem Absatz zwingendes Recht. Die Schutzbedürftigkeit des Dritten ergibt sich hier daraus, dass im Verhältnis Vermieter und gewerblicher Hauptmieter die schützenden Wohnraumvorschriften der §§ 549 ff. BGB nicht anwendbar sind, wenn der Zweck des Hauptmietvertrags gerade die Weitervermietung ist[23]. Daher würde insbesondere nach (vereinfachter) ordentlicher Kündigung des Hauptmietverhältnisses gemäß § 542 BGB auch der Wohnungsverlust des Dritten drohen (§ 546 BGB), nur weil dieser einen Mietvertrag mit einem Zwischenmieter und nicht dem eigentlichen Vermieter abgeschlossen hatte. Diese Schutzlücke schließt § 565 BGB. Allerdings gilt § 565 BGB nicht, auch nicht analog, für die klassische Untermiete, da insoweit das Hauptmietverhältnis durch die §§ 549 ff. BGB ausreichend geschützt ist[24].

---

21 MüKo/*Bieber*, § 546 Rn. 23.
22 *Medicus/Lorenz*, Besonderes Schuldrecht, Rn. 446.
23 BGH NJW 1981, 1377.
24 MüKo/*Häublein*, § 565 Rn. 9, zu denkbaren Ausnahmen ebenda Rn. 10 sowie *Häublein*, WuM 2010, 391, 397.

7   Schulden Mieter und Untermieter die Herausgabe der Mietsache dem vermietenden Eigentümer gegenüber, so kann dieser auch vom Untermieter in dem
Maße Nutzungsersatz nach §§ 987 Abs. 1, 990 Abs. 1 BGB verlangen, wie jener
die Sache unberechtigt in Besitz hält[25]. Umgekehrt ist auch ein Anspruch des
Untermieters gegen den vermietenden Eigentümer auf Verwendungsersatz gemäß §§ 994 Abs. 1, 996 BGB denkbar, soweit die Verwendungen nicht bereits
Gegenstand des Untermietvertrags mit dem Hauptmieter sind und damit abschließend geregelt wurden[26].

II. Unberechtigte Untervermietung

8   Klausurträchtig ist im Rahmen der Gebrauchsüberlassung an Dritte insbesondere
der Fall der (unberechtigten) Untervermietung. Die dogmatisch interessanteste
und zugleich prüfungsrelevanteste Problematik betrifft die Frage, ob der Mieter
im Falle unberechtigter Untervermietung die erlangte Miete an den Vermieter
herauszugeben hat. Der Bundesgerichtshof verneint das in ständiger Rechtsprechung[27].

1. Vertragliche Ansprüche

9   Ein Anspruch des Vermieters gegen den Mieter aus § 280 Abs. 1 BGB auf Schadensersatz wegen vertragswidrigem Gebrauch, der zugleich eine Pflichtverletzung begründet, scheidet in Ermangelung eines Schadens aus. Denn der Vermieter schuldet dem Mieter aus Mietvertrag gemäß § 535 Abs. 1 BGB die
Gebrauchsüberlassung der Mietsache, so dass er seinerseits nicht erneut hätte
vermieten dürfen. Auch aus § 252 S. 2 BGB ergibt sich nichts anderes. Denn es ist
der Mieter, der den Vertrag mit dem Untermieter abschließt, und nicht der Vermieter, so dass dieser den Umständen nach keinen entsprechenden Gewinn
hätte erzielen können, den er als Schaden hätte geltend machen können[28]. Der
Vermieter kann also vom Mieter nicht als Schadensersatz im Nachhinein den
Betrag verlangen, um den sich die Miete im Falle eingeholter Erlaubnis nach
§ 553 Abs. 2 BGB mutmaßlich erhöht hätte[29]. Dies folgt daraus, dass der Vermie-

---

25 BGH NZM 2014, 582.
26 BGH NZM 2014, 906.
27 BGH NJW 1964, 1853; 1996, 838.
28 *Oechsler*, Vertragliche Schuldverhältnisse, Rn. 828.
29 BGH NJW 1964, 1853; *Medicus/Petersen*, Bürgerliches Recht, Rn. 833.

ter keinen gesetzlichen Anspruch auf eine Mieterhöhung hat, sondern ihm lediglich das Recht zur Verweigerung der Erlaubnis gegeben wird, sollte der Mieter in diese Vertragsanpassung nicht einwilligen[30].

2. Gesetzliche Ansprüche

Aus demselben Grund bestehen keine Ansprüche aus gesetzlichen Schuldverhältnissen: Schadensersatzansprüche aus §§ 989, 990 BGB unter dem (abzulehnenden[31]) Gesichtspunkt des „nicht so berechtigten Besitzers"[32], bzw. aus § 823 BGB setzen allesamt einen Schaden voraus[33]. Und ein Anspruch aus angemaßter Eigengeschäftsführung auf Herausgabe des Erlöses nach §§ 687 Abs. 2, 681 S. 2, 667 BGB scheitert daran, dass die erneute Vermietung eben kein Geschäft des Vermieters ist[34]. Es wäre auch kein objektiv fremdes Geschäft für den Mieter, weil es ihm durch den vertraglich überlassenen Gebrauch zugewiesen ist[35]. **10**

Bereicherungsansprüche scheiden nach herrschender Meinung ebenfalls aus, und zwar unter zwei Gesichtspunkten[36]: § 816 Abs. 1 S. 1 BGB gewährt weder direkt noch analog einen Anspruch auf Erlösherausgabe, weil die Vermietung keine Verfügung und ihr auch nicht gleichzuachten ist. Zwar scheint die Untervermietung zu einer abschöpfbaren Zueignung des Gebrauchswerts der Sache zu führen[37]. Mit dem Vertragsschluss liegt jedoch eine Gebrauchsüberlassung an den Mieter vor, so dass nunmehr dieser über den Gebrauch entscheidet[38]. **11**

Überwiegend abgelehnt wird auch eine Eingriffskondiktion nach § 812 Abs. 1 S. 1 Fall 2 BGB, weil auch bei der ungerechtfertigten Untervermietung, wie bereits oben im Rahmen der angemaßten Eigengeschäftsführung angedeutet, die Gebrauchsüberlassung kraft Mietvertrag dem Mieter zugewiesen sei, weil nur er darüber entscheidet, ob und mit welchem Inhalt ein Untermietver- **12**

---

30 BGH NJW 1996, 838, 840; Bamberger/Roth/*Ehlert*, § 553 Rn. 14.
31 Vgl. *Grunewald*, Bürgerliches Recht, § 28 Rn. 3; *Medicus/Petersen*, Bürgerliches Recht, Rn. 582 m.w.N.
32 Vgl. BGHZ 59, 51, 58.
33 *Medicus/Lorenz*, Besonderes Schuldrecht, Rn. 486.
34 BGHZ 131, 297.
35 *Oechsler*, Vertragliche Schuldverhältnisse, Rn. 830.
36 Zur Gebrauchsüberlassung an Dritte im Bereicherungsrecht *Koch/Wallimann*, JZ 2016, 342.
37 In diese Richtung *Diederichsen*, NJW 1964, 2296.
38 *Söllner*, JuS 1967, 449, 452; *Oechsler*, Vertragliche Schuldverhältnisse, Rn. 829.

hältnis zustande kommt[39]. Der Vermieter darf eben nicht in den Besitz des Mieters eingreifen[40]. Auf die Rechtswidrigkeit des Eingriffs stellt demgegenüber nur die überkommene Rechtswidrigkeitstheorie ab[41]. Im Übrigen wird darauf hingewiesen, dass die Untermiete nicht auf Kosten des Vermieters erlangt werde[42]. Eine gewichtige Ansicht im Schrifttum entscheidet freilich anders[43:] Ungeachtet der Gebrauchsüberlassung an den Mieter sei nur der Vermieter in seiner Eigenschaft als Eigentümer befugt, die Untervermietung zu gestatten oder eben auszuschließen. Nach dieser Meinung schuldet der bösgläubige Mieter dem Vermieter den Erlös aus der Untervermietung und der gutgläubige hat wenigstens „ein angemessenes Entgelt für die rechtsgrundlose Ausnutzung" der Untervermietung zu entrichten[44].

---

39 BGHZ 131, 297 ff.; vgl. hierzu auch *Gebauer*, Jura 1998, 128; *Theuffel*, JuS 1997, 886; *J. Schröder/Kiehnle*, Jura 2007, 702; *Medicus/Petersen*, Bürgerliches Recht, Rn. 707, 719; BGHZ 131, 297: BGH NJW 2002, 60.
40 BGH NJW 1964, 1853.
41 Zu ihr *Kellmann*, Grundsätze der Gewinnhaftung, 1969.
42 *Medicus/Lorenz*, Besonderes Schuldrecht, Rn. 486.
43 Die Eingriffskondiktion bejahend *Koch/Wallimann*, JZ 2016, 342.
44 *Larenz/Canaris*, Besonderes Schuldrecht, § 69 I 2a.

§ 17 Gebrauchsüberlassung an Dritte bei der Leihe

Gerade das unscheinbare vertragliche Schuldverhältnis der Leihe birgt klausurrelevante Probleme und wird in seiner Examensrelevanz häufig unterschätzt.*

Durch den Leihvertrag wird der Verleiher einer Sache nach § 598 BGB verpflich- 1
tet, dem Entleiher den Gebrauch der Sache unentgeltlich zu gestatten[1]. Der Entleiher darf von der geliehenen Sache keinen anderen als den vertragsmäßigen Gebrauch machen, § 603 S. 1 BGB. Er ist – und das führt zum Thema – ohne die Erlaubnis des Verleihers gemäß § 603 S. 2 BGB nicht berechtigt, den Gebrauch der Sache einem Dritten zu überlassen. Er darf daher auch den auf Gebrauchsüberlassung gerichteten Anspruch nicht abtreten[2]. In den vom Verleiher gezogenen Grenzen des § 603 BGB ist also eine Gebrauchsüberlassung an Dritte durchaus zulässig. Der Verleiher kann die Leihe gemäß § 605 Nr. 2 BGB insbesondere dann kündigen, wenn der Entleiher einem Dritten den Gebrauch der Sache überlässt.

I. Leihvertrag mit Schutzwirkung zugunsten Dritter

Wie immer bei der Drittbeteiligung ist an die Möglichkeit eines Vertrags bzw. 2
Schuldverhältnisses mit Schutzwirkung zugunsten Dritter zu denken[3], wenn der Dritte der Gefahr einer Schutzpflichtverletzung in gleicher Weise ausgesetzt ist wie der zur Gebrauchsüberlassung befugte Entleiher (Leistungsnähe), dieser dem Dritten schutzpflichtig oder gar seinem Wohl und Wehe verpflichtet ist (Gläubigernähe) und der Verleiher diese Risikohäufung nach Maßgabe der §§ 133, 157 BGB erkennen konnte (Erkennbarkeit), ohne dass dem Dritten eigene gleichwertige Ansprüche zur Seite stehen (Schutzbedürftigkeit)[4]. Leiht also beispielsweise ein Vater ein Kinderfahrrad bei einem Nachbarn, um dieses seinem kleinen Kind zu überlassen, so haftet der Verleiher dem Kind, wenn dieses da-

---

* Zuerst abgedruckt in Jura 2015, S. 154–155.

1 Aus dem älteren Schrifttum zum Leihvertrag *Kuhlenbeck*, JW 1904, 226; zur Dogmatik der unentgeltlichen Rechtsgeschäfte Grundmann, AcP 198 (1998), 457; siehe auch *Nehlsen-von Stryk*, AcP 187 (1987), 552.

2 *Enneccerus/Lehmann*, Schuldrecht, § 141 II 1, S. 571.

3 MüKo/*Häublein*, § 603 Rn. 6.

4 Zu der damit einhergehenden Drittwirkung von Schutzpflichten siehe § 9 II.

https://doi.org.10.1515/9783110365702-017

durch zu Schaden kommt, dass die Bremsen fehlerhaft waren und der Verleiher um die Fehlerhaftigkeit wusste, aber nichts sagte, obwohl sich ihm aufdrängte, dass er den Entleiher auf den Defekt aufmerksam machen musste. Allerdings ist zugunsten des Verleihers § 599 BGB anzuwenden, so dass er etwa dann nicht haften würde, wenn er dem Nachbarn ein Kinderfahrrad geliehen hätte, dessen Mangelhaftigkeit er nicht zumindest grob fahrlässig verkannte.

3   Eine Drittwirkung der Schutzpflichten unter dem Gesichtspunkt des Schuldverhältnisses mit Schutzwirkung zugunsten Dritter führt auch bei der Leihe zu einer Verschuldenszurechnung nach § 278 BGB[5]. Zugunsten des in den Schutzbereich einbezogenen Dritten gilt im Interesse der Rechtssicherheit auch die kurze Verjährung des § 606 S. 1 BGB[6], wonach die Ersatzansprüche des Verleihers wegen Veränderungen oder Verschlechterung der verliehenen Sache sowie die Ansprüche des Entleihers auf Ersatz von Verwendungen in sechs Monaten verjähren[7]. § 606 BGB wird auch auf deliktische Ansprüche Dritter für anwendbar gehalten[8], weil sonst – ähnlich wie bei der Miete – die kurze Verjährungsfrist unterlaufen würde[9].

II. Rückgabepflicht

4 Überlässt der Entleiher einem Dritten den Gebrauch der Sache, so kann der Verleiher sie nach der Beendigung der Leihe gemäß § 604 Abs. 4 BGB auch von dem Dritten zurückfordern. Die Vorschrift stellt eine Anspruchsgrundlage dar. Es spielt keine Rolle, ob der Verleiher berechtigt war, dem Dritten die Sache zu überlassen[10]. Nicht zu verwechseln mit dieser Konstellation, in welcher der Dritte besitzt, ist der Fall, dass ein Dritter und nicht der Verleiher Eigentümer der Sache ist. Dann konkurriert dessen Herausgabeanspruch aus § 985 BGB mit dem Rückgabeanspruch des Verleihers aus § 604 BGB[11]. Schwierigkeiten bereitet die exakte Bestimmung der Rechtsstellung des Entleihers: Verlangt der Eigentümer Herausgabe (§ 985 BGB), so kann er auf sein Recht zum Besitz (§ 986 BGB) aus dem Leihvertrag verweisen. Dagegen gewährt ihm die Herausgabepflicht aufgrund des Vindikationsverlangens des Eigentümers (§ 985 BGB) keine Einrede,

---

5 KG OLGZ 1976, 226, 229 mit Anmerkung *K. Schmidt*, JuS 1977, 722 f.
6 MüKo/*Häublein*, § 606 Rn. 6.
7 BGHZ 49, 278, 281.
8 *Medicus/Lorenz*, Besonderes Schuldrecht, Rn. 563.
9 BGHZ 119, 35; *Looschelders*, Besonderes Schuldrecht, Rn. 530.
10 MüKo/*Häublein*, § 604 Rn. 7.
11 MüKo/*Häublein*, § 604 Rn. 8 mit profunder Begründung.

die er dem Rückgabeanspruch des Verleihers gegenüber geltend machen könnte, weil ihn die Erfüllung des Rückgabeanspruchs aus § 604 BGB auch gegenüber dem Eigentümer befreien würde[12].

III. Gefälligkeitsverhältnis mit rechtsgeschäftlichem Charakter und Leihe

Der Bundesgerichtshof hat vor nicht allzu langer Zeit einen Fall entschieden,   5
der zwar keine Leihe im Rechtssinne betraf, aber gerade deswegen für den vorliegenden Zusammenhang aufschlussreich ist, weil die Wertung des § 603 S. 2
BGB darin eine tragende Rolle spielt: Jemand hatte sein Motorrad zum Zwecke
einer Probefahrt seinem Freund ‚geliehen‘, der das Fahrzeug ohne eine entsprechende Gestattung einem Dritten überließ, bei dem es ohne dessen Verschulden
zu Bruch ging[13]. Ein Anspruch des Eigentümers gegen seinen Freund könnte
sich aus § 280 Abs. 1 BGB ergeben. Die Pflichtverletzung könnte dann aus der
Zuwiderhandlung gegen § 603 S. 2 BGB folgen[14]. Jedoch setzt ein solcher Anspruch zunächst ein Schuldverhältnis im Sinne des § 280 Abs. 1 BGB voraus. Als
solches kommt zwar ein Leihvertrag in Betracht, doch ist den Umständen nach
zweifelhaft, ob der Eigentümer mit seinem Freund einen rechtsverbindlichen
Leihvertrag geschlossen hat. Bei einer Probefahrt ist dies, zumal unter Freun-
den, nicht ohne weiteres anzunehmen[15].

Der Bundesgerichtshof hat auch der Möglichkeit eines Gefälligkeitsverhält-   6
nisses mit rechtsgeschäftlichem Charakter (§§ 280 Ab. 1, 311 Abs. 2 Nr. 3 BGB)
eine Absage erteilt, obwohl es als Schuldverhältnis ohne primäre Leistungspflicht gerade zur Bewältigung solcher Fallgestaltungen sinnvoll und anerken-
nungswürdig ist[16]. Allerdings wäre auch dann eine Haftung zweifelhaft. Denn
angesichts der Schuldlosigkeit des D im Rahmen der Zerstörung der Sache liegt
wohl auch keine dem Freund nach § 278 S. 1 BGB zurechenbare Pflichtverletzung vor. Es bliebe somit nur die Möglichkeit einer dem Freund entsprechend
§ 603 S. 2 BGB zurechenbaren Pflichtverletzung. Das würde jedoch in Ermange-

---

12 BGH MDR 2011, 1031.
13 BGH NJW 2010, 3087.
14 Vgl. auch *Oetker/Maultzsch*, Vertragliche Schuldverhältnisse, § 6 Rn. 35: „besondere
Ausprägung zur Unterlassung eines vertragswidrigen Gebrauchs".
15 MüKo/*Häublein*, § 598 Rn. 11. Zu den Abgrenzungskriterien im Einzelnen BGHZ 21, 102, 107;
BGH NJW 2009, 1141.
16 *Fikentscher/Heinemann*, Schuldrecht, Rn. 29 mit instruktivem Beispiel; *Canaris*, JZ 2001,
499, 520.

lung eines entsprechenden Verpflichtungswillens bedenklich weit gehen[17]. Denn eine Gebrauchsüberlassung soll gerade nicht geschuldet sein[18]. Auch ein deliktischer Anspruch gegen den Freund aus § 831 BGB scheidet aus, weil der Dritte kein Verrichtungsgehilfe war.

---

17 *Medicus/Petersen*, Bürgerliches Recht, Rn. 368.
18 Vgl. auch *Oechsler*, Vertragliche Schuldverhältnisse, Rn. 756.

§ 18 Rechtsmängel

Die Vorschriften über Rechtsmängel im Kauf-, Miet- und Werkvertragsrecht setzen die Person des Dritten voraus. Da aus dem typischerweise vorliegenden Zweipersonenverhältnis eine Dreierbeziehung wird, sind die §§ 435, 536, 633 BGB besonders fehlerträchtig.*

I. Kaufrecht

Der Verkäufer hat dem Käufer die Sache frei von Sach- und Rechtsmängeln zu verschaffen, § 433 Abs. 1 S. 2 BGB[1]. Die Sache (und gemäß § 453 BGB auch das verkaufte Recht) ist nach § 435 S. 1 BGB frei von Rechtsmängeln, wenn Dritte in Bezug auf die Sache keine oder nur die im Kaufvertrag übernommenen Rechte gegen den Käufer geltend machen können[2]. Unerheblich ist daher, ob der Dritte die Rechte tatsächlich geltend macht oder die vertraglich vereinbarte Verwendung des Kaufgegenstandes überhaupt beeinträchtigt wird[3]. Mangelhaft wirkt das Recht eines Dritten in Bezug auf die Kaufsache auch dann, wenn dieses zwar erst nach der Übertragung des Kaufgegenstandes auf den Käufer entsteht, der Grund ihres Entstehens jedoch bereits in Rechtsverhältnissen wurzelt, die schon vor Übergang vorhanden waren[4]. **1**

Die dogmatisch interessanteste und wegen § 935 BGB zugleich klausurrelevanteste Frage ist[5], ob das Eigentum ein Recht im Sinne des § 435 S. 1 BGB darstellt. Ein Teil der Lehre nimmt das an[6]. Zur Begründung wird insbesondere darauf hingewiesen, dass der Wortlaut des § 435 S. 1 BGB keine Unterscheidung über die Art der geltend gemachten Rechte des Dritten trifft, so **2**

---

* Zuerst abgedruckt in Jura 2014, S. 1030–1032.
1 Zur früheren Rechtslage grundlegend *Ernst*, Rechtsmängelhaftung, 1995; siehe jetzt vor allem *Haedicke*, Rechtskauf und Rechtsmängelhaftung, 2003.
2 Entscheidend ist der Zeitpunkt der Eigentumsverschaffung (BGHZ 113, 106, 113; *Oetker/ Maultzsch*, Vertragliche Schuldverhältnisse, § 2 Rn. 91), nicht der des Gefahrübergangs (so aber *Schlechtriem*, Schuldrecht Besonderer Teil, 6. Auflage 2003, Rn. 48).
3 MüKo/*Westermann*, § 435 Rn. 1 f.
4 BGH NJW 1991, 915; 2004, 1804.
5 *Fikentscher/Heinemann*, Schuldrecht, Rn. 910, die in der Sache anders entscheiden als hier vertreten.
6 *Eidenmüller*, NJW 2002, 1625, 1626; *S. Meier*, JR 2003, 353, 355; *Scheuren-Brandes*, ZGS 2005, 295; *Pahlow*, JuS 2006, 289, 293; *Bergmann (Andreas)*, RabelsZ 74 (2010) 25, 37; *Musielak*, Examenskurs BGB, 3. Auflage 2014, Rn. 160.

https://doi.org.10.1515/9783110365702-018

dass neben allen anderen absoluten Rechten auch die des Eigentümers (vgl. nur § 985 BGB) erfasst sein sollen[7]. Der Bundesgerichtshof vertritt jedoch die Gegenansicht[8]. Diese vorzugswürdige Meinung stützt sich hinsichtlich des Eigentums nicht auf § 435 BGB, sondern verweist auf die kaufrechtliche Ausgangsregelung des § 433 Abs. 1 S. 1 BGB, wonach der Verkäufer durch den Kaufvertrag nicht nur verpflichtet wird, dem Käufer die Sache zu übergeben, sondern auch das Eigentum an der Sache zu verschaffen[9]. Das fehlende Eigentum unterfällt daher nicht der Rechtsmängelhaftung nach §§ 435 S. 1, 433 Abs. 1 S. 2 BGB, sondern bereits § 433 Abs. 1 S. 1 BGB. Der Verkäufer, der entgegen seiner Verpflichtung aus dem Kaufvertrag gemäß § 433 Abs. 1 S. 1 BGB das Eigentum nicht verschafft, haftet also nicht nach § 437 BGB[10], sondern schuldet nach wie vor Erfüllung[11].

3   In verjährungsrechtlicher Hinsicht zu berücksichtigen ist jedoch der von der Gegenmeinung ins Feld geführte § 438 Abs. 1 Nr. 1a BGB, wonach die in § 437 Nr. 1 und 3 BGB bezeichneten Ansprüche in 30 Jahren verjähren, wenn der Mangel in einem dinglichen Recht eines Dritten besteht, auf Grund dessen Herausgabe der Kaufsache verlangt werden kann. Diese Regelung betrifft insbesondere den Herausgabeanspruch aus § 985 BGB[12]. In der Tat muss die hier vertretene Ansicht, nach der die Verletzung der Eigentumsverschaffungspflicht keinen Rechtsmangel darstellt, die die lange Verjährungsfrist des § 438 Abs. 1 Nr. 1a BGB entsprechend anwenden auf die Rechtsbehelfe des Käufers, die sich nach dem soeben Gesagten aus dem allgemeinen Leistungsstörungsrecht ergeben[13]. Denn andernfalls, also unter der Geltung der §§ 195, 199 BGB, käme es zu einem empfindlichen Wertungswiderspruch, wenn der Käufer wegen des Eigentums eines Dritten nach § 197 Abs. 1 Nr. 1 BGB dreißig Jahre in Anspruch genommen werden kann, ohne beim Verkäufer Regress nehmen zu können[14].

---

7 *Oechsler*, Vertragliche Schuldverhältnisse, Rn. 148.
8 BGHZ 174, 61; BGH NJW 2008, 1658.
9 Palandt/*Weidenkaff*, § 435 Rn. 8; Bamberger/Roth/*Faust*, § 435 Rn. 15; *Medicus/Petersen*, Bürgerliches Recht, Rn. 284.
10 *Fikentscher/Heinemann*, Schuldrecht, Rn. 910, mit instruktivem Prüfungsschema in Rn. 913, für den Fall, dass man dieser Ansicht folgt.
11 *Looschelders*, Besonderes Schuldrecht, Rn. 79.
12 BT-Drs. 14/6040 S. 227.
13 *Medicus/Lorenz*, Besonderes Schuldrecht, Rn. 117.
14 Grundlegend insoweit *Canaris*, JZ 2003, 831 f.

II. Mietrecht

Wird dem Mieter der vertragsgemäße Gebrauch der Mietsache durch das priva- 4
te[15] Recht eines Dritten ganz oder teilweise entzogen, so gelten nach § 536 Abs. 3
BGB die ersten beiden Absätze des Paragraphen entsprechend[16]: Hat die Mietsache zur Zeit der Überlassung an den Mieter einen Mangel, der ihre Tauglichkeit
zum vertragsgemäßen Gebrauch aufhebt, oder entsteht während der Mietzeit
ein solcher Mangel, so ist der Mieter für die Zeit, in der die Tauglichkeit aufgehoben ist, von der Entrichtung der Miete befreit, § 536 Abs. 1 S. 1 BGB. Gleiches
gilt nach Absatz 2, wenn eine zugesicherte Eigenschaft fehlt oder später weg-
fällt. Anders als im Kaufrecht stellt die bloße Möglichkeit, ein bestehendes
Recht könnte gegen den Mieter geltend gemacht werden, keinen ausreichenden
Anknüpfungspunkt für die Mängelhaftung des Vermieters dar[17]. Dem Entzug der
Mietsache ist aber auch die von vornherein unvollständige Gewährung des Gebrauchs infolge Rechte Dritter gleichgestellt[18]. Im Falle der Untervermietung ist
der die Rückgabe oder Räumung verlangende Hauptvermieter Dritter im Verhältnis des Mieters zum Untermieter[19].

Wichtigster Fall des Rechtsmangels im Mietrecht ist der klausurrelevante 5
Fall der Doppelvermietung[20]: Eine Sache, die schon vermietet ist, wird während
der Mietzeit vom Vermieter erneut vermietet. Hier sind anerkanntermaßen beide
Mietverträge wirksam[21], weil bei der Verpflichtung zur Gebrauchsüberlassung –
anders als beispielsweise im Falle der Abtretung (Verfügung) – nicht das Prioritätsprinzip gilt[22]. Der Vermieter kann jedoch nur einen der beiden Mietverträge
erfüllen, und zwar grundsätzlich nach seinem Belieben[23]. Eine Ausnahme bildet
das böswillige Zusammenspiel zwischen Vermieter und dem besitzenden Mieter
(Kollusion)[24]; insbesondere kommt dann eine Haftung aus § 826 BGB wegen Ver-
leitung zum Vertragsbruch in Betracht[25]. Der andere Mietvertrag unterfällt § 536

---

15 BGHZ 114, 277, 280.
16 § 536a Abs. 1 BGB i.V.m. §§ 280 ff. BGB werden dagegen verdrängt; MüKo/*Häublein*, § 536
Rn. 25.
17 BGH NJW 2008, 2771.
18 BGH NJW 1991, 3277, 3278.
19 BGHZ 63, 132.
20 Zu ihr *Derleder/Pellegrino*, NZM 1998, 550, 555.
21 Palandt/*Weidenkaff*, Einf. vor § 535 Rn. 9.
22 *Oechsler*, Vertragliche Schuldverhältnisse, Rn. 854.
23 BGH LM Nr. 4 zu § 541 BGB.
24 MüKo/*Häublein*, § 536 Rn. 25.
25 *Oechsler*, Vertragliche Schuldverhältnisse, Rn. 855.

Abs. 3 BGB[26]. Die Vorschrift verdrängt § 311a Abs. 2 BGB[27]. Dem Erfüllungsanspruch desjenigen Mieters, der den Kürzeren gezogen hat, steht dann § 275 Abs. 1 BGB entgegen, wenn der Vermieter darlegen und gegebenenfalls beweisen kann, dass er sich die Mietsache nicht im Wege der Kündigung zurückverschaffen kann[28]. Das ist jedoch infolge der nach § 573 BGB reduzierten Kündigungsmöglichkeiten schwierig, um nicht zu sagen unmöglich (§ 275 BGB), wenn sich der andere Mieter rundweg weigert auszuziehen (Abs. 1) bzw. eine horrende Abstandszahlung verlangt (Abs. 2)[29].

III. Werkvertragsrecht

6 Der Unternehmer hat dem Besteller nach § 633 Abs. 1 BGB das Werk frei von Sach- und Rechtsmängeln zu verschaffen. Das Werk ist gemäß § 633 Abs. 3 BGB frei von Rechtsmängeln, wenn Dritte in Bezug auf das Werk keine oder nur die im Vertrag übernommenen Rechte gegen den Besteller geltend machen können; nicht entscheidend ist, ob sie dies wirklich tun[30]. Damit entspricht die Regelung derjenigen des Kaufrechts in § 435 BGB und soll die von entgegenstehenden Rechten Dritter unbeeinflusste spätere Nutzung des Werkes, auch in anderer Weise als ursprünglich vorgesehen, gewährleisten. Ist der Rechtsmangel nicht unwesentlich, so kann der Besteller auch aus diesem Grund die Abnahme des Werkes nach § 640 Abs. 1 S. 2 BGB verweigern. Häufiger Fall ist die Verletzung eines entgegenstehenden gewerblichen Schutzrechts[31]. Wer beispielsweise als Produzent urheberrechtlich geschützte Filmmusik ohne Lizenz des Komponisten in einem Filmwerk verwendet[32], das er einem Besteller vertraglich versprochen hat, schuldet diesem Schadensersatz nach §§ 634 Nr. 3, 280 Abs. 1 BGB[33]. Die Höhe dieses Ersatzanspruchs besteht in der üblichen Lizenzgebühr, die der Komponist seinerseits von dem Besteller nach § 812 Abs. 1 S. 1 Fall 2 BGB bzw. § 97 UrhG verlangen kann[34]. Ausgeschlossen ist die Gewährleistung jedoch,

---

26 BGHZ 167, 312; dazu *Emmerich*, JuS 2006, 933, 935; *Medicus/Petersen*, Bürgerliches Recht, Rn. 243; vgl. auch BGH NJW-RR 1990, 701.

27 BGH NJW 1991, 3277 f.; 1996, 714 (zum alten Recht); MüKo/*Häublein*, Vor § 536 Rn. 11.

28 MüKo/*Häublein*, § 536 Rn. 25.

29 *Oechsler*, Vertragliche Schuldverhältnisse, Rn. 854.

30 *Oechsler*, Vertragliche Schuldverhältnisse, Rn. 1102, 149.

31 *Brox/Walker*, Besonderes Schuldrecht, § 24 Rn. 21.

32 BGH NJW-RR 2003, 1285.

33 *Medicus/Lorenz*, Besonderes Schuldrecht, Rn. 752.

34 Zu den Einzelheiten *Petersen*, Medienrecht, § 6.

wenn das bestehende Recht eines Dritten aufgrund einer dauerhaften Einrede nicht mehr geltend gemacht werden kann, was vom Unternehmer zu beweisen ist[35].

---

35 BGH GRUR 2001, 407, 408.

§ 19 Der Dritte beim Reisevertrag

Eine neue Entscheidung des BGH gibt Anlass, eine vorderhand entlegene, aber dogmatisch interessante Vorschrift des Reisevertragsrechts zu betrachten. Der vorliegende Abschnitt ruft die Grundlagen am Beispiel neuerer Rechtsprechung in Erinnerung und gibt einen Überblick über die Drittbeteiligung beim Reisevertrag unter Berücksichtigung der am 1. Juli 2018 in Kraft tretenden Umsetzung der Pauschalreiserichtlinie durch das Dritte Reiserechtsänderungsgesetz vom 17. Juli 2017[1].*

I. Überblick zum Pauschalreisevertrag

1   Das Pauschalreisevertragsrecht fristet ungeachtet seiner praktischen Relevanz in den juristischen Klausuren und Hausarbeiten ein vergleichsweise karges Dasein[2]. Wegen der Alltäglichkeit der typischen Fallgestaltungen, aber auch, um ausgetretene Pfade im Kaufrecht etwa zu meiden, kann es jedoch ohne weiteres in der Prüfung begegnen[3]. Gewiss kann man hierzu kein vertieftes Wissen erwarten, wohl aber saubere Gesetzesanwendung[4]. Es gibt allerdings einige Einzelheiten gefestigter Rechtsprechung, die wissenswert sind und sich nicht aus dem Wortlaut, wohl aber der Systematik ergeben[5].

2   So ist die Anspruchsgrundlage des § 651n BGB besonders wichtig. Der Reisende kann hiernach unbeschadet der Minderung oder der Kündigung Schadensersatz verlangen, es sei denn, der Reisemangel ist vom Reisenden verschuldet (Nr. 1), ist von einem Dritten verschuldet, der weder Leistungserbringer ist noch in anderer Weise an der Erbringung der von dem Pauschalreisevertrag umfassten Reiseleistungen beteiligt ist, und war für den Reiseveranstalter nicht vorhersehbar oder nicht vermeidbar (Nr. 2) oder wurde durch unvermeidbare, außergewöhnliche Umstände verursacht (Nr. 3).

---

1 Die Vorschriften der neuen Fassung sind abgedruckt in BGBl. 2017, 2394 und dienen der Umsetzung der RL (EU) 2015/2302 des Europäischen Parlaments und des Rates vom 25. November 2015 über Pauschalreisen und verbundene Reiseleistungen. Einen Überblick über die mit der Vollharmonisierung verbundenen Änderungen gibt MüKo/*Tonner*, Vor § 651a Rn. 63a ff.
* Zuerst abgedruckt in Jura 2018, S. 250–252.
2 Lehrreich auch *S. Lorenz*, JuS 2014, 589; *Lettmaier/Fischinger*, JuS 2010, 14; 99.
3 Siehe etwa die Examensklausur von *A. Staudinger*, Jura 2013, 624.
4 Zur Vertiefung am besten *Oechsler*, Vertragliche Schuldverhältnisse, § 9 mit einer Fülle ausbildungsrelevanter und klausurmäßig aufbereiteter Entscheidungen des BGH.
5 *Medicus/Petersen*, Bürgerliches Recht, Rn. 319.

https://doi.org/10.1515/9783110365702-019

Während die Rechtsprechung zur alten Rechtslage eine Mängelanzeige ver- **3**
langte[6], selbst wenn der Mangel dem Veranstalter bekannt war[7], wurde dieses
Erfordernis unter einem Verschuldensvorbehalt in § 651o BGB aufgenommen,
gemäß dessen zweitem Absatz der Reisende Minderung und Schadensersatz
nicht geltend machen kann, soweit der Reiseveranstalter infolge einer schuldhaf-
ten Unterlassung der nach Abs. 1 unverzüglich vorzunehmenden Mängelanzeige
nicht Abhilfe schaffen konnte. Etwas Anderes dürfte auch nach neuer Rechtslage
gelten, wenn der Veranstalter von vornherein unmissverständlich zu erkennen
gibt, dass er nicht abhelfen werde[8]. Dann nämlich unterbleibt die Abhilfe entgegen § 651o Abs. 2 BGB nicht „infolge" der Unterlassung der Mängelanzeige durch
den Reisenden. Für die vormalige Gegenauffassung, wonach das Unterlassen der
Anzeige allenfalls ein Mitverschulden (§ 254 BGB) begründet[9], bleibt indessen
kein Raum mehr. Gegen sie spricht die in § 651k Abs. 1 BGB zum Ausdruck kommende gesetzgeberische Basiswertung des Vorrangs der Abhilfe[10].

II. Mitwirkung Dritter

Durch den Pauschalreisevertrag wird nach § 651a Abs. 1 S. 1 BGB der Unterneh- **4**
mer (Reiseveranstalter) verpflichtet, dem Reisenden eine Pauschalreise zu verschaffen, die in Abs. 2 S. 1 als eine Gesamtheit von mindestens zwei verschiedenen Arten von Reiseleistungen für den Zweck derselben Reise legaldefiniert und
in den Folgeabsätzen weiter konkretisiert wird. Das Gesetz geht also im Grundsatz von einer Zweipersonenbeziehung zwischen Veranstalter und Reisendem
aus. In der Praxis kommt es jedoch vor, dass Angehörige mitreisen oder der Reisende durch einen Dritten ersetzt werden muss. Solche Fallgestaltungen sind
ersichtlich prüfungsträchtig, weil Drittinteressen auf dem Spiel stehen.

1. Mitreisende Ehepartner

a) Schlüsselgewalt nach § 1357 BGB

Häufig geht es bei den Mitreisenden um Ehepartner. Dann ist an die sog. **5**
Schlüsselgewalt gemäß § 1357 Abs. 1 S. 1 BGB zu denken, wonach jeder Ehegatte

---

6 BGHZ 92, 177, 180.
7 BGH NJW 2016, 3304.
8 So bereits BGH NJW 2012, 2107, 2109.
9 Staudinger/*Staudinger*, § 651f Rn. 13.
10 Siehe *Oechsler*, Vertragliche Schuldverhältnisse, Rn. 1221.

berechtigt ist, Geschäfte zur angemessenen Deckung des Lebensbedarfs der Familie mit Wirkung auch für und gegen den anderen Ehegatten zu besorgen. Durch solche Geschäfte werden nach § 1357 Abs. 1 S. 2 BGB beide Ehegatten berechtigt und verpflichtet, es sei denn, dass sich aus den Umständen etwas Anderes ergibt. Ob § 1357 Abs. 1 BGB auf Reiseverträge anzuwenden ist, wird uneinheitlich beurteilt. Ein Teil der oberinstanzlichen Rechtsprechung lehnt dies zumindest für außergewöhnliche Reisen ab[11]. Hält sich der Gesamtpreis der Reise jedoch in den Grenzen des § 1357 Abs. 1 S. 1 BGB, so spricht nichts gegen dessen Anwendung. Dass der Reiseveranstalter damit einen zusätzlichen Gläubiger erhält, entspricht der ratio legis des § 1357 BGB; der Veranstalter soll nicht das Insolvenzrisiko des Buchenden tragen müssen[12].

b) Vertrag zugunsten Dritter

6 Aber auch davon abgesehen, gibt es mannigfaltige Probleme. Dies zeigt der folgende Fall[13]: Der Veranstalter musste eine Reise stornieren, die der Kläger für sich und seine Frau gebucht hatte. Der Ehemann verlangte daraufhin für sich und seine Ehefrau Schadensersatz wegen nutzlos aufgewendeter Urlaubszeit nach § 651n BGB. Der Veranstalter zahlte nur an den Mann, da die Ehefrau als Hausfrau keinen solchen Anspruch habe. Erst zwei Jahre später trat die Frau die Ansprüche an ihren Mann ab, woraufhin der Veranstalter entgegnete, der Anspruch sei verjährt, § 651j BGB. In der Tat war der Kläger im Zeitpunkt des Schadensersatzverlangens in Ermangelung der Abtretung noch nicht Inhaber des Anspruchs, weshalb die Geltendmachung verjährt sein könnte.

7 Etwas Anderes könnte gelten, wenn man davon ausgeht, dass der vom Kläger geschlossene Vertrag zugunsten der Ehefrau gemäß § 328 Abs. 1 BGB wirkt. Diese Möglichkeit schien dem Senat bei einer Familienreise durchaus naheliegend, auch wenn er den Fall letztlich stellvertretungsrechtlich löste[14]. Es lohnt sich aber, den Weg über § 328 BGB zu verfolgen[15], weil hier der Dritte im Mittelpunkt steht und auch die herrschende Lehre in diese Richtung argumentiert[16]: Dann hätte nämlich der Ehemann einen eigenen Anspruch nach § 335 BGB geltend gemacht, der nicht verjährt wäre. Denn nach § 335 BGB kann der Verspre-

11 OLG Köln, NJW-RR 1991, 1092.
12 *Oechsler*, Vertragliche Schuldverhältnisse, Rn. 1190; *Medicus/Petersen*, Bürgerliches Recht, Rn. 319, 88 f.
13 Vgl. BGH NJW 2010, 2950.
14 Lehrreich dazu *Oechsler*, Vertragliche Schuldverhältnisse, Rn. 1189.
15 Zum Vertrag zugunsten Dritter siehe § 8.
16 MüKo/*Tonner*, § 651a Rn. 9; *Lettmaier/Fischinger*, JuS 2010, 99, 104.

chensempfänger – das wäre hier der Ehemann –, sofern nicht ein anderer Wille der Vertragschließenden anzunehmen ist, die Leistung an den Dritten auch dann fordern, wenn diesem das Recht auf die Leistung zusteht. Nimmt man das an, dann hat der Ehemann den Anspruch der Ehefrau nach § 651n Abs. 2 BGB aus eigenem Recht rechtzeitig geltend gemacht.

2. Vertragsübertragung

Eine der dogmatisch interessantesten Vorschriften des Pauschalreisevertrags- **8** rechts ist § 651e Abs. 1 S. 1 BGB über die Vertragsübertragung[17]: Innerhalb einer angemessenen Frist vor Reisebeginn kann danach der Reisende auf einem dauerhaften Datenträger erklären, dass statt seiner ein Dritter in die Rechte und Pflichten aus dem Pauschalreisevertrag eintritt. Das letzte Wort dieser Regelung spricht dafür, dass es sich um eine gesetzlich normierte Vertragsübernahme handelt[18]. Der Dritte hat den Vertrag so zu übernehmen, wie er vom Reisenden geschlossen wurde[19]. Der Reiseveranstalter kann dem Eintritt des Dritten gemäß § 651e Abs. 2 BGB widersprechen, wenn dieser die vertraglichen Reiseerfordernisse nicht erfüllt. Kompensiert wird dies durch § 651e Abs. 3 BGB, damit der Veranstalter nicht das Insolvenzrisiko des Dritten tragen muss[20]: Tritt ein Dritter in den Vertrag ein, haften er und der Reisende dem Reiseveranstalter als Gesamtschuldner für den Reisepreis und die durch den Eintritt des Dritten entstehenden Mehrkosten. Dazu gehören insbesondere Mehrkosten, die dem Veranstalter in Gestalt von Storno- und Neubuchungskosten dadurch entstehen, dass er wegen des Dritten einen kostenintensiveren, neuen Luftbeförderungsvertrag abschließen muss[21].

---

17 Eingehend dazu *Hager*, ReiseRecht aktuell 2012, 214; zu den unionsrechtlichen Vorgaben *Keiler*, Das Recht auf Übertragung eines Pauschalreisevertrags, 2013.
18 In diese Richtung bereits *Held*, BB 1980, 185, 188.
19 BGH NJW 2017, 257 Rn. 15.
20 *Oechsler*, Vertragliche Schuldverhältnisse, Rn. 1191.
21 BGH NJW 2017, 257.

§ 20 Der Durchgriff im Schuldrecht

Durchgriffstatbestände sind sehr examensrelevant und erfordern einen gründlichen Überblick über die Personenverhältnisse sowie die Interessenlage der Beteiligten. Zudem werden die einschlägigen Regelungen nicht selten übersehen. Sie finden sich im Verbraucherschutzrecht und im Bereicherungsrecht.*

I. Verbraucherschutz

1 Durchgriffstatbestände begegnen im Verbraucherschutzrecht[1] in zwei Erscheinungsformen: als Widerrufsdurchgriff (§ 358 BGB) und als Einwendungsdurchgriff (§ 359 BGB). In beiden Fällen hat der Verbraucher zwei Verträge geschlossen: Einen Vertrag über die Lieferung einer Ware oder die Erbringung einer anderen Leistung (§ 358 Abs. 1 BGB) und einen Darlehensvertrag. Die Verweisungstechnik des Gesetzes bringt es mit sich, dass über die Bestimmung des verbundenen Geschäfts, das von beiden Tatbeständen vorausgesetzt wird, und insbesondere die dafür erforderliche wirtschaftliche Einheit auf den Dritten Bezug genommen wird: Nach § 358 Abs. 3 S. 2 BGB ist nämlich eine wirtschaftliche Einheit insbesondere dann anzunehmen, wenn der Unternehmer (§ 14 BGB) selbst die Gegenleistung des Verbrauchers (§ 13 BGB) finanziert, oder im Falle der Finanzierung durch einen Dritten, wenn sich der Darlehensgeber bei der Vorbereitung oder dem Abschluss des (Verbraucher-) Darlehensvertrags (§ 491 BGB) der Mitwirkung des Unternehmers bedient.

2   Im Übrigen liegt eine wirtschaftliche Einheit nach der Rechtsprechung dann vor, „wenn über ein Zweck-Mittel-Verhältnis hinaus die beiden Geschäfte miteinander derart verbunden sind, dass keines ohne das andere geschlossen worden wäre oder jeder der Verträge seinen Sinn erst durch den anderen erhält"[2]. Bereits der Wortlaut von § 358 Abs. 3 S. 2 BGB veranschaulicht, dass der Durchgriff im Verbraucherschutzrecht ungeachtet des systematischen Standorts der §§ 358f. BGB innerhalb des Allgemeinen Schuldrechts auf das Besondere Schuldrecht in Gestalt der (Verbraucher-) Darlehensregelungen verweist. Schließlich schafft die im Gesetz nicht geregelte dritte Ausprägung des Durch-

---

* Zuerst abgedruckt in Jura 2015, S. 260–263.
1 Zur Neuregelung aufgrund des Gesetzes zur Umsetzung der Verbraucherrechterichtlinie vgl. *Wendelstein/Zander,* Jura 2014, 1191; *Beck,* Jura 2014, 666; *Möller,* BB 2014, 1411.
2 St. Rspr., vgl. BGH NJW 1954, 185, 187; 1967, 1036; 1984, 1755; 2000, 3065, 3066.

https://doi.org.10.1515/9783110365702-020

griffs, der Rückforderungsdurchgriff, die Verbindungslinie zum Bereicherungsrecht.

1. Widerrufsdurchgriff

Hat der Verbraucher seine auf den Abschluss eines Vertrags über die Lieferung 3
einer Ware oder die Erbringung einer anderen Leistung durch einen Unternehmer gerichtete Willenserklärung (nach § 355 BGB) wirksam widerrufen, so ist er
nach § 358 Abs. 1 BGB auch an seine auf den Abschluss eines mit diesem verbundenen (Verbraucher-) Darlehensvertrags gerichtete Willenserklärung nicht
mehr gebunden[3]. § 358 Abs. 2 BGB bestimmt umgekehrt: Hat der Verbraucher
seine auf den Abschluss eines Verbraucherdarlehensvertrags gerichtete Willenserklärung (nach § 495 Abs. 1 i.V.m. § 355 BGB) wirksam widerrufen, so ist er
auch an seine auf den Abschluss eines mit diesem Verbraucherdarlehensvertrag
verbundenen Vertrags über die Lieferung einer Ware oder die Erbringung einer
anderen Leistung gerichtete Willenserklärung nicht mehr gebunden. In beiden
Fällen greift der erklärte Widerruf somit auch auf den verbundenen Vertrag
durch und vernichtet auch die diesbezüglich abgegebene Willenserklärung des
Verbrauchers. Dies gilt selbst dann, wenn der verbundene Vertrag seinerseits
nicht widerruflich oder sogar notariell beurkundet worden ist[4]. Das ist der sogenannte Widerrufsdurchgriff.

Schwierigkeiten bereitet das Folgeproblem des Regresses für den Fall, dass 4
das Darlehen bei Wirksamwerden des Widerrufs schon an den Unternehmer
ausgereicht wurde. § 358 Abs. 4 S. 5 BGB ordnet an, dass der Darlehensgeber
dann im Verhältnis zum Verbraucher hinsichtlich der Rechtsfolgen des Widerrufs oder der Rückgabe in die Rechte und Pflichten des Unternehmers aus dem
verbundenen Vertrag eintritt. Demnach muss der Verbraucher die erhaltene
Leistung an den Darlehensgeber (statt den Unternehmer) herausgeben und etwaige Nutzungen nur ihm gegenüber ausgleichen, wofür der Verbraucher aber
auch eine an den Unternehmer selbst gezahlte Anzahlung vom Darlehensgeber
zurückverlangen kann. Das hierin zum Ausdruck kommende Prinzip einer bi-
lateralen Abwicklung wird im Schrifttum teilweise zum Anlass genommen,
§ 358 Abs. 4 S. 5 BGB analog auch auf den Regress des Darlehensgebers anzuwenden, so dass dieser die Rückzahlung des ausgereichten Darlehens mitsamt

---

3 Zur missglückten Regelungstechnik der §§ 355 ff. BGB *Leenen*, Festschrift Canaris, 2007,
Band I, S. 699, 720; *Petersen*, Anfechtung und Widerruf des Vertrags, in: Liber Amicorum
Leenen, 2012, S. 219, 222.
4 BGH NJW 2006, 1788, 1789.

der seitens des Verbrauchers an den Unternehmer erbrachten Anzahlung von diesem beanspruchen kann[5]. Die Rechtsprechung zieht hingegen § 812 Abs. 1 S. 1 Var. 2 BGB als Anspruchsgrundlage heran[6]. Die Bereicherung ist dabei der an den Unternehmer ausgezahlte Darlehensbetrag. Das läuft auf eine Durchgriffskondiktion des Darlehensgebers gegen den Unternehmer hinaus[7], da aus dessen Sicht der Verbraucher und nicht der Darlehensgeber geleistet hat, obwohl eine solche Nichtleistungskondiktion nach dem Subsidiaritätsgrundsatz an sich gesperrt zu sein scheint[8]. Nach der diesem Lösungsansatz implizit zugrundeliegenden Annahme wäre eine solche Durchbrechung des Subsidiaritätsdogmas hier durch die in § 358 Abs. 4 S. 4 BGB zum Ausdruck kommende verbraucherschutzrechtliche Wertung ausnahmsweise gerechtfertigt.

2. Einwendungsdurchgriff

5 Den Einwendungsdurchgriff regelt § 359 Abs. 1 BGB. Der Verbraucher kann danach bei einem Verbraucherdarlehensvertrag (§ 491 BGB) die Rückzahlung des Darlehens verweigern, soweit rechtshindernde, rechtshemmende oder rechtsvernichtende Einwendungen – insbesondere wegen Sachmängelgewährleistungsrechten (beachte aber auch hier den Vorrang der Nacherfüllung: § 359 Abs. 1 S. 3 BGB)[9] – aus dem verbundenen Vertrag (§ 358 Abs. 3 BGB) ihn gegenüber dem Unternehmer, mit dem er den verbundenen Vertrag geschlossen hat, zur Verweigerung seiner Leistung berechtigen würden. Ohne diese Regelung hätte der Verbraucher keine Möglichkeit, die Darlehensrückforderung und Zinszahlungen zu verweigern, wenn der Unternehmer seinen Vertrag nicht erfüllt. Damit soll also vermieden werden, dass der Verbraucher schlechter gestellt wäre, als wenn ihm nur ein Vertragspartner gegenüberstehen würde oder er nur einen Vertrag geschlossen hätte. Damit trägt der Darlehensgeber teilweise das Verwendungsrisiko hinsichtlich der Darlehensvaluta[10]. Dies ist auch interessengerecht, da dem Verbraucher eine Verfügungsfreiheit über das Darlehen durch die Zusammenarbeit von Unternehmer und Darlehensgeber von vornher-

---

5 *Schürnbrand*, Verbraucherschutzrecht, Rn. 243 ff., 246 mit lehrreichem Fallbeispiel; ebenso MüKo/*Habersack*, § 358, Rn. 89.
6 BGHZ 133, 254, 263; 167, 252, 256.
7 *Petersen*, Allgemeines Schuldrecht, Rn. 212.
8 *Schürnbrand*, Verbraucherschutzrecht, Rn. 246, konstatiert insoweit eine Anweisungslage; dazu *Medicus/Petersen*, Bürgerliches Recht, Rn. 674.
9 Fallbeispiel bei *Petersen*, Allgemeines Schuldrecht, Rn. 213–216.
10 MüKo/*Habersack*, § 359 Rn. 1.

ein nicht zusteht[11]. Die Vorschrift setzt voraus, dass es erst gar nicht zum Widerruf kommt, und bewirkt, dass dem Verbraucher gegenüber dem Darlehensrückzahlungsanspruch ein Leistungsverweigerungsrecht zusteht; vor dieser Einrede müssen freilich etwaige Einwendungen gegen den Anspruch aus Darlehensvertrag gemäß § 488 Abs. 1 S. 2 BGB erörtert werden[12].

3. Rückforderungsdurchgriff

Den Bezug zum Besonderen Schuldrecht zeigt der Rückforderungsdurchgriff: 6
Dem Verbraucher ist noch nicht vollends damit gedient, wenn er aufgrund des Einwendungsdurchgriffs die Ratenzahlung für die Zukunft verweigern kann. Oft hat er bereits das Darlehen bedient und sein Begehren richtet sich nunmehr darauf, die gezahlten Raten vom Darlehensgeber zurückzuerlangen. Es geht ihm also über den Einwendungsdurchgriff hinaus auch um einen Rückforderungsdurchgriff[13]. Umstritten ist jedoch, woraus sich ein solcher Anspruch ergibt. § 359 BGB sagt darüber nichts aus, so dass er nicht weiterhilft[14]. Auch § 358 Abs. 4 S. 5 BGB, wonach der Darlehensgeber im Verhältnis zum Verbraucher hinsichtlich der Rechtsfolgen des Widerrufs oder der Rückgabe in die Rechte und Pflichten des Unternehmers aus dem verbundenen Geschäft eintritt, wenn das Darlehen dem Unternehmer bei Wirksamwerden des Widerrufs oder der Rückgabe bereits zugeflossen ist, passt nicht recht, auch wenn der Bundesgerichtshof eine analoge Anwendung der Vorschrift einmal angenommen hat[15].

Vorzugswürdig erscheint es, die allgemeine bereicherungsrechtliche Rege- 7
lung des § 813 Abs. 1 BGB als Anspruchsgrundlage für den Rückforderungsdurchgriff anzuwenden[16]. Das zum Zwecke der Erfüllung einer Verbindlichkeit Geleistete kann danach auch dann zurückgefordert werden, wenn dem Anspruch eine Einrede entgegenstand, durch welche die Geltendmachung des Anspruchs dauernd ausgeschlossen wurde. Da Einreden in diesem Sinne (nur) Gegenrechte sind, vermöge derer der Leistende die Befriedigung des bestehenden

---

11 MüKo/*Habersack*, § 359 Rn. 24.
12 *Schürmbrand*, Verbraucherschutzrecht, Rn. 247; zur Anspruchsprüfung *Petersen*, Jura 2008, 180; speziell zu Einwendungen und Einreden *ders.*, Jura 2008, 422.
13 Dazu *Heinemann/Pickartz*, Jura 2005, 863; *Bartels*, WM 2007, 237.
14 BGHZ 174, 334 Tz. 25.
15 BGHZ 156, 46; seinerzeit noch in Satz 3 geregelt.
16 *Schürmbrand*, Verbraucherschutzrecht, Rn. 251; *Bülow/Artz*, Verbraucherprivatrecht, 5. Auflage 2016, Rn. 171 f.; *Finkenauer/Brand*, JZ 2013, 273, 278; *Medicus/Petersen*, Bürgerliches Recht, Rn. 776b.

Anspruchs verweigern kann[17], kommt als ein solches Gegenrecht auch § 359 BGB in Frage, wonach der Verbraucher die Rückzahlung des Darlehens unter den dortigen Voraussetzungen verweigern kann. In diese Richtung entscheidet nunmehr auch der Bundesgerichtshof[18]. Allerdings bringt es die bereicherungsrechtliche Verankerung der Anspruchsgrundlage des Rückforderungsdurchgriffs mit sich, dass ihm auch die Kondiktionssperre des § 814 BGB entgegenstehen kann.

II. Bereicherungsrecht

8 Gerade beim Bereicherungsausgleich im Mehrpersonenverhältnis lässt sich beobachten, dass die Studierenden nicht selten gleichsam bis an die Zähne bewaffnet mit Meinungsstreitigkeiten und Theorien antreten. Selbst einfache Grundkonstellationen, über die nicht ernsthaft gestritten wird, werden dann zum Gegenstand vorgeblich hochkontroverser Streitstände (v)erklärt. Das rächt sich mit empfindlichem Punktabzug dann, wenn in Wahrheit der unproblematische Standardfall einer gesetzlichen Vorschrift, etwa des § 816 Abs. 1 S. 2 BGB oder vor allem des § 822 BGB, geprüft wird. Aber auch in den anderen Konstellationen kann man zu (voll-)befriedigenden Resultaten kommen, wenn man die gesetzlich gewerteten Interessen im Blick hält.

1. Mehrpersonenverhältnisse

9 Die Frage nach dem Durchgriff begegnet vor allem beim Bereicherungsausgleich in Mehrpersonenverhältnissen. Diesen umstrittenen[19] und bei den Studierenden gefürchteten Konstellationen nähert man sich am besten mit Blick auf die maßgeblichen Wertungen[20]. Der Durchgriff ist hier die Ausnahme, abgewickelt werden soll grundsätzlich in den einzelnen Kausalverhältnissen: Wenn A eine Sache an B veräußert und dieser sie weiterveräußert an C, dann erfolgt bei Nichtigkeit eines Kausalverhältnisses der Bereicherungsausgleich zwischen den

17 Staudinger/*S. Lorenz*, § 813 Rn. 6.; Palandt/*Sprau*, § 813 Rn. 3.
18 BGHZ 183, 112.
19 *Jakobs*, NJW 1992, 2524; *Martinek*, NJW 1992, 3141; *Canaris*, NJW 1992, 868; 3143; *ders.*, WM 1980, 354; *Kupisch*, Gesetzespositivismus im Bereicherungsrecht, 1978; *Flume*, AcP 199 (1999), 1.
20 Vgl. nur *Hassold*, Zur Leistung im Dreipersonenverhältnis, 1981; lehrreich *K. Schreiber*, Jura 1986, 539; *S. Lorenz*, JuS 2003, 729.

jeweiligen Vertragsparteien, also zwischen A und B bzw. B und C[21]. Für einen Durchgriff des A gegen C ist kein Raum[22]. Das ist auch wertungsmäßig folgerichtig, weil jede Partei sich nur die Einwendungen ihres jeweiligen Vertragspartners entgegenhalten lassen soll und nur dessen Insolvenzrisiko tragen muss[23]. Das gilt grundsätzlich auch beim Doppelmangel, wenn also beide Kausalverhältnisse nichtig sind. Auch dort soll A nicht unmittelbar auf C durchgreifen können. Wenn B die Sache in einem solchen Fall noch nicht von C zurückerlangt hat, scheint sich der Einfachheit halber eine Abtretung des Bereicherungsanspruchs an A anzubieten, so dass dieser gegen C vorgehen kann („Kondiktion der Kondiktion"). Allerdings könnte dieser ihm dann nach § 404 BGB seine Einwendungen gegen B entgegensetzen; zudem trüge A das Insolvenzrisiko des C[24]. Diese Risikohäufung in der Person des A unterstreicht, dass der Durchgriff die Ausnahme sein soll. Indes wird es bei der sog. Durchlieferung im Streckengeschäft, bei der A nach entsprechender Weisung des B unmittelbar an C liefert, im Falle eines Doppelmangels mitunter auch für unbillig gehalten, dass B auf dem Schaden sitzen bleibt, wenn C insolvent wird[25]; das spricht wiederum für die Kondiktion der Kondiktion[26].

2. Kettendurchgriffskondiktion

§ 822 BGB ist die einzige Vorschrift des Bereicherungsrechts, welche die Person **10** des Dritten kennt: Wendet der Empfänger das Erlangte unentgeltlich einem Dritten zu, so ist, soweit infolgedessen die Verpflichtung des Empfängers zur Herausgabe der Bereicherung ausgeschlossen ist, der Dritte zur Herausgabe verpflichtet, wie wenn er die Zuwendung von dem Gläubiger ohne rechtlichen Grund erhalten hätte. Die Vorschrift greift also dann ein, wenn sich der ursprüngliche Bereicherungsschuldner auf Entreicherung nach § 818 Abs. 3 BGB berufen kann, weil er die Sache einem Dritten unentgeltlich überlassen hat. In diesem Fall ist der Dritte seinerseits zur Herausgabe verpflichtet, da er aufgrund des unentgeltlichen Erwerbs nicht schutzwürdig ist und der Bereicherungsgläubiger andernfalls sein Restitutionsinteresse nicht realisieren könnte[27]. Im

---

21 *S. Lorenz*, JuS 2003, 729, 730; *Medicus/Petersen*, Bürgerliches Recht, Rn. 669 f.
22 Zur Ausnahme des § 822 BGB sogleich unter 2.
23 Grundlegend *Canaris*, Festschrift Larenz, 1973, S. 799 ff.
24 *Larenz/Canaris*, Besonderes Schuldrecht, § 70 II 2b; *S. Lorenz*, JuS 2003, 729, 733.
25 *Medicus*, NJW 1974, 538, 542.
26 In diese Richtung BGH ZIP 1990, 515, 518.
27 MüKo/*Schwab*, § 822 Rn. 1.

Gegensatz zu § 816 Abs. 1 S. 2 BGB erfasst § 822 BGB also die Fälle, in denen der ursprüngliche Bereicherungsschuldner gerade als Berechtigter über den Gegenstand verfügt hat.

11   § 822 BGB wird von der herrschenden Meinung als eigenständige Anspruchsgrundlage verstanden[28]. Dies wird von Seiten des Schrifttums teilweise bestritten[29]. Der Bundesgerichtshof konnte die Frage bisher offen lassen[30]. In der Fallbearbeitung kann man jedoch § 822 BGB getrost als Anspruchsgrundlage heranziehen. Aus dem Wortlaut der Vorschrift („soweit infolgedessen") lässt sich entnehmen, dass der unentgeltliche Erwerber nur subsidiär haftet. Das kann sich als problematisch erweisen, sofern jemand einen Kondiktionsanspruch innehat, der wegen zwischenzeitlicher Insolvenz des Erstempfängers wirtschaftlich nicht mehr durchsetzbar ist. Die Problematik zeigt sich mit aller Schärfe, wenn ein illiquider bösgläubiger Bereicherungsschuldner eine Sache weiterverschenkt, die er zunächst rechtsgrundlos erworben hat. Derjenige, von dem nämlich der bösgläubige Bereicherungsschuldner die Sache erworben hat, hat dann gegen den Beschenkten wegen der einschränkenden Bedingung des § 822 BGB („soweit infolgedessen") keinen Bereicherungsanspruch nach § 822 BGB. Er muss sich stattdessen an den Bösgläubigen halten, weil dieser ihm nach §§ 818 Abs. 4, 819 Abs. 1 BGB haftet. Dieser Bereicherungsanspruch gegen den Bösgläubigen bringt ihm jedoch nichts, weil und sofern der Bösgläubige kein Geld mehr hat.

12   Die Ungerechtigkeit dieses Ergebnisses besteht darin, dass der Beschenkte hier nur deswegen frei ist von einem Bereicherungsanspruch des ursprünglich Berechtigten aus § 822 BGB, weil der Schenker unredlich war. Wäre nämlich der Schenker gutgläubig gewesen, dann läge ein Fall des § 818 Abs. 3 BGB vor, womit zugleich die einschränkende Bedingung des § 822 BGB erfüllt wäre und der Beschenkte danach in Anspruch genommen werden könnte. Die Rechtsprechung – und mit ihr ein Teil der Lehre[31] – nimmt dieses Ergebnis unter Hinweis auf den Wortlaut des Gesetzes freilich hin[32]. Die besseren Gründe sprechen jedoch dafür, zu verlangen, dass der Anspruch gegen denjenigen, der die Sache zunächst empfangen hat, auch wirtschaftlich durchsetzbar ist. Denn nur dann ist es sachgerecht, dass der Anspruch gegen den beschenkten – und damit nicht

---

28 Staudinger/*S. Lorenz*, § 822 Rn. 2.
29 *Bockholdt*, Die Haftung des unentgeltlichen Erwerbers, 2004.
30 BGHZ 158, 63, 64, 67.
31 *Looschelders*, Besonderes Schuldrecht, Rn. 1094; *Reuter/Martinek*, Ungerechtfertigte Bereicherung, Band I, 1983, § 8 VI 2.
32 BGH NJW 1969, 605; 1999, 1026.

schutzwürdigen – Dritten aus § 822 BGB ausgeschlossen ist[33]. Ist dagegen der Anspruch gegen denjenigen, der die Sache zuerst empfangen hat, wirtschaftlich wertlos, dann sollte man § 822 BGB gegen den Beschenkten analog anwenden, um Wertungswidersprüche zu vermeiden[34]. Die komplizierte Normstruktur des § 822 BGB zeigt, warum man diesen Tatbestand am besten als Kettendurchgriffs-kondiktion bezeichnet[35].

---

33 Grundlegend *Canaris*, Festschrift Larenz, 1973, S. 799, 833.
34 *Medicus/Lorenz*, Besonderes Schuldrecht, Rn. 1183.
35 *Larenz/Canaris*, Besonderes Schuldrecht, § 69 IV 1a; komplizierter Fall dazu bei BGH FamRZ 2014, 200.

§ 21 Anweisungsverhältnisse

*Die ‚Anweisungsfälle‘ sind unter Studierenden berühmt-berüchtigt. Der vorliegende Abschnitt versucht, sie gesetzesnah auf einfache Konstellationen zurückzuführen und aktuelle Entwicklungen einzubeziehen.**

I. Die Anweisung im BGB

1 Zur Anweisung, wie sie im BGB geregelt ist, genügen einige wenige Bemerkungen, weil sie in der Fallbearbeitung sehr selten begegnet. Händigt jemand eine Urkunde, in der er einen anderen anweist, Geld, Wertpapiere oder andere vertretbare Sachen (§ 91 BGB) an einen Dritten zu leisten, dem Dritten aus, so ist dieser nach § 783 BGB ermächtigt, die Leistung bei dem Angewiesenen im eigenen Namen zu erheben; der Angewiesene ist ermächtigt, für Rechnung des Anweisenden an den Anweisungsempfänger zu leisten[1].

2 Wir wollen im Folgenden entsprechend der vor allem für die klausurrelevanteren untechnischen Anweisungsverhältnisse (unten II) gebräuchlichen Terminologie den Angewiesenen A, den Anweisenden B und den Dritten i.S.d. § 783 BGB, also den Anweisungsempfänger, C nennen[2]. Das Verhältnis des Angewiesenen A zum Anweisenden B nennt man Deckungsverhältnis, während man die Beziehung des B zum Begünstigten, an den geleistet werden soll (hier: C), für gewöhnlich Valutaverhältnis heißt. Das Verhältnis zwischen A und C schließlich, in dem nach außen erkennbar Vermögen bewegt wird, kann man zweckmäßigerweise auf den Begriff des Vollzugsverhältnisses bringen[3]. Demensprechend führen Mängel im Valutaverhältnis zur Kondiktion zwischen B und C, Mängel des Deckungsverhältnisses hingegen zum Bereicherungsausgleich zwischen A und B. Die problematischen Konstellationen des Doppelmangels, in denen im Valuta- und Deckungsverhältnis Mängel bestehen, sind grundsätzlich in den jeweiligen Kausalverhältnissen abzuwickeln (also A–B und B–C); nur ausnahmsweise, nämlich unter den Voraussetzungen des § 822 BGB, kann es zu einem Durchgriff im Verhältnis des A und C kommen[4].

---

* Zuerst abgedruckt in Jura 2017, S. 157–159.

1 Aus dem älteren Schrifttum grundlegend *v. Tuhr*, JherJb 48 (1904), 1; *E. Ulmer*, AcP 126 (1926), 129; 257.

2 *Medicus/Lorenz*, Besonderes Schuldrecht, Rn. 1070; 1220.

3 *Medicus/Petersen*, Bürgerliches Recht, Rn. 674.

4 Näher dazu § 20 II 2.

https://doi.org/10.1515/9783110365702-021

II. Untechnische Anweisungsverhältnisse

Prüfungsrelevanter als die Anweisung i.S.d. § 783 BGB, die praktisch kaum je 3
vorkommt, sind die Anweisungsverhältnisse im untechnischen Sinne, also vor
allem die häufigen Konstellationen der Zahlung durch Banküberweisung[5]. Sie
führen zum schwierigen Problem des Bereicherungsausgleichs im Dreipersonenverhältnis[6]. Im Folgenden soll diese überaus komplexe Problematik auf den
typischen Fall der Banküberweisung reduziert werden.

1. Recht der Zahlungsdienste

Die Problematik des Bereicherungsausgleichs bei der Banküberweisung wird 4
überlagert durch das in den §§ 675c ff. BGB geregelte Recht der Zahlungsdienste.
Der Anweisung liegt regelmäßig ein Überweisungsauftrag zugrunde, der wiederum einen Zahlungsauftrag nach § 675f Abs. 3 S. 2 BGB darstellt; ein Zahlungsauftrag ist danach jeder Auftrag, den ein Zahler seinem Zahlungsdienstleister zur Ausführung eines Zahlungsvorgangs entweder unmittelbar oder
mittelbar über den Zahlungsempfänger erteilt. Ist der Bank ein solcher Auftrag
zugegangen, ist er nach § 675p Abs. 1 BGB grundsätzlich (Ausnahme: Absatz 3)
nicht widerruflich. Zu berücksichtigen ist jedoch § 675r Abs. 3 BGB: Ist eine vom
Zahler angegebene Kundenkennung für den Zahlungsdienstleister des Zahlers
erkennbar keinem Zahlungsempfänger oder keinem Zahlungskonto zuzuord-
nen, ist dieser verpflichtet, den Zahler unverzüglich hierüber zu unterrichten
und ihm gegebenenfalls den Zahlungsbetrag wieder herauszugeben. Danach
kommt eine Stornierung gemäß § 675p Abs. 4 BGB nur noch im Wege einer vertraglichen Vereinbarung in Betracht[7].

Wichtig ist für die Anweisungsverhältnisse ferner § 675j Abs. 1 S. 1 BGB, wo- 5
nach ein Zahlungsvorgang gegenüber dem Zahler nur wirksam ist, wenn er diesem zugestimmt, ihn also – wie es die Legaldefinition bestimmt – autorisiert
hat. Ohne eine solche Autorisierung hat der Zahlungsdienstleister des Zahlers

---

5 Ausgenommen sei hier die praktisch immer mehr in den Hintergrund tretende, im Schrifttum überaus kontrovers diskutierte Aushändigung von Schecks; dazu BGHZ 61, 289; 87, 393; zu
diesen Entscheidungen näher *Wilhelm*, AcP 175 (1975), 304; *Canaris*, WM 1980, 354; *Medicus/
Petersen*, Bürgerliches Recht, Rn. 676 f.
6 Dazu grundlegend *Canaris*, Festschrift Larenz, 1973, S. 799; *J. Hager*, Der sachenrechtliche
Verkehrsschutz als Muster der Lösung von Dreipersonenkonflikten, Festgabe 50 Jahre BGH,
Band 1 (2000), S. 777; lehrreich *K. Schreiber*, Jura 1986, 539; *S. Lorenz*, JuS 2003, 729; 839;
J. Hager, JA 2008, 733.
7 MüKo/*Jungmann*, § 675p Rn. 3, 32 ff.

nach § 675u S. 1 BGB gegen den Zahler keinen Anspruch auf Erstattung seiner Aufwendungen. Dass die Autorisierung i.S.d. § 675j Abs. 1 S. 1 BGB das sonach entscheidende Kriterium darstellt, hat maßgeblichen Einfluss auf den Bereicherungsausgleich bei mangelhaften Anweisungsverhältnissen. Das sei im Folgenden am Beispiel einer aktuellen Entscheidung des Bundesgerichtshofs näher ausgeführt, durch welche die bisherige bereicherungsrechtliche Dogmatik der Anweisungsverhältnisse in Frage gestellt wurde.

2. Die Rechtsprechung des BGH

6 Der Bundesgerichtshof hat nämlich insbesondere unter Hinweis auf die zuletzt dargestellten Vorschriften und die darin zum Ausdruck kommende gesetzliche Wertung eine Kehrtwende im Bereich der Anweisungsverhältnisse vollzogen[8]. In dem der Entscheidung zugrundeliegenden Fall hatte B im Rahmen der Anweisung an die Bank A die Angaben zum Empfänger C ungenau ausgefüllt. Deswegen gelangte der Überweisungsauftrag erst zur Ausführung, nachdem sich B mit A über die Stornierung des Auftrags geeinigt hatte. A beansprucht nun von C die Rückzahlung des abredewidrig überwiesenen Betrags.

a) Früher: Maßgeblichkeit des Empfängerhorizonts

7 Früher, also vor Inkrafttreten des Rechts der Zahlungsdienste in §§ 675c ff. BGB, hat der Bundesgerichtshof in solchen Fällen die Direktkondiktion des A gegen C nur ausnahmsweise zugelassen, nämlich insbesondere dann, wenn C von der zwischenzeitlichen Stornierung wusste, was hier nicht der Fall war. Der dahinter stehende Wertungsgesichtspunkt lag nach der vormaligen Rechtsprechung in der Zurechenbarkeit des Rechtsscheins, an der es etwa bei Geschäftsunfähigkeit[9], Täuschung[10], Fälschung[11] oder mangelnder Vertretungsmacht fehlte[12]. Obwohl B keinen wirksamen Zahlungsauftrag erteilt hat, setzte er durch ihre Veranlassung den zurechenbaren Rechtsschein einer Leistung. Entscheidend für das Vorliegen einer Leistung im Valutaverhältnis zwischen B und C war nach dieser Rechtsprechung also der Empfängerhorizont. Durfte der Empfän-

---

8 BGH BeckRS 2015, 13848; dies bezweifelnd *Reuter/Martinek*, Ungerechtfertigte Bereicherung, Band II, 2. Auflage 2016, § 2 IV 1.
9 BGHZ 111, 382, 384.
10 BGHZ 152, 307, 312; lehrreich hierzu *K. Schmidt*, JuS 2003, 499.
11 BGH NJW 1994, 2357, 2358.
12 BGHZ 147, 145, 151; 158, 1, 5.

ger, hier also C, gutgläubig annehmen, dass B die Überweisung an ihn zurechenbar veranlasst hatte, dann lag im Valutaverhältnis eine Leistung vor, so dass B nur von C kondizieren konnte, wenn dieser nichts von der Stornierung wusste.

b) Jetzt: Autorisierung nach §§ 675j, 675u BGB als gesetzliche Wertung

Nunmehr hält der Bundesgerichtshof die Autorisierung nach §§ 675j, 675u BGB **8** für die entscheidende gesetzliche Wertung. Für den Ausgangsfall bedeutet dies, dass die Bank A einen Anspruch gegen den Zahlungsempfänger C aus § 812 Abs. 1 S. 1 Fall 2 BGB hat; C seinerseits muss sich weiter an B halten. Ein bereicherungsrechtlicher Anspruch des B gegen C scheidet dagegen aus: C hat durch die Zahlung der A nichts, auch nicht die Befreiung einer Verbindlichkeit, erlangt, und es wurde in Ermangelung der nötigen Autorisierung auch nicht von B an C geleistet. Die Ansichten im Schrifttum sind geteilt; während ein Teil der Lehre ungeachtet der §§ 675j, 675u BGB einen Kondiktionsanspruch der Bank A gegen den Zahler für möglich halten[13], entscheiden andere seit in Inkrafttreten des Rechts der Zahlungsdienste ebenso wie der Bundesgerichtshof[14].

---

13 *Grundmann*, WM 2009, 1109, 1117; *Rademacher*, NJW 2011, 2169, 2171 f.; *Köndgen*, JuS 2011, 481, 489; *Fornasier*, AcP 212 (2012), 410, 434 ff.; *Reuter/Martinek*, Ungerechtfertigte Bereicherung, Band II, 2. Auflage 2016, § 2 IV 1.
14 *Winkelhaus*, BKR 2010, 441, 449; *Belling/Belling*, JZ 2010, 708, 710 f.; *Bartels*, WM 2010, 1828, 1832 f.; *Linardatos*, BKR 2013, 395, 396; *Hauck*, JuS 2014, 1066, 1070.

3. Teil: **Der Dritte im Sachenrecht**

§ 22 Der Dritte im Mobiliarsachenrecht

Der Abschnitt gibt einen Überblick über diejenigen Vorschriften des Rechts der beweglichen Sachen, die einen Dritten voraussetzen. *

I. Eigentum

Bereits die grundlegende Regelung des Eigentums nimmt auf den Dritten Bezug: Der Eigentümer einer Sache kann, soweit nicht das Gesetz oder Rechte Dritter entgegenstehen, nach § 903 S. 1 BGB mit der Sache nach Belieben verfahren und andere von jeder Einwirkung ausschließen. Gerade die Beschränkung nämlich hat „entscheidendes Gewicht[1]". **1**

1. Entgegenstehende Rechte Dritter

Rechte Dritter sind in diesem Sinne insbesondere die beschränkt dinglichen **2** Rechte, nicht aber schuldrechtliche Ansprüche. Denn obligatorische Ansprüche können das Eigentum nicht beschränken. Vielmehr verpflichten sie den Eigentümer persönlich[2]. Das bedeutet, dass sie nicht das Eigentum unmittelbar betreffen, sondern dem Eigentümer die Grenzen seiner zulässigen Rechtsausübung gegenüber einem etwaigen Gläubiger des betreffenden Rechts aufzeigen[3]. Auch hier ist also das Trennungsprinzip zu berücksichtigen. Rechte Dritter im Sinne des § 903 S. 1 BGB sind demnach, abgesehen von den hier nicht weiter zu verfolgenden Urheberrechten, die beschränkten dinglichen Rechte[4]. Denn sie beschränken im Rahmen ihrer Reichweite die Herrschaftsbefugnisse im Hinblick auf das jeweilige Hauptrecht, hier das Eigentum[5]. Unter den prüfungsrelevanten beschränkten dinglichen Rechten zu nennen sind vor allem die Verwertungsrechte, also das Pfandrecht (§§ 1204 ff. BGB) und die in §§ 1113 ff. BGB geregelten Grundpfandrechte (Hypothek und Grundschuld)[6].

---

* Zuerst abgedruckt in Jura 2015, S. 1177–1180.
1 *Wilhelm*, Sachenrecht, Rn. 744.
2 Dazu etwa *Westermann/Staudinger*, BGB-Sachenrecht, 13. Auflage 2017, § 3 Rn. 51.
3 Palandt/*Herrler*, § 903 Rn. 27; allgemein zu den Grenzen zulässiger Rechtsausübung *Petersen*, Jura 2008, 759.
4 BGH NJW 1974, 1381.
5 *Habersack*, Sachenrecht, Rn. 57: „verselbständigte Eigentumssplitter".
6 Palandt/*Herrler*, Einl. v. § 854 Rn. 5.

https://doi.org.10.1515/9783110365702-022

2. Anspruchsgrundlage

3 Wichtig ist, dass § 903 S. 1 BGB selbst keine Anspruchsgrundlage darstellt. Ansprüche aus dem Eigentum begründet vielmehr § 1004 Abs. 1 BGB, und zwar zunächst in Gestalt des Beseitigungsanspruchs: Wird das Eigentum in anderer Weise als durch Entziehung oder Vorenthaltung des Besitzes beeinträchtigt (dann: §§ 861 f. BGB), so kann der Eigentümer von dem Störer nach § 1004 Abs. 1 S. 1 BGB die Beseitigung der Beeinträchtigung verlangen[7]. Sind weitere Beeinträchtigungen zu besorgen, so kann der Eigentümer nach § 1004 Abs. 1 S. 2 BGB auf Unterlassung klagen. Doch für beide Ansprüche gilt § 1004 Abs. 2 BGB: Der Anspruch ist ausgeschlossen, wenn der Eigentümer zur Duldung verpflichtet ist. Eine solche Duldungspflicht kann sich nicht nur aus der Einräumung dinglicher Rechte, sondern auch aufgrund einer – nur schuldrechtlich wirkenden – vertraglichen Vereinbarung ergeben. In eine solche rechtsgeschäftlich vereinbarte Duldungspflicht können dann auch Dritte einbezogen sein[8].

II. Besitz

4 Innerhalb des Besitzrechts kommt der Dritte nur in einer, allerdings sehr vertrackten, Vorschrift zur Geltung, nämlich beim mehrstufigen mittelbaren Besitz in § 871 BGB: Steht der mittelbare Besitzer zu einem Dritten in einem Verhältnis der in § 868 BGB bezeichneten Art – also nach Art eines Nießbrauchers, Pfandgläubigers, Pächters, Mieters, Verwahrers oder in einem ähnlichen Verhältnis, vermöge dessen er einem anderen gegenüber auf Zeit zum Besitz berechtigt oder verpflichtet ist –, so ist nach § 871 BGB auch der Dritte mittelbarer Besitzer. So liegt es etwa im Falle der Untervermietung[9]. Das führt zu einer Rechtsfolgenerstreckung auf den Dritten[10], so dass auch dieser als Besitzer im Sinne des § 985 BGB herausgabepflichtig sein kann[11].

---

7 Dazu, insbesondere im Hinblick auf die mit dem fehlenden Verschuldenserfordernis verbundenen Probleme bezüglich des Deliktsrechts *F. Baur*, AcP 160 (1961), 465, 489; *Picker*, Der negatorische Beseitigungsanspruch, 2. Auflage 2005; *Petersen*, Duldungspflicht und Umwelthaftung, 1996, S. 11 ff.

8 *Vieweg/Werner*, Sachenrecht, § 9 Rn. 32 mit weiteren Nachweisen; speziell zur in Grenzen zulässigen Gebrauchsüberlassung an Dritte im Mietrecht und bei Leihe siehe §§ 16 und 17.

9 Zu ihr als Fall der Gebrauchsüberlassung an Dritte siehe § 16 II.

10 MüKo/*Joost*, § 871 Rn. 1.

11 *Medicus/Petersen*, Bürgerliches Recht, Rn. 448; a.A. *Baur/Stürner*, Sachenrecht, § 11 Rn. 42, 45: nur Abtretung des Herausgabeanspruchs geschuldet.

III. Erwerb vom Berechtigten und gutgläubiger Erwerb

Die klausurrelevantesten Bestimmungen, in denen der Dritte innerhalb des Mo- 5
biliarsachenrechts vorausgesetzt wird, finden sich in den §§ 929 ff. BGB. Man
prüft bei der Anwendung der §§ 929 ff. BGB zunächst den Erwerb vom Berechtigten. Zur Übertragung des Eigentums an einer beweglichen Sache ist nach § 929
S. 1 BGB erforderlich, dass der Eigentümer die Sache dem Erwerber übergibt
und beide darüber einig sind, dass das Eigentum übergehen soll. Erforderlich
sind also grundsätzlich Einigung, Übergabe und Berechtigung.

1. Abtretung des Herausgabeanspruchs bei Drittbesitz

Nach § 929 S. 1 BGB sind grundsätzlich Einigung und Übergabe Voraussetzung 6
der Eigentumsübertragung einer beweglichen Sache. Davon macht § 931 BGB
aus Gründen der Verkehrserleichterung eine Ausnahme für den Fall, dass ein
Dritter im Besitz der Sache ist: Die Übergabe kann dadurch ersetzt werden, dass
der Eigentümer dem Erwerber den Anspruch auf Herausgabe der Sache ab-
tritt(§§ 398 ff., 413 BGB)[12]. Die formlos mögliche Einigung bezüglich des Eigen-
tumsübergangs ist allerdings auch in diesem Fall unverzichtbar. Das Verfügungsgeschäft setzt sich also bei § 931 BGB aus Einigung und Abtretung
zusammen[13]. Die in § 931 BGB vorausgesetzte Abtretung des Herausgabeanspruchs verweist nicht zuletzt auf § 870 BGB, wonach der in § 868 BGB beispielhaft geregelte mittelbare Besitz auch dadurch auf einen anderen übertragen
werden kann, dass diesem der Anspruch auf Herausgabe der Sache abgetreten
wird. Der Veräußerer hat sich allerdings jeglichen (mittelbaren) Besitzes zu be-
geben und daher alle erdenklichen Herausgabeansprüche abzutreten[14], also
nicht nur aus dem Besitzmittlungsverhältnis, sondern gegebenenfalls auch
noch gesetzliche, etwa aus §§ 861 f., 823 BGB[15]. Der Eigentumsherausgabe-
spruch aus § 985 BGB ist nach überwiegender Ansicht ohnehin nicht isoliert
abtretbar, weil der Vindikationsanspruch nicht von seinem Stammrecht, dem
Eigentum, getrennt werden kann[16].

---

12 Zum Gesetzeszweck MüKo/*Oechsler*, § 931 Rn. 1; grundlegend zu dieser Möglichkeit *Strohal*,
Jherings Jahrbücher 31 (1892) 1, 41; siehe dazu *Ernst*, Eigenbesitz und Mobiliarerwerb, 1992,
S. 278.
13 Palandt/*Herrler*, § 931 Rn. 1.
14 BGH NJW 1959, 1536.
15 Palandt/*Herrler*, § 931 Rn. 3.
16 MüKo/*Oechsler*, § 931 Rn. 11, 15; *Vieweg/Werner*, Sachenrecht, § 4 Rn. 51; zur Vindikations-
zession auch *Neumayer*, Festschrift Lange, 1970, S. 305, 307; *Siber*, Die Passivlegitimation bei

7   Zugunsten des unmittelbaren Besitzers, der von der Abtretung des Herausgabeanspruchs betroffen ist, bleiben nicht nur dingliche Rechte nach § 936
Abs. 3 BGB beim gutgläubigen Erwerb erhalten[17], sondern auch mögliche Einwendungen gemäß § 986 Abs. 2 BGB: Steht im Falle des § 931 BGB das Recht
dem dritten Besitzer zu, so erlischt es auch dem gutgläubigen Erwerber gegenüber nicht. Und § 986 Abs. 2 BGB erweitert den Sukzessionsschutz zugunsten
des unmittelbaren Besitzers auf der Einwendungsebene: Der Besitzer einer Sache, die nach § 931 BGB durch Abtretung des Anspruchs auf Herausgabe veräußert worden ist, kann dem neuen Eigentümer die Einwendungen entgegensetzen, welche ihm gegen den abgetretenen Anspruch zustehen[18].

2. Dritter beim gutgläubigen Erwerb

8 Die Vorschriften über den gutgläubigen Erwerb setzen bereits für sich betrachtet
ein Dreipersonenverhältnis voraus: den Erwerber, den Veräußerer und den Berechtigten[19]. Durch eine nach § 929 BGB erfolgte Veräußerung wird der Erwerber
nach § 932 Abs. 1 S. 1 BGB auch dann Eigentümer, wenn die Sache nicht dem Veräußerer gehört. Vergleicht man diesen Satz mit dem in Bezug genommenen § 929
S. 1 BGB, so wird deutlich, warum man zunächst den Erwerb vom Berechtigten
und erst dann, wenn ein solcher nicht in Betracht kommt, den gutgläubigen Erwerb vom Nichtberechtigten prüft: An dem Tatbestandsmerkmal Berechtigter
fehlt es beim gutgläubigen Erwerb, wie der Wortlaut des § 932 Abs. 1 S. 1 BGB ergibt
(„nicht dem Veräußerer gehört"). Denn berechtigt ist nur der in Satz 1 genannte
Eigentümer. Die §§ 929 ff. BGB räumen also in den dort bezeichneten Grenzen dem
Verkehrsschutz den Vorrang ein vor dem Interesse des Eigentümers. Rechtsscheinträger ist der Besitz bzw. – präziser – die Besitzverschaffungsmacht[20].

a) Gutgläubiger Erwerb bei Abtretung des Herausgabeanspruchs

9 Über diese notwendige Dreipersonenbeziehung hinaus gibt es in bestimmten
Konstellationen des gutgläubigen Erwerbs noch Fälle, in denen ein Dritter hin-

---

der rei vindicatio als Beitrag zur Lehre von der Aktionenkonkurrenz, 1907, S. 246; siehe auch
Oertmann, AcP 113 (1915), 51; anders wohl RGZ 52, 385, 394; *Wilhelm*, Sachenrecht, Rn. 914.
17 Zum Schutz des Vorbehaltsverkäufers durch Anwendung des § 936 Abs. 3 BGB *Döring*, NJW
1996, 1443.
18 Zu dieser Ausprägung des Sukzessionsschutzes siehe § 32.
19 Lehrreich *Zeranski*, JuS 2002, 340.
20 Grundlegend *J. Hager*, Verkehrsschutz durch redlichen Erwerb, 1990, S. 239 ff.; instruktiv
Medicus, Jura 2001, 294.

zutritt. Gehört zum Beispiel eine nach § 931 BGB veräußerte Sache nicht dem Veräußerer, so wird der Erwerber, wenn der Veräußerer mittelbarer Besitzer der Sache ist, mit der Abtretung des Anspruchs, anderenfalls dann Eigentümer, wenn er den Besitz der Sache von dem Dritten erlangt, es sei denn, dass er zur Zeit der Abtretung oder des Besitzerwerbs nicht in gutem Glauben ist[21], § 934 BGB.

b) Erlöschen von Rechten Dritter

Der Dritte wird über den gutgläubigen Eigentumserwerb hinaus auch beim gut- **10**
gläubigen lastenfreien Erwerb[22] vorausgesetzt. Ist eine veräußerte Sache mit dem dinglichen Recht eines Dritten – also etwa einem vertraglichen oder gesetz-lichen Pfandrecht (§§ 1204, 647, 562 BGB[23]) bzw. Pfändungspfandrecht[24], nicht aber einer Hypothek[25] – belastet, so erlischt das Recht nach § 936 Abs. 1 S. 1 BGB mit dem Erwerb des Eigentums. Zu beachten ist dabei, dass § 936 Abs. 1 S. 1 BGB entsprechend seinem allgemein gehaltenen Wortlaut nicht nur den Erwerb vom Nichtberechtigten, sondern auch den Erwerb vom Berechtigten erfasst[26]. Sofern es um gutgläubigen Erwerb geht, gilt § 935 BGB ungeachtet seiner äußeren sys-tematischen Stellung vor § 936 BGB in analoger Anwendung auch für diesen[27]; dann ist freilich das Abhandenkommen beim Rechteinhaber entscheidend. Er-folgt die Veräußerung insbesondere nach § 930 BGB durch Besitzkonstitut oder war die nach § 931 BGB veräußerte Sache nicht im mittelbaren Besitz des Veräu-ßerers, so erlischt das Recht des Dritten erst dann, wenn der Erwerber aufgrund der Veräußerung den Besitz der Sache erlangt, § 936 Abs. 1 S. 3 BGB. Das Recht des Dritten erlischt gemäß § 936 Abs. 2 BGB nicht, wenn der Erwerber zu der nach § 936 Abs. 1 BGB maßgebenden Zeit hinsichtlich des Rechts nicht in gutem Glauben ist. Die Gutgläubigkeit ist dann in doppelter Hinsicht zu prüfen, näm-lich bezüglich des Eigentums des Veräußerers (§ 932 Abs. 2 BGB) und des Nicht-

---

21 Siehe zu den Einzelheiten – insb. zum Nebenbesitz – den vertiefenden Beitrag von *Petersen*, Jura 2002, 255.
22 Lehrreich zum lastenfreien Erwerb *Röthel*, Jura 2009, 241.
23 Dazu BGH NJW-RR 2005, 1328, 1329: Übergabe der Sache an den Erwerber erforderlich, wenn das Vermieterpfandrecht durch redlichen lastenfreien Erwerb erlöschen soll. Zur Bös-gläubigkeit einer dem gesetzlichen Pfandrecht unterliegenden Sache *Cohn*, DJZ 1907, 765.
24 Jedenfalls, wenn man mit der Rspr. (BGH WM 1962, 1177) und h.M. nicht der öffentlich-rechtlichen Theorie, sondern der gemischten folgt.
25 Für sie gelten die spezielleren §§ 1121 f. BGB; MüKo/*Oechsler*, § 936 Rn. 3, 17.
26 *Vieweg/Werner*, Sachenrecht, § 5 Rn. 49.
27 *Knütel*, JuS 1989, 208, mit lehrreichem Klausurbeispiel.

vorliegens von Rechten Dritter (§ 936 Abs. 2 BGB)[28]. Entsprechendes gilt für das Abhandenkommen der Sache beim Eigentümer und beim Rechteinhaber.

11   Einen weiteren, allerdings weniger prüfungsrelevanten, Anwendungsfall erlöschender Rechte Dritter bildet die Ersitzung, im Rahmen derer der Dritte wiederholt begegnet[29]. Gelangt die Sache durch Rechtsnachfolge in den Eigenbesitz eines Dritten, so kommt die während des Besitzes des Rechtsvorgängers verstrichene Ersitzungszeit dem Dritten zugute. Und § 945 BGB nennt ausdrücklich den Untergang von Rechten Dritter: Mit dem Erwerb des Eigentums durch Ersitzung (§ 937 Abs. 1 BGB) erlöschen die an der Sache vor dem Erwerb des Eigenbesitzes begründeten Rechte Dritter, es sei denn, dass der Eigenbesitzer bei dem Erwerb des Eigenbesitzers in Ansehung dieser Rechte Dritter nicht in gutem Glauben ist oder ihr Bestehen später erfährt (vgl. § 937 Abs. 2 BGB). Die Ersitzungsfrist muss allerdings auch hinsichtlich des Rechts des Dritten verstrichen sein, § 945 S. 2 Hs. 1 BGB.

12   Schließlich findet sich ein Beispiel für das Erlöschen von Rechten Dritter in den klausurrelevanten §§ 946 ff. BGB über die Verbindung, Vermischung und Verarbeitung. Erlischt nach den §§ 946 bis 948 BGB das Eigentum an einer Sache, so erlöschen nach § 949 S. 1 BGB auch die sonstigen an der Sache bestehenden Rechte. Erwirbt der Eigentümer der belasteten Sache Miteigentum, so bestehen die Rechte an dem Anteil fort, der an die Stelle der Sache tritt, § 949 S. 2 BGB. Wird der Eigentümer der belasteten Sache Alleineigentümer, so erstrecken sich die Rechte Dritter auf die hinzutretende Sache (§ 949 S. 3 BGB).

---

28 *Röthel*, Jura 2009, 241, 244.
29 Vgl. zur Ersitzung den prüfungsrelevanten Menzelbilderfall von RGZ 130, 69; dazu *Petersen*, Jura 1999, 297.

§ 23 Ablösungsrechte Dritter

§ 268 BGB gehört zu denjenigen Vorschriften des Allgemeinen Schuldrechts, die sich nur im Zusammenhang mit bestimmten Regelungen des Besonderen Schuldrechts und des Sachenrechts begreifen lassen.*

I. Ablösungsrecht des Dritten nach § 268 BGB

Während der Gläubiger in einen dem Schuldner gehörenden Gegenstand die 1
Zwangsvollstreckung wegen einer Geldforderung (§§ 803ff. ZPO) betreibt – diese muss bereits begonnen haben und darf noch nicht beendet sein[1] –, ist nach § 268 Abs. 1 S. 1 BGB jeder, der Gefahr läuft, durch die Zwangsvollstreckung ein Recht an diesem Gegenstand zu verlieren[2], berechtigt, den Gläubiger zu befriedigen. Das gleiche gilt nach § 268 Abs. 1 S. 2 BGB für den mittelbaren oder unmittelbaren, berechtigten Besitzer[3] einer Sache, dem der Besitzverlust durch die Zwangsvollstreckung droht. Es ist dies, im Unterschied zu § 267 BGB, der nur eine Befugnis zur Fremdschuldentilgung enthält, ein eigenes Ablösungs- und Befriedigungsrecht des Dritten[4]. Auch aufgrund des weiter unten zu besprechenden gesetzlichen Forderungsübergangs nach § 268 Abs. 3 BGB ist die Rechtsstellung des ablösungsberechtigten Dritten günstiger als die des nach § 267 BGB leistenden Dritten, der einen solchen Rückgriff nicht kennt[5], sondern auf eine Rechtsbeziehung zwischen ihm und dem Schuldner (z.B. § 670 BGB) oder einen Ausgleich über ungerechtfertigte Bereicherung angewiesen ist[6].

1. Regelungszweck

Der Begriff des Gegenstandes in § 268 Abs. 1 BGB orientiert sich an § 90 BGB. 2
Doch nicht nur körperliche Gegenstände (Sachen), sondern auch unkörperliche,

---

* Zuerst abgedruckt in Jura 2013, S. 1026–1029.
1 RGZ 123, 338, 340; 146, 317, 322.
2 Regelmäßig sind es dingliche Rechte; zur Vormerkung, die ebenfalls in Betracht kommt, siehe BGH NJW 1994, 1475; OLG Kiel HRR 34, 1663.
3 MüKo/*Krüger*, § 268 Rn. 8.
4 MüKo/*Krüger*, § 268 Rn. 1.
5 *Medicus/Petersen*, Bürgerliches Recht, Rn. 915; *Maurer*, JuS 2012, 397.
6 Vgl. MüKo/*Krüger*, § 267 Rn. 19ff.

https://doi.org.10.1515/9783110365702-023

also etwa Forderungen, Immaterialgüterrechte und sonstige Vermögensrechte sind davon erfasst[7]. § 268 Abs. 1 S. 2 BGB ist insbesondere für Mieter bedeutsam, weil der Ersteher ihm nach § 57a ZVG kündigen kann. Der Sinn des § 268 BGB besteht ersichtlich darin, demjenigen, der ein (Besitz-) Recht am Gegenstand der Zwangsvollstreckung gegen einen anderen hat, vor dem Verlust seines Rechts zu schützen[8]. Ein solcher Rechtsverlust kann sich etwa aus §§ 44, 52, 91 ZVG ergeben, aber auch aus § 1242 Abs. 2 BGB, wonach Pfandrechte an der Sache durch deren rechtmäßige Veräußerung im Wege einer öffentlichen Versteigerung i.S.v. § 388 Abs. 3 S. 1 BGB (§ 1235 Abs. 1 BGB) auch dann erlöschen, wenn sie dem Erwerber bekannt waren. Zu diesem Zweck ist dem Dritten gesetzlich ein eigenes Befriedigungsrecht eingeräumt, ohne dass der Schuldner dem, wie in § 267 Abs. 2 BGB verbunden mit einem Ablehnungsrecht des Gläubigers, widersprechen kann[9]. Auch darin zeigt sich wieder die gestärkte Rechtsstellung des ablösungsberechtigten Dritten im Vergleich zu dem nach § 267 BGB Leistenden[10]. Beim besonders umstrittenen Bereicherungsausgleich im Dreipersonenverhältnis hat der Bundesgerichtshof die Ausübung eines Ablösungsrechts als einen Zweck im Sinne des Leistungsbegriffs anerkannt[11].

2. Gesetzlicher Forderungsübergang

3   Soweit der Dritte den Gläubiger befriedigt, erlischt die Forderung nicht, sondern geht vielmehr mitsamt aller Sicherungs- sowie Vor- und Nebenrechte (§ 401 BGB) gemäß § 268 Abs. 3 S. 1 BGB kraft Gesetzes (§ 412 BGB) auf ihn über. Es handelt sich also um einen gesetzlichen Forderungsübergang (cessio legis)[12], nach dem der Dritte vollständig in die Rechtsstellung des bisherigen Schuldners einrückt und so einen Zessionsrückgriff gegen den Schuldner ermöglicht[13]. Er hat dabei wie der Schuldner selbst zu leisten. Auch der Dritte ist nach § 266 BGB zu Teilleistungen grundsätzlich nicht berechtigt[14]. Da aber der Zweck des § 266

---

7 Palandt/*Ellenberger*, Überbl. v § 90 Rn. 2; zum Verhältnis der Begriffe Sache und Gegenstand *Petersen*, Jura 2007, 763.
8 Jauernig/*Stadler*, § 268 Rn. 1.
9 RGZ 150, 58, 60; BGH NJW 1996, 2792.
10 Palandt/*Grüneberg*, § 268 Rn. 1.
11 BGHZ 72, 246, 248; 82, 28; a.A. *Weitnauer*, NJW 1979, 2008; weiterführend zu den Einzelheiten dieser schwierigen Sonderproblematik, die hier nicht vertieft werden kann, *Canaris*, NJW 1992, 868.
12 *Medicus/Petersen*, Grundwissen, Rn. 373; *Maurer*, JuS 2012, 397, 398.
13 *Medicus/Petersen*, Bürgerliches Recht, Rn. 912, 952; *Maurer*, JuS 2012, 397, 398.
14 BGH NJW 1990, 260.

BGB darin besteht, den Gläubiger nicht durch vielfache Leistungen des Schuldners zu belästigen[15], kann der Gläubiger sich durch stillschweigende Entgegennahme der Leistung damit einverstanden erklären[16]. Die Befriedigung kann der Dritte gemäß § 268 Abs. 2 BGB auch durch Hinterlegung (§ 372 BGB) oder (trotz fehlender Gegenseitigkeit) Aufrechnung (§ 389 BGB) bewirken. Voraussetzung ist allerdings, dass er den Gläubiger auch wirksam befriedigt. So kommt es etwa nicht zum Forderungsübergang, wenn der Gläubiger eine Teilleistung (§ 266 BGB) zurückweist oder der Dritte hinterlegt, obwohl die Hinterlegungsvoraussetzungen nicht gegeben sind.

Ein gutgläubiger Forderungserwerb ist nicht möglich. Auch etwaige Einreden des Schuldners gegen die Forderung bleiben (unabhängig von einer Gutgläubigkeit des Dritten) bestehen (§ 404 BGB). Öffentlich-rechtliche Geldforderungen, für die § 268 BGB ebenfalls gilt[17], werden kraft der cessio legis zu privatrechtlichen Ansprüchen[18]. Der Dritte muss nicht einmal die Absicht haben, die Zwangsvollstreckung durch die Ablösung abzuwenden[19]. Zwar ist dies der Hintergrund der Regelung, jedoch aus Gründen der Rechtssicherheit und Rechtsklarheit nicht Tatbestandsvoraussetzung. Maßgeblich sind vielmehr die objektiven Merkmale, so dass es auf eine Willensrichtung des Dritten nicht ankommt[20]. Allerdings kann der Übergang der Forderung nicht zum Nachteil des Gläubigers geltend gemacht werden (§ 268 Abs. 3 S. 2 BGB), das heißt der Gläubiger darf nach dem Forderungsübergang durch die Zahlung des Dritten nicht schlechter stehen, als er stehen würde, hätte der Schuldner selbst geleistet[21]. Entsprechende Regelungen dieses allgemein gültigen Grundsatzes, dass niemand gegen seine eigenen Interessen zediert („nemo subrogat contra se") finden sich in §§ 426 Abs. 2 S. 2, 774 Abs. 1 S. 2, 1143 Abs. 1 S. 2, 1164 Abs. 1 S. 2, 1607 Abs. 4 BGB[22]. **4**

Der Wortlaut („soweit") eröffnet die Möglichkeit einer Teilbefriedigung, im Falle derer allerdings die dem Gläubiger verbliebene Restgrundschuld oder Resthypothek dem Recht des Dritten im Range vorgeht, selbst wenn der Gläubiger den abgelösten Teil für vorrangig erklärt hat[23]. Dies bedeutet freilich nicht, dass die Restschuld des Gläubigers vorrangig zu befriedigen wäre. Vielmehr **5**

---

15 RGZ 79, 359, 361.
16 Palandt/*Grüneberg*, § 266 Rn. 5.
17 RGZ 146, 317, 319; BGH NJW 1956, 1197.
18 BGHZ 75, 23, 25; *Rimmelspacher*, ZZP 95, 281.
19 BGH NJW 1994, 1475; OLG Köln Rpfleger 1989, 299; *Storz*, EWiR 1989, 333; a.A. wohl RGZ 146, 317, 323.
20 MüKo/*Krüger*, § 268 Rn. 10.
21 Jauernig/*Stadler*, § 268 Rn. 9.
22 Eingehend *Herpers*, AcP 166 (1966), 454.
23 OLG Celle Rpfleger WM 1990, 379; *Herpers*, AcP 166 (1966), 454.

bezieht sich diese Folge nur auf die nach §§ 412, 401 BGB übergegangenen Sicherheiten und Nebenrechte. An akzessorischen Sicherungsrechten, wie Hypotheken oder Pfandrechten, erwirbt der Dritte also eine nachrangige Teilberechtigung[24], die er im Zwangsvollstreckungsverfahren geltend machen kann. Ob sich ein vorrangiges Befriedigungsrecht des Gläubigers bei der Insolvenz des Schuldners ergibt, ist umstritten[25], muss aber im Ergebnis abgelehnt werden. Die Reihenfolge der Befriedigung richtet sich dann alleine nach der InsO (vgl. § 39 InsO), die ein Recht des Gläubigers, sich vor dem ablösenden Dritten zu befriedigen, ebenso wenig kennt wie § 268 Abs. 3 S. 2 BGB[26].

II. Sachenrechtliche Sondervorschriften

6 Sondervorschriften gegenüber § 268 BGB finden sich im Sachenrecht, nämlich in den §§ 1142f., 1150, 1223 Abs. 2, 1224 und 1249 BGB. Sie sind nicht alle gleichermaßen prüfungsrelevant und sollen daher im Folgenden nach dem Grade ihrer Häufigkeit in juristischen Ausbildungsarbeiten erörtert werden.

1. Grundpfandrechte

7 Innerhalb der Grundpfandrechte sind die §§ 1142, 1143, 1150 BGB zu beachten. Für die Hypothek gelten sie direkt, während sie auf die Grundschuld gemäß § 1192 Abs. 1 BGB entsprechend anzuwenden sind, wobei in diesen Fällen statt Forderung „Grundschuld" zu lesen ist[27].

a) Befriedigungsrecht des Eigentümers nach § 1142 BGB

8 Der Eigentümer eines mit einem Grundpfandrecht belasteten Grundstücks ist nach § 1142 Abs. 1 BGB berechtigt, den Gläubiger zu befriedigen, wenn die Forderung ihm gegenüber fällig geworden oder wenn der persönliche Schuldner zur Leistung berechtigt ist. Hintergrund der Regelung ist, dass der Eigentümer, der nicht zugleich persönlicher Schuldner der hypothekarisch gesicherten Forderung ist[28], nur Duldung der Zwangsvollstreckung schuldet. Der Gläubiger

---

24 RGZ 131, 323, 325; BGH LM § 426 Nr. 26.
25 Dafür etwa Palandt/*Grüneberg*, § 268 Rn. 7.
26 So auch MüKo/*Krüger*, § 268 Rn. 17.
27 Jauernig/*Jauernig*, § 1192 Rn. 3.
28 OLG München JFG 13, 275.

kann seinen Anspruch aus der Hypothek daher nur durch Verwertung des Grundstücks realisieren. Um den Eigentümer vor dem Verlust desselben zu bewahren, soll er darum eine unabdingbare Handhabe gegen die Zwangsvollstreckung in sein Grundstück erhalten[29]. Dementsprechend hat der Gläubiger also keinen Zahlungsanspruch gegen den Eigentümer, sondern lediglich dieser hat das Recht, die Zwangsvollstreckung abzuwenden[30].

Für die Fallbearbeitung sollte man § 1142 BGB im Zusammenhang mit § 1147 9 BGB betrachten: Dieser oft etwas verkürzt so genannte „Anspruch auf Duldung der Zwangsvollstreckung aus § 1147 BGB" ist bei strenger Betrachtung kein Anspruch, weil der Gläubiger vom Eigentümer kein Tun oder Unterlassen verlangen kann (vgl. § 194 Abs. 1 BGB)[31]. Vielmehr wird der Eigentümer freiwillig von seinem Befriedigungsrecht nach § 1142 Abs. 1 BGB Gebrauch machen und an den Gläubiger zahlen, um die ihn regelmäßig schwerer belastende Zwangsvollstreckung in sein Grundstück zu verhindern[32]. Das Verbot der Teilleistung (§ 266 BGB) gilt allerdings auch hier[33]. § 1143 BGB schließt insofern folgerichtig an § 1142 BGB an, als sich dort der entsprechende gesetzliche Forderungsübergang findet: Ist der Eigentümer nicht der persönliche Schuldner, so geht, soweit er den Gläubiger befriedigt, die Forderung nach § 1143 Abs. 1 S. 1 BGB auf ihn über.

b) Ablösungsrecht Dritter nach § 1150 BGB

Verlangt der Gläubiger Befriedigung aus dem Grundstück, so findet nach § 1150 10 BGB insbesondere § 268 BGB entsprechende Anwendung. Im Rahmen dieser Vorschrift ist der ablösungsberechtigte Dritte meist, aber nicht ausschließlich, ein Gläubiger, der ein nachrangiges dingliches Recht an dem der Zwangsversteigerung (§ 866 Abs. 1 ZPO) unterliegenden Grundstück geltend machen kann[34]. Die Vorschrift dehnt das Ablösungsrecht auf den Fall aus, dass einem ablösungsberechtigten Dritten durch die Befriedigung des bestrangig begünstigten, die Zwangsversteigerung betreibenden Gläubigers aus dem Grundstück ein Rechtsverlust bzw. der Besitzverlust (§ 268 Abs. 1 S. 2 BGB) des Vollstreckungsobjekts droht[35].

---

29 BGH NJW 1990, 258.
30 BGHZ 7, 123, 126.
31 Näher zu den Voraussetzungen einer Anspruchsgrundlage *Petersen*, 2. Festschrift Medicus, 2009, S. 295 ff.
32 Vgl. auch *Petersen*, Mündliche Prüfung, S. 91 ff., 97; dort auch mit Fallbeispiel.
33 BGHZ 108, 372, 379.
34 Etwa MüKo/*Lieder*, § 1150 Rn. 1 f.
35 Jauernig/*Jauernig*, § 1150 Rn. 1.

aa) Gutgläubiger einredefreier Erwerb im Rahmen des § 1150 BGB?

11 Schwierigkeiten bereitet auf der Rechtsfolgenseite die Anwendung des gesetzlichen Forderungsübergangs nach § 268 Abs. 3 BGB und die Frage, ob ein gutgläubiger einredefreier Erwerb in Betracht kommt. Der Bundesgerichtshof hatte den Fall zu entscheiden, dass an einem Grundstück zwei Grundschulden eingetragen wurden: Eine erstrangige zugunsten des Gläubigers G und eine nachrangige für den Dritten D[36]. Der Gläubiger der erstrangig eingetragenen Grundschuld betrieb die Zwangsvollstreckung. Daraufhin zahlt der Dritte D an den Gläubiger nach §§ 1150, 268 Abs. 1 BGB, weil er den Verlust seines nachrangigen Grundpfandrechts befürchtete. Mit der Zahlung an G ging dessen erstrangige Grundschuld kraft Gesetzes (§§ 1150, 1192, 268 Abs. 3 BGB) auf ihn über. Aus diesem Recht ging er nun gegen den Eigentümer E des Grundstücks nach § 1147 BGB vor. E macht demgegenüber eine Vereinbarung mit dem G geltend, der ihm zugesagt habe, dass er erst dann aus der Grundschuld gegen ihn vorgehen werde, wenn er bei einem namentlich bezeichneten Anderen erfolglos vollstreckt habe. Diese Vereinbarung beschränkt das Recht des Grundschuldgläubigers, sich nach Belieben aus dem Eigentum des E zu befriedigen. Damit handelt es sich bei der Geltendmachung dieser Vereinbarung um eine dingliche Einrede, die auch dem Dritten D gemäß §§ 1157 S. 1, 1192 BGB entgegengehalten werden kann.

bb) Der Standpunkt der Rechtsprechung und die Gegenansicht

12 Fraglich ist jedoch, ob sich daran etwas ändert, weil D diese Einrede nicht kannte. In Betracht käme ein gutgläubig einredefreier Erwerb der Grundschuld gemäß §§ 1157 S. 2, 1192, 892 BGB durch D. Der Bundesgerichtshof hat dies jedoch mit der Begründung abgelehnt, dass ein Gutglaubenserwerb nur bei einem rechtsgeschäftlichen Erwerb möglich sei. Dies sei hier nicht der Fall. Vielmehr habe D die Grundschuld aufgrund der cessio legis gemäß §§ 1192, 1150, 268 Abs. 3 S. 1 BGB von Gesetzes wegen erworben[37]. Unabhängig davon, ob man dem BGH dahingehend folgt, dass ein gutgläubiger Erwerb bei gesetzlichem Erwerb generell ausgeschlossen ist[38], erscheint diese Begründung jedenfalls zweifelhaft. Zu bedenken ist, dass der Erwerb von Gesetzes wegen hier nur auf eine „gesetzestechnische Einkleidung" zurückgeht, die in gesetzlich typisierter Form das regelt, was die Parteien sinnvollerweise auch privatautonom verein-

---

36 BGH NJW 1986, 1487; dazu *Rimmelspacher*, WM 1986, 809; *D. Reinicke/Tiedtke*, WM 1986, 813.

37 BGH NJW 1986, 1487, 1488.

38 Dagegen *Canaris*, NJW 1986, 1488.

bart hätten. Dies gilt umso mehr, da der Erwerb auf Zahlung des Dritten an den bisherigen Grundpfandgläubiger, also einem Rechtsgeschäft zwischen beiden, beruht[39]. Richtigerweise sollte hier die zutreffende Wertung den Ausschlag geben, dass § 1150 BGB mit seiner Verweisung auch auf § 268 Abs. 3 BGB die Rechtsstellung des ablöseberechtigten Dritten im Verhältnis zum rechtsgeschäftlichen Erwerb (hätte der Dritte dem Gläubiger die Grundschuld abgekauft, würde § 892 BGB zweifelsfrei Wirkung entfalten) verbessern und nicht – wie nach der Lösung des Bundesgerichtshof – verschlechtern will[40].

2. Pfandrecht an beweglichen Sachen

Ein ähnlicher Regelungsmechanismus wie bei den Grundpfandrechten begeg- **13** net beim Faustpfandrecht. Ausgangspunkt ist die oft übersehene Anspruchsgrundlage des § 1223 Abs. 1 BGB, wonach der Pfandgläubiger verpflichtet ist, das Pfand nach dem Erlöschen des Pfandrechts dem Verpfänder zurückzugeben[41]. Nach § 1252 BGB erlischt das Pfandrecht mit der Forderung, für die es besteht (Akzessorietät des Pfandrechts), also etwa mit der Rückzahlung eines Darlehens, §§ 488 Abs. 1 S. 1, 362 BGB. Die für den vorliegenden Zusammenhang entscheidende Vorschrift bildet § 1223 Abs. 2 BGB: Danach kann der Verpfänder die Rückgabe des Pfandes gegen Befriedigung des Pfandgläubigers verlangen, sobald der Schuldner zur Leistung berechtigt ist. Sobald der Schuldner leisten darf (vgl. dazu auch § 271 Abs. 2 BGB), steht also dem Verpfänder ein Einlösungsrecht zu. Wenn der Verpfänder an den Pfandgläubiger leistet, geht die Forderung nach § 1225 S. 1 BGB und das Pfandrecht gemäß §§ 1250 Abs. 1, 412, 401 BGB auf ihn über. Nach § 1249 S. 1 BGB kann aber auch ein ablösungsberechtigter Dritter leisten, wenn dieser durch die Veräußerung des Pfandes ein Recht an dem Pfand verlieren würde, sobald der Schuldner zur Leistung berechtigt ist. In diesem Fall finden nach § 1249 S. 2 BGB die Vorschriften des § 268 Abs. 2 und 3 BGB entsprechende Anwendung. Dann geht das Pfandrecht nach §§ 1250, 412, 401 BGB und die Forderung nach § 1249 S. 2 BGB in Verbindung mit § 268 Abs. 3 BGB auf den ablösungsberechtigten Dritten über.

---

39 *Canaris*, NJW 1986, 1488, 1489.
40 Vgl. auch *Medicus/Petersen*, Bürgerliches Recht, Rn. 547.
41 Klausurfall zu dieser Anspruchsgrundlage bei *Petersen*, JA 1999, 292, 296 f.

§ 24 Der Dritte im Immobiliarsachenrecht

Das Immobiliarsachenrecht gehört nicht zu den beliebtesten Materien unter den Studierenden. Der Abschnitt kombiniert dieses Thema mit der in verschiedenen Vorschriften vorausgesetzten Person des Dritten.*

I. Überblick

1 Der Dritte wird im Immobiliarsachenrecht nur in vergleichsweise wenigen Vorschriften ausdrücklich vorausgesetzt. Häufig geht es um die Belastung eines Grundstücks mit dem Recht eines Dritten.

1. Belastung des Grundstücks mit dem Recht eines Dritten

2 Paradigmatisch ist insoweit § 876 BGB, der im Kontext des vorstehenden § 875 BGB zu verstehen ist. Zur Aufhebung eines beschränkt dinglichen Rechts an einem Grundstück ist nach § 875 Abs. 1 S. 1 BGB grundsätzlich eine entsprechende Erklärung des Berechtigten sowie die Löschung des Rechts im Grundbuch erforderlich. Mit der Belastung eines solchen Rechts (§ 873 Abs. 1 Var. 4 BGB) kommt nun ein Dritter ins Spiel, dessen Interessen bei der Aufhebung des Stammrechts durch § 876 BGB gewahrt werden: Ist ein Recht an einem Grundstück mit dem Recht eines Dritten belastet, so ist zur Aufhebung des belasteten Rechts die Zustimmung des Dritten erforderlich, § 876 S. 1 BGB. Steht das aufzuhebende Recht dem jeweiligen Eigentümer eines anderen Grundstücks zu, so ist, wenn dieses Grundstück mit dem Recht eines Dritten belastet ist, die Zustimmung des Dritten erforderlich, es sei denn, dass dessen Recht durch die Aufhebung nicht berührt wird, § 876 S. 2 BGB.

3 Die Zustimmung des berechtigten Dritten ist deswegen erforderlich, weil die Aufhebung des Rechts an dem Grundstück dazu führen würde, dass auch das Recht des Dritten unweigerlich erlöschen würde. Fehlt die erforderliche Zustimmung des Dritten und wird das Recht gleichwohl gelöscht, dann führt das zur Unrichtigkeit des Grundbuchs: Der Dritte hätte einen Grundbuchberichtigungsanspruch aus § 894 BGB[1]. Wegen ihres ersichtlichen Gerechtigkeitsgehalts wird die entsprechende Anwendung des § 876 BGB in verschiedenen Vorschrif-

---

* Zuerst abgedruckt in Jura 2016, S. 280–282.
1 Palandt/*Herrler*, § 876 Rn. 1.

https://doi.org.10.1515/9783110365702-024

ten, insbesondere im Hypothekenrecht, angeordnet (vgl. §§ 880 Abs. 2, 1109 Abs. 2, 1116 Abs. 2, 1132 Abs. 2, 1168, 1180 BGB).

2. Mit Rechten Dritter belastete Zubehörstücke

Darüber hinaus begegnet der Dritte in § 926 BGB, der Bestimmungen über das 4 Zubehör des Grundstücks enthält. Zubehör sind nach § 97 Abs. 1 S. 1 BGB bewegliche Sachen, die, ohne wesentliche Bestandteile (§§ 93 f. BGB) der Hauptsache zu sein, dem wirtschaftlichen Zweck der Hauptsache zu dienen bestimmt sind und zu ihr in einem dieser Bestimmung entsprechenden räumlichen Verhältnis stehen[2]. Die Klausurrelevanz des Zubehörs ergibt sich insbesondere aus § 1120 BGB, wonach sich die Hypothek auch auf das Zubehör des Grundstücks erstreckt, sowie auf die Enthaftungsvorschriften der §§ 1121 ff. BGB[3]. Daher ist auch § 926 Abs. 1 S. 1 BGB zumindest mittelbar von Bedeutung für die Fallbearbeitung: Sind der Veräußerer und der Erwerber eines Grundstücks darüber einig, dass sich die Veräußerung auf das Zubehör des Grundstücks erstrecken soll, so erlangt der Erwerber mit dem Eigentum an dem Grundstück auch das Eigentum an den zur Zeit des Erwerbs vorhandenen Zubehörstücken, soweit sie dem Veräußerer gehören. Erlangt der Erwerber auf Grund der Veräußerung den Besitz an Zubehörstücken, die dem Veräußerer nicht gehören oder mit Rechten Dritter belastet sind, so finden die Vorschriften der §§ 932 bis 936 BGB Anwendung[4]. Wie sich aus den in Bezug genommenen Vorschriften der §§ 932 ff. BGB ergibt, gehört § 926 BGB seinem unmittelbaren Anwendungsbereich nach noch ins Mobiliarsachenrecht, auch wenn er dem äußeren System nach beim Erwerb und Verlust des Eigentums an Grundstücken (§§ 925 ff. BGB) angeordnet ist. Daher kann insofern, insbesondere was die den Dritten voraussetzenden Vorschriften der §§ 934, 936 BGB betrifft, auf den Abschnitt zum Dritten im Mobiliarsachenrecht verwiesen werden[5].

---

2 Zu den §§ 90 ff. BGB *Petersen*, Jura 2007, 763.
3 Vgl. nur *K. Schreiber*, Jura 2006, 597; *Kollhosser*, JA 1984, 196; *Vieweg/Werner*, Sachenrecht, § 15 Rn. 16 ff.
4 Lehrreicher Fall bei *Habersack*, Sachenrecht, Rn. 368.
5 Siehe § 22, insbesondere III.

II. Dingliches Vorkaufsrecht und Vormerkung

1. Vorkaufsrecht

5 Das dingliche Vorkaufsrecht gehört nicht zum examensrelevanten Prüfungs-
stoff, ist aber wegen seines Verweises auf die prüfungsrelevante Vormerkung
für deren Verständnis aufschlussreich. Das Rechtsverhältnis zwischen dem Berechtigten und dem Verpflichteten bestimmt sich nach den Vorschriften der
§§ 463 ff. BGB, von denen bereits an anderer Stelle die Rede war[6]. Wichtig sind,
wie immer in der Fallbearbeitung, die Wirkungen – das heißt die Rechtsfolgen –
des dinglichen Vorkaufsrechts. Hier wird nämlich ausdrücklich auf die in Betracht kommenden Dritten Bezug genommen: Dritten gegenüber hat das Vorkaufsrecht nach § 1098 Abs. 2 BGB die Wirkung einer Vormerkung zur Sicherung des durch die Ausübung des Rechts entstehenden Anspruchs auf
Übereignung des Eigentums. Das ist nichts anderes als die Vormerkungswir-
kung des § 883 Abs. 2 BGB mit der ihr eigentümlichen relativen Unwirksamkeit:
Eine Verfügung, die nach der Eintragung der Vormerkung über das Grundstück
oder das Recht getroffen wird, ist demnach insoweit – also relativ – unwirksam,
als sie den Anspruch vereiteln oder beeinträchtigen würde. Der Anspruch ist
dabei, wie sich aus § 1098 Abs. 2 BGB ergibt, der „durch die Ausübung des (sc.:
Vorkaufs-) Rechts entstehende Anspruch auf Übertragung des Eigentums, also
der Eigentumsverschaffungsanspruch aus Kaufvertrag gemäß § 433 Abs. 1 S. 1
BGB. Das ist in solchen Fällen zugleich die Anspruchsgrundlage.

6 Es stellt sich dann regelmäßig die Frage, ob dieser Anspruch nach § 275
Abs. 1 BGB untergegangen ist, weil und sofern dem Verpflichteten die Eigentumsverschaffung wegen der vorkaufsrechtswidrigen Verfügung unmöglich ist.
An dieser Stelle kommt jedoch § 1098 Abs. 2 S. 1 BGB mit seiner Verweisung auf
§ 883 Abs. 2 BGB dem dinglich Vorkaufsberechtigten zur Hilfe: Wegen der relativen, nämlich (nur) gegenüber dem Vorkaufsberechtigten bestehenden, Unwirksamkeit ist die vorkaufsrechtswidrige Verfügung unwirksam. Es liegt also
keine Unmöglichkeit vor, welche dem Eigentumsverschaffungsanspruch aus
Kaufvertrag gemäß § 433 Abs. 1 S. 1 BGB entgegenstehen könnte. Der Sache
nach führt das zu einer Aufrechterhaltung des Primäranspruchs[7]. Dem Dritten
gegenüber hat der Vorkaufsberechtigte den unselbständigen Hilfsanspruch aus
§ 888 i.V.m. § 1098 Abs. 2 BGB[8].

---

6 In § 15 II 1.; zur Frage, ob ein unwirksames dingliches Vorkaufsrecht als schuldrechtliches
bestehen kann, siehe BGH NJW 2014, 622, 623.

7 *Petersen*, Jura 2012, 935.

8 Klausurbeispiel zum dinglichen Vorkaufsrecht bei *Petersen*, Allgemeines Schuldrecht, Rn. 17 ff.

2. Unselbständiger Hilfsanspruch bei der Vormerkung

Paradigmatisch für den unselbständigen Hilfsanspruch aus § 888 BGB ist fol- **7** gender Fall, der auch Fragen des Allgemeinen Schuldrechts berührt und eine über den genannten § 883 Abs. 2 BGB hinausgehende Drittwirkung aufweist[9]: V und K schließen einen Kaufvertrag über das Grundstück des V, K lässt sich eine Auflassungsvormerkung eintragen. Per einstweiliger Verfügung erreicht B, ein Gläubiger des V, wenig später die Eintragung einer Zwangssicherungshypothek (§ 867 ZPO) auf das noch nicht umgeschriebene Grundstück. Als K das Grundstück lastenfrei weiterverkauft, kann er den Käuferanspruch auf lastenfreie Eigentumsverschaffung zunächst nicht erfüllen, weil B die Löschungsbewilligung auch nach Mahnung verweigert. Für den Zeitraum der Verzögerung übernimmt K die Kreditkosten seines Käufers und verlangt diese nun von B zurück.

Ein Anspruch des V gegen B auf Ersatz des Verzögerungsschadens kommt **8** nach §§ 280 Abs. 1 und 2, 286 BGB i.V.m. § 888 Abs. 1 BGB in Betracht. Ein Schuldverhältnis könnte aus einem Zustimmungsanspruch des K gegen B aus § 888 Abs. 1 BGB bezüglich der eingetragenen Zwangshypothek folgen. Dass die §§ 280 ff. BGB auch auf den unselbstständigen Hilfsanspruch des § 888 Abs. 1 BGB anwendbar sind, sieht nunmehr auch die Rechtsprechung so[10]. Voraussetzung ist die relative Unwirksamkeit der Zwangshypothek im Sinne des § 883 Abs. 2 BGB. Hierfür bedarf es zunächst der vom Berechtigten bewilligten Eintragung eines vormerkungsfähigen Anspruchs gemäß § 883 Abs. 1 S. 1 BGB. Der eingetragene Anspruch des K gegen V auf Übereignung des Grundstücks aus § 433 Abs. 1 BGB ist vormerkungsfähig und wurde überdies von V als berechtigtem Eigentümer bewilligt. Weiterhin müsste es sich bei der eingetragenen Zwangshypothek um eine vormerkungswidrige Verfügung im Sinne des § 883 Abs. 2 BGB handeln. Die nach § 883 Abs. 2 S. 2 BGB einer Verfügung gleichgestellte Zwangshypothek (§ 867 ZPO) des B wurde erst nach der Eintragung der Auflassungsvormerkung des K eingetragen. Auch inhaltlich beeinträchtigt sie dessen vorgemerkten Anspruch auf Übereignung des Grundstücks insofern, als ein hypothekarisch belastetes Grundstück nicht mehr wie geschuldet lastenfrei und damit gemäß § 433 Abs. 1 S. 2 BGB frei von Rechtsmängeln übereignet werden kann.

Die eingetragene Zwangshypothek des B ist folglich nach § 883 Abs. 2 BGB **9** relativ, also im Verhältnis zu K, unwirksam. Insofern besteht ein Schuldverhältnis nach § 888 Abs. 1 BGB. An der Fälligkeit des Anspruchs bestehen keine Zweifel (§ 271 Abs. 1 BGB), so dass sich B spätestens seit der Mahnung im Verzug

---

9 BGHZ 208, 133; *Medicus/Petersen*, Bürgerliches Recht, Rn. 451.
10 BGHZ 208, 133.

befindet (§ 286 Abs. 1 BGB), zumal keine ihn vom Vertretenmüssen entlastenden Anhaltspunkte im Sinne des § 286 Abs. 4 BGB ersichtlich sind. Im Ergebnis hat K daher einen Anspruch gegen B auf Ersatz der ihm durch die Verzögerung entstandenen Kosten aus §§ 280 Abs. 1 und 2, 286 i.V.m. § 888 Abs. 1 BGB.

III. Dreipersonenverhältnisse im Hypothekenrecht

10   Im Hypothekenrecht findet der Dritte, abgesehen von denjenigen Vorschriften, welche die entsprechende Anwendung des § 876 BGB anordnen (§§ 1116 Abs. 2, 1132 Abs. 2, 1168, 1180 BGB), keinen rechten Platz. Nicht zuletzt wegen der gesetzlich vorausgesetzten Möglichkeit, dass der Eigentümer nicht der persönliche Schuldner ist (vgl. nur § 1143 Abs. 1 BGB), kann es jedoch zu Drittrechtsbeziehungen kommen, die überaus prüfungsrelevant sind.

1. Wettlauf der Sicherungsgeber

11   Ein bekanntes Problem stellt sich, wenn dieselbe Forderung einerseits durch eine Bürgschaft, andererseits durch eine Hypothek gesichert wird[11]. Wenn der Schuldner in diesem Fall seine Schuld – etwa eine Darlehensschuld nach § 488 Abs. 1 S. 2 BGB – nicht zurückzahlen kann, dann kommt es zum Schwur: entweder zahlt der Bürge zuerst und erwirbt nach § 774 Abs. 1 BGB die Forderung des Gläubigers gegen den Schuldner. An dieser Forderung hängt jedoch das akzessorische Sicherungsrecht der Hypothek. Denn mit der abgetretenen Forderung – bzw., wie hier, mit dem gesetzlichen Forderungsübergang gemäß § 412 BGB – gehen insbesondere die Hypotheken nach § 401 BGB auf den neuen Gläubiger über. Der zuerst zahlende Bürge könnte sich also an den Grundstückseigentümer halten und hätte gegen ihn einen Anspruch aus § 1147 BGB auf Duldung der Zwangsvollstreckung.

12   Umgekehrt verhält es sich ähnlich, wenn der Grundstückseigentümer, der eine Hypothek an seinem Grundstück zur Sicherung der Darlehensforderung bewilligt hat, als Erster zahlt. Denn dann würde § 1143 Abs. 1 BGB gelten, dessen zweiter Satz die entsprechende Anwendung des § 774 Abs. 1 BGB anordnet: Ist der Eigentümer nicht der persönliche Schuldner, wie es hier der Fall wäre, so geht nach § 1143 Abs. 1 S. 1 BGB die Forderung auf ihn über. Daran hängt dann ebenfalls nach §§ 401, 412 BGB die akzessorische Bürgschaft. Wer zuerst zahlt,

---

11 Vgl. nur *Mertens/Schröder*, Jura 1992, 305; zu einem speziellen Regressproblem BGH NJW 2012, 1946 (dazu *Palzer*, Jura 2013, 129).

bekommt also nach der starren gesetzlichen Anordnung des Regresses zu urteilen, das Sicherungsrecht des anderen vollumfänglich. Das wird überwiegend für unbillig gehalten. Einige wollen den Bürgen privilegieren, zumal dieser wegen der ihm drohenden persönlichen Haftung das riskantere Kreditsicherungsmittel eingesetzt hat, das ihn schlimmstenfalls persönlich ruinieren kann[12]. Die überwiegende Ansicht gestattet dem zuerst Zahlenden entsprechend den Regelungen über Mitbürgen (§§ 769, 774 Abs. 2, 426 BGB) nur den hälftigen Rückgriff[13]. Dieser gerechten Risikoverteilung hat sich auch der Bundesgerichtshof angeschlossen[14].

2. Unanwendbarkeit schuldnerschützender Abtretungsvorschriften

Eine der prüfungsrelevantesten Vorschriften des Hypothekenrechts stellt § 1156 **13** BGB dar, der mittelbar auch auf die Person des Dritten verweist: Die für die Übertragung der Forderung geltenden Vorschriften der §§ 406 bis 408 BGB finden auf das Rechtsverhältnis zwischen dem Eigentümer und dem neuen Gläubiger in Ansehung der Hypothek keine Anwendung. Die besonders wichtigen abtretungsrechtlichen Schuldnerschutzvorschriften der §§ 406 ff. BGB sind also auf die Verkehrshypothek unanwendbar. Unter diesen nimmt § 408 BGB den Dritten für den Fall der Mehrfachabtretung sogar ausdrücklich in Bezug: Wird eine abgetretene Forderung von dem bisherigen Gläubiger nochmals an einen Dritten abgetreten, so findet insbesondere dann, wenn der Schuldner an den Dritten leistet, zugunsten des Schuldners die Vorschrift des § 407 BGB dem früheren Erwerber gegenüber entsprechende Anwendung. Dreh- und Angelpunkt des § 1156 BGB ist damit die Ausschaltung des schuldnerschützenden § 407 BGB.

Das führt in der Anspruchsprüfung zu folgendem Ergebnis: Bezüglich des **14** Vorgehens aus der Forderung, regelmäßig einer Darlehensforderung aus § 488 Abs. 1 S. 2 BGB, kann der Schuldner nach § 407 Abs. 1 BGB an den Altgläubiger schuldbefreiend (§ 362 Abs. 1 BGB) leisten, wenn er von der Abtretung nichts wusste. Auf der davon zu unterscheidenden Ebene der Inanspruchnahme aus der Hypothek (§ 1147 BGB) hilft ihm dies jedoch wegen § 1156 S. 1 BGB nichts. Hier ist § 407 BGB zum Schutz des Erwerbers einer Verkehrshypothek mit Bedacht ausgeschlossen, um diese verkehrsfähig auszugestalten.

---

12 *Reinicke/Tiedtke*, Kreditsicherung, 5. Auflage 2006, Rn. 1317.
13 *Hüffer*, AcP 171 (1971), 470; *Larenz/Canaris*, Besonderes Schuldrecht, § 60 IV 3a; *Medicus/Petersen*, Bürgerliches Recht, Rn. 941.
14 BGH NJW 2009, 437; zuvor bereits BGHZ 108, 179.

3. Schuldnerschutz bei Trennung von Hypothek und Forderung

15 Zum Schluss sei noch das wohl prominenteste Problem des Hypothekenrechts behandelt. Es stellt sich bei der Trennung von Hypothek und Forderung, zu der es abweichend von der Akzessorietätsbestimmung des § 1153 BGB in folgender Konstellation kommen kann: Angenommen, der Gläubiger G einer Darlehensforderung überträgt Forderung und Hypothek in der Form des § 1154 Abs. 1 BGB an einen arglistig täuschenden (§ 123 Abs. 1 BGB) Dritten D, der über die hypothekarisch gesicherte Forderung zugunsten des H verfügt; ist der Schuldner S nun gegen die doppelte Inanspruchnahme aus Forderung und Hypothek hinreichend geschützt, wenn G wegen arglistiger Täuschung angefochten hat?

16 Forderung und Hypothek sind hier entgegen § 1153 BGB in unterschiedlichen Händen: Infolge der täuschungsbedingten Anfechtung ist die Forderung gemäß §§ 142 Abs. 1, 123 Abs. 1 BGB noch beim Gläubiger G. Dagegen hat H die Hypothek gemäß §§ 1138, 892 BGB gutgläubig erworben und kann daher aus § 1147 BGB die Duldung der Zwangsversteigerung von S verlangen. Damit sieht es so aus, als könne der Schuldner doppelt – seitens des H und durch G – in Anspruch genommen werden. Um dies zu vermeiden und die Einheit von Hypothek und Forderung entsprechend § 1153 Abs. 2 BGB wiederherzustellen, wird mehrheitlich vorgeschlagen, die Forderung der Hypothek folgen zu lassen (Einheitstheorie)[15]. Die Gegenansicht („Trennungstheorie") verweist darauf, dass die dem Gläubiger aus dem Sicherungsvertrag zustehende Einrede aus §§ 1144, 1163 Abs. 1 S. 2 BGB die Gefahr der doppelten Inanspruchnahme bannt[16]. Denn der Darlehensrückzahlungsanspruch ist dadurch einredebehaftet, dass der Schuldner lediglich Zug um Zug gegen Rückgabe des Briefs zahlen muss[17], so dass das Geleistete nach § 813 Abs. 1 BGB bereicherungsrechtlich zurückgefordert werden könnte.

---

15 *Wilhelm*, Sachenrecht, Rn. 1488, 1497; *Karper*, JuS 1989, 33.

16 *Heck*, Grundriss des Sachenrechts, § 96 7a, S. 401; *Medicus/Petersen*, Bürgerliches Recht, Rn. 545.

17 Für den Fall einer Buchhypothek eingehend *Petersen/Rothenfußer*, WM 2000, 657.

4. Teil: Der Dritte im Familien- und Erbrecht

§ 25 Der Dritte im Familienrecht

Auch wenn das Familienrecht im Examen nur in den Grundzügen beherrscht werden muss, sind es gerade Konstellationen möglicher Drittbetroffenheit, die zum Pflichtfachstoff gehören.*

I. Allgemeines

Die Ehe selbst ist gegen Störungen Dritter nicht pauschal geschützt, etwa als ‚sonstiges Recht' i.S.d. § 823 Abs. 1 BGB[1]; lediglich der räumlich-gegenständliche Bereich der Ehe, der sich auf den äußeren Bereich der Lebensgemeinschaft beschränkt, wird von der Rechtsprechung als Ausprägung des Art. 6 GG anerkannt[2]. Diese Fallgestaltungen möglicher Drittberührungen sind im Folgenden nicht gemeint, wenn es um den Dritten im Familienrecht geht. Vielmehr soll es um jene Vorschriften gehen, in denen der Dritte unmittelbar gesetzlich genannt ist. 1

Vom Dritten ist erstmals in § 1306 BGB die Rede: Eine Ehe darf nicht geschlossen werden, wenn zwischen einer der Personen, die die Ehe miteinander eingehen wollen, und einer dritten Person eine Ehe oder eine Lebenspartnerschaft besteht. Das Verbot der Doppelehe gehört also neben der Verwandtenehe (§ 1307 BGB) zu den Eheverboten. Sodann begegnet der Dritte bei den Eheaufhebungsgründen. Zu diesen gehört nach § 1314 Abs. 1 BGB auch das letztgenannte Verbot des § 1306 BGB. Ferner kann eine Ehe nach § 1314 Abs. 2 Nr. 3 BGB insbesondere dann aufgehoben werden, wenn ein Ehegatte zur Eingehung der Ehe durch arglistige Täuschung (§ 123 Abs. 1 BGB) über solche Umstände bestimmt worden ist, die ihn bei Kenntnis der Sachlage und bei richtiger Würdigung des Wesens der Ehe von der Eingehung der Ehe abgehalten hätten; dies gilt nicht, wenn die Täuschung Vermögensverhältnisse betrifft oder von einem *Dritten* ohne Würdigung des anderen Ehegatten verübt worden ist. Dieser häufigste Aufhebungsgrund erfordert keine Schädigungsabsicht[3]. In aller Regel 2

---

* Zuerst abgedruckt in Jura 2015, S. 798–802.
1 Grundlegend zu familienrechtlichen Rechtsverhältnissen und Schuldrecht *Coester-Waltjen*, Festschrift Canaris, 2007, Band I, S. 131 ff.; *Medicus/Petersen*, Bürgerliches Recht, Rn. 616 ff.
2 BGH NJW 2014, 1243. Zu Art. 6 GG und der Familienautonomie *Coester-Waltjen*, Jura 2009, 105; *dies.*, Jura 2008, 108 zu Art. 6 Abs. 1 GG und dem Schutz der Ehe sowie *dies.*, Jura 2008, 349 zum Schutz der Familie.
3 RG JW 1931, 1163.

https://doi.org/10.1515/9783110365702-025

geht die Täuschung vom Ehegatten aus, doch setzt der zweite Halbsatz die Möglichkeit voraus, dass auch ein Dritter täuschen kann; in diesem Fall kann die Ehe aber nur aufgehoben werden, wenn der Ehegatte die Täuschung kannte und sich den durch den Dritten verursachten Irrtum zunutze machte. Typischer Anwendungsfall ist die Täuschung über eine vorgeblich bestehende Schwangerschaft bzw. den möglichen Erzeuger[4]. Eine Täuschung durch Verschweigen kommt in Betracht, wenn eine entsprechende Offenbarungspflicht besteht. Eine solche entsteht im Falle einer Täuschung durch Dritte (etwa einen Ehemakler) dann, wenn der Ehepartner von ihr erfährt[5]. § 1318 Abs. 2 Nr. 1 BGB greift bezüglich der Regelung der Folgen der Eheaufhebung die §§ 1306, 1314 Abs. 2 Nr. 3 BGB auf.

II. Wirkungen der Ehe

3 Bei den Wirkungen der Ehe wird der Dritte in § 1361b Abs. 1 S. 3 BGB vorausgesetzt, doch dürfte dieser in der Ausbildung kaum eine Rolle spielen. Entsprechendes gilt für § 1568a Abs. 2, Abs. 4 BGB im Falle der Scheidung[6]. Wichtiger ist eine Vorschrift, deren erster Absatz den Studierenden geläufig sein sollte: Im Recht der ehelichen Lebensgemeinschaft erwähnt der zweite Absatz des § 1357 BGB den Dritten[7]: Ein Ehegatte kann die Berechtigung des anderen Ehegatten, Geschäfte zur angemessenen Deckung des Lebensunterhalts mit Wirkung für ihn zu besorgen, beschränken oder ausschließen, § 1357 Abs. 2 S. 1 Hs. 1 BGB. Dritten gegenüber wirkt die Beschränkung oder Ausschließung nur nach Maßgabe des § 1412 BGB, d.h. sofern sie ihnen bekannt oder ins Güterregister eingetragen ist.

4 Das lenkt den Blick auf die korrespondierende Regelung beim Ehevertrag, auf die § 1357 Abs. 2 S. 2 BGB Bezug nimmt: Haben die Ehegatten den gesetzlichen Güterstand ausgeschlossen oder geändert, so können sie hieraus einem Dritten gegenüber Einwendungen gegen ein Rechtsgeschäft, das zwischen einem von ihnen und dem Dritten vorgenommen worden ist, nach § 1412 Abs. 1 BGB nur herleiten, wenn der Ehevertrag im Güterrechtsregister des zuständigen Amtsgerichts eingetragen oder dem Dritten bekannt war, als das Rechtsgeschäft vorgenommen wurde; Einwendungen gegen ein rechtskräftiges Urteil, das zwischen einem der Ehegatten und dem Dritten ergangen ist, sind nur zulässig,

---

4 BGHZ 5, 186; 29, 265; Palandt/*Brudermüller*, § 1314 Rn. 10.
5 *Gernhuber/Coester-Waltjen*, Familienrecht, § 14 Rn. 46.
6 Zu den Voraussetzungen der Ehescheidung *Coester-Waltjen*, Jura 2006, 105.
7 Zu § 1357 BGB *Medicus/Petersen*, Bürgerliches Recht, Rn. 88 f.

wenn der Ehevertrag eingetragen oder dem Dritten bekannt war, als der Rechtsstreit anhängig wurde, § 1412 Abs. 1 Hs. 2 BGB. Die §§ 1357 Abs. 2 S. 2, 1412 BGB
sind also Ausdruck eines einheitlichen Verkehrsschutzgedankens. Allerdings ist
die dogmatische Bedeutung insoweit größer als die praktische, weil dem Güterrechtsregister in der Praxis kein durchschlagender Erfolg beschieden ist[8]. Der
Regelungsmechanismus ähnelt den §§ 68, 70 BGB mit ihrer negativen Publizität des Vereinsregisters[9]. Man kann es auf die einprägsame Formel bringen:
„Schweigen und Sprechen des Güterrechtsregisters sind allein entscheidend für
die Frage, ob bestimmte Akte im konkreten Fall einem Dritten (als Einwendung)
entgegengehalten werden können"[10]. Zur Ergänzung dieses Verkehrsschutzes
wird in §§ 1456 Abs. 3, 1470 Abs. 2 BGB auf § 1412 BGB verwiesen.

III. Eheliches Güterrecht

Besonders klausurrelevant sind die Vorschriften über das eheliche Güterrecht, vor 5
allem die Eigentumsverhältnisse in der Ehe[11]. Der in § 1363 Abs. 1 BGB vorausgesetzte Begriff der Zugewinngemeinschaft darf nicht darüber hinwegtäuschen,
dass das Vermögen der Frau und des Mannes damit nicht gemeinschaftliches
Vermögen werden, § 1363 Abs. 2 S. 1 Hs. 1 BGB. Der zweite Halbsatz stellt sogar klar,
dass dies auch für ein Vermögen gilt, das ein Ehegatte nach der Eheschließung
erwirbt. Der Zugewinn, den die Ehegatten in der Ehe erzielen, wird jedoch nach
§ 1363 Abs. 2 S. 2 BGB ausgeglichen, wenn die Zugewinngemeinschaft endet.

1. Verfügungen über Vermögen

Ein Ehegatte kann sich nach § 1365 Abs. 1 S. 1 BGB nur mit Einwilligung (§ 183 6
S. 1 BGB) des anderen Ehegatten verpflichten, über sein Vermögen im Ganzen
zu verfügen.

a) Verfügung über das Vermögen als Ganzes
Hat sich ein Ehegatte ohne Zustimmung des anderen Ehegatten verpflichtet, so 7
kann er die Verpflichtung nur erfüllen, wenn der andere Ehegatte einwilligt,

---

8 *Gernhuber/Coester-Waltjen*, Familienrecht, § 33 Rn. 2.
9 *Petersen*, Allgemeiner Teil und Handelsrecht, § 38 Rn. 11, mit Klausurbeispiel.
10 *Gernhuber/Coester-Waltjen*, Familienrecht, § 33 Rn. 1, Hervorhebung auch dort.
11 Lehrreich *Coester-Waltjen*, Jura 2011, 341.

§ 1365 Abs. 1 S. 2 BGB[12]. Ein Vertrag, den ein Ehegatte ohne die erforderliche Einwilligung des anderen Ehegatten schließt, ist nach § 1366 Abs. 1 BGB wirksam, wenn dieser ihn genehmigt, also nachträglich zustimmt (§ 184 Abs. 1 BGB). § 1366 Abs. 2 BGB bringt den Dritten ins Spiel: Bis zur Genehmigung kann der Dritte den Vertrag widerrufen[13]. Die weiteren Modalitäten sind so unmissverständlich geregelt, dass sie sich geradezu von selbst verstehen: Hat der Dritte gewusst, dass der Mann oder die Frau verheiratet ist, so kann er nur widerrufen, wenn der Mann oder die Frau wahrheitswidrig behauptet hat, der andere Ehegatte habe eingewilligt; er kann auch in diesem Falle nicht mehr widerrufen, wenn ihm beim Abschluss des Vertrags bekannt war, dass der andere Ehegatte nicht eingewilligt hatte, § 1366 Abs. 2 S. 2 BGB. Fordert der Dritte den Ehegatten auf, die erforderliche Genehmigung des anderen Ehegatten zu beschaffen, so kann dieser sich nach § 1366 Abs. 3 S. 1 BGB nur dem Dritten gegenüber über die Genehmigung erklären; hat er sich bereits vor der Aufforderung seinem Ehegatten gegenüber erklärt, so wird die Erklärung unwirksam. Ersetzt das Familiengericht die Genehmigung, so ist sein Beschluss nur wirksam, wenn der Ehegatte ihn dem Dritten innerhalb von zwei Wochen seit dem Empfang der Aufforderung mitteilt, § 1366 Abs. 3 S. 3 BGB. Die Rechtsfolge ergibt sich aus § 1366 Abs. 4 BGB: Wird die Genehmigung verweigert, so ist der Vertrag unwirksam. Nichtig ist nicht nur das Verpflichtungsgeschäft, sondern auch das Verfügungsgeschäft[14].

b) Grundsatz: kein gutgläubiger Erwerb

8 Auch ein gutgläubiger Erwerb ist bei einem Verstoß gegen die familienrechtlichen Verfügungsbeschränkungen – anders als etwa nach § 135 Abs. 2 BGB[15] – nicht möglich. Entsprechendes gilt für Verfügungen über Haushaltsgegenstände nach § 1369 BGB. Dort kann sich jedoch ein Sonderproblem ergeben, wenn der Haushaltsgegenstand einem Dritten gehört. Dann gilt § 1369 BGB ausweislich seines Wortlauts nicht unmittelbar, und auch eine analoge Anwendung ist nicht angezeigt, da der Schutzzweck der §§ 1365, 1369 BGB in der Erhaltung des ehelichen Vermögens besteht. Steht der Haushaltsgegenstand dagegen im Eigentum eines Dritten, scheint nichts gegen die Möglichkeit gutgläubigen Erwerbs zu sprechen. Gleichwohl favorisiert ein Teil der Lehre in dieser Konstella-

---

12 Klausurbeispiel mit allen Folgefragen bei *Petersen*, Mündliche Prüfung, S. 105 ff.

13 Zum Bezugspunkt des Widerrufs, der aus gutem Grund von § 355 Abs. 1 BGB abweicht, *Petersen*, JZ 2010, 315; allgemein zum Widerruf im Bürgerlichen Recht *ders.*, Jura 2009, 276.

14 Palandt/*Brudermüller*, § 1365 Rn. 13 f.; § 1368 Rn. 3.

15 Zu den Verfügungsverboten *Petersen*, Jura 2009, 768.

tion eine teleologische Reduktion der Redlichkeitsvorschriften, da der Dritte nur so stehen soll, als wenn seine Vorstellung von der Berechtigung des Verfügenden zuträfe; dann aber würde der Erwerb ohne weiteres an § 1369 BGB scheitern[16].

c) Revokationsbefugnis gegen den Dritten

Verfügt ein Ehegatte ohne die erforderliche Zustimmung des anderen Ehegatten 9 über sein Vermögen oder über einen Haushaltsgegenstand (§ 1369 Abs. 3 BGB), so ist auch der andere Ehegatte nach § 1368 BGB berechtigt, die sich aus der Unwirksamkeit der Verfügung ergebenden Rechte gegen den Dritten gerichtlich geltend zu machen. Die Revokationsbefugnis des Dritten lässt sich an folgendem Klausurfall illustrieren[17]:

A und B sind miteinander verheiratet. Sie leben im gesetzlichen Güterstand. 10 Das Vermögen der B besteht im Wesentlichen aus einem unbebauten Grundstück, das sie für 100.000 € an K veräußert. Dieser wird ins Grundbuch eingetragen und bebaut das Grundstück. Die Bebauungsmaßnahmen kosten ihn 200.000 €. Von der Vermögenssituation der B wusste K, von der Ehe mit A hingegen nicht. Der Ehemann A verlangt jetzt von K Herausgabe des Grundstücks an B und die Bewilligung ihrer Wiedereintragung im Grundbuch. Ist das Verlangen begründet?

A könnte gegen K einen Anspruch auf Herausgabe des Grundstücks an B 11 und Bewilligung der Wiedereintragung von B im Grundbuch aus §§ 1368, 985 BGB in Verbindung mit § 894 BGB haben. Voraussetzung dafür ist, dass das Grundstück nach wie vor im Eigentum der B steht. Dann wäre der Anspruch aus § 985 BGB gegeben, und B könnte aufgrund dessen auch Grundbuchberichtigung nach § 894 BGB verlangen. Die Verfügung der B an K könnte nach § 1365 Abs. 1 S. 2 BGB unwirksam sein. Zwar hat B hier nicht explizit über ihr Vermögen als Ganzes verfügt, doch besteht ihr Vermögen im Wesentlichen aus dem veräußerten Grundstück.

Die Rechtsprechung geht davon aus, dass auch Geschäfte über Einzelge- 12 genstände dann, wenn sie das ganze oder nahezu das ganze Vermögen des Ehegatten ausmachen, unter § 1365 Abs. 1 BGB fallen[18]. Wegen dieser extensiven Auslegung auf der objektiven Ebene des § 1365 Abs. 1 BGB verlangt die Rechtsprechung allerdings in subjektiver Hinsicht einschränkend, dass der Dritte

---

16 *Medicus/Petersen*, Bürgerliches Recht, Rn. 541 f.
17 Als Prüfungsgespräch ausformuliert bei *Petersen*, Mündliche Prüfung, S. 105 ff.
18 BGHZ 35, 135; 43, 174; 77, 293.

auch weiß, dass der fragliche Gegenstand, hier also das Grundstück, praktisch das ganze Vermögen der verfügenden B ausmacht[19]. Für diese so genannte subjektive Theorie spricht der allfällige Verkehrsschutz[20]. Demgegenüber ist es nicht erforderlich, dass der Dritte auch Kenntnis von der Ehe hat[21]. Das folgt nicht zuletzt aus einem Umkehrschluss aus § 1366 Abs. 2 S. 2 BGB, der das Widerrufsrecht des Dritten für den Fall der Kenntnis von der Ehe beschränkt.

13   Nach § 1365 Abs. 1 S. 1 BGB war daher die Einwilligung des A in den Kaufvertrag zwischen B und K erforderlich. B konnte ohne diese Einwilligung nach § 1365 Abs. 1 S. 2 BGB auch nicht wirksam über das Grundstück verfügen. Kaufvertrag und Übereignung sind mithin gemäß § 1366 Abs. 1 BGB schwebend unwirksam. Das Herausgabeverlangen des A bedeutet sodann eine Verweigerung der Genehmigung. Daher sind die Verträge nach § 1366 Abs. 4 BGB endgültig unwirksam, so dass B Eigentümerin des Grundstücks geblieben ist. Wegen seiner Unwirksamkeit berechtigt der geschlossene Kaufvertrag den K gegenüber B auch nicht gemäß § 986 Abs. 1 S. 1 BGB zum Besitz. Sie kann es daher nach § 985 BGB herausverlangen. K muss demzufolge nach § 894 BGB die Wiedereintragung der B ins Grundbuch bewilligen. Zwar stehen diese Ansprüche materiellrechtlich ausschließlich der B zu, jedoch kann A die Unwirksamkeit im eigenen Namen nach § 1368 BGB geltend machen.

14   Nach dem Sinn und Zweck des § 1368 BGB steht dem Anspruch des A auch kein Zurückbehaltungsrecht des K nach § 273 BGB entgegen. Zwar ist auch der Kaufvertrag nach § 1365 Abs. 1 S. 1 BGB in Verbindung mit § 1366 Abs. 4 BGB nichtig, so dass der Käufer den Kaufpreis ohne rechtlichen Grund geleistet hat und ihm ein Bereicherungsanspruch aus § 812 Abs. 1 S. 1 Var. 1 BGB zusteht. Dieser Anspruch richtet sich jedoch gegen B. Allerdings geht ein Teil der Lehre davon aus, dass der Schutz der Ehe damit in einer zu weit gehenden Weise ausgedehnt wird gegenüber den Interessen des Rechtsverkehrs, wenn man dem Dritten die Berufung auf Gegenrechte, wie hier das Zurückbehaltungsrecht, aus seinen Beziehungen zu dem Ehegatten gänzlich versagt[22].

15   Dagegen spricht jedoch wiederum die ratio legis des § 1368 BGB: Der Klageberechtigte hätte von der Revokationsbefugnis in der Praxis wenig, wenn er etwaigen Gegenansprüchen ausgesetzt wäre[23]. Konsequenterweise hätte K dann im Ergebnis auch kein Zurückbehaltungsrecht nach § 1000 BGB gegen A, obwohl zwischen B und K ein Eigentümer-Besitzer-Verhältnis besteht und es sich

---

19 BGH FamRZ 1969, 322; BGH NJW 1984, 609.
20 MüKo/*Koch*, § 1365 Rn. 27 f.; a.A. *Beitzke*, DB 1961, 22; *Gernhuber*, JZ 1966, 192.
21 MüKo/*Koch*, § 1365 Rn. 30.
22 *Dölle*, Familienrecht, § 52 III 3 aE; *Boehmer*, FamRZ 1959, 1, 6; 81, 82 f.
23 *Gernhuber/Coester-Waltjen*, Familienrecht, § 35 V 1.

bei der Bebauung wohl zumindest um eine nützliche Verwendung im Sinne des § 996 BGB handelt[24]. Gleiches gilt für den zu prüfenden[25] Anspruch des K aus §§ 951 Abs. 1 S. 1, 812 Abs. 1 S. 1 Var. 2 BGB, weil B mit der Errichtung des Hauses nach §§ 946, 94 Abs. 1 S. 1 BGB kraft Gesetzes Eigentum an dem Gebäude erworben hat. Im Übrigen kommt der Wertzuwachs der B und nicht dem A zugute, der als Kläger (§ 1368 BGB) keine Möglichkeit hat, diesen Mehrwert zu erlangen. Es handelt sich bei der Revokationsbefugnis des § 1368 BGB nämlich um einen Fall der gesetzlichen Prozessstandschaft, da der Prozessstandschafter ein fremdes materielles Recht kraft eigener Prozessführungsbefugnis im eigenen Namen geltend macht[26].

2. Zugewinnausgleich

Wird der gesetzliche Güterstand der Zugewinngemeinschaft auf andere Weise 16 als durch den Tod eines Ehegatten (dann: § 1371 BGB) beendet, so wird gemäß § 1372 BGB der Zugewinn nach den Vorschriften der §§ 1373 bis 1390 BGB ausgeglichen, wofür § 1378 Abs. 1 BGB die Anspruchsgrundlage zugunsten des Ausgleichsberechtigten bildet. Der Dritte wird in der letzten Vorschrift vorausgesetzt, auf die § 1372 BGB verweist: Der ausgleichsberechtigte Ehegatte kann nach § 1390 Abs. 1 S. 1 BGB von einem Dritten Ersatz des Wertes einer unentgeltlichen Zuwendung des ausgleichspflichtigen Ehegatten an den Dritten verlangen, wenn der ausgleichspflichtige Ehegatte die unentgeltliche Zuwendung an den Dritten in der Absicht gemacht hat, den ausgleichsberechtigten Ehegatten zu benachteiligen *und* die Höhe der Ausgleichsforderung den Wert des nach Abzug der Verbindlichkeiten bei Beendigung des Güterstandes vorhandenen Vermögens des ausgleichspflichtigen Ehegatten übersteigt. Es ist somit eine Anspruchsgrundlage zugunsten des ausgleichsberechtigten Ehegatten gegen den beschenkten Dritten, die durch den allgemeinen Auskunftsanspruch des

---

24 Anders wohl nach dem engen Verwendungsbegriff des Bundesgerichtshofs; BGHZ 27, 204; 41, 157. Danach würde K mangels Verwendung grds. nur das Wegnahmerecht aus § 997 BGB zustehen, welches aber nicht zur Zurückbehaltung der Sache berechtigt, weil es der Besitzer auch ohne Mitwirkung des Eigentümers ausüben kann. Nur wenn das Wegnahmerecht ausnahmsweise ausgeschlossen ist, etwa, weil ein gesetzliches Abbruchverbot besteht, bejaht der BGH einen Anspruch auf angemessene Entschädigung in Geld aus § 242 BGB, vgl. BGHZ 41, 157, 164 f.
25 Umstritten ist, ob die genannten Vorschriften neben dem Eigentümer-Besitzer-Verhältnis überhaupt anwendbar sind, vgl. BGHZ 41, 157, 161 ff. einerseits und *Medicus/Petersen*, Bürgerliches Recht, Rn. 897; *Canaris*, JZ 1996, 344, 348 andererseits.
26 *Dölle*, Familienrecht, § 52 III 3.

§ 260 BGB flankiert wird. Es handelt sich um einen „Auffüllungsanspruch" gegen den Dritten, wenn diesem illoyaler Weise Vermögen zugewendet wurde[27].

17 Der nach § 1390 Abs. 1 BGB zum Wertersatz verpflichtete Dritte und der gemäß § 1378 Abs. 1 BGB ausgleichspflichtige Ehegatte haften gemäß § 1390 Abs. 1 S. 4 BGB als Gesamtschuldner (§ 421 BGB). § 1390 Abs. 1 S. 2 BGB statuiert eine Rechtsfolgenverweisung auf das Bereicherungsrecht, so dass trotz Entreicherung (§ 818 Abs. 3 BGB) eine verschärfte Haftung bei Bösgläubigkeit nach §§ 818 Abs. 4, 819 Abs. 1 BGB in Betracht kommt. Der Anspruch ist ausdrücklich nicht auf das Erlangte, sondern auf Wertersatz gerichtet. Jedoch gestattet das Gesetz dem Dritten eine Abwendungsbefugnis: Er kann die Zahlung nach § 1390 Abs. 1 S. 3 BGB durch Herausgabe des Erlangten abwenden. § 1390 Abs. 2 BGB erweitert den Anspruch gegen den Dritten auf andere Rechtshandlungen mit Benachteiligungsabsicht, wenn der Dritte darum wusste.

3. Gütergemeinschaft

18 Im Recht der Gütergemeinschaft (§ 1415 BGB) wird der Dritte bei der Bestimmung des Vorbehaltsguts, das vom Gesamtgut (§ 1418 Abs. 1 BGB) ausgeschlossen ist, vorausgesetzt: Vorbehaltsgut sind nach § 1418 Abs. 2 Nr. 2 BGB insbesondere die Gegenstände, die einem Ehegatten von einem Dritten unentgeltlich zugewendet werden, wenn der Dritte bei der Zuwendung bestimmt hat, dass der Erwerb Vorbehaltsgut sein soll. Führt der Ehegatte, der das Gesamtgut nicht verwaltet, einen Rechtsstreit mit einem Dritten, so fallen die Kosten des Rechtsstreits im Verhältnis der Ehegatten zueinander nach § 1443 Abs. 2 S. 1 BGB diesem Ehegatten zur Last. Dem entspricht bei der gemeinschaftlichen Verwaltung des Gesamtguts durch die Ehegatten § 1465 Abs. 2 S. 1 BGB: Führt ein Ehegatte einen Rechtsstreit mit einem Dritten, so fallen die Kosten des Rechtsstreits im Verhältnis der Ehegatten zueinander dem Ehegatten zur Last, der den Rechtsstreit führt.

19 Schließlich bestimmt § 1449 Abs. 2 BGB mit Drittwirkung, dass die Aufhebung der Gütergemeinschaft Dritten gegenüber nur nach Maßgabe des § 1412 BGB wirksam ist. Das läuft auf den bereits behandelten Verkehrsschutz kraft Registerpublizität hinaus. § 1453 BGB ordnet nach dem Vorbild der §§ 1366 f. BGB bei der Zugewinngemeinschaft für die gemeinschaftliche Verwaltung des Gesamtguts durch die Ehegatten (§ 1450 BGB) Entsprechendes an: Verfügt ein Ehegatte ohne die erforderliche Einwilligung des anderen Ehegatten über das

---

27 *Gernhuber/Coester-Waltjen*, Familienrecht, § 36 Rn. 85.

Gesamtgut, so gelten nach § 1453 Abs. 1 BGB die Vorschriften des § 1366 Abs. 1, Abs. 3, Abs. 4 BGB und – soweit es um einseitige Rechtsgeschäfte geht – des § 1367 BGB entsprechend. Einen Vertrag kann der Dritte auch nach § 1453 Abs. 2 BGB bis zur Genehmigung widerrufen. Daran sieht man im Übrigen, dass die Bezugnahme in § 1366 Abs. 2 BGB auf den Vertrag (und nicht die einzelne Willenserklärung, die im Familienrecht schon begrifflich nichts zu suchen hat) kein Redaktionsversehen ist[28]. Die Vorschrift unterscheidet sich im Übrigen nur durch einen Zurechenbarkeitsgesichtspunkt: Hat der Dritte gewusst, dass der Ehegatte in Gütergemeinschaft lebt, so kann er nach § 1453 Abs. 2 S. 2 BGB nur widerrufen, wenn dieser wahrheitswidrig behauptet hat, der andere Ehegatte habe eingewilligt; er kann jedoch auch in diesem Fall nicht widerrufen, wenn ihm beim Abschluss des Vertrags bekannt war, dass der andere Ehegatte nicht eingewilligt hatte. § 1455 Nr. 8 BGB statuiert nach dem Vorbild des § 1368 BGB ein alleiniges Revokationsrecht, wonach jeder Ehegatte ohne Mitwirkung des anderen ein zum Gesamtgut gehörendes Recht gegen einen Dritten gerichtlich geltend machen kann, wenn der andere Ehegatte ohne die erforderliche Zustimmung über das Recht verfügt hat. Das führt zu einer automatischen Rechtskrafterstreckung[29].

Für die Auseinandersetzung des Gesamtguts ist § 1472 Abs. 2 BGB zu beach- **20** ten: Jeder Ehegatte darf das Gesamtgut in derselben Weise wie vor der Beendigung der Gütergemeinschaft verwalten, bis er von der Beendigung Kenntnis erlangt oder sie kennen muss. Ein Dritter kann sich hierauf indes nach § 1472 Abs. 2 S. 2 BGB nicht berufen, wenn er bei der Vornahme eines Rechtsgeschäfts weiß oder wissen muss, dass die Gütergemeinschaft beendet ist. Wird das Gesamtgut geteilt, bevor eine Gesamtgutsverbindlichkeit berichtigt ist, so haftet dem Gläubiger nach § 1480 S. 1 BGB auch der Ehegatte persönlich als Gesamtschuldner, für den zur Zeit der Teilung eine solche Haftung nicht besteht. Wie die amtliche Überschrift bestätigt, werden Gläubiger und Dritte hier synonym verstanden.

IV. Sonstige Vorschriften mit Drittbezug

Ohne Anspruch auf Vollständigkeit enthalten noch eine Reihe weiterer Vor- **21** schriften Bestimmungen über einen bestimmten Dritten oder Dritte als mögliche Gläubiger, die hier nur kursorisch genannt seien, weil sie kaum je ausbildungs-

---

28 *Petersen*, Liber amicorum Leenen, 2012, S. 219, 227.
29 Palandt/*Brudermüller*, § 1455 Rn. 7.

oder gar prüfungsrelevant werden dürften. Es sind dies die §§ 1514, 1568a Abs. 2, Abs. 4, 1600 Abs. 5, 1607 Abs. 3 S. 2, 1632 Abs. 2, 1684 Abs. 4 S. 3, 4, 1698a Abs. 1 S. 2, 1803, 1835 Abs. 2 BGB. Die letztgenannte Vorschrift – § 1835 BGB – sollte den Studierenden immerhin in ihrem dritten Absatz geläufig sein, wonach als Aufwendungen auch solche Dienste des Vormunds oder Gegenvormunds gelten, die zu seinem Gewerbe oder seinem Beruf gehören. Denn diese Fiktion wird im Recht der Geschäftsführung ohne Auftrag entsprechend angewendet, wenn sich im Rahmen des § 670 BGB die Frage stellt, ob es als ersatzfähige Aufwendung anzusehen ist, wenn ein Berufsträger im Rahmen der Geschäftsführung etwas macht, das seiner beruflichen Tätigkeit entspricht (Bsp.: Unfallhilfe durch einen Arzt). Das kann dann entsprechend § 1835 Abs. 3 BGB bejaht werden[30].

---

30 Vgl. auch die Beispiele bei MüKo/*Seiler*, § 670 Rn. 19 ff.

§ 26 Der Dritte im Erbrecht

Erbrecht wird im Examen nur in den Grundzügen geprüft. Da diese aber nicht immer sicher abgrenzbar sind, empfiehlt es sich – wie bei den anderen Büchern des BGB – zumindest diejenigen Konstellationen und Vorschriften zu berücksichtigen, aus denen sich eine Drittbetroffenheit ergeben kann.*

I. Drittbegünstigung durch Erbvertrag

1. Abgrenzung zum Vertrag zugunsten Dritter

Der Dritte begegnet im fünften Buch des BGB erstmals beim Erbvertrag: Der Erb- 1
lasser kann nach § 1941 Abs. 1 BGB durch Vertrag einen Erben einsetzen sowie Vermächtnisse und Auflagen anordnen. Als Erbe (Vertragserbe) oder als Vermächtnisnehmer kann nach § 1941 Abs. 2 BGB sowohl der andere Vertragsschließende als auch ein Dritter bedacht werden[1]. Bereits diese letztgenannte Möglichkeit führt zu den Strukturunterschieden zwischen Schuldrecht und Erbrecht. Es handelt sich nämlich dann, wenn ein Dritter bedacht wird, nicht um einen Vertrag zugunsten Dritter im Sinne des § 328 BGB[2]. Denn anders als beim Vertrag zugunsten Dritter soll der Dritte bei § 1941 Abs. 2 BGB kein Recht erwerben, „die Leistung zu fordern" (§ 328 Abs. 1 BGB). Erst mit dem Tod des Erblassers erwirbt der Dritte im Falle des § 1941 Abs. 2 BGB im Wege der Universalsukzession (§ 1922 BGB) von Gesetzes wegen[3]. Weil sich aber der Erblasser gegenüber dem Dritten durch den Erbvertrag in keiner Weise verpflichtet, kann er den Erbvertrag auch ohne dessen Zustimmung aufheben[4].

2. Einzelheiten

a) Scheidung
Nach § 2279 Abs. 2 BGB gilt § 2077 BGB für einen Erbvertrag zwischen Ehegatten, 2
Lebenspartnern oder Verlobten (auch im Sinne des Lebenspartnerschaftsgeset-

---

* Zuerst abgedruckt in Jura 2016, S. 1389–1393.
1 Praktischer Fall dazu bei *Goerke*, Rpfleger 1982, 12, 13.
2 Zu ihm § 8; *Lange*, Erbrecht, § 18 Rn. 204 ff.
3 Palandt/*Weidlich*, § 1941 Rn. 3.
4 *Olzen/Looschelders*, Erbrecht, Rn. 205; Palandt/*Weidlich*, § 1941 Rn. 5 f.

https://doi.org.10.1515/9783110365702-026

zes) auch insoweit, als ein Dritter bedacht ist. Der genannte § 2077 BGB sieht vor, dass eine letztwillige Verfügung, durch die der Erblasser seinen Ehegatten bzw. Verlobten bedacht hat, unwirksam ist, wenn die Ehe oder das Verlöbnis vor dem Tode des Erblassers aufgelöst worden ist, es sei denn, dass anzunehmen ist, dass der Erblasser die Verfügung auch für einen solchen Fall getroffen haben würde, § 2077 Abs. 3 BGB[5]. Der Gerechtigkeitsgehalt dieser Vorschrift leuchtet unmittelbar ein. Auch Kinder, die aus der geschiedenen Ehe hervorgegangen sind und im Erbvertrag bedacht wurden, büßen unter diesen Umständen ihr Erbrecht ein, wenn die Auslegung der letztwilligen Verfügung nicht ergibt, dass die Ehegatten beim Abschluss des Erbvertrags auch für den Fall der Scheidung erkennbar etwas anderes im Sinne hatten[6].

b) Gegenseitige Erbeinsetzung

3 Haben Ehegatten oder Lebenspartner in einem Erbvertrag, durch den sie sich gegenseitig als Erben einsetzen, bestimmt, dass nach dem Tode des Überlebenden der beiderseitige Nachlass an einen Dritten fallen soll, so findet nach § 2280 BGB die für das gemeinschaftliche Testament geltende Vorschrift des § 2269 BGB entsprechende Anwendung. Nach deren Absatz 1 ist im Zweifel anzunehmen, dass der Dritte für den gesamten Nachlass als Erbe des zuletzt versterbenden Ehegatten eingesetzt ist, wenn die Ehegatten in einem gemeinschaftlichen Testament, durch das sie sich gegenseitig als Erben einsetzen, bestimmt haben, dass nach dem Tode des Überlebenden der beiderseitige Nachlass an den Dritten fallen soll. Dritter in diesem Sinne ist außer den (Erb-)Vertragsbeteiligten auch der Erbe des Überlebenden, wenn er am Erbvertrag beteiligt war[7].

c) Anfechtung

4 Anfechtungsfragen spielen bei der Fallbearbeitung nicht selten eine tragende Rolle. Bei der Anfechtung ist zu unterscheiden zwischen der Anfechtung durch den Erblasser und der Anfechtung durch Dritte.

---

5 Dazu *Petersen*, AcP 204 (2004), 832 ff.
6 BayObLG NJW-RR 1997, 7, 8; BayObLG ZEV 2001, 190, 192; OLG Stuttgart, OLGZ 1976, 17 ff.; OLG Hamm FamRZ 1994, 993, 994.
7 MüKo/*Musielak*, § 2280 Rn. 7.

aa) Anfechtung durch den Erblasser

Der Erbvertrag kann aufgrund der §§ 2078 f. BGB auch von dem Erblasser ange- 5 fochten werden; zur Anfechtung aufgrund des § 2079 BGB ist erforderlich, dass der Pflichtteilsberechtigte zur Zeit der Anfechtung vorhanden ist, § 2281 Abs. 1 BGB. Soll nach dem Tode des anderen Vertragsschließenden eine zugunsten eines Dritten getroffene Verfügung von dem Erblasser angefochten werden, so ist die Anfechtung nach § 2281 Abs. 2 BGB dem Nachlassgericht gegenüber zu erklären. Das Nachlassgericht soll die Erklärung dem Dritten mitteilen, § 2281 Abs. 2 S. 2 BGB. Bei der Anfechtung im Verhältnis zum Dritten denkt man zunächst an § 123 Abs. 2 BGB und die Einschränkung des Begriffs des Dritten nach der Wertung des § 278 BGB („Lagertheorie")[8]. Doch geht es hier nicht etwa darum, dass ein Dritter eine Täuschung verübt hat, sondern umgekehrt um eine zugunsten eines Dritten getroffene Verfügung. Anders als nach § 123 Abs. 2 BGB spielt es für die Anfechtung nach § 2078 BGB keine Rolle, ob der Dritte oder der Vertragspartner getäuscht hat[9], da allein der durch eine Täuschung bedingte Inhalts- oder Motivirrtum bereits zur Anfechtung berechtigt[10].

bb) Anfechtung durch Dritte

Die in § 2280 BGB – das heißt oben unter b) – genannten Personen können den 6 Erbvertrag aufgrund der §§ 2078, 2079 BGB gemäß § 2285 BGB nicht mehr anfechten, wenn das Anfechtungsrecht des Erblassers zur Zeit des Erbfalls erloschen ist. Das Anfechtungsrecht hängt also von demjenigen des Erblassers ab und erlischt daher, wenn dieser die Frist des § 2283 BGB versäumt, nach §§ 144, 2284 BGB bestätigt oder verzichtet[11].

II. Erbengemeinschaft

Am Beispiel der Erbengemeinschaft zeigt sich die Mehrdeutigkeit des Begriffs 7 des Dritten: Verkauft ein Miterbe seinen Anteil an einen Dritten, so sind die übrigen Miterben nach § 2034 BGB zum Vorkauf berechtigt. Dritter in diesem Sinne ist also jeder beliebige Dritte als Teilnehmer des Rechtsverkehrs. Dagegen meint § 2048 BGB für die Teilungsanordnung bezüglich der Auseinandersetzung im

---

8 Dazu siehe § 1 II 2.
9 Palandt/*Weidlich*, § 2281 Rn. 3.
10 *Lange*, Erbrecht, § 36 Rn. 80; *Olzen/Looschelders*, Erbrecht, Rn. 679 ff.
11 Zur Beschränkung der Drittanfechtung bei Verfügungen des erstversterbenden Ehegatten BGH NJW 2016, 2566.

Rahmen der Erbengemeinschaft einen bestimmten Dritten, der die Anordnung treffen soll; dieser Dritte kann sogar ein Miterbe sein[12]: Der Erblasser kann insbesondere anordnen, dass die Auseinandersetzung nach dem billigen Ermessen eines Dritten erfolgen soll, § 2048 S. 2 BGB. Der dritte Satz stellt klar, dass die von dem Dritten aufgrund der Anordnung getroffene Bestimmung für die Erben nicht verbindlich ist, wenn sie offenbar unbillig ist; die Bestimmung erfolgt dann durch Urteil. Uneinheitlich beurteilt wird die Frage, wie zu verfahren ist, wenn der Dritte nicht willens oder in der Lage ist, die Entscheidung zeitnah zu treffen. Richtigerweise sollte dann § 319 Abs. 1 S. 2 BGB entsprechend gelten[13]: Innerhalb der §§ 317 ff. BGB[14], die ebenfalls den Dritten voraussetzen, hält nämlich § 319 BGB eine interessengerechte Regelung bereit für den Fall, dass ein Dritter die Leistung nach billigem Ermessen bestimmen soll. Danach ist die Bestimmung – ebenso wie bei § 2048 S. 2 BGB – für die Vertragschließenden nicht verbindlich, wenn sie offenbar unbillig ist. Der analog anzuwendende § 319 Abs. 1 S. 2 BGB sieht nun auch für den hier interessierenden Fall, dass der Dritte die Bestimmung nicht treffen kann oder sie verzögert, vor, dass die Bestimmung durch Urteil erfolgt.

III. Dritter beim Testament

1. Bestimmtheit und Bestimmbarkeit des Dritten

8 Nach der Begriffsbestimmung des § 1937 BGB kann der Erblasser durch einseitige Verfügung von Todes wegen (Testament, letztwillige Verfügung) den Erben bestimmen. § 2065 BGB enthält Regelungen für die Bestimmung durch Dritte: Nach dessen erstem Absatz kann der Erblasser eine letztwillige Verfügung nicht in der Weise treffen, dass ein anderer zu bestimmen hat, ob sie gelten oder nicht gelten soll. Der Erblasser kann nach § 2065 Abs. 2 BGB die Bestimmung der Person[15], die im Wege einer letztwilligen Verfügung eine Zuwendung erhalten soll, sowie die Bestimmung des Gegenstands der Verfügung nicht einem anderen überlassen. Andernfalls ist die letztwillige Verfügung nichtig[16]. Diese zentrale Entscheidung soll höchstpersönlich getroffen und nicht einem anderen über-

---

12 RGZ 110, 270, 274.
13 Palandt/*Weidlich*, § 2048 Rn. 3.
14 Zum Gestaltungsrecht des Dritten nach § 317 BGB *Joussen*, AcP 203 (2003), 429.
15 Dieser Topos ist typisch für die Drittbeteiligung; er begegnet etwa auch bei der Bestimmung des Testamentsvollstreckers durch einen Dritten nach § 2198 BGB.
16 BayObLG NJW-RR 2000, 1174.

antwortet werden[17]. Vielmehr muss die Person des oder der Erben eindeutig bestimmbar sein, auch wenn der Erblasser die Person nicht individuell zu bestimmen braucht[18]. Entscheidend ist, dass keinerlei Spielraum für die Bestimmung des Erben bleibt[19]. So ist etwa ein Testament nichtig, in dem derjenige zum Erben eingesetzt wird, der „sich bis zu meinem Tode um mich kümmert"[20]. Denn wer das sein wird, ist im Vorhinein nicht hinreichend klar, weil die Person nicht individualisierbar ist.

2. Abkömmlinge eines Dritten

Hat der Erblasser die Abkömmlinge eines Dritten ohne nähere Bestimmung bedacht, so ist nach § 2070 BGB im Zweifel anzunehmen, dass diejenigen Abkömmlinge nicht bedacht sind, welche zur Zeit des Erbfalls oder, wenn die Zuwendung unter einer aufschiebenden Bedingung oder unter Bestimmung eines Anfangstermins gemacht ist und die Bedingung oder der Termin erst nach dem Erbfall eintritt, zur Zeit der Bedingung oder des Termins noch nicht gezeugt sind. Diese unübersichtliche Auslegungsregel mit ihrer Alternative ist vor dem Hintergrund verschiedener Vorschriften verständlich: des § 1923 Abs. 2 BGB, des § 2106 Abs. 2 S. 1 BGB und des § 2105 BGB. Der Hauptsatz bezieht sich auf die Fiktion des § 1923 Abs. 2 BGB. Nach § 1923 Abs. 1 BGB kann Erbe nur werden, wer zur Zeit des Erbfalls lebt; die Fiktion des Absatz 2 stellt klar, dass wer zur Zeit des Erbfalls noch nicht lebte, aber bereits gezeugt war, als vor dem Erbfall geboren gilt. **9**

Die im Nebensatz vorausgesetzte Alternative erklärt sich mit Blick auf die §§ 2105f. BGB. Hat der Erblasser angeordnet, dass der eingesetzte Erbe die Erbschaft erst mit dem Eintritt eines bestimmten Zeitpunkts oder Ereignisses erhalten soll, ohne zu bestimmen, wer bis dahin Erbe sein soll, so sind die gesetzlichen Erben des Erblassers nach § 2105 Abs. 1 BGB die Vorerben. Das Gleiche gilt nach Absatz 2 unter anderem dann, wenn die Persönlichkeit des Erben durch ein erst nach dem Erbfall eingetretenes Ereignis bestimmt werden soll oder wenn die Einsetzung einer zur Zeit des Erbfalls noch nicht gezeugten Person als Erbe gemäß § 2101 BGB als Nacherbeneinsetzung anzusehen ist. Darauf nimmt § 2106 Abs. 2 S. 1 BGB Bezug: Ist die Einsetzung einer noch nicht gezeugten Person als Erbe nach § 2101 Abs. 1 BGB als Nacherbeneinsetzung anzusehen, so **10**

---

17 *Lange*, Erbrecht, § 27 Rn. 13.
18 KG FamRZ 1998, 1202, 1204; *Olzen/Looschelders*, Erbrecht, Rn. 219.
19 BGHZ 15, 199, 200.
20 OLG München, NJW 2013, 2977; dazu lehrreich *Wellenhofer*, JuS 2014, 554.

fällt die Erbschaft dem Nacherben mit dessen Geburt an. Um diese Komplikationen zu vermeiden, die vom Erblasser vielleicht gar nicht in Betracht gezogen wurden, enthält § 2070 BGB eine interessengerechte Auslegungsregel für den Fall, dass jemand beispielsweise die Abkömmlinge eines Freundes testamentarisch bedenkt[21].

3. Bedingung zum Vorteil eines Dritten

11 Eine letztwillige Zuwendung kann unter einer aufschiebenden (§§ 2074, 158 Abs. 1 BGB) oder auflösenden (§§ 2075, 158 Abs. 2 BGB) Bedingung gemacht werden. Bezweckt die rechtsgeschäftliche Bedingung, unter der eine letztwillige Verfügung gemacht ist, den Vorteil eines Dritten, also eines jeden, der selbst weder Erblasser noch Bedachter ist, so gilt sie nach § 2076 BGB im Zweifel als eingetreten, wenn der Dritte die zum Eintritt der Bedingung erforderliche Mitwirkung verweigert. Die Vorschrift erinnert an § 162 BGB: Wird der Eintritt einer Bedingung von der Partei, zu deren Nachteil er gereichen würde, treuwidrig verhindert, so gilt die Bedingung nach Absatz 1 als eingetreten, Absatz 2 regelt den umgekehrten Fall entsprechend. Diese Bestimmungen gelten auch für letztwillige Verfügungen, die somit von § 2076 BGB nicht tangiert werden[22].

IV. Vor- und Nacherbschaft

12 Von der Vor- und Nacherbschaft war soeben schon die Rede. In den dortigen Vorschriften findet sich noch eine Regelung, die den Dritten in Betracht zieht und in anspruchsvollen Fallgestaltungen durchaus einmal zum Tragen kommen kann. Es handelt sich um § 2140 BGB über Verfügungen des Vorerben nach Eintritt der Nacherbfolge. Danach ist der Vorerbe auch nach dem Eintritt des Falles der Nacherbfolge zur Verfügung über Nachlassgegenstände in dem gleichen Umfang wie vorher berechtigt, bis er von dem Eintritt Kenntnis erlangt oder ihn kennen muss. Für den vorliegenden Zusammenhang – und möglicherweise auch eine Klausur oder Hausarbeit – ist der zweite Satz bedeutsam: Ein Dritter kann sich auf diese Berechtigung nicht berufen, wenn er bei der Vornahme eines Rechtsgeschäfts den Eintritt des Falles der Nacherbfolge kennt oder kennen muss. Es könnte durchaus einmal prüfungsrelevant sein, dass sich

---

21 Palandt/*Weidlich*, § 2070 Rn. 1.
22 OLG Hamm, OLGZ 1968, 80, 85.

ein Dritter unbeschadet des § 2140 S. 2 BGB gegebenenfalls auf die Gutglaubensvorschriften der §§ 892f., 932, 2366 BGB berufen kann[23]. Noch schwieriger wird es, wenn ein redlicher Schuldner, der mit dem Vorerben besten Wissens verhandelt hat, an diesen ohne Kenntnis oder fahrlässige Unkenntnis vom Nacherbfall leistet, nachdem die Forderung auf den Nacherben übergegangen ist. Dann ist zu seinem Schutz § 407 BGB entsprechend anzuwenden[24].

V. Vermächtnis

Das Vermächtnis sollte fortgeschrittenen Studierenden im Hinblick auf eine 13 denkbare und prüfungsrelevante Drittbeteiligung zumindest als möglicher Anwendungsfall der Drittschadensliquidation bekannt sein[25]. Aber auch davon abgesehen gibt es einige Regelungen, in denen der Dritte ausdrücklich vorausgesetzt wird und die hier daher zumindest genannt seien. Das gilt zunächst für eine Ausnahme von dem bereits behandelten Prinzip der höchstpersönlichen Bestimmung des § 2065 Abs. 2 BGB[26]: Nach § 2151 Abs. 1 BGB kann der Erblasser mehrere mit einem Vermächtnis in der Weise bedenken, dass der Beschwerte oder ein Dritter zu bestimmen hat, wer von den mehreren das Vermächtnis erhalten soll. Insbesondere die Bestimmung des Dritten erfolgt dann durch Erklärung gegenüber dem Beschwerten, § 2151 Abs. 2 Hs. 2 BGB. Kann der Beschwerte oder der Dritte die Bestimmung nicht treffen, so sind die Bedachten nach § 2151 Abs. 3 S. 1 BGB Gesamtgläubiger[27].

Noch eine Ausnahme von dem Grundsatz des § 2065 Abs. 2 BGB bildet § 2153 14 BGB, auf den hier verwiesen werden kann. Auch die nachfolgenden Vorschriften der §§ 2154ff. BGB erklären sich weitgehend selbst. Auch hier besteht, wie bereits weiter oben beobachtet, ein systematischer Zusammenhang zu den §§ 315 bis 319 BGB, auf die § 2156 S. 2 BGB folgerichtig verweist[28]. Das Zusammenwirken von Hypothekenrecht und erbrechtlichem Vermächtnis mit Drittbeteiligung in § 2166 Abs. 2 BGB dürfte wohl selbst den Grad einer Examensklausur überschreiten. Gleiches gilt wohl für § 2191 Abs. 1 BGB über den Nachvermächtnisnehmer, wo-

---

23 Palandt/*Weidlich*, § 2140 Rn. 2. Im Bereich der Gutglaubensvorschriften der §§ 2366ff. BGB gibt es im Übrigen auch eine Vorschrift, die den Dritten voraussetzt, nämlich den – vergleichsweise wenig klausurrelevanten – § 2370 BGB.
24 KG ZEV 2003, 110; Palandt/*Weidlich*, § 2140 Rn. 2.
25 Näher *Petersen*, Allgemeines Schuldrecht, Rn. 482ff.
26 *Olzen/Looschelders*, Erbrecht, Rn. 364.
27 Zur Gesamtgläubigerschaft siehe § 13 II 1.
28 Nur der Vollständigkeit halber zu erwähnen ist die darüber hinausgehende Parallelvorschrift des § 2193 BGB für die Auflage.

nach der erste Vermächtnisnehmer als beschwert gilt, wenn der Erblasser den vermachten Gegenstand von einem nach dem Anfall des Vermächtnisses eintretenden bestimmten Zeitpunkt oder Ereignis an einem Dritten zugewendet hat.

VI. Pflichtteilsergänzungsanspruch

15 Im Pflichtteilsrecht gibt es eine wichtige Anspruchsgrundlage, die den Dritten ausdrücklich voraussetzt, nämlich den Pflichtteilsergänzungsanspruch nach § 2325 BGB: Hat der Erblasser einem Dritten eine Schenkung gemacht, so kann der Pflichtteilsberechtigte als Ergänzung des Pflichtteils den Betrag verlangen, um den sich der Pflichtteil erhöht, wenn der verschenkte Gegenstand dem Nachlass hinzugerechnet wird. Der Pflichtteilsergänzungsanspruch richtet sich grundsätzlich gegen den oder die Erben[29]. Ausnahmsweise, nämlich unter den Voraussetzungen des § 2329 BGB, richtet sich der Anspruch gegen den Beschenkten. Sind die Erben selbst pflichtteilsberechtigt, haben sie ein Leistungsverweigerungsrecht nach § 2328 BGB. Der Pflichtteilsergänzungsanspruch soll verhindern, dass der Pflichtteilsanspruch des Erben durch Schenkungen vermindert wird[30]. Voraussetzung des Pflichtteilsergänzungsanspruchs aus § 2325 BGB ist also zunächst ein Anspruch auf den Pflichtteil nach § 2303 BGB[31]. Weitere Voraussetzung ist eine wirksame, über § 2330 BGB hinausgehende Schenkung des Erblassers, die dessen Vermögen gemindert und das des beschenkten Dritten – es kann auch ein (Mit-)Erbe oder Pflichtteilsberechtigter sein – objektiv gemehrt hat[32]. Anders als beim Anspruch aus § 2287 BGB ist keine Benachteiligungsabsicht erforderlich[33]. Hat der Pflichtteilsberechtigte selbst ein Geschenk von dem Erblasser erhalten, so ist das Geschenk nach § 2327 BGB in gleicher Weise wie das dem Dritten gemachte Geschenk dem Nachlass hinzuzurechnen und zugleich dem Pflichtteilsberechtigten auf die Ergänzung des Pflichtteils anzurechnen.

---

29 Staudinger/*Meyer-Pritzl*, Eckpfeiler des Zivilrechts, Neubearbeitung 2014/2015, Y. Rn. 33.
30 Hk-Schulze/*Hoeren*, § 2325 Rn. 1.
31 Palandt/*Weidlich*, § 2325 Rn. 2.
32 BGH NJW 2004, 1382, 1383.
33 *Olzen/Looschelders*, Erbrecht, Rn. 1120; Palandt/*Weidlich*, § 2325 Rn. 7.

5. Teil: Der Dritte im Handelsgesetzbuch

§ 27 Der Dritte im Handels- und Gesellschaftsrecht

*Im Handels- und Gesellschaftsrecht sind Dritte häufig Gläubiger. Da es in Klausuren aber oft um die Haftung gegenüber außenstehenden Dritten geht, sind die betreffenden Vorschriften prüfungsrelevant.**

I. Dritte im Handelsrecht

Viele Vorschriften, in denen ein Dritter oder pauschal ‚Dritte' vorausgesetzt 1 sind, spielen in Klausuren und Hausarbeiten – wenn überhaupt – nur eine untergeordnete Rolle. So verhält es sich etwa bei § 11 Abs. 2 HGB oder § 74a Abs. 2 S. 2 HGB bzw. §§ 356 Abs. 2, 357 HGB. Gleiches gilt für die Pflicht zur Buchführung: Diese muss nach § 238 Abs. 1 S. 1 HGB so beschaffen sein, dass sie einem sachverständigen Dritten innerhalb angemessener Zeit einen Überblick über die Geschäftsvorfälle und die Lage des Unternehmens vermitteln kann. Wichtiger ist § 366 HGB, dessen erster Absatz den guten Glauben an die Verfügungsmacht betrifft und dessen zweiter Absatz eine Entsprechung zu § 936 BGB darstellt[1], weil er ebenfalls den gutgläubigen lastenfreien Erwerb ermöglicht[2].

1. Publizität des Handelsregisters

Von überragender Bedeutung für die Examensvorbereitung ist jedoch § 15 HGB[3], 2 der in seinen ersten drei Absätzen den Dritten voraussetzt: Solange eine in das Handelsregister einzutragende Tatsache nicht eingetragen und bekanntgemacht ist, kann sie von demjenigen, in dessen Angelegenheiten sie einzutragen war, einem Dritten nicht entgegengesetzt werden, es sei denn, dass sie diesem bekannt war, § 15 Abs. 1 HGB. Ist die Tatsache eingetragen und bekanntgemacht worden, so muss ein Dritter sie gegen sich gelten lassen, § 15 Abs. 2 S. 1

---

* Zuerst abgedruckt in Jura 2017, S. 294–299.
1 *Kindler*, HGB, § 7 Rn. 63.
2 Zu § 366 Abs. 1 HGB *Petersen*, Jura 2004, 247; *ders.*, Jura 2015, 1177 mit einem Überblick zum gutgläubigen lastenfreien Erwerb; eingehend *Röthel*, Jura 2009, 241.
3 Lesenswert *J. Hager*, Jura 1992, 57; Überblick bei *Petersen*, Jura 2012, 683; aus dem älteren Schrifttum *A. Hueck*, AcP 118 (1920), 350; zu den Herausforderungen im Zeitalter der Digitalisierung *Noack*, Festschrift P. Ulmer, 2003, S. 1245.

https://doi.org.10.1515/9783110365702-027

HGB[4]. Das gilt nach § 15 Abs. 2 S. 2 HGB nicht bei Rechtshandlungen, die innerhalb von fünfzehn Tagen nach der Bekanntmachung vorgenommen werden, sofern der Dritte beweist, dass er die Tatsachen weder kannte noch kennen musste[5]. Das bewirkt eine Verlängerung der Rechtsscheinhaftung[6].

a) Negative Publizität

3 Das betrifft die sogenannte negative Publizität des Handelsregisters[7]. Zu den einzutragenden Tatsachen gehört etwa der Widerruf von Prokura nach §§ 52 Abs. 1, 53 Abs. 2 HGB oder das Ausscheiden eines Gesellschafters nach § 143 Abs. 2 HGB oder die Veräußerung des Handelsgeschäfts durch den Kaufmann (§ 31 HGB)[8]. Gutgläubige Dritte, welche die wahre Rechtslage nicht kennen, sollen auf das Schweigen des Handelsregisters vertrauen können[9]. Die wohl prüfungsrelevanteste Konstellation lag einer Entscheidung des Bundesgerichtshofs zugrunde[10]: Zwei Komplementäre, also persönlich haftende Gesellschafter, einer Kommanditgesellschaft sind gemeinsam zur Vertretung der Gesellschaft befugt. Nachdem der eine ausgeschieden ist, ohne dass dies ins Handelsregister eingetragen wurde, bestellt der andere Gesellschafter Waren bei einem Dritten. Die Frage ist, ob dieser auch den Ausgeschiedenen aus §§ 128, 161 Abs. 2 HGB in Anspruch nehmen kann. Der BGH hat das angenommen und zunächst auf die wahre Rechtslage abgestellt: Mit dem Ausscheiden des einen Gesellschafters habe der andere Alleinvertretungsmacht gehabt. Zur Begründung der Verpflichtung der Gesellschaft stellte der BGH dann auf die scheinbare Rechtslage ab: Da das Ausscheiden des einen Gesellschafters nicht ins Handelsregister eingetragen wurde, könne sich der Dritte insoweit auf die scheinbare Rechtslage berufen. Im Schrifttum ist dies mehrheitlich abgelehnt worden, da es auf die Anwendung einer „Rosinentheorie" hinauslaufe[11]. Wenn man aber den Zweck des § 15 Abs. 1 HGB nicht so sehr im Vertrauensschutz als

---

4 Dazu *Zimmer*, § 15 Abs. 2 HGB und die allgemeine Rechtsscheinhaftung, 1998.

5 Monographisch *Merkt*, Unternehmenspublizität, 2001; *Pohl*, Haftungsrechtliche Folgen versäumter Handelsregistereintragungen und Bekanntmachungen, 1987.

6 *Canaris*, Handelsrecht, § 5 Rn. 29 f.

7 *Medicus/Petersen*, Bürgerliches Recht, Rn. 105.

8 Zur Folge unterlassener Registereintragung auch *Müller-Laube*, JuS 1981, 754.

9 *Schilken*, AcP 187 (1987), 1, 3 f.

10 BGHZ 65, 309.

11 *John*, ZHR 140 (1976) 236, 254; *M. Reinicke*, JZ 1985, 272, 276; *Tiedtke*, DB 1979, 245, 247. Siehe auch *v. Olshausen*, Rechtsschein und Rosinentheorie, AcP 189 (1989), 223.

vielmehr im Verkehrsschutz erblickt, lässt sich die Entscheidung des BGH rechtfertigen[12].

b) Positive Publizität

Die positive Publizität spielt in Klausuren und Hausarbeiten eine vergleichswei- 4
se geringere Rolle: Ist eine einzutragende Tatsache unrichtig bekanntgemacht
worden, so kann sich nach § 15 Abs. 3 HGB ein Dritter gegenüber demjenigen, in
dessen Angelegenheiten die Tatsache einzutragen war, auf die bekanntgemach-
te Tatsache berufen, es sei denn, dass er die Unrichtigkeit kannte[13]. Hier kann
man also dem ‚Reden' des Handelsregisters trauen[14]. Da unrichtige Tatsachen
naturgemäß nicht eintragungspflichtig sind, meint § 15 Abs. 3 HGB eine Tatsache, die, unterstellt, sie wäre zutreffend, einzutragen wäre[15]. Generell ist § 15
Abs. 3 HGB wegen des sehr weit gehenden Wortlauts eng auszulegen, weil der
Betroffene an der Bekanntmachung mitunter gar nicht mitgewirkt hat[16]. Noch
nicht abschließend geklärt – und auch europarechtlich überlagert[17]– ist die
Streitfrage, ob und inwieweit im Rahmen des § 15 Abs. 3 HGB über den Wortlaut
hinaus ein Zurechnungserfordernis besteht[18].

2. Firmenfortführung

Zu den examensrelevanten Vorschriften des Handelsgesetzbuchs gehört § 25 5
Abs. 1 S. 1 HGB: Wer ein unter Lebenden erworbenes Handelsgeschäft unter der
bisherigen Firma mit oder ohne Beifügung eines das Nachfolgeverhältnis an-
deutenden Zusatzes führt, haftet für alle im Betrieb des Handelsgeschäfts begründeten Verbindlichkeiten des früheren Inhabers. Die Einzelheiten zu dieser

---

12 Mit guten Gründen *Leenen*, Symposium zum 80. Geburtstag von Franz Wieacker (1990)
108, 122 f.; siehe auch *Axer*, Abstrakte Kausalität – ein Grundsatz des Handelsrechts?, 1986.
13 Eingehend dazu *Bürck*, AcP 171 (1971), 328. Skeptisch gegenüber der gesetzlichen Regelung
v. Olshausen, NJW 1971, 966; zum Normzweck *Steckhan*, NJW 1971, 1594.
14 *Canaris*, Handelsrecht, § 5 Rn. 42.
15 *Sandberger*, JA 1973, 215, 218.
16 So schon *v. Olshausen*, BB 1970, 137, 141 ff.
17 Wichtig dazu *Canaris*, Handelsrecht, § 5 Rn. 53; Langenbucher/*Riehm*, Europäisches Privat-
und Wirtschaftsrecht, 3. Auflage 2013, § 4 Rn. 26 ff.
18 In diese Richtung OLG Brandenburg, ZIP 2012, 2103, 2105; dazu *K. Schmidt*, JuS 2013, 360;
L. Beck, Jura 2014, 507. Vgl. auch schon *P. Hofmann*, JA 1980, 270; *Beuthien*, Festschrift
Sandrock, 1972, S. 200.

Vorschrift wurden bereits an anderer Stelle behandelt[19]. Für den vorliegenden Zusammenhang ist der zweite Absatz aufschlussreich: Eine abweichende Vereinbarung – also ein Haftungsausschluss – ist nach § 25 Abs. 2 HGB einem Dritten gegenüber nur wirksam, wenn sie in das Handelsregister eingetragen und bekannt gemacht oder von dem Erwerber oder dem Veräußerer dem Dritten mitgeteilt worden ist. Eine gleichartige Regelung enthält § 28 Abs. 2 HGB.

3. Vertreter und Hilfspersonen

6 Von besonderer Prüfungsrelevanz sind die handelsrechtlichen Besonderheiten des Stellvertretungsrechts, weil sich daraus wichtige Präzisierungen im Hinblick auf den Bestand und Umfang der Vertretungsmacht ergeben[20]. In einigen dieser Tatbestände werden ebenfalls ein Dritter oder (bestimmte) Dritte vorausgesetzt.

a) Prokura

7 Die Prokura ist eine rechtsgeschäftlich erteilte Vollmacht mit gesetzlich bestimmtem Umfang, § 49 HGB[21]. Daraus erklärt sich § 50 Abs. 1 HGB, wonach eine Beschränkung des Umfangs der Prokura – und eben nicht die Prokura selbst – Dritten gegenüber unwirksam ist. Das vom Prokuristen pflichtwidrig (§ 280 Abs. 1 BGB!) abgeschlossene Rechtsgeschäft ist also Dritten gegenüber wirksam. Der Vorschrift liegt der Gedanke zugrunde, dass inhaltliche Beschränkungen der Prokura nicht von der Zustimmung des Vertretenen im Innenverhältnis abhängig gemacht werden können sollen[22]. Eine partielle Ausnahme davon macht nur § 50 Abs. 3 S. 1 HGB: Eine Beschränkung der Prokura auf den Betrieb einer von mehreren Niederlassungen des Geschäftsinhabers ist Dritten gegenüber nur wirksam, wenn die Niederlassungen unter verschiedenen Firmen betrieben werden.

---

19 *Petersen*, Jura 2013, 244.

20 Allgemein zum Bestand und Umfang der Vertretungsmacht *Petersen*, Jura 2003, 310.

21 Aus dem didaktisch orientierten Schrifttum *Th. Honsell*, JA 1984, 17; *Drexl/Mentzel*, Jura 2002, 289; *Petersen*, Jura 2012, 196.

22 *Canaris*, Handelsrecht, § 12 Rn. 29, 33, mit weitergehenden Ausführungen zum Umgehungsschutz.

b) Handlungsvollmacht

Die Handlungsvollmacht ist im Hinblick auf die Beschränkung des Umfangs **8** weniger rigide. Ist jemand ohne Erteilung der Prokura zum Betrieb eines Handelsgewerbes oder zur Vornahme einer bestimmten zu einem Handelsgewerbe gehörigen Art von Geschäften oder zur Vornahme einzelner zu einem Handelsgewerbe gehöriger Geschäfte ermächtigt, so erstreckt sich die Vollmacht, die der Gesetzgeber als Handlungsvollmacht legaldefiniert, nach § 54 Abs. 1 HGB auf alle Geschäfte und Rechtshandlungen, die der Betrieb eines derartigen Handelsgewerbes oder die Vornahme derartiger Geschäfte gewöhnlich mit sich bringt[23]. § 54 Abs. 2 HGB beschränkt dies in gewissem Umfang, woraus sich § 54 Abs. 3 HGB erklärt, wonach ein Dritter sonstige Beschränkungen der Handlungsvollmacht nur dann gegen sich gelten zu lassen braucht, wenn er sie kannte oder kennen musste. Wie sich aus einem Umkehrschluss zu § 122 Abs. 2 BGB ergibt, schadet hier schon leichte Fahrlässigkeit, was zwar nicht zu einer Nachforschungsobliegenheit führt, wohl aber eine Achtsamkeit des Dritten bei Vorliegen konkreter Verdachtsmomente erfordert[24].

c) Handlungsgehilfe

Eine ähnliche Regelung wie § 54 Abs. 3 HGB enthält für den Handlungsgehilfen **9** der für die Prüfung eher unwichtige § 75g S. 2 HGB. Zumindest dem Wortlaut nach bekannt sein sollte dagegen die Fiktion des § 75h Abs. 1 HGB, der gleichfalls den Dritten voraussetzt: Hat ein Handlungsgehilfe, der nur mit der Vermittlung von Geschäften außerhalb des Betriebs des Prinzipals betraut ist, ein Geschäft im Namen des Prinzipals abgeschlossen, und war dem Dritten der Mangel der Vertretungsmacht nicht bekannt, so gilt das Geschäft als von dem Prinzipal genehmigt, wenn dieser dem Dritten gegenüber nicht unverzüglich das Geschäft ablehnt, nachdem er von dem Handlungsgehilfen oder dem Dritten über Abschluss und wesentlichen Inhalt benachrichtigt worden ist.

4. Handelsvertreter

Handelsvertreter ist nach § 84 Abs. 1 S. 1 HGB, wer als selbständiger Gewerbe- **10** treibender ständig damit betraut ist, für einen anderen Unternehmer Geschäfte zu vermitteln oder in dessen Namen abzuschließen. Den Bezug des Handelsver-

---

23 Einzelheiten zur Handlungsvollmacht bei *Bork*, JA 1990, 249; *Joussen*, WM 1994, 273; *Petersen*, Jura 2012, 683.
24 *Canaris*, Die Vertrauenshaftung im deutschen Privatrecht, 1971, S. 505 f.

treterrechts zum oben behandelten Vertretungsrecht stellt § 91 Abs. 2 S. 1 Hs. 1 HGB her, der auch einen aufschlussreichen Bezug zum Dritten enthält. Danach gilt ein Handelsvertreter, auch wenn ihm keine Vollmacht zum Abschluss von Geschäften erteilt ist, als ermächtigt, die Anzeige von Mängeln einer Ware, die Erklärung, dass eine Ware zur Verfügung gestellt werde, sowie ähnliche Erklärungen, durch die ein Dritter seine Rechte aus mangelhafter Leistung geltend macht oder sich vorbehält, entgegenzunehmen. Dogmatisch einzuordnen ist dies als Tatbestand der Scheinvollmacht kraft eingeräumter Stellung[25]. Das folgt auch aus dem Folgesatz zum gutgläubigen Dritten: Eine Beschränkung dieser Rechte braucht ein Dritter nach § 91 Abs. 2 S. 2 HGB nur gegen sich gelten zu lassen, wenn er sie kannte oder kennen musste.

a) Bestimmtheitsgebot und Delkredereprovision

11 Ein Bestimmtheitsgebot im Hinblick auf Dritte setzt § 86b HGB voraus: Verpflichtet sich ein Handelsvertreter für die Erfüllung der Verbindlichkeit aus einem Geschäft einzustehen, so kann er eine besondere Vergütung beanspruchen, die das Gesetz als Delkredereprovision definiert. Der Anspruch entsteht – für die Fallbearbeitung wichtig – mit dem Abschluss des Geschäfts, § 86b Abs. 2 HGB. Die Verpflichtung kann nur für ein bestimmtes Geschäft oder für solche Geschäfte mit bestimmten Dritten übernommen werden, die der Handelsvertreter vermittelt oder abschließt, § 86b Abs. 1 S. 2 HGB. Hintergrund dieser Regelung ist der Umstand, dass der Handelsvertreter grundsätzlich nicht für die Erfüllung des Geschäfts durch den Dritten einzustehen hat, dieser Grundsatz jedoch privatautonom abbedungen werden kann, wenn dies schriftlich fixiert ist (§ 86b Abs. 1 S. 3 HGB). Die je nach Inhalt und Interessenlage als Bürgschaft, Schuldbeitritt oder Garantievertrag einzuordnende Haftungsübernahme stellt eine Interzessionserklärung dar[26].

b) Provisionsanspruch

12 Der Handelsvertreter hat nach § 87 Abs. 1 S. 1 HGB als Entgelt einen erfolgsbezogenen Anspruch auf Provision für alle während des Vertragsverhältnisses abgeschlossenen und wirksamen Geschäfte, die kausal auf seine Tätigkeit zurückzuführen sind oder mit Dritten abgeschlossen werden, die er als Kunden für Geschäfte der gleichen Art geworben hat, es sei denn der Dritte sei omnimodo

---

25 *Canaris*, Die Vertrauenshaftung im deutschen Privatrecht, 1971, S. 191, zu dieser Rechtsfigur; *ders.*, Handelsrecht, § 15 Rn. 127.
26 *Canaris*, Handelsrecht, § 15 Rn. 50.

facturus, also ohnehin zum Abschluss entschlossen gewesen[27]. Ferner steht der Provisionsanspruch unter der aufschiebenden Bedingung (§ 158 Abs. 1 BGB) der Ausführung des geschlossenen Vertrags durch den Unternehmer, § 87a Abs. 1 HGB. Leistet der Dritte nicht, erlischt der Anspruch folgerichtig nach § 87a Abs. 2 HGB; der Anspruch steht insoweit unter einer auflösenden Bedingung (§ 158 Abs. 2 BGB). Dagegen bleibt der Provisionsanspruch unangetastet, wenn der Dritte wegen arglistiger Täuschung nach § 123 BGB anficht[28]. Die Provision ist nach § 87b Abs. 2 S. 1 HGB von dem Entgelt zu berechnen, das der Dritte oder der Unternehmer zu leisten hat[29].

5. Kommission

Am Rande behandelt sei das Kommissionsrecht, das zur mittelbaren Stellvertre- 13 tung gehört[30]. Hier seien zunächst die Vorschriften mit ausdrücklichem Drittbezug genannt. Diese betreffen das sogenannte Ausführungsgeschäft zwischen Kommissionär und Drittem – regelmäßig (§ 383 HGB) ein Kaufvertrag, möglicherweise auch ein anderes Geschäft (§ 406 Abs. 1 HGB), gegebenenfalls sogar ein Werklieferungsvertrag, § 406 Abs. 2 HGB. Der Kommissionär haftet nach § 384 Abs. 3 HGB dem Kommittenten für die Erfüllung des Geschäfts, wenn er ihm nicht zugleich mit der Anzeige von der Ausführung der Kommission den Dritten namhaft macht, mit dem er das Geschäft abgeschlossen hat. Lediglich verwiesen sei auf die einzelnen Vorschriften des Ausführungsgeschäfts, die den Dritten voraussetzen in §§ 391 S. 2, 393 Abs. 1, 394, 401 Abs. 2, 405 Abs. 1, 2 BGB.

Ungleich prüfungsrelevanter ist die schwierige Regelung des § 392 Abs. 2 14 HGB[31]. Forderungen aus einem Geschäft, das der Kommissionär abgeschlossen hat, kann der Kommittent dem Schuldner gegenüber gemäß § 392 Abs. 1 HGB erst nach der Abtretung geltend machen. Jedoch gelten solche Forderungen, auch wenn sie nicht abgetreten worden sind, im Verhältnis zwischen dem Kommittenten und dem Kommissionär oder dessen Gläubiger als Forderungen des Kommittenten, § 392 Abs. 2 HGB[32]. Die Formulierung „gegenüber" deutet auf

---

27 *Schmidt-Rimpler*, Der Handlungsagent, Ehrenbergs Handbuch V/1, 1926, S. 126; *Canaris*, Handelsrecht, § 15 Rn. 62; a.A. *K. Schmidt*, Handelsrecht, § 27 IV 2b.
28 *Canaris*, Handelsrecht, § 15 Rn. 52, 55, 57.
29 Siehe dazu auch BGH NJW 2015, 1754.
30 Näher zur unmittelbaren und mittelbaren Stellvertretung, insbesondere am Beispiel der Kommission *Petersen*, Jura 2003, 744.
31 Zu ihr *Böhm*, Auslegung und systematische Einordnung des § 392 Abs. 2 HGB, 1971.
32 Klausurfall zu § 392 HGB mit einigen zusätzlichen Problemen bei *Petersen*, Allgemeines Schuldrecht, Rn. 403–411.

eine relative Unwirksamkeit hin, die von der Wirkung der Vormerkung (§ 883 Abs. 2 BGB) her bekannt ist und die beiden schwierigen Vorschriften in einem systematischen Näheverhältnis zueinander zeigt[33]. Der Kommittent kann sich gegen eine Forderungspfändung durch einen Gläubiger des Kommissionärs mit einer Drittwiderspruchsklage (§ 771 ZPO) wehren. Dogmatisch lässt sich dieses Vollstreckungsprivileg und der mit § 392 Abs. 2 HGB einhergehende Sukzessionsschutz mit der sog. ‚Offenkundigkeit kraft Gewerbes' erklären[34].

6. Kaufmännisches Zurückbehaltungsrecht

15 Ein Kaufmann hat wegen der fälligen Forderungen, welche ihm gegen einen anderen Kaufmann aus den zwischen ihnen geschlossenen beiderseitigen Handelsgeschäften zustehen, nach § 369 Abs. 1 S. 1 HGB ein Zurückbehaltungsrecht an den beweglichen Sachen und Wertpapieren des Schuldners, welche mit dessen Willen aufgrund von Handelsgeschäften in seinen Besitz gelangt sind, sofern er sie noch im Besitz hat.

a) Beteiligung Dritter

16 Erstmals taucht der Dritte in § 369 Abs. 1 S. 2 HGB auf, wonach das Zurückbehaltungsrecht auch dann begründet ist, wenn das Eigentum an dem Gegenstand von dem Schuldner auf den Gläubiger übergegangen ist oder von einem Dritten für den Schuldner auf den Gläubiger übertragen, aber auf den Schuldner zurückübertragen ist. Der Grund für diese Regelung, die in einer Klausur oder Hausarbeit kaum je vorkommen wird, erschließt sich nicht ohne weiteres[35]. Im Schrifttum wird kontrovers diskutiert, ob man über die in der Regelung ausdrücklich genannten beiden Fälle § 369 Abs. 1 S. 2 HGB auf alle Fälle entsprechend anwendet, in denen die Sache im Eigentum des Schuldners steht[36]. Dafür wird der Rechtsgedanke des § 1256 Abs. 2 BGB ins Feld geführt[37].

---

33 Eingehend *Canaris*, Festschrift Flume, 1978, Band I, S. 371, 405 ff.

34 *Canaris*, Handelsrecht, § 30 Rn. 74; ebenso *Neuner*, ZHR 157 (1993), 243, 255; *F. Bydlinski*, System und Prinzipien des Privatrechts, 1996, S. 340.

35 *Canaris*, Handelsrecht, § 28 Rn. 11 („ratio legis von § 369 Abs. 1 S. 2 HGB ohnehin dunkel").

36 Dafür etwa *Martin Wolff*, Das kaufmännische Zurückbehaltungsrecht, in: Ehrenbergs Handbuch des gesamten Handelsrechts, Band IV/1, 1917, S. 76, 91 f.; *Göppert*, ZHR 95 (1930), 52, 55; *K. Schmidt*, Handelsrecht, § 22 IV 2e; Großkomm. HGB/*Canaris*, 4. Auflage 2004 Band IV, §§ 369–372, Rn. 39.

37 *Canaris*, Handelsrecht, § 28 Rn. 11.

b) Zurückbehaltungsrecht gegenüber einem Dritten

Wichtiger ist der zweite Absatz: Einem Dritten gegenüber besteht das Zurück- **17** behaltungsrecht insoweit, als dem Dritten die Einwendungen gegen den Anspruch des Schuldners auf Herausgabe des Gegenstandes entgegengesetzt werden können, § 369 Abs. 2 HGB. Der Anwendungsbereich dieser Vorschrift erschließt sich mit Blick auf § 986 Abs. 2 BGB: Der Besitzer einer Sache, die nach § 931 BGB durch Abtretung des Anspruchs auf Herausgabe veräußert worden ist, kann dem neuen Eigentümer die Einwendung entgegensetzen, welche ihm gegen den abgetretenen Anspruch zustehen. Ein Fall des § 369 Abs. 2 BGB liegt demnach vor, wenn die Sache, die dem Zurückbehaltungsrecht unterliegt, nach § 931 BGB veräußert wurde: Ist danach ein Dritter im Besitz der Sache, so kann die Übergabe dadurch ersetzt werden, dass der Eigentümer dem Erwerber den Anspruch auf Herausgabe der Sache abtritt[38]. Überhaupt ähnelt § 369 Abs. 2 HGB sowohl § 986 Abs. 2 BGB als auch dem klausurrelevanten § 936 Abs. 3 BGB im Hinblick auf den gleichartigen Rechtsgedanken, der allen diesen Regelungen zugrunde liegt. In allen diesen Konstellationen ist der unmittelbare Besitzer, dessen Rechtsposition durch eine Weiterveräußerung andernfalls untergehen würde, auf einen Schutz gegenüber dem Erwerber angewiesen[39].

c) Rechtskrafterstreckung

Ein systematisches Komplement zu § 369 Abs. 2 HGB findet sich bei der Rechts- **18** krafterstreckung § 372 Abs. 2 HGB: Erwirbt ein Dritter nach dem Besitzerwerb des Gläubigers von dem Schuldner das Eigentum, so muss er ein rechtskräftiges Urteil, das in einem zwischen dem Gläubiger und dem Schuldner wegen Gestattung der Befriedigung geführten Rechtsstreit ergangen ist, gegen sich gelten lassen, sofern nicht der Gläubiger bei dem Eintritt der Rechtshängigkeit gewusst hat, dass der Schuldner nicht mehr Eigentümer war. Der Gerechtigkeitsgehalt des § 372 HGB ähnelt demjenigen des bekannteren und vor allem auch bei der Fallbearbeitung häufiger begegnenden § 407 BGB[40].

---

38 Näher zum Dritten im Mobiliarsachenrecht § 22.

39 *Canaris*, Handelsrecht, § 28 Rn. 27, plädiert daher für eine entsprechende Anwendung des § 369 Abs. 2 HGB auf die Veräußerung nach § 930 BGB.

40 *Canaris*, Handelsrecht, § 28 Rn. 29.

II. Dritte im Personengesellschaftsrecht

19 Im Personengesellschaftsrecht sind Dritte in der Regel potentielle Gläubiger und Teilnehmer des Rechtsverkehrs, die mit der Gesellschaft in rechtsgeschäftlichen Kontakt treten. Der Dritte ist daher vor allem im Außenverhältnis bedeutsam. Zu unterscheiden ist zwischen offener Handelsgesellschaft und Kommanditgesellschaft. Weniger wichtige Vorschriften, wie etwa § 151 HGB, können außer Betracht bleiben, weil sie für die Fallbearbeitung keine Rolle spielen.

1. Offene Handelsgesellschaft

20 Die Wirksamkeit der offenen Handelsgesellschaft tritt nach § 123 Abs. 1 HGB im Verhältnis zu Dritten mit dem Zeitpunkt ein, in welchem die Gesellschaft in das Handelsregister eingetragen wird[41].

a) Innen- und Außenverhältnis

21 Im Gesellschaftsrecht sind Innenverhältnis und Außenverhältnis voneinander zu unterscheiden. Spätestens mit der Eintragung der handelsgewerblichen Personenhandelsgesellschaft (§ 105 Abs. 1 HGB) ins Handelsregister – vorbehaltlich der §§ 2, 105 Abs. 1 HGB aber schon mit Geschäftsbeginn – erhält die Handelsgesellschaft die Kaufmannseigenschaft (§ 6 HGB) im Verhältnis zu Dritten, also im Außenverhältnis[42]. Eine im Innenverhältnis gegebenenfalls geschlossene Vereinbarung, dass die Gesellschaft erst mit einem späteren Zeitpunkt ihren Anfang nehmen soll, ist nach § 123 Abs. 3 HGB aus Gründen des allfälligen Verkehrsschutzes unwirksam.

b) Vertretungsmacht

22 Dritten gegenüber unwirksam ist nach § 126 Abs. 2 HGB auch eine Beschränkung der Vertretungsmacht; dies gilt nach dem zweiten Halbsatz der Regelung insbesondere von der Beschränkung, dass sich die Vertretung nur auf gewisse Geschäfte oder Arten von Geschäften erstrecken oder dass sie nur unter gewissen Umständen oder für eine gewisse Zeit oder an einzelnen Orten stattfinden soll. In diesem Zusammenhang ist bezüglich der Gesellschaft bürgerlichen

---

41 Einzelheiten bei *K. W. Lange*, Jura 2015, 665.
42 BGHZ 116, 7, 10; *Kindler*, HGB, § 2 Rn. 115.

Rechts an die Vertretungsregelung des § 714 BGB zu erinnern: Soweit einem Gesellschafter nach dem Gesellschaftsvertrag die Befugnis zur Geschäftsführung zusteht, ist er im Zweifel auch ermächtigt, die anderen Gesellschafter Dritten gegenüber zu vertreten.

c) Haftung

Die zentrale Anspruchsgrundlage des Rechts der OHG ist § 128 S. 1 HGB, wonach 23 die Gesellschafter den Gläubigern gegenüber für die Verbindlichkeiten der Gesellschaft unmittelbar, persönlich und unbeschränkt als Gesamtschuldner haften. Dass im Gesellschaftsrecht Dritte häufig Gläubiger sind, zeigt ein Blick auf § 128 S. 2 HGB, wonach eine entgegenstehende Vereinbarung Dritten gegenüber unwirksam ist. Der Verkehrs- und Gläubigerschutz steht eben nicht zur Disposition der Gesellschafter[43]. Entsprechende Regelungen finden sich in § 130 HGB zum Schutz der Altgläubiger. Wer in eine bestehende Gesellschaft eintritt, haftet gemäß § 130 Abs. 1 HGB gleich den anderen Gesellschaftern nach Maßgabe der §§ 128 f. HGB für die vor seinem Eintritt begründeten Verbindlichkeiten der Gesellschaft, ohne Unterschied, ob die Firma eine Änderung erleidet oder nicht. Auch hier ist eine entgegenstehende Vereinbarung Dritten gegenüber aus denselben Gründen wie in § 128 S. 2 HGB unwirksam.

2. Kommanditgesellschaft

Für die Kommanditgesellschaft gelten nach § 161 Abs. 2 HGB die für die OHG 24 geltenden Vorschriften, soweit nicht in den §§ 162 ff. HGB etwas Anderes vorgeschrieben ist[44]. Für die Vertretung ist § 170 HGB wichtig, wonach der Kommanditist zur Vertretung der Gesellschaft nicht von Gesetzes wegen ermächtigt ist. Rechtsgeschäftlich erteilte Vertretungsmacht, also Vollmacht oder Prokura, ist aber natürlich möglich und scheitert nicht an § 170 HGB (häufiger Fehler!). Für die Anspruchsprüfung ist § 171 HGB bedeutsam. Der Kommanditist haftet den Gläubigern der Gesellschaft nach § 171 Hs. 1 HGB bis zur Höhe seiner Einlage unmittelbar; ihm kommt aber die rechtsvernichtende Einwendung des § 171 Hs. 2 HGB zugute, wenn er seine Einlage vollständig geleistet hat[45]. Wer in eine bestehende Handelsgesellschaft als Kommanditist eintritt, haftet gemäß § 173

---

43 *Petersen*, Der Gläubigerschutz im Umwandlungsrecht, 2001, passim.
44 Eingehend *K.-W. Lange*, Jura 2015, 1017.
45 Grundlegend zum gesetzlichen Regelungsmechanismus *K. Schmidt*, Einlage und Haftung des Kommanditisten, 1977.

Abs. 1 HGB – entsprechend dem Regelungsmuster des § 130 HGB für die OHG – nach Maßgabe der §§ 171 f. HGB für die vor seinem Eintritt begründeten Verbindlichkeiten der Gesellschaft. Auch bei der Kommanditgesellschaft ist eine entgegenstehende Vereinbarung nach § 173 Abs. 2 HGB Dritten gegenüber unwirksam.

6. Teil: **Der Dritte im Zivilprozessrecht**

§ 28 Beteiligung Dritter am Rechtsstreit durch Haupt- und Nebenintervention

Der dritte Titel im zweiten Abschnitt des ersten Buchs der Zivilprozessordnung regelt die Beteiligung Dritter am Rechtsstreit. In der Staatsprüfung sollten Hauptintervention und Nebenintervention in den Grundzügen bekannt sein.*

I. Hauptintervention

Im Rahmen der Beteiligung Dritter am Zivilprozess behandelt das Gesetz zunächst die Hauptintervention[1]. Wer die Sache oder das Recht, worüber zwischen anderen Personen ein Rechtsstreit anhängig geworden ist, ganz oder teilweise für sich in Anspruch nimmt, ist nach § 64 ZPO bis zur rechtskräftigen Entscheidung dieses Rechtsstreits berechtigt, seinen Anspruch durch eine gegen beide Parteien gerichtete Klage bei dem Gericht geltend zu machen, vor dem der Rechtsstreit anhängig wurde[2]. Mit der Erhebung der Klage gegen beide Parteien, die ‚anderen Personen' im Sinne des § 64 ZPO, wird der sogenannte Interventionsprozess bzw. das Interventionsverfahren begründet. **1**

Die Hauptintervention ist in der Praxis vergleichsweise selten. Da § 64 ZPO aber einen Anspruch voraussetzt, lässt sich die Hauptintervention leicht als prozessuale Zusatzfrage in einen Klausurfall einbinden[3]. Streiten beispielsweise zwei Parteien über den Eigentumsübergang an einer Sache und ist ein Dritter der Ansicht, Eigentümer zu sein, dann kann die abschließende Frage lauten, wie er sein vermeintliches Eigentumsrecht geltend machen kann[4]. Oder ein Erbe hört von einem Prozess, in dem ein anderer den Erbschaftsanspruch aus § 2018 BGB geltend macht[5]. Dem vermeintlichen Eigentümer im ersten Fall wie dem Erben im zweiten steht dafür die Hauptintervention zu Gebote, durch die er al- **2**

---

* Zuerst abgedruckt in Jura 2017, S. 1271–1273.

1 Monographisch zur Beteiligung Dritter *W. Lüke*, Die Beteiligung Dritter im Zivilprozeß, 1993; *Schultes*, Beteiligung Dritter am Zivilprozeß, 1994; eingehend auch *K. Schreiber*, Beteiligung Dritter am Zivilprozess, in: *Lüke/Prütting (Hrsg.)*, Lexikon des Rechts, Zivilverfahrensrecht, 2. Auflage 1995, S. 35 ff. Rechtsvergleichend *Spellenberg*, ZZP 106 (1993) 283; lehrreich zur Beteiligung Dritter am Zivilprozess *K. Schreiber*, Jura 2011, 503; *Schmitt/Wagner*, Jura 2014, 372.

2 Zur Hauptintervention *Koussoulis*, ZZP 100 (1997) 211; *Pfeiffer*, ZZP 111 (2008) 131; *Picker*, Festschrift Flume, 1978, Band I, S. 649.

3 *Grunsky/Jacoby*, Zivilprozessrecht, Rn. 374.

4 Beispiel nach *Zeiss/Schreiber*, Zivilprozessrecht, Rn. 764.

5 *Paulus*, Zivilprozessrecht, Rn. 566.

https://doi.org.10.1515/9783110365702-028

lerdings nicht Partei des Hauptprozesses wird[6]; dieser kann auf Antrag einer Partei bis zur rechtskräftigen Entscheidung über die Hauptintervention ausgesetzt werden (§ 65 ZPO) oder mit dem Interventionsprozess verbunden werden (§ 147 ZPO)[7]. Ein weiteres Beispiel ist der für die Examensvorbereitung ebenfalls relevante § 265 Abs. 2 ZPO. Nach dessen erstem Satz hat die Veräußerung der streitbefangenen Sache ebenso wenig Einfluss auf den Prozess wie die Abtretung des geltend gemachten Anspruchs. Im zweiten Satz kommt dann die Hauptintervention zur Sprache: Der Rechtsnachfolger ist nicht berechtigt, ohne Zustimmung des Gegners den Prozess als Hauptpartei an Stelle des Rechtsvorgängers zu übernehmen oder eine Hauptintervention zu erheben.

II. Nebenintervention

3 Wer ein rechtliches Interesse – also einen Interventionsgrund – daran hat, dass in einem zwischen anderen Personen anhängigen Rechtsstreit die eine Partei obsiegt, kann durch Einreichung eines Schriftsatzes (§ 70 ZPO) nach § 66 Abs. 1 ZPO dieser Partei zum Zwecke ihrer Unterstützung beitreten[8]. Die damit bezeichnete Nebenintervention, auch Streithilfe genannt[9], kann in jeder Lage des Rechtsstreits bis zur rechtskräftigen Entscheidung, auch in Verbindung mit der Einlegung eines Rechtsmittels, erfolgen, § 66 Abs. 2 ZPO[10]. Der Nebenintervenient ist aktiver Teilnehmer am Prozess, aber nicht selbst Partei[11]; er muss den Rechtsstreit nach § 67 ZPO in der Lage annehmen, in welcher er sich zur Zeit seines Beitritts befindet, kann also weder die Klage ändern noch Widerklage erheben[12]; er ist berechtigt, Angriffs- und Verteidigungsmittel geltend zu machen und alle Prozesshandlungen wirksam vorzunehmen, insoweit nicht seine Erklärungen und Handlungen mit Handlungen der Hauptpartei in Widerspruch stehen[13].

---

6 Thomas/Putzo/*Hüßtege*, § 64 Rn. 4.

7 BGH NJW 1988, 1204, 1205.

8 Dazu *Windel*, Der Interventionsgrund des § 66 Abs. 1 ZPO als Prozessführungsbefugnis, 1992.

9 Der Nebenintervenient heißt dementsprechend auch Streithelfer; *Paulus*, Zivilprozessrecht, Rn. 551.

10 Monographisch *Wieser*, Das rechtliche Interesse des Nebenintervenienten, 1965; *Schäfer*, Nebenintervention und Streitverkündung – Von den römischen Quellen bis zum modernen Zivilprozeßrecht, 1990. Lehrreich *K. Schreiber*, Jura 2011, 503; *Servatius*, JA 2000, 690.

11 *Schumann*, Die ZPO-Klausur, Rn. 101. Aus der Rechtsprechung lehrreich BGH JuS 2017, 75 (m. Anm. *K. Schmidt*).

12 *Zeiss/Schreiber*, Zivilprozessrecht, Rn. 757.

13 Zur prozessualen Stellung des Nebenintervenienten eingehend *Windel*, ZZP 104 (1991) 321.

1. Interventionswirkung

Wirkung der Nebenintervention ist die sog. Interventionswirkung im Folge- 4
prozess: Der Nebenintervenient wird nach § 68 ZPO im Verhältnis zu der
Hauptpartei mit der Behauptung nicht gehört, dass der Rechtsstreit, wie er
dem Richter vorgelegen habe, unrichtig entschieden sei; er wird mit der Behauptung, dass die Hauptpartei den Rechtsstreit mangelhaft geführt habe,
nur insoweit gehört, als er durch die Lage des Rechtsstreits zur Zeit seines Beitritts oder durch Erklärungen und Handlungen der Hauptpartei verhindert worden ist, Angriffs- oder Verteidigungsmittel geltend zu machen,
oder als Angriffs- oder Verteidigungsmittel, die ihm unbekannt waren, von
der Partei absichtlich oder durch grobes Verschulden nicht geltend gemacht
sind.

Die Interventionswirkung reicht weiter als die Rechtskrafterstreckung. 5
Das zeigt ein Blick auf § 325 ZPO. Das rechtskräftige Urteil wirkt nach dessen
erstem Absatz für und gegen die Parteien und die Personen, die nach dem
Eintritt der Rechtshängigkeit Rechtsnachfolger der Parteien geworden sind
oder den Besitz der in Streit befangenen Sache in solcher Weise erlangt haben, dass eine der Parteien oder ihr Rechtsnachfolger mittelbarer Besitzer
geworden ist. § 325 ZPO kann im Rahmen der Fallbearbeitung etwa bei
Herausgabeansprüchen (§§ 985, 861, 1007, 1223, 1227, 2018 BGB) eine Rolle
spielen, weil sich die Rechtskraft auch auf einen neuen unmittelbaren Besitzer (§ 854 Abs. 1 BGB) erstreckt, sofern die bisherige Partei mittelbarer Besitzer (§ 265 Abs. 2 ZPO) wurde und nicht gutgläubig ist (§ 265 Abs. 2 ZPO)[14].
Über diese Wirkung des § 325 ZPO geht die Interventionswirkung des § 68
ZPO hinaus, weil sie sich etwa auch auf tatsächliche Feststellungen erstreckt[15]. Nach der Rechtsprechung des Bundesgerichtshofs gilt die Interventionswirkung lediglich zugunsten der Hauptpartei, niemals zu Lasten der un-
terstützten Partei[16].

2. Streitgenössische Nebenintervention

Eine komplizierte und voraussetzungsreiche Vorschrift, die materielles Recht 6
und Prozessrecht miteinander verzahnt, stellt die Bestimmung über die streit-

---

14 *Schumann*, Die ZPO-Klausur, Rn. 384 Fn. 5.
15 BGHZ 103, 275, 278.
16 BGHZ 100, 257, 261 (dazu *K. Schmidt*, JuS 1987, 827); BGH NJW 1987, 2874; *Schumann*, Die
ZPO-Klausur, Rn. 97, 100; zu möglichen Gefahren *Grunsky/Jacoby*, Zivilprozessrecht, Rn. 369.

genössische Nebenintervention dar[17]: Insofern nach den Vorschriften des bürgerlichen Rechts die Rechtskraft der in dem Hauptprozess erlassenen Entscheidung auf das Rechtsverhältnis des Nebenintervenienten zu dem Gegner von Wirksamkeit ist, gilt nach § 69 ZPO der Nebenintervenient im Sinne des § 61 ZPO als Streitgenosse der Hauptpartei und kann daher auch entgegen § 67 ZPO a.E. Erklärungen abgeben oder Handlungen vornehmen, die in Widerspruch zur Hauptpartei stehen[18]. Auch der streitgenössische Nebenintervenient ist nämlich nicht selbst Partei[19] und daher auch nicht von der Rechtskraft betroffen. Vielmehr fingiert das Gesetz, wie sich aus dem Wörtchen „gilt" ergibt, die Parteistellung eines solchen Nebenintervenienten, der, für den Fall, dass er selbst Partei wäre, nach § 62 Abs. 1 Var. 1 ZPO notwendiger Streitgenosse wäre[20].

a) Rechtskrafterstreckung nach bürgerlichem Recht

7 Notwendige Streitgenossenschaft liegt danach vor, wenn das streitige Rechtsverhältnis allen Streitgenossen gegenüber nur einheitlich festgestellt werden kann, etwa bei der Klage von mehreren Miteigentümern[21]. Die für § 62 Abs. 1 Var. 1 ZPO erforderliche notwendig einheitliche Sachentscheidung kommt vor allem in Fällen der Rechtskrafterstreckung bei Feststellungs- und Gestaltungsklagen[22] vor. So erklärt sich auch die Voraussetzung des § 69 ZPO, wonach die Fiktion insoweit gilt, als nach den Vorschriften des bürgerlichen Rechts die Rechtskraft der in dem Hauptprozess erlassenen Entscheidung auf das Rechtsverhältnis des Nebenintervenienten zum Gegner wirkt. Vorschriften des bürgerlichen Rechts in diesem Sinne sind auch solche des Privatversicherungsrechts. Ein Beispiel bildet die Rechtskrafterstreckung nach § 124 Abs. 1 VVG: Soweit durch rechtskräftiges Urteil festgestellt wurde, dass dem Dritten ein Anspruch auf Ersatz des Schadens nicht zusteht, wirkt das Urteil, wenn es zwischen dem Dritten und dem Versicherungsnehmer ergeht, auch zugunsten des Versicherers. In der Praxis kommt es vor, dass nach einem Verkehrsunfall der Geschädigte den Halter verklagt (§ 18 StVG) und der Pflichtversicherer diesem beitritt. Nach § 124 Abs. 1 VVG erstreckt sich dann nämlich die Rechtskraft des Urteils, das zwischen Geschädigtem und Halter ergeht, auch auf den Versicherer. Der

---

17 Zu ihr *M. Vollkommer*, Streitgenössische Nebenintervention und Beiladungspflicht nach Art. 103 Abs. 1 GG, Festgabe 50 Jahre BGH, Band III, 2000, S. 127.
18 BGHZ 89, 121, 124; 92, 275, 276; *Schumann*, Die ZPO-Klausur, Rn. 102.
19 Thomas/Putzo/*Hüßtege*, § 69 Rn. 1.
20 *Schumann*, Die ZPO-Klausur, Rn. 102.
21 BGH NJW 1992, 1101.
22 *Schumann*, Die ZPO-Klausur, Rn. 96.

Versicherer, der auf diese Weise nach § 69 ZPO als Streitgenosse der Hauptpartei behandelt wird, kann dann durch die Entscheidung des Hauptprozesses begünstigt werden[23].

b) Veräußerung der streitbefangenen Sache und Rechtskrafterstreckung

Leicht übersehen kann man im Zusammenhang mit der streitgenössischen Ne-   **8**
benintervention die vergleichsweise entlegene Vorschrift des § 265 Abs. 2 S. 3
ZPO: Tritt der Rechtsnachfolger danach als Nebenintervenient auf, so ist § 69
ZPO nicht anzuwenden. Das Gesetz nimmt also den – mitunter klausurrelevanten – Fall der Veräußerung der streitbefangenen Sache aus. Man sollte sich in
diesem Zusammenhang Klarheit über die Veräußerung oder Abtretung der
Streitsache verschaffen: Die Rechtshängigkeit (§ 261 Abs. 1 ZPO) schließt nach
§ 265 Abs. 1 ZPO das Recht der einen oder anderen Partei nicht aus, die in Streit
befangene Sache zu veräußern oder den geltend gemachten Anspruch abzutreten. Jedoch hat die Veräußerung oder Abtretung auf den Prozess gemäß § 265
Abs. 2 S. 1 ZPO keinen Einfluss. Auch ist der Rechtsnachfolger nicht berechtigt,
ohne Zustimmung des Gegners den Prozess als Hauptpartei an Stelle des
Rechtsvorgängers zu übernehmen oder eine Hauptintervention (§ 64 ZPO) zu
erheben, § 265 Abs. 2 S. 2 ZPO.

In diesem Zusammenhang steht die Anordnung der Unanwendbarkeit der   **9**
Vorschrift des § 69 ZPO über die streitgenössischen Nebenintervention für den
Fall, dass der Rechtsnachfolger als Nebenintervenient auftritt, und dient wie
der ganze § 265 ZPO dem Schutz des Klägers vor mit dem Wechsel der Inhaberschaft des geltend gemachten Rechts verbundenen prozessualen Nachteilen[24].
Ergänzt wird § 265 ZPO durch § 325 Abs. 1 ZPO. So gibt die schwierige Bestimmung des § 69 ZPO Anlass, sich einerseits mit der Streitgenossenschaft zu beschäftigen, andererseits – über § 265 Abs. 2 S. 3 ZPO – mit den §§ 265, 325 ZPO–
allesamt Vorschriften, in denen Zivilrecht und Zivilprozessrecht jeweils mit
Drittwirkung Hand in Hand gehen[25].

---

23 *Zeiss/Schreiber*, Zivilprozessrecht, Rn. 761.
24 BGH BeckRS 2011, 26889, Rn. 100.
25 Zur Funktion der §§ 265 Abs. 3, 325 Abs. 2 ZPO *J. Hager*, Festschrift W. Krüger, 2017, S. 389.

§ 29 Die Streitverkündung

Innerhalb des Erkenntnisverfahrens gehört die Streitverkündung zu den Problem-kreisen des Zivilprozessrechts, mit denen man sich auch zur Vorbereitung auf das Erste Examen beschäftigt haben muss.*

I. Examensrelevanz der Streitverkündung

1 Eine Partei, die für den Fall des ihr ungünstigen Ausganges des Rechtsstreits einen Anspruch auf Gewährleistung oder Schadloshaltung gegen einen Dritten erheben zu können glaubt oder den Anspruch eines Dritten besorgt, kann nach § 72 Abs. 1 ZPO bis zur rechtskräftigen Entscheidung des Rechtsstreits dem Drit-ten gerichtlich den Streit verkünden[1].

1. Verbindung zwischen Prozessrecht und materiellem Recht

2 Der Dritte heißt dann Streitverkündungsempfänger; mitunter ist vom ‚Streitver-kündungsgegner‘ oder – sprachlich gewaltsam und daher zu vermeiden – vom ‚Streitverkündeten‘ die Rede[2]. Diese Möglichkeit ist in verschiedener Hinsicht examensrelevant: Zunächst deswegen, weil sie Prozessrecht und materielles Recht miteinander verschränkt. Solche Verbindungslinien sind generell prü-fungstauglich, und zwar auch im Ersten Juristischen Staatsexamen, in dem eher Grundzüge des Zivilprozessrechts geprüft werden. Die Streitverkündung spielt hier eine besondere Rolle, weil sie einen möglichen Anspruch auf Gewährleis-tung oder Schadensersatz gegen einen Dritten voraussetzt, sich also ohne weite-res in die Anspruchsprüfung einbetten lässt. Dann zum anderen – und das hängt mit dem soeben Gesagten zusammen – ermöglicht die Streitverkündung den Blick auf ein Drittrechtsverhältnis. Die Streitverkündung ermöglicht es dem Kläger ebenso wie dem Beklagten (§ 72 ZPO: ‚eine Partei‘), sich mit Wirkung ge-gen einen Dritten für den Fall des Verlusts des Erstprozesses abzusichern; sie betrifft nicht den laufenden Prozess zwischen Kläger und Beklagtem, sondern

---

* Zuerst abgedruckt in Jura 2017, S. 1285–1288.
1 Lehrreich *Kittner*, JuS 1985, 703; sowie vor allem *Knöringer*, JuS 2007, 335. Zur Beteiligung Dritter am Rechtsstreit durch Haupt- und Nebenintervention siehe § 28.
2 Thomas/Putzo/*Hüßtege*, § 72 Rn. 1.

https://doi.org.10.1515/9783110365702-029

einen späteren Regressprozess[3]. Darüber hinaus hemmt die Zustellung der Streitverkündung nach § 204 Abs. 1 Nr. 6 BGB die Verjährung, wodurch sie nicht nur praktisch, sondern auch für eine Anwaltsklausur bedeutsam ist.

2. Klausur- und Prozesstaktik

Es kann in der Klausur oder Hausarbeit vorkommen, dass in der Fallfrage zur **3** Vorbereitung einer Klage nur nach Ansprüchen des Klägers gegen den Beklagten gefragt ist, im Sachverhalt aber darüber hinaus Einzelheiten mitgeteilt sind, die einen Dritten betreffen, gegen den der Kläger mögliche Regressansprüche geltend machen könnte, ohne dass im Bearbeitervermerk ausdrücklich nach ihnen gefragt ist. Dann dürfen sie nicht ohne weiteres schematisch durchgeprüft werden, weil dies über die Fallfrage hinausgehen würde. Zielt diese jedoch auf das konkrete Vorgehen des Rechtsanwalts ab, dann kann dazu im Einzelfall über die Klageerhebung hinaus auch gehören, einem Dritten den Streit zu verkünden, wenn sich aus dem Sachverhalt ergibt, dass gegen den Dritten Regressansprüche möglich sind. Darüber hinaus kann man sie zum Gegenstand einer Anwaltsklausur machen, bei der es sich empfiehlt, die Begründetheit gedanklich vor der Zulässigkeit zu prüfen[4]. Denn dann kann sich im Rahmen der materiellrechtlichen Prüfung ergeben, dass der Kläger Regressansprüche gegen einen Dritten hat und er diesem den Streit verkünden sollte[5]. *Schumann* hat zur Streitverkündung einen bemerkenswerten Satz geprägt, der nicht nur für die Klausur, sondern auch als prozesstaktische Maxime gilt und daher wörtlich zitiert zu werden verdient: „Immer wenn die Haftung oder der Anspruch eines Dritten in einem materiell-rechtlichen Fall eingreifen kann, ist an die Streitverkündung zu denken"[6].

II. Streitverkündungsgrund

Die Voraussetzungen der Streitverkündung werden erst im Folgeprozess geprüft **4** und nicht schon im Erstprozess, in dem der Streit verkündet wird[7]. Denn erst

---

3 *Schumann*, Die ZPO-Klausur, Rn. 97; dort (Fußnote 6 zu Rn. 99) auch näher zum ‚Dritten'.
4 *Medicus/Petersen*, Bürgerliches Recht, Rn. 23.
5 Zur Möglichkeit des Ausschlusses der Streitverkündung im Wege eines Prozessvertrags *Mansel*, ZZP 109 (1996) 61.
6 *Schumann*, Die ZPO-Klausur, Rn. 97; Hervorhebungen auch dort.
7 BGH NJW 2011, 1078.

dort stellt sich die Frage, weil von der zulässigen Streitverkündung ihre Wirkungen abhängen[8]. Das Gesetz setzt einen Streitverkündungsgrund voraus, für dessen Bestehen die Rechtsprechung einen großzügigen Maßstab anlegt[9]. Die Partei muss für den Fall des Verlusts des Erstprozesses davon ausgehen können, einen Anspruch gegen einen Dritten zu haben oder befürchten, einem solchen ausgesetzt zu sein. § 72 ZPO nennt nicht abschließend[10] einen möglichen Anspruch auf Gewährleistung oder Schadloshaltung gegen den Dritten[11].

1. Anspruch auf Gewährleistung

5 Ein Anspruch auf Gewährleistung im Sinne des § 72 ZPO kann sich sowohl aus den kaufrechtlichen Regelungen (§§ 433ff. BGB[12], insbesondere § 437 BGB) als auch aus werkvertraglichen (§§ 634ff. BGB) oder mietvertraglichen Bestimmungen (§§ 536ff. BGB) ergeben[13]. Zu denken ist ferner an die kaufmännische Rügeobliegenheit nach § 377 HGB mit ihrer eigentümlichen Fiktionswirkung[14].

2. ‚Schadloshaltung'

6 Die wichtigste Ausprägung des in § 72 ZPO genannten Anspruchs auf Schadloshaltung betrifft Rückgriffsansprüche, die sich aus Vertrag oder Gesetz ergeben können. Der Bundesgerichtshof zählt hierzu die Konstellation der alternativen Haftung[15]. Dabei geht es um Ansprüche gegen Dritte, die statt des Beklagten Schuldner sein können. Eine prüfungsrelevante Fallgestaltung, die sich etwa mit dem Vertretungsrecht kombinieren lässt[16], betrifft die Frage, wer von zwei möglichen Parteien nach den Regeln der Rechtsgeschäftslehre (§ 164 Abs. 1 oder Abs. 2 BGB) Vertragspartner geworden ist. Bestreiten beide den Vertragsschluss, dann kann der Gläubiger den einen verklagen und dem anderen für den Fall des Prozessverlusts den Streit verkünden. Verliert der Kläger den Prozess, weil er

---

8 *Zeiss/Schreiber*, Zivilprozessrecht, Rn. 762.
9 BGHZ 65, 127, 131; 100, 257, 259.
10 *Zöller/Vollkommer*, Zivilprozessordnung, 32. Auflage 2018, § 72 Rn. 5, 9.
11 Zu einer möglichen anderen Fallkonstellation *Petersen*, JK 18/05, § 10 WEG.
12 Speziell zur Rechtsmängelhaftung siehe § 18; für den Sonderfall des Vermächtnisses gilt § 2182 Abs. 1 S. 2 BGB.
13 *Paulus*, Zivilprozessrecht, Rn. 561.
14 Zu ihr in der Fallbearbeitung *Petersen*, Jura 2012, 796.
15 *Schumann*, Die ZPO-Klausur, Rn. 98, behandelt diese als eigenständige Fallgruppe.
16 Zu § 179 BGB etwa OLG Köln, NJW-RR 1992, 119; dazu *K. Schmidt*, JuS 1992, 350 f.

den Vertragsschluss nicht beweisen kann, so folgt daraus jedoch nicht notwendigerweise – auch nicht über die sogleich zu behandelnde Interventionswirkung –, dass der andere Vertragspartner geworden ist[17].

III. Nebeninterventionswirkung

Die Wirkung der Streitverkündung ergibt sich aus der zentralen Vorschrift des **7** § 74 Abs. 3 ZPO[18], der auf die Nebenintervention verweist[19]: Gegen den Dritten sind die Vorschriften des § 68 ZPO mit der Abweichung anzuwenden, dass statt der Zeit des Beitritts die Zeit entscheidet, zu welcher der Beitritt infolge der Streitverkündung möglich war[20]. Vor allem wird der Nebenintervenient – d.h. auf die Streitverkündung bezogen: der Streitverkündungsempfänger – nach § 68 Hs. 1 i.V.m. § 74 Abs. 3 ZPO im Verhältnis zu der Hauptpartei mit der Behauptung nicht gehört, dass der Rechtsstreit, wie er dem Richter vorgelegen habe, unrichtig entschieden sei. Darüber hinaus wird der Streitverkündungsempfänger nach §§ 68 Hs. 2, 74 Abs. 3 ZPO mit der Begründung, dass die Hauptpartei den Rechtsstreit mangelhaft geführt habe, nur insoweit gehört, als er durch die Lage des Rechtsstreits zur Zeit der Streitverkündung oder durch Erklärungen und Handlungen der Hauptpartei verhindert worden ist, Angriffs- oder Verteidigungsmittel geltend zu machen, oder als Angriffs- oder Verteidigungsmittel, die ihm unbekannt waren, von der Hauptpartei absichtlich oder durch grobes Verschulden nicht geltend gemacht worden sind. Es ist dies – ähnlich wie bei § 883 Abs. 2 BGB – einer jener Fälle, in denen die unter Juristen inflationär gebrauchte Formulierung ‚insoweit als‘ eine präzise Bestimmung hat.

Wichtig ist, dass der Eintritt der Interventionswirkung nicht davon abhängt, **8** ob der Dritte dem Streitverkünder beitritt (§ 74 Abs. 1 ZPO) oder dies ablehnt (§ 74 Abs. 2 ZPO). Im erstgenannten Fall bestimmt sich sein Verhältnis zu den Parteien gemäß § 74 Abs. 1 ZPO nach den Grundsätzen über die Nebenintervention, also den §§ 66 ff. ZPO[21]. Lehnt der Streitverkündungsempfänger dagegen den Beitritt ab oder erklärt er sich nicht, so wird der Prozess nach § 74 Abs. 2 ZPO ohne Rücksicht auf ihn fortgesetzt; er hat dann allerdings auch nicht die

---

17 Vgl. BGHZ 85, 252, 254 f.; dazu *Baumgärtel*, JZ 1983 352 f.; *Olzen*, JR 1983, 419 f.; *Laumen*, Festschrift Baumgärtel, 1990, S. 284 f.; instruktiv *Zeiss/Schreiber*, Zivilprozessrecht, Rn. 762.
18 Näher *Werres*, NJW 1984, 208.
19 Zu ihr *Servatius*, JA 2000, 690.
20 Zur Spezialfrage des Wegfalls der Interventionswirkung bei der Verkürzung von Rechtsmittelfristen *Deckenbrock/Dötsch*, JR 2004, 6.
21 Zur Rechtsstellung des Nebenintervenienten lehrreich BGH JuS 2017, 75 (m. Anm. *K. Schmidt*).

Möglichkeiten des Nebenintervenienten (vgl. § 70 ZPO)[22]. Wie auch immer er sich verhält: Der Interventionswirkung kann er nicht entgehen – gleichviel, ob der Streitverkünder unterlegen ist oder nicht[23].

9   Im Unterschied zur Rechtskraft (§ 325 ZPO) geht die Interventionswirkung weiter, weil der Streitverkündungsempfänger im Folgeprozess nicht mit dem Einwand gehört wird, das Urteil des ersten Prozesses sei unrichtig[24]. Denn die Interventionswirkung betrifft gerade die Richtigkeit des Urteils und nicht die Entscheidung über den prozessualen Anspruch[25]. Die Interventionswirkung des § 68 ZPO, der über § 74 Abs. 3 ZPO anwendbar ist, erzeugt also eine Bindungswirkung. So kann etwa ein Verkäufer, der von seinem Käufer gewährleistungsrechtlich in Anspruch genommen wird, seinem Lieferanten den Streit verkünden, wenn er meint, dass ein etwaiger Mangel auf die fehlerhafte Belieferung zurückzuführen ist. Stellt sich dann im Erstprozess zwischen Käufer und Verkäufer heraus, dass die gelieferte Sache nicht frei von Mängeln war (§ 433 Abs. 1 S. 2 BGB), dann kann der Verkäufer im Folgeprozess gegen den Lieferanten vorgehen, ohne dass dieser mit dem Einwand gehört wird, die gelieferte Sache sei gar nicht mangelhaft gewesen oder das Gericht habe dies fälschlich angenommen. Denn wegen der Interventionswirkung der §§ 74 Abs. 3, 68 ZPO steht nunmehr fest, dass die Sache nicht frei von Mängeln war[26].

IV. Gläubigerstreit

10 Zu nennen ist schließlich der Gläubigerstreit, auch Prätendentenstreit genannt, der in prozessualer Hinsicht § 372 S. 2 BGB entspricht[27]. Den Dritten nennt man hier daher auch Prätendenten[28]. Wird von dem verklagten Schuldner einem Dritten, der die geltend gemachte Forderung für sich in Anspruch nimmt, der Streit verkündet und tritt der Dritte in den Streit ein, so ist der Beklagte, wenn er den Betrag der Forderung zugunsten der streitenden Gläubiger unter Verzicht auf das Recht zur Rücknahme hinterlegt, nach § 75 S. 1 ZPO auf seinen Antrag aus dem Rechtsstreit unter Verurteilung in die durch seinen unbegründeten Widerspruch veranlassten Kosten zu entlassen und der Rechtsstreit über die Berechti-

---

22 *Paulus*, Zivilprozessrecht, Rn. 565, empfiehlt daher den Beitritt.
23 BGHZ 36, 212, 214 ff.
24 *Zeiss/Schreiber*, Zivilprozessrecht, Rn. 758.
25 *Rosenberg/Schwab/Gottwald*, Zivilprozessrecht, 17. Auflage 2010, § 50 Rn. 64.
26 Beispiel nach *Schumann*, Die ZPO-Klausur, Rn. 97.
27 *Paulus*, Zivilprozessrecht, Rn. 567.
28 Thomas/Putzo/*Hüßtege*, § 75 Rn. 4.

gung an der Forderung zwischen den streitenden Gläubigern allein fortzuset-
zen[29]. Die Sinnhaftigkeit der Vorschrift liegt auf der Hand: Kann der Beklagte
nicht mit Sicherheit sagen, ob der Kläger oder der sich des Anspruchs ebenfalls
rühmende Dritte sein rechtmäßiger Gläubiger ist, können sich im Wege des
Gläubigerstreits jene direkt um die Anspruchsinhaberschaft streiten. Andernfalls würde die Klage nach der Hinterlegung gemäß § 372 S. 2 BGB als unbegründet abgewiesen und der Kläger auf einen neuen Prozess gegen den Prätendenten verwiesen[30].

V. Pflicht zur Streitverkündung im Zwangsvollstreckungsrecht

Im Zwangsvollstreckungsrecht gibt es sogar eine Pflicht zur Streitverkündung[31]: **11**
Nach § 841 ZPO ist der Gläubiger, der eine Forderung gegen den sogenannten
Drittschuldner einklagt[32] (nachdem die Forderung im Zwangsvollstreckungsverfahren gegen den Schuldner gepfändet und ihm überwiesen wurde, §§ 829 ff.,
835 ff. ZPO), verpflichtet, dem Schuldner gerichtlich den Streit zu verkünden,
sofern nicht eine Zustellung im Ausland oder eine öffentliche Zustellung erforderlich wird. Dem Schuldner soll durch diese Pflicht ermöglicht werden, als
Streithelfer am Prozess mitzuwirken, da eine für den Gläubiger ungünstige Entscheidung auch seine Rechtsstellung berühren kann[33]. Erfüllt der Gläubiger diese Pflicht, tritt die Interventionswirkung nach §§ 74 Abs. 3, 68 ZPO ein; verletzt
er sie durch Unterlassen, so ist er dem Schuldner zum Ersatz des Schadens verpflichtet, der diesem dadurch entstanden ist, dass er an dem auch für ihn
nachteilig ausgegangenen Prozess nicht als Streithelfer teilnehmen konnte[34].

---

29 Vertiefend dazu *Picker*, Festschrift Flume, 1978, Band I, S. 649.
30 Baumbach/Lauterbach/Albers/*Hartmann*, Zivilprozessordnung, 75. Auflage 2017, § 74 Rn. 1 f.
31 Allgemein zu den Nebenpflichten bei der Forderungspfändung *Wolf/Müller*, NJW 2004, 1775.
32 Zur Rechtsstellung des Drittschuldners in der Zwangsvollstreckung *Walker*, Festschrift Leipold, 2009, S. 451.
33 *Brox/Walker*, ZVR, Rn. 644.
34 *Von Sachsen-Gessaphe*, ZVR, Rn. 404.

§ 30 Der Dritte in der Zwangsvollstreckung

Dritte begegnen auch im Zwangsvollstreckungsrecht. Ihre Berücksichtigung gibt Anlass, Grundbegriffe des Zwangsvollstreckungsrechts zu behandeln. Die Drittwiderspruchsklage wird anschließend erörtert.*

I. Pfändung beim Gläubiger oder bei Dritten

1 § 809 ZPO bestimmt die entsprechende Anwendung des § 808 ZPO für die Pfändung von Sachen, die sich im Gewahrsam des Vollstreckungsgläubigers oder eines zur Herausgabe bereiten Dritten befinden[1]. Bei der Sachpfändung ist also zu unterscheiden zwischen der Pfändung einer Sache, die sich im Gewahrsam eines Dritten befindet und der Pfändung einer Sache, die im Eigentum eines Dritten steht[2].

1. Pfändung einer Sache im Gewahrsam eines Dritten

2 Ob der Gewahrsam zu Recht bestand oder etwa aufgrund verbotener Eigenmacht (§ 858 Abs. 2 BGB[3]), spielt grundsätzlich keine Rolle, zumal die Rechtmäßigkeit durch den Gerichtsvollzieher gar nicht überprüfbar ist[4]. § 809 ZPO setzt des Weiteren voraus, dass der Dritte zur Herausgabe bereit ist[5]. Er muss dies nicht buchstäblich erklären, es genügt die Unterzeichnung des Pfändungsprotokolls[6]. Uneinheitlich beurteilt wird die Frage, ob § 809 ZPO in dem Fall teleologisch zu reduzieren ist, dass eine materiell-rechtliche Herausgabepflicht des Dritten gegenüber dem Schuldner besteht. Jedoch sollte man in diesem Fall ebenso wenig vom Wortlaut des § 809 ZPO abweichen wie in der Konstellation, dass Dritter und Schuldner dem Vollstreckungsgläubiger die Sache im Wege der

---

* Zuerst abgedruckt in Jura 2017, S. 1400–1402.
1 Zur Pfändung von Sachen im Gewahrsam Dritter *Schilken*, DGVZ 1986, 145; siehe zum Drittgewahrsam auch *Pawlowski*, DGVZ 1976, 33.
2 *Brox/Walker*, ZVR, Rn. 10; *Paulus*, Zivilprozessrecht, Rn. 813.
3 Zu ihr *Petersen*, Jura 2002, 160, 255; JA 1999, 292 (Klausurfall).
4 *Brox/Walker*, ZVR, Rn. 247; zu Ausnahmen ebenda Rn. 258 ff. und hier unter 2.
5 Reichweite und Grenzen der Herausgabebereitschaft i.S.d. § 809 ZPO behandelt *Knoche*, ZZP 114 (2001), 399. Lehrreiches Fallbeispiel bei *von Sachsen-Gessaphe*, ZVR, Rn. 229.
6 *Zöller/Stöber*, Zivilprozessordnung, 32. Auflage 2018, § 809 Rn. 6.

https://doi.org.10.1515/9783110365702-030

Kollusion arglistig vorenthalten wollen[7]. Die für die Streitentscheidung maßgebliche Wertung liegt in der eingeschränkten Prüfungsmöglichkeit und -befugnis des Gerichtsvollziehers, der weder Tatsachen verlässlich ermitteln noch etwaige Herausgabeansprüche prüfen kann bzw. darf[8].

2. Pfändung einer dem Dritten gehörenden Sache

Die gesetzliche Wertung besteht also darin, dass der Gerichtsvollzieher im Rah- **3** men der Pfändung nur die offensichtlichen Umstände, wie insbesondere die Gewahrsamsverhältnisse beurteilen können soll, während dingliche Rechte Dritter der Drittwiderspruchsklage vorbehalten sind[9]. Der Gerichtsvollzieher ist also einer Prüfung der Eigentumsverhältnisse grundsätzlich enthoben. Nur wenn manifeste Anzeichen dafür ersichtlich sind, dass es sich um Dritteigentum handelt, muss der Gerichtsvollzieher ihnen im Rahmen seiner Möglichkeiten und Befugnisse nachgehen. Das ist nach der Rechtsprechung dann der Fall, wenn „nach Lage der Dinge vernünftigerweise überhaupt kein Zweifel daran bestehen kann, daß Rechte dritter Personen der Inanspruchnahme bestimmter Gegenstände entgegenstehen"[10]. Damit der Schuldner dem Vollstreckungsgläubiger den Zugriff nicht durch schenkweise oder sonstige Übertragung an einen Dritten beliebig entziehen kann, gibt es das Anfechtungsgesetz, mit dem bestimmte Rechtshandlungen des Schuldners angefochten werden können[11]. So kommt es etwa dann zu einem gesetzlichen Rückgewährschuldverhältnis, wenn ein gutgläubig Beschenkter noch durch die Schenkung bereichert ist (§§ 4, 11 Abs. 2 AnfG)[12].

3. Gewahrsamsvermutung bei Ehegatten

Nicht im strengen Sinne um Dritte, wohl aber um ein verwandtes und vor allem **4** klausurrelevantes Problem handelt es sich bei der Gewahrsamsvermutung bei

---

7 *Von Sachsen-Gessaphe*, ZVR, Rn. 236; a.A. *Knoche*, ZZP 114 (2001) 399, 418, siehe jedoch 422 ff.

8 *Brox/Walker*, ZVR, Rn. 254; zu denkbaren Ausnahmen im Falle der Offenkundigkeit *Walker*, Festschrift R. Stürner, 2013, S. 829, 837.

9 *Von Sachsen-Gessaphe*, ZVR, Rn. 224.

10 BGH ZZP 70 (195) 251, 252.

11 Zur Problematik von Ehegattenbürgschaften mit dem Hintergrund, die Übertragung von Vermögen auf den Ehegatten zu verhindern *Petersen*, FamRZ 1998, 1215.

12 *Brox/Walker*, ZVR, Rn. 261.

Ehegatten nach § 1362 BGB, 739 ZPO, wo jedoch ebenfalls der Begriff des Dritten vorausgesetzt ist[13]. Zugunsten der Gläubiger des Mannes und der Gläubiger der Frau wird nach § 1362 Abs. 1 S. 1 BGB vermutet, dass die im Besitz eines Ehegatten oder beider Ehegatten befindlichen beweglichen Sachen dem Schuldner gehören. Wird nun zugunsten der Gläubiger eines Ehemannes oder der Gläubiger der Ehefrau gemäß § 1362 BGB widerleglich vermutet, dass der Schuldner Eigentümer beweglicher Sachen ist – aber eben auch nur soweit diese Vermutung reicht und die Voraussetzungen des § 1362 BGB vorliegen und keine Ausnahmen greifen (§ 1362 Abs. 1 S. 2, Abs. 2 BGB!) –, so gilt nach der unwiderlegbaren Vermutung des § 739 Abs. 1 ZPO zumindest für den gesetzlichen Güterstand der Zugewinngemeinschaft und der Gütertrennung, unbeschadet der Rechte Dritter, für die Durchführung der Zwangsvollstreckung nur der Schuldner als Gewahrsamsinhaber und Besitzer. Die unwiderlegbare Vermutung des § 739 ZPO setzt sich nach überwiegender, wenngleich bestrittener[14] Ansicht selbst dann durch, wenn die Vermutung des § 1362 BGB widerlegt ist[15]. Gepfändet wird nicht nach § 809 ZPO, sondern nach § 808 ZPO, so dass es des Einverständnisses des anderen Ehegatten nicht bedarf[16]. Der verheiratete Schuldner – für nichteheliche Lebensgemeinschaften oder Wohngemeinschaften gelten die §§ 1362 BGB, 793 ZPO nach der Rechtsprechung nicht, auch nicht analog[17] – soll sich also der Zwangsvollstreckung nicht dadurch entziehen können, dass er vorgibt, der zu pfändende Gegenstand gehöre seiner Frau[18]. Ihr bleibt nur die Drittwiderspruchsklage nach § 771 ZPO, wenn sie tatsächlich Eigentümerin ist[19].

---

13 Zu besitzrechtlichen Fragen anlässlich der Zwangsvollstreckung in der Familienwohnung (d.h. den §§ 1362 BGB, 739 ZPO) *Schuschke*, Festschrift Samwer, 2008, S. 303.
14 Von *Baur*, FamRZ 1958, 252, 253 f.
15 *Prütting/Stickelbrock*, Zwangsvollstreckungsrecht, 2002, S. 101; *Brox/Walker*, ZVR, Rn. 239.
16 *Brox/Walker*, ZVR, Rn. 238.
17 BGH NJW 2007 992, 993; a.A. *H. Roth*, JZ 2007, 530. Die damit einhergehende zwangsvollstreckungsrechtliche Schlechterstellung der Ehegatten ist allerdings im Hinblick auf Art. 6 GG nicht unbedenklich, weshalb die Verfassungsmäßigkeit der §§ 739 ZPO, 1362 BGB bezweifelt wird von *Brox*, FamRZ 1981, 1125, 1127; *Baur/Stürner/Bruns*, ZVR, Rn. 19.9.
18 Von *Sachsen-Gessaphe*, ZVR, Rn. 239.
19 *Brox/Walker*, ZVR, Rn. 239.

II. Pfändung einer Geldforderung

Die Pfändung einer Geldforderung kann hier nur in den Grundzügen behandelt **5** werden. Im Vordergrund stehen hier nicht so sehr die Einzelheiten als vielmehr die Grundbegriffe und die Bezüge zum materiellen Recht[20].

1. Grundbegriffe

Soll eine Geldforderung gepfändet werden, so hat das Gericht nach § 829 Abs. 1 **6** S. 1 ZPO dem Drittschuldner[21], d.h. dem Schuldner des Vollstreckungsschuldners[22], zu verbieten, an den Schuldner zu zahlen (Arrestatorium)[23]. Das ist ein Wirksamkeitserfordernis der Pfändung[24]. Leistet der Drittschuldner an den Vollstreckungsschuldner, weil er von dem Pfändungsbeschluss schuldlos keine Kenntnis nehmen konnte, wird er entsprechend § 407 BGB frei[25]. Zugleich hat das Gericht gemäß § 829 Abs. 1 S. 2 ZPO an den Schuldner das relative Veräußerungsverbot (§§ 135 f. BGB) zu erlassen[26], wonach dieser sich jeder Verfügung über die Forderung, insbesondere ihrer Einziehung, zu enthalten hat (Inhibitorium)[27]. Die Pfändung mehrerer Geldforderungen gegen verschiedene Drittschuldner (Parallelpfändung) soll nach § 829 Abs. 1 S. 3 ZPO auf Antrag des Gläubigers durch einheitlichen Beschluss ausgesprochen werden, soweit dies für Zwecke der Vollstreckung geboten erscheint und kein Grund zu der Annahme besteht, dass schutzwürdige Interessen der Drittschuldner entgegenstehen. Das ermöglicht die Pfändung einer bereits gepfändeten, aber noch nicht eingezogenen Forderung, die sogenannte Anschlusspfändung[28]. Wenn allen Voraussetzungen des § 829 Abs. 2 ZPO entsprochen ist, also insbesondere der Gläubi-

---

20 Zu den Verbindungslinien zwischen Vollstreckungsrecht und materiellem Recht auch *Petersen*, Mündliche Prüfung, S. 129–136; ferner *ders.*, ZZP 114 (2001) 485.

21 Zur Rechtsstellung des Drittschuldners in der Zwangsvollstreckung *Walker*, Festschrift Leipold, 2009, S. 451.

22 *Schumann*, Die ZPO-Klausur, Rn. 354 mit Fn. 6; zur Bedeutung der richtigen Terminologie in der Fallbearbeitung ebenda, Rn. 365 mit Fn. 9.

23 Lehrreich *Geißler*, JuS 1986, 614.

24 *Brox/Walker*, ZVR, Rn. 606.

25 *Brox/Walker*, Allgemeines Schuldrecht, § 34 Rn. 23.

26 *Brox/Walker*, Allgemeiner Teil, Rn. 348 ff.; allgemein zu den Veräußerungs- und Verfügungsverboten *Petersen*, Jura 2009, 768.

27 Näher *Christmann*, Arrestatorium und Inhibitorium (§ 829 Abs. 1 ZPO) bei der Vollstreckung gepfändeter Urteilsforderungen, DGVZ 1985, 81.

28 *Von Sachsen-Gessaphe*, ZVR, Rn. 370; vgl. auch *Paulus*, DGVZ 1993, 129.

ger dem Drittschuldner den Beschluss hat zustellen lassen, ist die Pfändung nach § 829 Abs. 3 ZPO als bewirkt anzusehen, so dass ein Pfändungspfandrecht entstanden ist. Allerdings verschafft dieses allein dem Vollstreckungsgläubiger noch keine Befriedigungsmöglichkeit, weil es zusätzlich eines Überweisungsbeschlusses nach § 835 ZPO bedarf.

2. Schadensersatzpflicht des Drittschuldners

7 Den Drittschuldner treffen die Auskunftspflichten aus § 840 ZPO[29]. Die Vorschrift ist Ausdruck eines gesetzlichen Schuldverhältnisses, das zwischen Vollstreckungsgläubiger und Drittschuldner besteht. Klausurrelevant könnte die Anspruchsgrundlage des § 840 Abs. 2 S. 2 ZPO werden: Der Drittschuldner haftet dem Gläubiger für den aus der Nichterfüllung seiner Verpflichtung entstehenden Schaden, etwa die angefallenen Rechtsverfolgungskosten[30]. Die Haftung ist verschuldensabhängig[31]. Nach § 249 Abs. 1 BGB hat der Drittschuldner den Zustand herzustellen, der jetzt ohne das schädigende Ereignis, also etwa die verspätete[32], unvollständige oder falsche Auskunft, bestehen würde[33]; das kann etwa der Vermögensnachteil sein, der durch eine vereitelte Vollstreckungsmöglichkeit herbeigeführt wurde[34], nicht aber eine unterbliebene Pfändung aus einem anderen Titel des Vollstreckungsgläubigers[35].

III. Klage auf vorzugsweise Befriedigung

8 Gemäß § 805 Abs. 1 ZPO kann ein Dritter, der sich nicht im Besitz der gepfändeten Sache (§§ 803f. ZPO) befindet, auf Grund eines Pfand- oder Vorzugsrechts nicht widersprechen; er kann jedoch seinen Anspruch auf vorzugsweise Befriedigung aus dem Erlös im Wege der Klage geltend machen, ohne Rücksicht darauf, ob seine Forderung fällig ist oder nicht[36]. Diese nur bei besitzlosen (sonst:

---

29 Zur Klagbarkeit des Auskunftsanspruchs *Grunsky*, Festschrift Leipold, 2009, S. 391; siehe auch *Stöber*, MDR 2001, 301.
30 *Brox/Walker*, ZVR, Rn. 625; zu den Grenzen BGH ZIP 2006, 1317, 1318.
31 BGHZ 79, 275, 277.
32 Zur Schadensersatzpflicht wegen Verzögerung im Zwangsvollstreckungsrecht auch *App*, JurBüro 1997, 127.
33 *Von Sachsen-Gessaphe*, ZVR, Rn. 382.
34 BGHZ 69, 328, 333.
35 BGHZ 98, 291, 294.
36 Lehrreich *Brox/Walker*, JA 1987, 57.

§ 809 ZPO, s.o.) Pfand- oder Vorzugsrechten anwendbare Vorschrift bildet auf vollstreckungsrechtlicher Ebene das materiell-sachenrechtliche Prioritätsprinzip ab, welches bei dinglichen Sicherungsrechten zum Tragen kommt. Praktisch und für die Fallbearbeitung bedeutsamstes Beispiel ist das Vermieterpfandrecht aus § 562 BGB: Vollstreckt ein Gläubiger des Mieters in dessen in die Mietsache eingebrachte Sache, wird der Vermieter häufig ein „besseres", weil zuerst entstandenes Vermieterpfandrecht an der Sache haben. Dieses entsteht nämlich nach § 562 Abs. 2 BGB in Höhe der Miete für das laufende und folgende Mietjahr bereits mit Einbringung der Sachen[37]. Statt nun die vom Vollstreckungsgläubiger betriebene Zwangsvollstreckung als solche zu vereiteln, gewährt § 805 Abs. 1 Hs. 2 ZPO dem Vermieter Teilhabe an ihr in Gestalt der vorrangigen Befriedigung aus dem Vollstreckungserlös entlang der materiellen Rechtslage[38], welche gegebenenfalls auch im einstweiligen Rechtsschutz durchsetzbar ist, §§ 805 Abs. 4, 769, 770 ZPO. In dieser Abstufung zeigt sich nicht zuletzt der auch in § 805 Abs. 1 Hs. 1 ZPO aufgegriffene Unterschied zum „die Veräußerung hindernden Recht" im Sinne des § 771 Abs. 1 ZPO, kraft dessen der Dritte im Wege der Drittwiderspruchsklage die Vollstreckung selbst verhindern kann: Während er bei dieser den Zugriff auf nicht haftendes Vermögen zu seinen Lasten moniert[39], wahrt die Vorzugsklage lediglich sein in der Sache liegendes Sicherungsinteresse[40].

---

37 BGHZ 170, 196.
38 Beispielsfall bei *Brox/Walker*, ZVR, Rn. 1451, 1464.
39 BGH NJW 1971, 779, 800; *Schmidt/Brinkmann*, MüKo ZPO, 5. Auflage 2016, § 771 Rn. 16.
40 *Brox/Walker*, ZVR, Rn. 1451.

§ 31 Die Drittwiderspruchsklage

Drittwiderspruchsklagen ermöglichen in Klausuren eine Verbindung von Zwangs-
vollstreckungsrecht und Sachenrecht. Sie kommen daher relativ häufig in der Prü-
fung vor. Bereits in der Vorgerücktenübung werden mitunter Hausarbeiten ge-
stellt, in denen durch Erhebung einer Drittwiderspruchsklage Prozessrecht und
materielles Recht dergestalt miteinander verzahnt werden, dass ein Dritter ein die
Veräußerung hinderndes Recht behauptet.

I. Schwerpunkt in der Fallprüfung

1 Die Drittwiderspruchsklage, auch Interventionsklage genannt[1] – vor allem nicht
zu verwechseln mit der Drittwiderklage[2] – ist in § 771 ZPO geregelt. Behauptet
ein Dritter, dass ihm an dem Gegenstand der Zwangsvollstreckung ein die Veräußerung hinderndes Recht zustehe, so ist der Widerspruch gegen die Zwangsvollstreckung nach § 771 Abs. 1 ZPO im Wege der Klage bei dem Gericht geltend
zu machen, in dessen Bezirk die Zwangsvollstreckung erfolgt[3]. Die Wider-
spruchsklage, wie sie auch bezeichnet wird, ist erforderlich, weil die dingliche
Berechtigung, also etwa die Frage nach dem Eigentum, vom Gerichtsvollzieher
bei der Vollstreckung nicht geprüft wird und ein Dritter, dem die Sache möglicherweise gehört, eine rechtliche Handhabe braucht, um die Zwangsvollstreckung gegebenenfalls für unzulässig erklären zu lassen[4].

2 Der Schwerpunkt der Prüfung besteht in Klausuren und Hausarbeiten fast
immer bei der Frage, ob dem Dritten „ein die Veräußerung hinderndes Recht"
zusteht. Streng genommen gibt es kein die Veräußerung hinderndes Recht, weil
der Berechtigte sogar sein Eigentum, also das stärkste dingliche Recht, im Wege

---

1 *Brox/Walker*, ZVR, Rn. 1396.
2 Zu ihr *Thöne*, JR 2017, 53; *Paulus*, Zivilprozessrecht, Rn. 306. Eine isolierte Drittwiderklage,
d.h. eine solche, die sich nur gegen einen bislang nicht am Rechtsstreit Beteiligten richtet, ist
nur ausnahmsweise zulässig bei Konnexität und Sachdienlichkeit oder wenn der Drittwider-
beklagte einwilligt (BGH NJW 2007, 1753; 2008, 2852, 2854; näher *Kaiser*, Materielles Zivilrecht
im Assessorexamen, 8. Auflage 2016, Rn. 458).
3 Instruktiv *Brox/Walker*, JA 1986, 113; *Huber*, JuS 2011, 588; *Leyendecker*, JA 2010, 725; 879;
Prütting/Weth, JuS 1988, 505; *Wittschier*, JuS 1998, 926. Übergreifend zu den Rechtsbehelfen in
der Zwangsvollstreckung *K. Schreiber*, Jura 1992, 25; *ders.*, Jura 2011, 110; *Preuß*, Jura 2003, 181;
540; *Wetzel*, JuS 1990, 198; 469.
4 *Brox/Walker*, ZVR, Rn. 1396.

https://doi.org.10.1515/9783110365702-031

des gutgläubigen Erwerbs (§§ 932ff., 892 BGB) verlieren kann[5]. Das Eigentum hindert also die Veräußerung nicht[6]. Es ist daher auch für die Fallbearbeitung empfehlenswert, sich die hypothetische Frage nach der Veräußerung des Vollstreckungsgegenstandes zu stellen: Der Bundesgerichtshof nimmt nämlich ein ‚Recht' in dem in § 771 Abs. 1 ZPO genannten Sinne dann an, wenn „der Schuldner selbst, veräußerte er den Vollstreckungsgegenstand, widerrechtlich in den Rechtskreis des Dritten eingreifen würde und (...) deshalb der Dritte den Schuldner hindern könnte, zu veräußern"[7]. In diesem Sinne kann dann durchaus auch das Eigentum ein die Veräußerung hinderndes Recht darstellen, so dass der materiellrechtliche Schwerpunkt der Fallprüfung dann etwa in der Frage bestehen kann, ob der Dritte Eigentümer der Sache ist, die Gegenstand der Zwangsvollstreckung ist.

Diese Überlegungen greifen bewusst vor, weil sie im Rahmen der Fallbear- **3** beitung erst im Rahmen im Begründetheit der Drittwiderspruchsklage anzustellen sind. Sie veranschaulichen jedoch zum besseren Verständnis die Verschränkung zwischen materiellem Recht und Prozessrecht[8], deren Verständnis die besondere Herausforderung von Prüfungsaufgaben mit einer Drittwiderspruchsklage darstellt[9]. Das gilt zwar grundsätzlich auch für die in §§ 772 bis 774 ZPO geregelten Sonderfälle der Veräußerungsverbote nach §§ 135f. BGB (§ 772 ZPO), der Nacherbschaft gemäß § 2115 BGB (§ 773 ZPO) und der Vollstreckung in das Gesamtgut nach §§ 1431ff. BGB (§ 774 ZPO). Doch liegen bereits die darin vorausgesetzten Vorschriften des BGB so am Rande des Pflichtfachstoffes, dass die Verbindung mit den zwangsvollstreckungsrechtlichen Spezialvorschriften kaum je vorkommen dürfte[10].

---

5 Allgemein zum Gutglaubenserwerb S. *Lorenz/Eichhorn*, JuS 2017, 822.

6 Dazu *Nikolaou*, Der Schutz des Eigentums an beweglichen Sachen Dritter bei Vollstreckungsversteigerungen, 1993; *von Sachsen-Gessaphe*, ZVR, Rn. 578, hält daher den Begriff „Interventionsrecht" für vorzugswürdig.

7 BGHZ 55, 20, 26.

8 Grundlegend *Picker*, Die Drittwiderspruchsklage in ihrer geschichtlichen Entwicklung als Beispiel für das Zusammenwirken von materiellem Recht und Prozeßrecht, 1981 (dazu *K. Schmidt*, Festschrift Picker, 2010, S. 727; zur Rechtsvergleichung auf europäischer Ebene *Stamm*, Die Prinzipien und Grundstrukturen des Zwangsvollstreckungsrechts, 2007, S. 586ff.; ferner *ders.*, ZZP 124 (2011) 317; *Gaul*, Festgabe 50 Jahre Bundesgerichtshof, Band III, 2000, S. 521.

9 *Wittschier*, JuS 1999, 1216, mit anspruchsvollem Klausurfall zur ‚vollstreckungsfesten Treuhand'. Speziell zur Verwaltungstreuhand und Drittwiderspruchsklage *K. Schmidt*, Festschrift Wiegand, 2005, S. 933; *Lange*, NJW 2007, 2513.

10 Speziell zu den erstgenannten Veräußerungs- und Verfügungsverboten *Petersen*, Jura 2009, 768.

II. Zulässigkeit

4 Folgende Zulässigkeitsvoraussetzungen sind in der Regel anzusprechen, wenn sich im Sachverhalt entsprechende Hinweise darauf finden.

1. Statthaftigkeit

5 Da § 771 Abs. 1 ZPO voraussetzt, dass ein Dritter behauptet, dass ihm an dem Gegenstand der Zwangsvollstreckung ein die Veräußerung hinderndes Recht zustehe, ist die Drittwiderspruchsklage statthaft, wenn die Vollstreckung einen Eingriff in die materielle Berechtigung eines Dritten darstellt[11]. Erforderlich ist also zunächst die Behauptung eines Dritten; es darf sich also nicht um den Gläubiger oder Schuldner des Vollstreckungsverfahrens handeln. Spätestens an dieser Stelle empfiehlt sich eine Vergewisserung darüber, welche Person innerhalb des Dreipersonenverhältnisses den Rechtsbehelf eingelegt hat, damit nicht etwa eine Drittwiderspruchsklage des Vollstreckungsschuldners geprüft wird[12]. Der Dritte muss ein die Veräußerung hinderndes Recht behaupten. An dieser Stelle ist darauf achtzugeben, dass noch nicht das der Begründetheitsprüfung vorbehaltene ‚hindernde Recht' in allen Einzelheiten erörtert wird. Als Faustregel wird man sagen können, dass eine kurze Erörterung hier nur dann angezeigt ist, wenn das behauptete Recht evident nicht dem § 771 ZPO unterfällt und die Drittwiderspruchsklage damit unstatthaft und somit unzulässig ist[13].

2. Allgemeine Verfahrensvoraussetzungen

6 Parteifähigkeit, Prozessfähigkeit und Prozessführungsbefugnis müssen auch für die Zulässigkeit der Drittwiderspruchsklage gegeben sein. Erforderlich ist darüber hinaus ein hinreichend präziser Klageantrag, der den Gegenstand der Zwangsvollstreckung, die eingestellt werden soll, exakt bezeichnet. Bei einem undeutlichen Antrag ist allerdings die Möglichkeit der Auslegung in Betracht zu ziehen[14]. Die örtliche Zuständigkeit ist in § 771 Abs. 1 ZPO selbst geregelt, wo-

---

11 *Brox/Walker*, ZVR, Rn. 1402.

12 *Schumann*, Die ZPO-Klausur, Rn. 462, der anschaulich von der ‚rechtsbehelfswilligen' Partei spricht.

13 *Von Sachsen-Gessaphe*, ZVR, Rn. 571; dort auch zu Zweifelsfällen am Beispiel von Hypothek und Grundschuld.

14 *Brox/Walker*, ZVR, Rn. 1403.

nach der Widerspruch gegen die Zwangsvollstreckung – ausschließlich (§ 802 ZPO) – bei dem Gericht geltend zu machen ist, in dessen Bezirk die Zwangsvollstreckung erfolgt. Die sachliche Zuständigkeit, die nicht ausschließlich ist, bemisst sich gemäß §§ 23 Nr. 1, 71 Abs. 1 GVG, nach Maßgabe des Werts der Vollstreckungsforderung des Beklagten. In diesem Rahmen ist § 6 S. 1 ZPO zu beachten, wonach der Wert insbesondere durch den Betrag einer Forderung bestimmt wird, wenn es auf deren Sicherstellung oder ein Pfandrecht ankommt. Hat der Gegenstand des Pfandrechts einen geringeren Wert, so ist dieser maßgebend, § 6 S. 2 ZPO.

Besonderes Augenmerk ist auf das Rechtsschutzinteresse zu richten. Die 7 Drittwiderspruchsklage ist nur während der Zwischenzeit von Beginn und Ende der Zwangsvollstreckung zulässig. Für die Herausgabevollstreckung nach §§ 883 ff. ZPO genügt dafür ein Vollstreckungstitel, weil bereits dieser die Rechtsstellung des Dritten im Hinblick auf den Vollstreckungsgegenstand gefährdet[15], wohingegen bei der Vollstreckung bezüglich einer Geldforderung erst die Pfändung eines Herausgabeanspruchs das Rechtsschutzinteresse begründet[16]. Nach dem Ende der Zwangsvollstreckung kann der Dritte die Drittwiderspruchsklage nach § 264 Nr. 3 ZPO auf eine Leistungsklage umstellen und auf diesem Wege etwaige Schadensersatz- und Bereicherungsansprüche einklagen[17]. Allerdings darf die Drittwiderspruchsklage noch nicht rechtskräftig abgewiesen worden sein, weil der Leistungsklage sonst die materielle Rechtskraft des Urteils entgegensteht[18].

III. Begründetheit

Begründet ist die Drittwiderspruchsklage, wenn der Dritte als Aktivlegitimierter 8 ein die Veräußerung hinderndes Recht hat, dem der Beklagte keine Einwendungen oder kein besseres Recht entgegenhalten kann.

---

15 *Von Sachsen-Gessaphe*, ZVR, Rn. 574.
16 BGH FamRZ 1993, 668.
17 *Brox/Walker*, ZVR, Rn. 1405; 464.
18 Hier und im Folgenden *von Sachsen-Gessaphe*, ZVR, Rn. 574, 576.

1. Die Veräußerung hinderndes Recht des Dritten

9 Der unproblematische Standardfall ist das Eigentum[19], wenn also die Sache dem Dritten gehört[20], was in der Fallbearbeitung nach dem eingangs Gesagten zu einer ausführlichen sachenrechtlichen Prüfung der materiellen Rechtslage führen kann. Erfasst ist aber auch die Inhaberschaft an einer Forderung, wenn sie gepfändet wird[21], obwohl sie einem Dritten zusteht, so dass dieser nach § 771 ZPO gegen den Vollstreckungsgläubiger klagen kann[22]. Denn ungeachtet der Unwirksamkeit einer solchen Pfändung, besteht doch ein das Recht des Dritten beeinträchtigender Anschein einer wirksamen Pfändung[23], dem dieser daher mit der Drittwiderspruchsklage entgegentreten können muss[24]. Im Übrigen ist manches umstritten[25], prüfungsrelevant sind vor allem die folgenden Unterscheidungen zu besonderen Ausprägungen des Eigentums.

a) Vorbehaltseigentum

10 Für das Vorbehaltseigentum (§ 449 BGB) ist zu unterscheiden: Vollstreckt ein Gläubiger des Vorbehaltskäufers, dann kann der Verkäufer die Klage nach § 771 ZPO erheben, weil er als Eigentümer ein die Veräußerung hinderndes Recht hat[26]. Die Klage auf vorzugsweise Befriedigung (§ 805 ZPO), die ein Teil der Lehre zum Schutz des Vorbehaltsverkäufers für einschlägig hält[27], würde das Eigentumsrecht des Verkäufers nicht genügend schützen, weil der dem Gläubiger gebührende Restkaufpreis den Versteigerungserlös übersteigen kann[28]. Falls allerdings der Gläubiger das Anwartschaftsrecht des Vorbehaltskäufers pfändet, hilft dem Verkäufer auch die Drittwiderspruchsklage nicht[29].

---

19 Zum dafür genügenden Miteigentum und Gesamthandseigentum RGZ 144, 236, 241 f.; BGH NJW 2007, 992.

20 BGH ZIP 2007, 146 f., stellt klar, dass es nicht genügt, dass der Kläger das Recht eines Dritten geltend macht.

21 *Brox/Walker*, ZVR, Rn. 1413; *Baur/Stürner/Bruns*, ZVR, Rn. 46.5.

22 OLG Frankfurt, NJW-RR 1988, 1408.

23 *Von Sachsen-Gessaphe*, ZVR, Rn. 582.

24 BGH NJW 1977, 384, 385.

25 Zu den speziellen Treuhandverhältnissen und ihren teils verästelten Streitfragen *Brox/Walker*, ZVR, Rn. 1414–1417; *Schumann*, Die ZPO-Klausur, Rn. 424–426. Behandelt wird im Folgenden nur die Sicherungsübereignung.

26 Vgl. nur BGHZ 54, 214, 218; *Grunsky*, JuS 1984, 497, 503.

27 *L. Raiser*, Dingliche Anwartschaften, 1961, S. 91 f.; *Schwerdtner*, Jura 1980, 661, 668.

28 *Medicus/Petersen*, Bürgerliches Recht, Rn. 486; *Brox/Walker*, ZVR, Rn. 1412.

29 *Von Sachsen-Gessaphe*, ZVR, Rn. 580.

Wenn demgegenüber beim Vorbehaltskauf ein Gläubiger des Verkäufers 11 vollstreckt, dann ist das Anwartschaftsrecht des Vorbehaltskäufers ein hinderndes Recht im Sinne des § 771 ZPO[30]. Andernfalls könnte der Vorbehaltskäufer im Wege einer Versteigerung kraft staatlichen Hoheitsakts die Möglichkeit einbüßen, das Eigentum durch Zahlung der letzten Kaufpreisrate zu erwerben[31]. Denn der durch § 161 Abs. 1 S. 1 BGB vermittelte Schutz des Anwartschaftsrechts[32], den § 161 Abs. 1 S. 2 BGB auf eine Verfügung im Wege der Zwangsvollstreckung erweitert, versagt im Falle der Eigentumsübertragung durch Hoheitsakt[33]. Deswegen geht die Rechtsprechung und wohl überwiegende Meinung davon aus, dass dem Vorbehaltskäufer zum Schutze seines Anwartschaftsrechts die Drittwiderspruchsklage zu Gebote stehen muss[34]. Versäumt er dies, dann geht seine Anwartschaft verloren. Jedoch kann ein Anspruch aus § 812 Abs. 1 S. 1 Fall 2 BGB gegen den Vollstreckungsgläubiger bestehen[35] sowie ein – allerdings wohl nach § 254 BGB gekürzter – Anspruch aus § 823 Abs. 1 BGB, wenn dem Vollstreckungsgläubiger ein Verschulden zur Last fällt[36].

b) Sicherungseigentum

Auch beim Sicherungseigentum bemisst sich die Unterscheidung danach, ob 12 ein Gläubiger des Sicherungsnehmers oder des Sicherungsgebers in die sicherungshalber übereignete Sache vollstreckt[37]. Das wiederum hängt typischerweise davon ab, bei wem sich die Sache befindet, beim Sicherungsnehmer oder beim Sicherungsgeber. Selten wird die Sache beim Sicherungsnehmer sein, weil die Sicherungsübereignung in der Praxis ja nicht zuletzt deswegen vorkommt, um dem Sicherungsgeber die Möglichkeit zu geben, mit der Sache zu wirtschaften und auch auf diese Weise einen etwaigen Kredit zurückzuzahlen[38]. Wenn es aber doch einmal so ist, dass der Sicherungsnehmer im Besitz der Sache ist und seine Gläubiger sie pfänden, dann kann der Sicherungsgeber dagegen im Wege der Drittwiderspruchsklage vorgehen[39]. Da aber die Sicherungsübereignung zu

---

30 BGHZ 55, 20, 26 f.
31 *Baur/Stürner/Bruns*, ZVR, Rn. 46.6.
32 Zu ihm *Petersen*, Jura 2011, 275.
33 RGZ 156, 395, 398 f.; BGHZ 55, 20, 27; *Brox/Walker*, ZVR, Rn. 1412.
34 Dagegen *Säcker*, JZ 1971, 156, 159, mit privatrechtlicher Beurteilung des Eigentumserwerbs.
35 *Medicus/Petersen*, Bürgerliches Recht, Rn. 466.
36 BGHZ 55, 20, 24 ff.
37 *Von Sachsen-Gessaphe*, ZVR, Rn. 581, auch zum Folgenden.
38 *S. Lorenz*, JuS 2011, 493, 495.
39 Ganz h.M.; vgl. nur *Brox/Walker*, ZVR, Rn. 1417 mit eingehender Begründung. Anders wohl nur *Weber*, NJW 1976, 1601, 1605.

den Treuhandverhältnissen gehört, besteht auch die Klagemöglichkeit des Sicherungsgebers gemäß § 771 ZPO nach der Rechtsprechung des Bundesgerichtshofs nur in Abhängigkeit „von der Entwicklung des Treuhandverhältnisses und der dadurch begründeten gegenseitigen Rechte von Sicherungsgeber und -nehmer"[40], also bis zur Verwertungsreife, weil dann ja der Sicherungsnehmer verwertungsbefugt ist[41].

13   Ist die Sache hingegen nach Übereignung an den Sicherungsnehmer durch Besitzkonstitut (§§ 930, 868 BGB) beim Sicherungsgeber und vollstreckt dessen Gläubiger, dann hält ein Teil der Lehre die Drittwiderspruchsklage für unbegründet und verweist den Sicherungsnehmer auf die Klage auf vorzugsweise Befriedigung gemäß § 805 ZPO, da seine Rechtsstellung bei wirtschaftlicher Betrachtungsweise dem Gläubiger eines besitzlosen Pfandrechts (vgl. nur § 562 BGB) ähnele[42]. Die Rechtsprechung und überwiegende Ansicht im Schrifttum halten dessen ungeachtet die Drittwiderspruchsklage für den passenden Behelf[43], zumal da andernfalls das Recht des Sicherungsnehmers, die Sache selbst zu verwerten, beeinträchtigt werden könnte[44].

2. Einwendungen

14   Nach allgemeinem bürgerlichen Recht, insbesondere den im Pflichtfachstoff häufig anzutreffenden Vorschriften, kommen als Einwendungen des beklagten Vollstreckungsgläubigers, der sich gegen den klagenden Dritten verteidigt, vor allem folgende Gesichtspunkte in Betracht[45]. Er kann bei Vorliegen entsprechender Anhaltspunkte, beispielsweise für eine Übersicherung, die Sittenwidrigkeit des Übertragungsgeschäfts nach § 138 Abs. 1 BGB geltend machen[46]. Daneben kommt die Nichtigkeit des Übertragungsgeschäfts nach § 117 BGB in Betracht, wenn der Vollstreckungsgläubiger darlegen und gegebenenfalls beweisen kann[47], dass es sich um ein Scheingeschäft gehandelt hat. Denkbar ist aber auch der allgemeine Rechtsmissbrauchseinwand, also die Arglisteinrede nach § 242 BGB[48]. Dazu gehört etwa der Fall, dass der Dritte das die Veräuße-

---

40 BGHZ 72, 141, 143.
41 BGHZ 72, 141, 145 f.; *Lange*, NJW 2007, 2513, 2515.
42 *Lange*, NJW 2007, 2513, 2515.
43 BGHZ 80, 296; BGH WM 1987, 539; *Henckel*, ZZP 84 (1971) 447, 456.
44 *Bötticher*, MDR 1950, 705; *Brox/Walker*, ZVR, Rn. 1417; *von Sachsen-Gessaphe*, ZVR, Rn. 581.
45 Hier und im Folgenden zu ihnen *Brox/Walker*, ZVR, Rn. 1430 ff.
46 *Von Sachsen-Gessaphe*, ZVR, Rn. 584.
47 BGH NJW 1988, 2597; BGH WM 1991, 1184.
48 Allgemein zu den Grenzen zulässiger Rechtsausübung *Petersen*, Jura 2008, 759.

rung hindernde Recht in betrügerischer Absicht deliktisch erworben hat[49]. Arglistig handelt der Dritte aber auch dann, wenn der Vollstreckungsgläubiger ein besseres Recht am Vollstreckungsgegenstand geltend macht. Das kann am Ende eines Klausurfalles beispielsweise zur Prüfung führen, welches Recht im Grundbuch vom Rang her vorgeht[50]. Klausurrelevanter dürfte der gleichfalls vom Reichsgericht entschiedene Fall sein, dass ein besitzloses Pfandrecht – dort ein Vermieter- bzw. Verpächterpfandrecht nach §§ 562, 581 Abs. 2 BGB an einer Halle auf einem verpachteten Fabrikgelände – des Vollstreckungsgläubigers früher entstanden ist als das Eigentum des Dritten[51]. Dann dringt dieser mit seiner Drittwiderspruchsklage nicht durch, weil der Vollstreckungsgläubiger ein besseres Recht an dem Vollstreckungsgegenstand hat[52].

---

49 *Walker*, Festschrift Stürner, 2013, S. 829, 843.
50 RGZ 81, 146; zum Rang im Grundbuch *K. Schreiber*, Jura 2006, 502.
51 RGZ 143, 275.
52 *Von Sachsen-Gessaphe*, ZVR, Rn. 586.

7. Teil: Drittinteressen und Prinzipienjurisprudenz

§ 32 Sukzessionsschutz und Sozialschutz im BGB

Der Sukzessions- sowie der Sozialschutz gehören gewiss zu den anspruchsvolleren Prinzipien des Privatrechts. Ihr Verständnis hilft aber zu einem vertieften Eindringen in den Rechtsstoff, das sich über kurz oder lang auch in besseren Noten niederschlagen kann.*

I. Begriffsbestimmung und Verdeutlichung

Der Sukzessionsschutz ist im BGB uneinheitlich ausgestaltet worden[1]. Sukzessionsschutz bedeutet, vereinfacht gesagt, das „Sichbehaupten des Rechts"[2] gegenüber dem späteren Inhaber der Forderung. Grundsätzlich wirkt das Schuldverhältnis nach dem Prinzip der Relativität der Schuldverhältnisse nur zwischen den daran Beteiligten. Der Sukzessionsschutz macht davon insofern eine Ausnahme, als der Erwerber in eine Pflichtenstellung eintreten kann, die von seinem Rechtsvorgänger begründet wurde. Eine vergleichsweise einfache und anschauliche Konstellation bietet die Abtretung. Nach § 398 S. 1 BGB kann eine Forderung von dem Gläubiger durch Vertrag mit einem anderen auf diesen übertragen werden. Das hat für den Schuldner eine einschneidende Wirkung. Denn mit dem Abschluss des Vertrags tritt der neue Gläubiger an die Stelle des bisherigen Gläubigers, § 398 S. 2 BGB. Die Besonderheit der Abtretung besteht also darin, dass sie ohne Zustimmung des Schuldners vollzogen wird. Anders als bei der Schuldübernahme nach §§ 414 f. BGB, die die Mitwirkung des Gläubigers voraussetzt, hängt die Wirksamkeit des Abtretungsvertrags nicht von der Zustimmung des Schuldners ab. Der Preis für diese einseitige Verfügungsgewalt über die Forderung bei der Abtretung ist dann jedoch der allfällige Schuldnerschutz. Der Schuldner, der an der Abtretung nichts ändern kann, darf gegen-

1

---

* Zuerst abgedruckt in Jura 2012, S. 279–281.
1 *Gernhuber*, Bürgerliches Recht, § 24 III 3 a). Zum Begriff *Eichler*, Institutionen des Sachenrechts, 1954, Band I, S. 7 („der vom ‚Drittschutz' zu unterscheidende ‚Successionsschutz'") unter Verweis auf *Hübner/Riegner*. Siehe auch *Nörr/Scheyhing/Pöggeler*, Sukzessionen; *Dörner*, Dynamische Relativität, 1985, S. 87 ff.; *Füller*, Eigenständiges Sachenrecht, 2006, S. 54 ff., dort auch zur „Kritik am Sukzessionsschutz als rechtliche Kategorie" (S. 56 ff). Praktische Bedeutung hat der Sukzessionsschutz nicht zuletzt im Immaterialgüterrecht, vgl. nur *Lochmann*, Die Einräumung von Fernsehübertragungsrechten an Sportveranstaltungen, 2005.
2 *Raape*, JherJb 74 (1924), 179, 248, allerdings ohne dies als Sukzessionsschutz zu bezeichnen.

https://doi.org/10.1515/9783110365702-032

über dem neuen Gläubiger nicht schlechter stehen als gegenüber dem alten[3]. Das ist die Aufgabe der §§ 404, 406 ff. BGB.

2 Nach § 404 BGB kann der Schuldner dem neuen Gläubiger die Einwendungen entgegensetzen, die zur Zeit der Abtretung der Forderung gegen den bisherigen Gläubiger begründet waren. Der Begriff der „Einwendungen" ist zum (Sukzessions-)Schutz des Schuldners weit zu verstehen[4]: Während das Gesetz normalerweise Einwendungen und Einreden klar voneinander abgrenzt[5], sind hier auch die Einreden, wie zum Beispiel die Verjährungseinrede, mit gemeint[6], damit der Schuldner auch insoweit nicht schlechter gegenüber dem neuen Gläubiger steht, als er gegenüber dem alten stünde. In diesem Zusammenhang wird zum Schutz des Schuldners ganz überwiegend für ausreichend gehalten, dass die Einwendung bereits zum Zeitpunkt der Abtretung ihren Rechtsgrund in demselben Schuldverhältnis gehabt hat, mag sie auch erst danach – etwa durch entsprechende Gestaltungserklärung – wirksam werden[7]. So kann der Schuldner dem Zessionar einen Anspruch auf Schadensersatz statt der Leistung gemäß § 404 BGB entgegenhalten, auch wenn er das Schadensersatzverlangen erst nach der Abtretung erklärt[8].

3 Außerdem kann der Schuldner nach § 406 BGB eine ihm gegen den bisherigen Gläubiger zustehende Forderung auch dem neuen Gläubiger gegenüber aufrechnen, es sei denn, dass er bei dem Erwerb der Forderung von der Abtretung Kenntnis hatte oder dass die Forderung erst nach der Erlangung der Kenntnis und später als die abgetretene Forderung fällig geworden ist[9]. Der Sukzessionsschutz entfaltet sich hier auch im Zusammenwirken mit § 392 Abs. 2 HGB[10], welcher der Rechtsstellung des Kommittenten im Übrigen in gewissem Umfang ebenfalls Sukzessionsschutz vermittelt[11]. § 407 BGB schließlich vervollkommnet den Sukzessionsschutz dahingehend, dass der neue Gläubiger eine Leistung, die der Schuldner nach der Abtretung an den bisherigen Gläubiger

---

3 BGH NJW 2006, 219, 220.
4 BAG VersR 1969, 337; DB 1994, 2297; BGH NJW 1985, 176; 2008, 1153.
5 Zu den Einwendungen und Einreden *Petersen,* Jura 2008, 422.
6 RGZ 124, 111, 114; BGH NJW 1967, 2199; 1973, 702.
7 Staudinger/*Busche,* § 404 Rn. 10; MüKo/*Roth/Kieninger,* § 404 Rn. 11.
8 Ein Rückgriff auf die Aufrechnung gemäß § 406 BGB erübrigt sich daher, vgl. BGH NJW 1983, 1903, 1904, MüKo/*Roth/Kieninger,* § 404 Rn. 7; Palandt/*Grüneberg,* § 406 Rn. 3.
9 *Gernhuber,* Handbuch des Schuldrechts, § 12 VII 5.
10 *Canaris,* Handelsrecht, § 30 Rn. 71 ff.; Klausurbeispiel zu dieser schwierigen Problematik, welche die vorliegende Themenstellung – den Sukzessionsschutz im BGB – überschreitet, bei *Petersen,* Allgemeines Schuldrecht, Fall 37 Rn. 403–411; auch die §§ 25 ff. HGB können hier nicht mitbehandelt werden.
11 *Canaris,* Festschrift Flume, 1978, Band I, S. 371, 408.

bewirkt, sowie jedes Rechtsgeschäft, das nach der Abtretung zwischen dem Schuldner und dem bisherigen Gläubiger in Ansehung der Forderung vorgenommen wird, gegen sich gelten lassen muss, es sei denn, dass der Schuldner die Abtretung bei der Leistung oder der Vornahme des Rechtsgeschäfts kennt[12]. Für die mehrfache Forderungsabtretung ordnet § 408 BGB die entsprechende Anwendung des § 407 BGB an. Der elementare Gerechtigkeitsgehalt, der dieser Regelung innewohnt, zeigt sich noch an einer Reihe anderer Vorschriften, die unter dem Topos der Leistung an den Nichtberechtigten behandelt wurden[13]. Es sind dies insbesondere die §§ 851, 893 Fall 1, 808, 793, 2367 BGB. Sie dienen aber nicht in erster Linie dem Sukzessionsschutz.

Vom Sukzessionsschutz zu unterscheiden ist der soziale Schutz des Schuld- 4 ners vor den Folgen eines Gläubigerwechsels, ohne dass der Erwerber Rechtsnachfolger wird[14]. Es findet dabei kein gesetzlicher Vertragsübergang statt, so dass die schuldnerschützenden Vorschriften der §§ 404 ff. BGB nicht anwendbar sind[15]. Dennoch gewährt der Sozialschutz[16] dem Schuldner ebenfalls die Möglichkeit, sein „Recht gegenüber dem späteren Eigentümer der Sache zu behaupten"[17].

II. Einzelne Ausprägungen

Exemplarisch sollen im Folgenden einige Ausprägungen des zivilrechtlichen 5 Sukzessions- und Sozialschutzes dargestellt werden, die für das Verständnis des Systems besonders wichtig sind, zumal da sie auch in andere Rechtsgebiete ausstrahlen können[18].

---

12 *Gernhuber*, Bürgerliches Recht, § 50 IV 4 e). Zum Immaterialgüterrecht (über § 413 BGB) *Peifer*, Individualität im Zivilrecht 2001, S. 274 mit Fußnote 681.
13 Siehe § 6 II.
14 BGH NJW 2008, 2256.
15 *Oechsler*, Vertragliche Schuldverhältnisse, Rn. 894.
16 Den Begriff des sozialen Schutzes verwenden auch *Baur/Stürner*, Sachenrecht, § 20 Rn. 41; *Staake*, Jura 2006, 561, 563; *Wertheimer*, Jura 1991, 206, 207, insbesondere im Zusammenhang mit § 566 BGB, dazu weiter unten.
17 *Raape*, JherJb 74 (1924), 179, 248; hierzu unter II 4.
18 Etwa ins Gesellschaftsrecht; vgl. dazu – allerdings noch unter Geltung des alten § 132 UmwG – *Petersen*, Der Gläubigerschutz im Umwandlungsrecht, 2001, S. 344 ff.

1. Sukzessionsschutz im Sachenrecht

6 In § 986 Abs. 2 BGB findet sich ein Tatbestand des Sukzessionsschutzes für bewegliche Sachen, wie sich aus der Bezugnahme auf die Übereignung nach § 931 BGB ergibt: Der Besitzer einer Sache, die nach § 931 BGB durch Abtretung des Anspruchs auf Herausgabe veräußert worden ist, kann dem neuen Eigentümer die Einwendungen entgegensetzen, die ihm gegen den abgetretenen Anspruch zustehen. Dieser Schutz ist dem des Schuldners gegenüber dem Zessionar aus § 404 BGB vergleichbar. Allerdings ist der Wortlaut des § 986 Abs. 2 BGB anerkanntermaßen zu eng geraten[19]. So gilt die Regelung analog auch für die Veräußerung nach § 930 BGB sowie bei § 929 S. 2 BGB[20]. *Canaris* hat den Grundgedanken dieser Regelung zutreffend dahingehend zusammengefasst, „dass der Erwerber einer Sache mit Rechten des Besitzers grundsätzlich rechnen und diese respektieren muss, und zwar auch dann, wenn sie nur obligatorischer Art sind"[21]. So ist anerkannt, dass die §§ 404, 407 BGB bei § 986 Abs. 2 BGB entsprechend gelten[22]. Das zeigt im Übrigen erneut, wie sehr diese dem Prinzip des Sukzessionsschutzes in besonderer Weise zum Ausdruck verhelfen.

7 Ein Sondertatbestand des Sukzessionsschutzes – da begrenzt auf die Ansprüche aus §§ 994 ff. BGB[23] – findet sich in § 999 Abs. 2 BGB, wonach sich die Verpflichtung des Eigentümers zum Ersatz von Verwendungen auch auf die Verwendungen erstreckt, die gemacht worden sind, bevor er das Eigentum erworben hat[24]. Dadurch soll verhindert werden, dass der Verwendungsersatzanspruch des Besitzers durch Veräußerung der Sache (vor Wiedererlangung derselben[25]) durch den Voreigentümer entwertet wird.

8 In diesem systematischen Zusammenhang wird auch der klausurrelevante § 999 Abs. 1 BGB verständlich, der die prüfungsrelevante Beziehung zwischen Rechtsvorgänger und Rechtsnachfolger im Eigentümer-Besitzer-Verhältnis regelt. Die auf den ersten Blick schwer zu verstehende Regelung, nach der der Besitzer für die Verwendungen eines Vorbesitzers, dessen Rechtsnachfolger er geworden ist, in demselben Umfang Ersatz verlangen kann, in welchem ihn der Vorbesitzer fordern könnte, wenn er die Sache herauszugeben hätte, veran-

---

19 MüKo/*Baldus*, § 986 Rn. 55 ff.
20 BGHZ 111, 142, 146; siehe auch *Krüger*, JuS 1993, 12.
21 *Canaris*, Festschrift Flume, 1978, Band I, S. 371, 392.
22 BGHZ 64, 122, 125.
23 Staudinger/*Gursky*, § 999 Rn. 19.
24 Klausurbeispiel bei *Petersen*, Allgemeines Schuldrecht, Fall 2 Rn. 10 ff. Siehe auch *Westermann/Gursky/Eickmann*, Sachenrecht, 8. Auflage 2011, § 32 Rn. 20; abweichend *Kress*, Lehrbuch des allgemeinen Schuldrechts, 1929, S. 32 Fußnote 46.
25 Siehe zu dieser Einschränkung Staudinger/*Gursky*, § 999 Rn. 14 f.

schaulicht folgendes Beispiel: Angenommen B veräußert eine dem A gestohlene Sache an den bösgläubigen C. Dieser macht auf die Sache notwendige Verwendungen, die auch im Interesse des A sind, und veräußert die Sache danach zu einem entsprechend höheren Preis weiter an den gutgläubigen D. Verlangt nun A als Eigentümer (vgl. § 935 Abs. 1 BGB) von D Herausgabe (§ 985 BGB bzw. § 1007 Abs. 1, 2 BGB), so kann er dies nach § 999 Abs. 1 BGB (in Verbindung mit § 1007 Abs. 3 S. 2 BGB) Zug um Zug (§ 1000 BGB) gegen Ersatz derjenigen Verwendungen verlangen, die auch der Vorbesitzer fordern könnte, wenn er die Sache herauszugeben hätte. C hätte als (bösgläubiger) Vorbesitzer aber Verwendungsersatz nach § 994 Abs. 2 BGB nach den Vorschriften über die Geschäftsführung ohne Auftrag verlangen können, weil die notwendigen Verwendungen als objektiv fremdes Geschäft im Interesse des A waren (§§ 683, 670, 677 BGB)[26].

§ 999 Abs. 1 BGB bewirkt also, dass sich die Rechtsstellung des Herausgabepflichtigen D aus der Person des Rechtsvorgängers beurteilt, auch wenn dieser bösgläubig und jener gutgläubig war. Die Vorschrift weist jedoch einen elementaren Gerechtigkeitsgehalt auf, weil die verwendungsbedingte Werterhöhung, für die der Rechtsnachfolger entsprechend mehr bezahlt hat, wertmäßig diesem und nicht dem Anspruchsteller A zugutekommen muss. Das Beispiel zeigt zugleich, wie sich § 999 BGB in der Fallbearbeitung auswirken kann. Denn in einer solchen Konstellation ist nicht selten mit Bedacht nur nach den Ansprüchen des A gegen D und nicht gegen C gefragt, obwohl dessen Bösgläubigkeit ersichtlich eine Rolle spielen soll. Die über § 999 Abs. 1 BGB vermittelte Wertung verlangt und ermöglicht dann eine Inzidentprüfung des Personenverhältnisses A gegen C. 9

2. Arbeitsrechtlicher Sukzessionsschutz

Geht ein Betrieb oder Betriebsteil durch Rechtsgeschäft auf einen anderen Inhaber über, so tritt dieser nach § 613a Abs. 1 BGB in die Rechte und Pflichten aus den im Zeitpunkt des Übergangs bestehenden Arbeitsverhältnissen ein. Es handelt sich um eine Vertragsübernahme kraft Gesetzes[27].§ 613a Abs. 1 BGB hilft dem vom Betriebsübergang betroffenen Arbeitnehmer gegenüber dem neuen Arbeitgeber, der ihm nicht ohne weiteres kündigen kann, weil er eben auch in die Pflichten seines Rechtsvorgängers tritt. Der Betriebsübergang selbst recht- 10

---

26 § 687 BGB gilt nicht, so dass es auf einen Fremdgeschäftsführungswillen nicht ankommt; vgl. Palandt/*Herrler*, § 994 Rn. 8.

27 Staudinger/*Annuß*, § 613a Rn. 132 ff.; MüKo/*Müller-Glöge*, § 613a Rn. 8.

fertigt gemäß § 613a Abs. 4 BGB von vornherein keine Kündigung. Der Arbeitgeber hat die Arbeitnehmer vor dem Betriebsübergang über die in § 613a Abs. 5
Nr. 1–4 BGB genannten Gründe zu unterrichten, damit sie über Voraussetzungen und Wirkungen des Betriebsübergangs Bescheid wissen, weil sie so am besten beurteilen können, ob sie den Übergang des Arbeitsverhältnisses im Wege
des Widerspruchs nach § 613a Abs. 6 BGB verhindern wollen[28]. Denn anders als
in den bisher betrachteten Fällen des Sukzessionsschutzes besteht hier die Möglichkeit zum Widerspruch innerhalb eines Monats nach Zugang der Unterrich-
tung. Dieses Gestaltungsrecht soll gewährleisten[29], dass der Arbeitnehmer nicht
gegen seinen Willen einem anderen Arbeitgeber gegenüber zur Leistung verpflichtet ist[30]. Der rechtzeitig und in Schriftform (§ 126 BGB) erhobene Widerspruch bewirkt, dass das Arbeitsverhältnis nicht übergeht. Damit sieht es so
aus, als sei der Sukzessionsschutz im Arbeitsrecht entscheidend stärker ausge-
prägt als im allgemeinen Bürgerlichen Recht. Jedoch ist zu bedenken, dass der
bisherige Arbeitgeber dann aus betrieblichen Gründen unter den Voraussetzungen des § 1 KSchG kündigen kann[31], ohne dass § 613a Abs. 4 BGB entgegensteht,
da die Kündigung ja nicht wegen des Betriebsübergangs erfolgt, sondern aufgrund des Widerspruchs[32].

3. Ergänzender Sukzessionsschutz beim Vorbehaltskauf*

11　Beim Vorbehaltskauf kann die Anwartschaft des Vorbehaltskäufers gefährdet
sein. Zum einen fragt sich, wie dessen Schutz bis zum Bedingungseintritt über
§ 161 Abs. 1 S. 1 BGB hinaus sachenrechtlich vervollständigt wird. Zum anderen
ist zu klären, ob und wie er gegen eine treuwidrige Bedingungsvereitelung gesichert ist.

a) Sukzessionsschutz

12　Der Käufer, der eine Sache unter Eigentumsvorbehalt kauft, hat dem Verkäufer
gegenüber ein Recht zum Besitz. Einem Herausgabeverlangen des Verkäufers

---

28 *Grau*, RdA 2005, 367; *Jaeger*, ZIP 2004, 433; *Franzen*, RdA 2002, 258; *Willemsen*, NJW 2007,
2065.

29 BAG NJW 2007, 250.

30 *Rieble*, NZA 2004, 1.

31 Einzelheiten dazu bei BAG NJW 1999, 3508; vgl. auch *Lipinski* DB 2002, 1214.

32 Palandt/*Weidenkaff*, § 613a Rn. 54.

* Zuerst abgedruckt in Jura 2011, S. 275, 277; zudem in *Petersen*, Allgemeiner Teil und Handelsrecht, § 28 Rn. 9–11.

kann der Käufer dies nach § 986 Abs. 1 S. 1 BGB entgegenhalten. Verkauft und übereignet nun aber der Verkäufer die Sache während des Schwebezustands unter Abtretung des Herausgabeanspruchs nach § 931 BGB an einen Zweitkäufer weiter, so stellt sich die Frage, wie der Käufer gegen dessen Herausgabeanspruch geschützt ist. Denn wegen § 161 Abs. 1 BGB kann der Zweitkäufer zumindest während der Schwebezeit Eigentümer werden; der Vorbehaltskäufer muss daher gegen dessen Herausgabeanspruch geschützt werden. Hier hilft wiederum § 986 Abs. 2 BGB[33].

b) Treuwidrige Bedingungsvereitelung und Annahmeverzug

Die zweite Frage betrifft die treuwidrige Bedingungsvereitelung. Sie ist in § 162 **13** BGB normiert und weist einen elementaren Gerechtigkeitsgehalt auf: Wird der Eintritt der Bedingung von der Partei, zu deren Nachteil er gereichen würde, wider Treu und Glauben verhindert, so gilt die Bedingung nach § 162 Abs. 1 BGB als eingetreten. Wird umgekehrt der Eintritt der Bedingung von der Partei, zu deren Vorteil er gereicht, wider Treu und Glauben herbeigeführt, so gilt der Eintritt nach § 162 Abs. 2 BGB als nicht erfolgt. Diese Bestimmungen werden in vielen Fällen entsprechend herangezogen[34]. In der für die Fallbearbeitung wichtigsten Konstellation des Vorbehaltskaufs ist vor einer entsprechenden Anwendung jedoch Vorsicht angezeigt: Dort besteht die Bedingung ja in der Erfüllung einer Verpflichtung. Der Vorbehaltsverkäufer kann also den Bedingungseintritt – Eigentumserwerb des Vorbehaltskäufers durch vollständige Kaufpreiszahlung – nur dadurch vereiteln, dass er die ihm angebotene letzte Kaufpreisrate nicht annimmt. Das aber ist letztlich ein Problem des Annahmeverzugs, für dessen Lösung das Gesetz in den §§ 372, 378 BGB die Möglichkeit eröffnet, dass der Käufer den Restkaufpreis unter Verzicht auf sein Rücknahmerecht hinterlegt. Daher bedarf es im Falle des Annahmeverzugs des Verkäufers auch dann der Regelung des § 162 Abs. 1 BGB entgegen der Rechtsprechung nicht[35], wenn der Verkäufer das angebotene Geld treuwidrig nicht entgegen nimmt[36].

---

33 Zum Tatbestand schon oben unter Sukzessionsschutz im Sachenrecht.

34 Siehe nur die Dissertation von *Ganns*, Die analoge Anwendung des § 162 BGB, 1983; zu einem speziellen Fall auch *Petersen*, FamRZ 1998, 1215.

35 BGHZ 75, 221, 228.

36 *Medicus/Petersen*, Bürgerliches Recht, Rn. 464.

4. Mietrechtlicher Sozialschutz

14 Wie sozialer Schutz abweichend vom Sukzessionsschutz sichergestellt wird, zeigt der Schutzweck des § 566 BGB. Er wird unter dem Schlagwort „Kauf bricht nicht Miete" zusammengefasst, das freilich ungeachtet der amtlichen Überschrift in mehrfacher Hinsicht ungenau ist[37]. Gemeint ist jedenfalls § 566 Abs. 1 BGB: Wird der vermietete Wohnraum nach der Überlassung an den Mieter von dem Vermieter an einen Dritten veräußert, so tritt der Erwerber anstelle des Vermieters in die sich während der Dauer seines Eigentums aus dem Mietverhältnis ergebenden Rechte und Pflichten ein. Obwohl die Normstruktur der Vorschrift des § 613a Abs. 1 BGB ähnelt, ist die ratio legis beider Regelungen nicht gleich[38]. Konstruktiv sieht vor allem die Rechtsprechung in § 566 Abs. 1 BGB ungeachtet des Gesetzeswortlauts („Eintritt") keine Vertragsübernahme, sondern die Entstehung eines neuen, inhaltsgleichen Vertrags mit dem Erwerber kraft Gesetzes[39]. Mangels Rechtsnachfolge wird hier der Sukzessionsschutz versagt; die ursprünglich vereinbarten Bedingungen gelten zwar weiter, jedoch unter Neubegründung von Rechten und Pflichten[40]. Dabei legt die Rechtsprechung § 566 Abs. 1 BGB dahingehend eng aus, dass nur solche Rechte und Pflichten erfasst sind, die als mietrechtlich zu qualifizieren oder mit dem Mietvertrag untrennbar verbunden sind[41].

15 Die vor Eigentumsübergang entstandenen und fällig gewordenen Ansprüche hingegen verbleiben dem bisherigen Vermieter, gegen den sich auch umgekehrt bereits fällig gewordene Ansprüche des Mieters richten[42]. Der Eigentumsübergang stellt somit hinsichtlich der vertraglichen Ansprüche eine Zäsur dar[43]. Befindet sich der Vermieter mit der Beseitigung von Mängeln dem Mieter gegenüber im Verzug und entsteht dem Mieter nach Grundstücksübereignung ein

---

37 *Medicus/Lorenz*, Besonderes Schuldrecht, Rn. 496.

38 Vgl. *Oechsler*, Vertragliche Schuldverhältnisse, Rn. 896, der auch ein mit § 613a Abs. 6 BGB vergleichbares Widerspruchsrecht des Mieters ablehnt.

39 Der Erwerber ist also nicht Rechtsnachfolger des Vermieters, BGH NJW 1962, 1388, 1390; 2000, 2346; 2005, 1187; 2006, 1800, 1801; 2008, 2256; a.A. etwa *Streyl*, NZM 2010, 343, 347; *Dötsch*, ZMR 2011, 257, 259f.; Staudinger/*Emmerich*, § 566 Rn. 5, 37.

40 *Oechsler*, Vertragliche SchuldveräItnisse, Rn. 894; a.A. *Weitemeyer*, Der Eintritt des Erwerbers in das Mietverhältnis nach § 566 BGB – Ein Rechtsinstitut auf dem Weg zum Sukzessionsschutz, Festschrift Blank, 2006, S. 445.

41 BGH NJW 2017, 254: Ein zwischen den Mietvertragsparteien vereinbartes Ankaufsrecht fällt demnach nicht unter § 566 Abs. 1 BGB; dazu auch *Oechsler*, Vertragliche Schuldverhältnisse, Rn. 894.

42 BGH NJW 2008, 2256, 2257.

43 BGH NJW 1989, 451; 2005, 1187.

Verzugsschaden, richtet sich nach Ansicht der Rechtsprechung der Anspruch des Mieters gegen den Erwerber[44].

Der Erwerber kann dem Mieter nicht anlässlich der Veräußerung kündigen[45]. Nach neuerer Rechtsprechung soll der Schutz des § 566 Abs. 1 BGB sogar dann eingreifen, wenn die Person des Vermieters und die des Veräußerers auseinanderfallen[46]. Der BGH führt für eine analoge Anwendung des § 566 BGB an, dessen Zweck dürfe nicht durch Einschaltung einer dritten Person als Vermieter umgangen werden[47]. Zudem ordnet das Gesetz den Schutz des Mieters auch für andere Fälle an, in denen ihm wegen eines Wechsels der dinglichen Berechtigung der Verlust seines Besitzrechts droht; zahlreiche gesetzliche Verweise auf § 566 BGB erstrecken den Sozialschutz weit über die Veräußerung vermieteten Wohnraums hinaus (etwa §§ 578, 581 Abs. 2 BGB, 57 ZVG)[48]. Allerdings gilt die Vorschrift nach überwiegender, wenngleich umstrittener Ansicht nicht – auch nicht analog – für die Leihe[49]. Im Falle der unentgeltlichen Gebrauchsüberlassung bedarf es nämlich keines zivilrechtlichen Schutzes[50]. **16**

Der Schutzzweck des § 566 BGB ist außerdem für die examensrelevante Frage streitentscheidend, ob eine Zwischenvermietung analog § 883 Abs. 2 BGB unwirksam ist, wenn für das vermietete Grundstück zugunsten des Erwerbers eine Auflassungsvormerkung eingetragen ist. Obwohl die Zwischenvermietung keine Verfügung ist, halten einige sie entsprechend § 883 Abs. 2 BGB dem Erwerber gegenüber für unwirksam, da sie eine vergleichbare Belastung darstelle.[51] Der BGH entscheidet demgegenüber nach dem durch § 566 BGB vermittelten Sozialschutz zugunsten des Mieters, zumal da dieser keinen Grund habe, vor Vertragsschluss ins Grundbuch zu schauen.[52] **17**

---

44 BGH NJW 2005, 1187, die Verzugslage soll in der Person des Erwerbers fortwirken; a.A. MüKo/*Häublein*, § 566 Rn. 39, der auf die Verursachung des Schadens durch den Veräußerer abstellt.

45 BGH NJW 1998, 896.

46 BGH JuS 2017, 1213 (m.Anm. *Emmerich*); *Moser-Lange*, Jura 2018, 384.

47 BGH BeckRS 2017, 121752, Rn. 37.

48 Umfassende Übersicht bei MüKo/*Häublein*, § 566 Rn. 7 f.

49 BGH NJW 1964, 765, 766; 1994, 3156, 3158; OLG Köln NZM 2000, 111; Palandt/*Weidenkaff*, § 566 Rn. 2. Klausurbeispiel bei *Petersen*, Allgemeines Schuldrecht, Fall 2 Rn. 10 ff.

50 Hiergegen aber *Schön*, JZ 2001, 119, 122 ff.; kritisch zu diesem Argument auch MüKo/*Häublein*, § 566 Rn. 10.

51 *J. Hager*, JuS 1990, 429, 434; Staudinger/*Gursky*, § 883 Rn. 210 f.; zur Verdinglichung des obligatorischen Rechts auch *Canaris*, Festschrift Flume, 1978, Band I, S. 371, 392 ff.; *Assmann*, Die Vormerkung (§ 883 BGB), 1998, S. 319.

52 BGHZ 13, 1; BGH NJW 1989, 451; ebenso *Baur/Stürner*, Sachenrecht, § 20 Rn. 41; *Staake*, Jura 2006, 561, 564 f.

§ 33 Drittinteressen im Wandel der Methodenlehre

*Grundbegriffe der juristischen Methodenlehre, umso mehr, wenn sie einen dog-mengeschichtlichen Hintergrund aufweisen, sind den Studierenden eher selten geläufig. Der Abschnitt unternimmt den Versuch zu zeigen, wie dies am Beispiel der Person des Dritten zu einer besseren Subsumtion beitragen kann.**

I. Epochenwandel der juristischen Methodenlehre

1 Zum Basiswissen, über das die Studierenden im Grundlagenbereich verfügen sollten, gehört das Wissen um die Entwicklung bahnbrechender Strömungen innerhalb der juristischen Methodenlehre von der Begriffsjurisprudenz über die Interessenjurisprudenz bis hin zur Wertungsjurisprudenz.

1. Begriffs- und Konstruktionsjurisprudenz

2 Dass die Begriffsjurisprudenz, die namentlich durch *Rudolf von Jhering* auf den Begriff gebracht wurde[1], einen unhintergehbaren Fortschritt bedeutete, auch wenn sie bei weitem nicht das letzte Wort sein konnte, sollte jedem Studierenden geläufig sein.

a) Subsumtion und Rechtsfindung durch Konstruktion

3 Immerhin stellt die Rechtsfindung durch Konstruktion und Begriffsbildung ein, wenn auch letztlich beschränktes, Verfahren dar, das die Studierenden auch heute noch im Rahmen der Subsumtion beherrschen müssen. Denn die Subsumtion des Übungsfalles „unter" das Gesetz (streng genommen eine verräterische Doppelung, weil das lateinische „sub" dies schon besagt) macht die Hauptarbeit der Studierenden aus[2]. Es geht um präzise Obersatzbildung, aus der sich das Prüfungsprogramm von selbst erschließt. Die eingeführten Begriffe, die sich ihrerseits aus den gesetzlichen Tatbestandsmerkmalen ergeben, müssen erforderlichenfalls ihrerseits definiert werden, um bruchlos den zu bearbeiten-

---

* Zuerst abgedruckt in Jura 2016, S. 150–153.

1 Grundlegend *Jhering*, Scherz und Ernst in der Jurisprudenz, 1884, S. 337.

2 *Medicus/Petersen*, Grundwissen, Rn. 10 ff., 15 ff.

https://doi.org/10.1515/9783110365702-033

den Sachverhalt zu erfassen. Jede Definition muss mit der nötigen Allgemeinheit entwickelt sein und darf keine bloße Ad-hoc-Hypothese darstellen, die bei näherer Betrachtung gerade nur den Entscheidungsfall in eine bestimmte Richtung zu lösen geeignet ist.

b) Grenzen der Begriffsjurisprudenz

Hier wird freilich bereits deutlich, dass einer Rechtsfindung durch Konstruktion 4
immanente Grenzen gesetzt sind. Die Genealogie der Begriffe ist nicht immer so folgerichtig und zwingend, wie es beim vordergründigen Justizsyllogismus mitunter den Anschein hat. Es besteht immer auch die Gefahr, dass die Begriffs- und Prämissenbildung im Ausgangspunkt verengend erfolgt und auf diesem Wege gewollte Ergebnisse scheinrational begründet. Die Sprache ist im Unterschied zur Metasprache der Mathematik zu vielgestaltig, zu offen für Bedeutungsverschiebungen, als dass man gleichsam more geometrico zu unangreifbaren Ergebnissen durch Begriff und Konstruktion gelangen kann. All das wurde zu Beginn des 20. Jahrhunderts auch in der juristischen Methodenlehre immer klarer gesehen, und auch die Versuche derer, welche die Begriffs- und Konstruktionsjurisprudenz aufs Neue zu beleben unternahmen, mussten zugestehen, dass auch eine Begriffs- und Konstruktionsjurisprudenz ihrerseits wertungsmäßig fundiert sein muss[3].

aa) Leistungsbegriff bei bereicherungsrechtlichen Mehrpersonenverhältnissen

Studierende, die bei der Anfertigung von Hausarbeiten das einschlägige Fach- 5
schrifttum konsultieren, stoßen im Streit der Meinungen nicht selten auf den Topos, dass eine bestimmte Gegenansicht „schlichte" oder „überkommene" Begriffsjurisprudenz darstelle. Das spielt darauf an, dass die reine Begriffsjurisprudenz, die den übergeordneten gesetzlichen Wertungen nicht die gebührende Achtung überweist, in der Tat überkommen ist. Auf der anderen Seite sind die Studierenden durch ein solches Verdikt vorgeblich überkommener Begriffsjurisprudenz nicht von der Aufgabe entpflichtet, den zu lösenden Fall dem gesetzlichen Tatbestand nach den Regeln der Kunst zu subsumieren. Ein Beispiel mag dies erläutern. Im Schrifttum ist für die Bewältigung des besonders schwierigen Bereicherungsausgleichs im Mehrpersonenverhältnis[4] zeitweise der „Abschied

---

3 Zur Rechtsfindung durch Konstruktion *Hassold*, AcP 181 (1981), 131.
4 Dazu *K. Schreiber*, Jura 1986, 539; *S. Lorenz*, JuS 2003, 729; 839.

vom Leistungsbegriff" eingeläutet worden[5]. Die herkömmliche Definition der Leistung als bewusste, zweckgerichtete Mehrung fremden Vermögens schien nicht mehr geeignet, aus sich heraus alle Zweifelsfragen hinlänglich zu beantworten. Auch wenn man das Merkmal „zweckgerichtet" als ‚solvendi causa', also zur Tilgung einer, sei es auch nur angenommenen Verbindlichkeit subdefiniert, schien nicht immer zweifelsfrei, wer wessen Bereicherungsschuldner ist und an wen was geleistet hat. Diese Ansicht wollte den Blick auf die wesentliche dogmatische Errungenschaft lenken, dass der Bereicherungsausgleich im Dreipersonenverhältnis letztlich bestimmten Wertungen folgt, nämlich dass jede Partei sich grundsätzlich mit dem eigenen Vertragspartner auseinanderzusetzen hat und sich möglichst nur dessen Einwendungen entgegenhalten lassen muss, also keine Rechte ex iure tertii, und auch nur dessen Insolvenzrisiko zu tragen hat[6].

bb) Hinweise für die Fallbearbeitung

6 Jedoch sollten die Studierenden diesen bahnbrechenden Ansatz mit seiner pointierten Verabschiedung des Leistungsbegriffs nicht dahingehend missverstehen, dass der Begriff der Leistung, der schließlich in § 812 Abs. 1 S. 1 Alt. 1 BGB unmissverständlich angeordnet ist, beim Bereicherungsausgleich im Mehrpersonenverhältnis nicht mehr geprüft zu werden bräuchte. Denn auch wenn sich dieser Begriff in ganz bestimmten Konstellationen möglicherweise als nicht so leistungsfähig erweist, dass man allein aus der Definition mit ihren Unterdefinitionen zwangsläufig das ‚richtige' Ergebnis erzielen kann, ist doch in der Fallbearbeitung strikt von ihm auszugehen. Die Kunst besteht dann darin, zunächst begrifflich exakt im Wege sauberer Subsumtion so weit vorzudringen, dass man das möglicherweise zugrundeliegende Wertungsproblem freilegt. Es ist also vom Verständnis der Leistung als bewusster, zweckgerichteter Mehrung fremden Vermögens auszugehen. Sodann ist das Merkmal „zweckgerichtet" näher zu betrachten: es bedeutet, wie oben skizziert, solvendi causa, also zur Tilgung einer (angenommenen) Verbindlichkeit. Wenn sich nun in einem Mehrpersonenverhältnis zeigt, dass dies noch nicht hinreichend griffig ist, weil es in mehreren in Betracht kommenden Personenverhältnissen auf die Beteiligten zuzutreffen scheint, dann ist das mit dem Leistungsbegriff ermittelte Ergebnis nach den genannten drei Wertungen – Abwicklung in den Kausalverhältnissen, Einwendungsverlust, Insolvenzrisiko – abzusichern[7].

---

5 *Canaris*, WM 1980, 354.

6 Grundlegend *Canaris*, 1. Festschrift Larenz, 1973, S. 799.

7 *Medicus/Petersen*, Bürgerliches Recht, Rn. 667.

2. Interessenjurisprudenz

Der zweite epochale Schritt nach der Begriffsjurisprudenz war der noch von 7
Jhering selbst eingeleitete Übergang zur Interessenjurisprudenz. *Jhering* selbst
hat die Beschränkungen der Begriffsjurisprudenz erkannt und sich zu einem
regelrechten Umschwung veranlasst gesehen[8].

a) Philipp Hecks Verdienst

Zur Blüte brachte die Interessenjurisprudenz allerdings erst *Philipp Heck*[9], mit 8
dessen Namen sie denn auch zu recht aufs engste verknüpft ist[10]. *Heck* hat die
im Recht konfligierenden Interessen im Wege der ‚Lebensforschung und Le-
benswertung' für maßgeblich gehalten und eine ‚Hinwendung der Jurisprudenz
zum Leben' postuliert. Es ist kein Zufall, dass diese Richtung im Zug der allmäh-
lichen Etablierung der Soziologie als Wissenschaft ihren Fortgang genommen
hat[11]. Es gehört zu den gar nicht hoch genug zu veranschlagenden Verdiensten
Hecks, dass er es nicht bei brottrockenen methodologischen Abhandlungen be-
lassen hat, sondern seine großen Lehrbücher, die ‚Grundrisse' zum Schuldrecht
und zum Sachenrecht, nachgerade zum Probierstein seiner Interessenjurisprudenz gemacht hat[12]. So wissenschaftlich anspruchsvoll diese epochalen Werke
sind, sollte nicht übersehen werden, dass sie – nicht zuletzt wegen ihrer fri-
schen und klaren Sprache – nicht nur als Forschungsliteratur unentbehrlich
waren und sind, sondern vor allem in ihrer Zeit verdeutlichten, dass sich eine
dogmatisch anspruchsvolle Darstellung des Rechtsstoffs einerseits und eine
didaktische Ausrichtung nicht notwendigerweise ausschließen, sondern jene
nur auf der Grundlage dieser erreicht werden kann[13].

Andere Weggefährten *Hecks*, wie namentlich *Rudolf Müller-Erzbach*, haben 9
die Interessenjurisprudenz in bestimmten Formen weiter entwickelt und beispielsweise bei den möglichen Einschränkungen der Gefährdungshaftung den

---

8 *Jhering*, Scherz und Ernst in der Jurisprudenz, 1884, S. 338: „Aber dann kam bei mir der
Umschwung". Wichtig dazu *Haferkamp*, Georg Friedrich Puchta und die Begriffsjurisprudenz,
2004, S. 26 ff.
9 Zu ihm *Wolf*, Philipp Heck als Zivilrechtsdogmatiker – Studien zur dogmatischen Umsetzung seiner Methodenlehre, 1996.
10 *Schoppmeyer*, Juristische Methode als Lebensaufgabe, 2001.
11 *Petersen*, Max Webers Rechtssoziologie und die juristische Methodenlehre, 2. Auflage 2014,
S. 10 ff. und passim.
12 *Heck*, Grundriss des Schuldrechts, 1929; *ders.*, Grundriss des Sachenrechts, 1930.
13 *Petersen*, 2. Festschrift Medicus, 2009, S. 295.

Gesichtspunkt „freiwilliger Interessenexponierung" aufgebracht[14]: Wer seine Rechtsgüter besonders riskant anordnet und auf diese Weise seine Interessen zurechenbar und freiwillig exponiert, kann auch bei einer Gefährdungshaftung nicht damit rechnen, unter allen Umständen vollen Schadensersatz beanspruchen zu können. Das ähnelt dem Handeln auf eigene Gefahr[15] und ist heute noch aktuell[16]. Und auch die in der Rechtsprechung des Bundesgerichtshofs angenommene „Schaffung eines eigenen Gefahrenbereichs"[17], die zum Ausschluss der Gefährdungshaftung führen können soll[18], dürfte in diesem von *Müller-Erzbach* herausgearbeiteten Gesichtspunkt einen maßgeblichen Grundgedanken finden.

b) Beschränkungen im Dreipersonenverhältnis

10 Zu den bedeutenden Erkenntnissen *Hecks* gehört, dass die Interessen, um die es der Interessenjurisprudenz zu tun ist, nicht einfach die vom Lebenssachverhalt her einschlägigen, gleichsam freischwebenden Interessen sind, welche die Parteien des Rechtsstreits tatsächlich haben, sondern dass es zugleich auch um rechtlich gewertete Interessen geht[19]. Damit war bereits eine wesentliche Etappe auf dem Wege zur Wertungsjurisprudenz genommen, auch wenn man der Ansicht sein kann, dass dieser Übergang selbst noch einmal einen, zumindest abgeschwächten, Paradigmenwechsel darstellt[20]. Aber auch wenn *Heck* bereits erkannte und voraussetzte, dass sich die Interessen nicht nur in den Lebenssachverhalten spiegeln, sondern auch in den konkreten gesetzlichen Regelungen entsprechend gewertet sind, war der Zusammenhang nicht vollends klar. Ihren bleibenden Wert zeigt die Interessenjurisprudenz vor allem in Zweipersonenverhältnissen, in denen sich die Interessen vergleichsweise deutlich gegenübersehen und auf diese Weise nicht selten eine Übereinstimmung zwischen der gesetzlich gewertenden und den tatsächlich konfligierenden Interessen besteht bzw. diese sich zumindest leicht nach der Vorgabe der gesetzlich gewertenden Interessen ordnen lassen. An ihre Grenze stößt die reine Interessenjurisprudenz aber dort, wo Interessen Dritter, sei es auch erst über den möglichen Rückgriff, im Hintergrund stehen. Das veranschaulicht das oben genannte Bei-

---

14 *Müller-Erzbach*, AcP 106 (1910), 309.

15 *Stoll*, Das Handeln auf eigene Gefahr, 1961.

16 OLG Hamm, NJW-RR 2004, 919 im Anschluss an *Petersen*, Medienrecht, § 4 Rn. 33 ff.

17 BGHZ 115, 84.

18 Kritisch *H. Roth*, JuS 1993, 716; *Larenz/Canaris*, Besonderes Schuldrecht, § 84 III 1d („rechtlich unfundierte Eigenwertung").

19 *Heck*, Begriffsbildung und Interessenjurisprudenz, 1932, S. 1 ff.

20 *Petersen*, Von der Interessenjurisprudenz zur Wertungsjurisprudenz, 2001.

spiel des Bereicherungsausgleichs im Mehrpersonenverhältnis: Eine nur an den Interessen orientierte Lösung erweist sich mitunter nicht als entscheidend weiterführend als eine begriffsjuristische Lösung.

3. Wertungsjurisprudenz in der Fallbearbeitung

Es war der aufs engste mit dem Namen *Harry Westermann* verbundenen Wertungsjurisprudenz beschieden, diesen Zusammenhang in Richtung einer Prinzipienorientierung auszuarbeiten[21]. Entscheidend sind letztlich die in den gesetzlichen Wertungen zum Ausdruck kommenden Prinzipien, weshalb man auch von einer Prinzipienjurisprudenz sprechen kann[22]. Die Wertungsjurisprudenz erweist sich so gerade auch für die juristische Ausbildung als wichtiger Maßstab[23]. Der Erfolg in der Fallbearbeitung hängt – gerade in den höheren Notenregionen – nicht zuletzt davon ab, wie es gelingt, eine mit sauberer Begrifflichkeit und Konstruktion arbeitende Subsumtion mit den gesetzliche Wertungen und Prinzipien in Einklang zu bringen, das heißt zu zeigen, dass diese Prinzipien gerade in den zur Anwendung gebrachten Vorschriften wirken. Die Überlegenheit der Wertungsjurisprudenz gegenüber der reinen Interessenjurisprudenz zeigt sich dann in einer für die Fallbearbeitung relevanten Weise oft nicht zuletzt darin, dass Regressprobleme von vornherein mit berücksichtigt werden, um zu ermessen, wer letztlich die Lasten zu tragen hat. Nicht selten zeigt sich dann beispielsweise, dass bestimmte Tatbestandsmerkmale, die vorderhand nur eine tatsächliche oder „freihändig" vorzunehmende Wertung zu enthalten scheinen, in Wirklichkeit mit Blick auf ein anderes Personenverhältnis normativ, also wertend zu verstehen sind[24].

Für solche Fallgestaltungen sind in der Klausurpraxis Inzidentprüfungen, im Rahmen derer sich die gesetzlich gewerteten Interessen Dritter offenbaren, typisch. Mitunter kommt es in der Klausurbearbeitung nämlich vor, dass der Sachverhalt drei Personen nennt, in der abschließenden und für die Bearbeiterinnen und Bearbeiter verbindlichen Fallfrage dann aber nur nach den Ansprü-

11

12

---

21 *H. Westermann*, Interessenkollisionen und ihre richterliche Wertung bei den Sicherungsrechten an Fahrnis und Forderungen, 1954; *ders.*, Wesen und Grenzen richterlicher Streitentscheidung im Zivilrecht, 1955.

22 *Landau*, Die Rechtsquellenlehre in der deutschen Rechtswissenschaft des 19. Jahrhunderts, in: Juristische Theoriebildung und Rechtliche Einheit, Rättshistoriska Studier (Hg. C. Peterson), Band XIX, 1993, S. 69, 78.

23 Beispielhaft und instruktiv *Heyers*, JA 2012, 81.

24 Ein Beispiel theoretischer Durchdringung der Wertungsjurisprudenz bildet auch *Leenen*, Typus und Rechtsfindung, 1971.

chen einer Person gegen einer der beiden anderen gefragt wird. Dass die im Hintergrund stehende dritte Person, über die der Sachverhalt zuvor einiges mitgeteilt hat, dann nicht unberücksichtigt bleiben kann liegt auf der Hand, weil man dann den geistigen Gehalt der Klausur nicht ausschöpfen würde und Angaben des Sachverhalts nicht verarbeiten könnte. Andererseits darf man den Bearbeitervermerk auch nicht ignorieren und einfach – sei es auch hilfsweise – prüfen, was diese dritte Person so alles beanspruchen könnte. Es kommt vielmehr regelmäßig darauf an, einen Aufbau zu finden, in dem sich mit systematischer Zwangsläufigkeit die möglichen Rechte und Ansprüche des Dritten als – gegebenenfalls inzident zu beantwortende – Vorfrage stellen[25].

II. Berücksichtigung des Dritten als ‚personifizierte Prinzipienjurisprudenz‘

13 Wenn man also den Dritten auf Schritt und Tritt berücksichtigt und vor allem die Vorschriften betrachtet, in denen er vorausgesetzt wird, dann ist der Weg zur Prinzipienjurisprudenz – auch in der Fallbearbeitung – eröffnet. Denn die Bestimmungen des BGB, die auf den Dritten Bezug nehmen, verkörpern durchaus gesetzlich gewertete Interessen im Sinne *Hecks*. In der Fallbearbeitung sind sie darüber hinaus deswegen von herausragender Bedeutung, weil sie von den Bearbeitern nicht nur genaues Lesen und saubere Subsumtion, sondern auch übergreifendes Verständnis verlangen.

14 So genügt es beispielsweise für die Bestimmung des Dritten im Sinne des § 123 Abs. 2 BGB schwerlich zu sagen, dass Dritter nicht der ist, der „im Lager" des Vertragspartners ist. Diese bildhaft-begriffliche Festlegung ist vielmehr ihrerseits auf den wertungsjuristischen Gesichtspunkt zurückzuführen[26]. So kann man hier etwa feststellen, dass es letztlich die Wertung des § 278 BGB ist, die einen systematischen Gleichlauf herstellt[27]: Wer Erfüllungsgehilfe des Schuldners wäre, ist zugleich nicht Dritter im Sinne des § 123 Abs. 2 BGB[28]. Dieser Zusammenhang erscheint auf den ersten Blick fernliegend, doch ist es wohl eher

25 S. *Lorenz/Unberath*, JuS 2005, 335, bilden ein besonders schönes Klausurbeispiel, bei dem das unscheinbare Merkmal „billigerweise" in § 284 BGB erst im Hinblick auf ein – zu diesem Zweck dann aufbautechnisch inzident zu untersuchendes – anderes Personenverhältnis bewertet werden kann.
26 Exemplarisch *Heyers*, Jura 2012, 539.
27 Vgl. nur *Petersen*, Allgemeiner Teil und Handelsrecht, § 24 Rn. 23.
28 In diese Richtung BGH NJW 1962, 2195; 1978, 2144; 1989, 2879, 2880.

ein Anwendungsfall der von *Heck* sogenannten „Fernwirkungen"[29], die das von ihm maßgeblich ausgearbeitete innere System der Privatrechtsordnung bezeugen[30].

---

29 *Heck*, Gesetzesauslegung und Interessenjurisprudenz, AcP 112 (1914), 1 ff.
30 Zu ihm *F. Bydlinski*, Festschrift Canaris, 2007, Band II, S. 1017; *Canaris*, Systemdenken und Systembegriff in der Jurisprudenz, 2. Auflage 1983, S. 44 und öfter; zur Anspruchsmethode als Abbildung dieses inneren Systems in der Privatrechtsordnung *Petersen*, 2. Festschrift Medicus, 2009, S. 295.

Gesetzesregister

Die **fett** gesetzten Zahlen verweisen auf die Paragraphen dieses Buches, die mageren auf deren Randnummern.

AktG	
§	
78:	**2** 5; **3** 2
AnfG	
§§	
4:	**30** 3
11:	**30** 3
BGB	
§§	
13:	**20** 1
14:	**20** 1
26:	**2** 5; **3** 2; **4** 16
31:	**3** 1, 2, 6
68:	**25** 4
70:	**25** 4
86:	**2** 5
89:	**3** 1
90:	**10** 2; **23** 2
90 ff.:	**24** 4
91:	**21** 1
93 f.:	**24** 4
94:	**25** 15
97:	**24** 4
105:	**1** 23
106:	**5** 7
108:	**1** 3; **2** 1
108 ff.:	**2** 3
110:	**1** 2; **2** 1
111:	**1** 4, 5
111–113:	**2** 1
117:	**10** 8, 14; **31** 14
118:	**1** 7
119:	**1** 7, 23; **5** 8
120:	**1** 7

121:	**1** 4; **5** 8
122:	**1** 7, 16, 23; **27** 8
123:	**1** Einl., 7, 8, 10, 11, 13, 14; **5** 8; **24** 15, 16; **25** 2; **26** 5; **27** 12; **33** 14
124:	**1** 10
125:	**8** 4, 12, 13
126:	**32** 10
126b:	**4** 20
130:	**8** 9, 10
133, 157:	**4** 5; **9** 12; **12** 11; **14** 9; **17** 2
134:	**8** 4
135:	**25** 8
135 f.:	**30** 6; **31** 3
138:	**8** 4; **31** 14
139:	**10** 4
142:	**1** 23; **5** 8; **24** 16
143:	**1** 23
144:	**26** 6
145 ff.:	**10** 3
151:	**8** 9
153:	**8** 9
154:	**5** 2
158:	**7** 7; **26** 11; **27** 12
161:	**31** 11; **32** 11, 12
162:	**26** 11; **32** 13
164:	**13** 8; **29** 6
165:	**5** 7
166:	**1** 15
168:	**1** 16
168 f.:	**1** 18
169:	**1** 16, 17, 18
169–173:	**1** 15
170:	**1** 20
170–173:	**1** 19, 21
171:	**1** 20
171 f.:	**1** 23
172:	**1** 20, 21
173:	**1** 20, 21
174:	**1** 5
177:	**1** 3
178:	**8** 11

https://doi.org.10.1515/9783110365702-034

www.ingramcontent.com/pod-product-compliance
Lightning Source LLC
Chambersburg PA
CBHW021552210326
41599CB00010B/417